Heinz Gruber
Viktor Ledl

Allgemeine Sonderpädagogik

Grundlagen des Unterrichts
für Schüler mit Schulschwierigkeiten
und Behinderungen.
Ein Studien- und Arbeitsbuch

Jugend & Volk

ISBN 3 – 7100 – 0003 – 3 Verlag Jugend & Volk

Umschlaggestaltung: Elisabeth Brabetz

Druck: Theiss, Wolfsberg

Inhaltsverzeichnis

Vorwort 13

DIE SCHULISCHE FÖRDERUNG BEHINDERTER KINDER . . 15

1. Sonderschulen in Österreich 16

1.1 Aufgaben und Bildungsziele 17

1.2 Aufbau und Organisation 19

1.3 Lehrpläne und Unterrichtsinhalte 20

1.4 Sonderschulbedürftigkeit und Sonderschulaufnahme 20

1.5 Zur Sonderschulbedürftigkeit körperbehinderter und sinnesbehinderter Kinder 23

1.6 Statistische Kennwerte des Sonderschulwesens 25

2. Ansatzpunkte für einen Unterricht behinderter Kinder in allgemeinen Schulen 27

3. Neue Vorstellungen und Modelle zum gemeinsamen Unterricht behinderter und nichtbehinderter Kinder 30

3.1 Leitideen der schulischen Integration 31

3.2 Schulversuchsmodelle zum gemeinsamen Unterricht behinderter und nichtbehinderter Kinder 32

3.2.1 Integrative Klasse 33

3.2.2 Kooperative Klasse 34

3.2.3 Förderklasse 35

3.2.4 StützlehrerInnen 36

Arbeitsaufträge 36

Literatur 37

KINDER MIT BESONDEREN ERZIEHUNGSBEDÜRFNISSEN UND BEDARF AN SONDERPÄDAGOGISCHEN HILFEN 39

1. Das Kind mit Lern- und Verhaltensstörungen 40

1.1 Der Zusammenhang zwischen Lern- und Verhaltensstörungen 41

1.1.1 Der Teufelskreis von Lernstörung und Verhaltensstörung . . . 41

1.1.2 Lernstörung als "partielle" und Verhaltensstörung als "totale" Störung des Unterrichts 43

1.2 Theorien über Lernbehinderungen und Lernstörungen 44

1.2.1 Wer ist "lernbehindert"? 44

1.2.2 Bedingungen von Lernbehinderungen 45

Arbeitsaufträge 48

1.3 Lernbehinderungen in der Praxis ... 48
1.3.1 Lernbehinderung – Lernstörung – Lernverwahrlosung ... 48
1.3.2 Ein Fallbeispiel: Was tun mit Rudi? ... 49

Arbeitsaufträge ... 50

1.3.3 Kriterien für eine Aufnahme in die ASO ... 51
1.4 Kritik am Begriff der Lernbehinderung – oder: Die Legitimationskrise der Sonderschule ... 51
1.4.1 Lernbehinderung ist ein relativer Begriff ... 52
1.4.2 Über die Häufigkeit von Lernbehinderungen kann keine verbindliche Aussage getroffen werden – oder: Je mehr Sonderschulen, desto mehr SonderschülerInnen ... 52
1.4.3 Lernbehinderung ist ein fixierender Begriff – oder: Die Undurchlässigkeit der ASO ... 53
1.4.4 Sonderschule oder Regelschule – eine falsche Alternative ... 53

Arbeitsaufträge ... 54

1.5 Theorien zu Verhaltensstörungen ... 55
1.5.1 Einleitung ... 55
1.5.2 Begriffserklärung ... 55
1.5.3 Verhaltensstörungen aus wissenschaftlicher Sicht ... 55
1.6 Häufigkeit von Verhaltensstörungen ... 57
1.6.1 Befragungen von Grund- und Pflichtschullehrerinnen und -lehrern ... 57
1.6.2 Geschlechtsspezifische Unterschiede in der Häufigkeit ... 57

Arbeitsaufträge ... 57

1.7 Ursachen von Lern- und Verhaltensstörungen ... 58
1.7.1 Organisch-biologischer Bereich ... 59
1.7.2 Familiärer und sozio-kultureller Bereich ... 59
1.7.3 Sozial-gesellschaftliche Probleme ... 60
1.7.4 Die Schule als Mitverursacherin von Lern- und Verhaltensstörungen ... 61

Arbeitsaufträge ... 61

1.8 Das Erscheinungsbild des lern- und verhaltensgestörten Kindes (Symptomatik) ... 62
1.8.1 Störungen im körperlichen Bereich: motorische und vegetative Symptome ... 62
1.8.2 Störungen in der Eigenbefindlichkeit des Kindes ... 62
1.8.3 Störungen im Bereich der Beziehungen zu Mitmenschen ... 63
1.8.4 Störungen im Leistungsbereich ... 63

Arbeitsaufträge ... 64

1.9 Diagnose von Lern- und Verhaltensstörungen 64
1.9.1 Diagnoseschema von Lern- und Verhaltensstörungen 64
1.9.2 Fallstudie: Peter – ein verhaltensauffälliges Kind mit Lernstörungen 66
1.9.3 Sonderpädagogische diagnostische Hilfen bei Lern- und Verhaltensstörungen 71
1.10 Schulrechtlich vorgesehene Maßnahmen bei Verhaltensstörungen – Anwendung von Erziehungsmitteln bei einem Fehlverhalten 71
1.11 Der Einfluß des Lehrerverhaltens auf Lern- und Verhaltensstörungen 73
1.11.1 Die Bedeutung der Lehrerpersönlichkeit und des Lehrerverhaltens – oder: "Wer ist ein guter Lehrer für verhaltensgestörte Schüler?" 73
1.11.2 Was können Lehrerinnen und Lehrer tun, um ihr persönliches Verhaltensrepertoire zu erweitern? 74

Arbeitsaufträge 75
Literatur zu den Abschnitten 1.1 bis 1.11 75

1.12 Symptomorientierte Maßnahmen bei Lern- und Verhaltensstörungen im Unterricht 77
1.12.1 Das unruhige Kind – oder: "nervös, zappelig, unkonzentriert, schlimm" 78
1.12.1.1 Grundinformation 78
1.12.1.2 Fallbeispiel "Martin" 79
1.12.1.3 Was tun? 84

Arbeitsaufträge 86
Literatur 87

1.12.2 Das aggressive Kind – oder: "trotzig, frech, ungehorsam, böse, gewalttätig" 88
1.12.2.1 Grundinformation 88
1.12.2.2 Fallbeispiel "Gerhard" 92
1.12.2.3 Was tun? 95

Arbeitsaufträge 98
Literatur 98

1.12.3 Das gehemmte Kind – oder: "schüchtern, ängstlich, verschlossen" 99
1.12.3.1 Grundinformation 99
1.12.3.2 Fallbeispiele 102
1.12.3.3 Was tun? 107

Arbeitsaufträge 112
Literatur 112

1.12.4 Das Kind mit neurotischen und psychosomatischen Symptomen ... 113
1.12.4.1 Grundinformation ... 113
1.12.4.2 Fallbeispiele ... 118
1.12.4.3 Was tun? ... 126

Arbeitsaufträge ... 127
Literatur ... 128

2. Das Kind mit Sehstörungen ... 129
2.1 Erfassung und Abgrenzung ... 129
2.2 Arten von Sehstörungen ... 131
2.3 Besondere Bildungsaufgaben ... 134
2.3.1 Förderung der Wahrnehmung ... 134
2.3.2 Motorische Förderung ... 135
2.3.3 Mobilitätserziehung ... 135
2.3.4 Begriffsbildung und Veranschaulichung ... 136
2.3.5 Lesen, Schreiben und Rechnen ... 136
2.4 Hinweise für den Unterricht ... 138

Arbeitsaufträge ... 140
Literatur ... 140

3. Das Kind mit Hörstörungen ... 141
3.1 Erfassung und Abgrenzung ... 142
3.2 Arten von Hörschädigungen ... 144
3.3 Besondere Bildungsaufgaben und Maßnahmen im Unterricht ... 147
3.3.1 Sprachliche Förderung ... 147
3.3.2 Hörerziehung ... 148
3.3.3 Absehen (Ablesen, Lippenlesen) ... 149
3.3.4 Soziale Erziehung ... 149
3.4 Technische Hörhilfen ... 149
3.5 Exkurs: Gebärdensprache oder Lautsprache bei gehörlosen Kindern ... 151
3.6 Hinweise für den Unterricht ... 154

Arbeitsaufträge ... 155
Literatur ... 156

4. Das Kind mit Sprachstörungen ... 157
4.1 Erfassung und Abgrenzung ... 157
4.2 Arten von Sprachbehinderungen ... 158
4.2.1 Sprachstörungen ... 158
4.2.1.1 Dysgrammatismus ... 158

4.2.1.2 Aphasie ... 159
4.2.2 Redestörungen ... 159
4.2.2.1 Stottern ... 159
4.2.2.2 Poltern ... 161
4.2.2.3 Neurotische Redestörungen ... 161
4.2.3 Sprechstörungen ... 162
4.2.3.1 Stammeln (Dyslalie) ... 162
4.2.3.2 Näseln ... 163
4.2.4 Stimmstörungen ... 163
4.3 Besondere Bildungsaufgaben und Hinweise für den Unterricht ... 163

Arbeitsaufträge ... 165
Literatur ... 166

5. Das Kind mit körperlichen Behinderungen ... 167
5.1 Erfassung und Abgrenzung ... 167
5.2 Arten von Körperbehinderungen ... 167
5.2.1 Infantile Cerebralparese ... 168
5.2.2 Spina bifida (gespaltene Wirbelsäule) ... 169
5.2.3 Progressive Muskeldystrophie (Muskelschwund) ... 170
5.3 Besondere Bildungsaufgaben ... 171
5.4 Richtige Versorgung mit Hilfsmitteln ... 171
5.5 Hinweise für den Unterricht ... 173

Arbeitsaufträge ... 174
Literatur ... 174

6. Das Kind mit geistiger Behinderung ... 175
6.1 Was versteht man unter einer geistigen Behinderung? ... 175
6.2 Ursachen geistiger Behinderung ... 176
6.3 Geistige Behinderung und der Begriff der Mehrfachbehinderung ... 177
6.4 Geistige Behinderung am Beispiel des Kindes mit "Down-Syndrom" (Mongolismus, Trisomie 21) ... 179
6.5 Geistige Behinderung am Beispiel des autistischen Kindes ... 181
6.6 Erziehung und Unterricht geistig behinderter Kinder und Jugendlicher ... 183
6.6.1 Sonderschulen für schwerstbehinderte Kinder ... 183
6.6.2 Zur schulischen Integration geistig behinderter Kinder und Jugendlicher ... 184

Arbeitsaufträge ... 185
Literatur ... 186

SONDERPÄDAGOGISCHE FÖRDERDIAGNOSTIK 189

1. Zur Problematik von Diagnosen – eine kritische Bestandsaufnahme 190

2. Anforderungen an eine sonderpädagogische Förderdiagnostik .. 191

3. Rahmenbedingungen, Tätigkeitsschwerpunkte und Ablaufschema einer sonderpädagogischen Förderdiagnostik ... 192

3.1 Rahmenbedingungen 192

3.2 Handlungsschwerpunkte eines Unterrichts unter dem Anspruch einer sonderpädagogischen Förderdiagnostik 193

3.3 Ablaufschema für förderdiagnostische Maßnahmen 194

4. Überblick über sonderpädagogische Prüf- und Fördersysteme .. 195

4.1 Intelligenz 195

4.2 Schulleistung 196

4.3 Entwicklung 196

4.4 Motorik 197

4.5 Sprache 199

4.6 Wahrnehmung 200

4.7 Soziales und affektiv-emotionales Verhalten 201

Arbeitsaufträge 202

Literatur 204

EXEMPLARISCHE AUSWAHL SONDERPÄDAGOGISCHER MASSNAHMEN BEI SCHULSCHWIERIGEN UND BEI BEHINDERTEN KINDERN 205

1. Pädagogische Verhaltensmodifikation (Methoden der Verhaltenstherapie) 207

1.1 Stufen der pädagogischen Verhaltensmodifikation 207

1.2 Andere Methoden der Verhaltensmodifikation (Beispiele) 209

1.3 Abschließende Bemerkung 210

Literatur 210

2. Partnerzentrierte Gesprächsführung 211

2.1 Die Eile des Schulalltags verhindert gute Gespräche 211

2.2 "Richtiges Zuhören" – Was ist das? 211

2.3 Lehrerinnen und Lehrer als "Berater" 212

2.4 Mögliche Einwände gegen das reflektierende Zuhören in der Klasse 212

Arbeitsaufträge 213

Literatur 214

3. Soziales Lernen und Interaktionspädagogik (gruppendynamische Spiele und Übungen) 215
3.1 Soziales Lernen und Interaktionspädagogik (Begriffserklärung) 215
3.2 Dimensionen des Sozialen Lernens 216
3.3 Ein Beispiel eines Sozialen Lernspiels 217
3.4 Zwei Grundprinzipien Sozialen Lernens: Freiwilligkeit und Nichtbewertung 218
3.5 Die Frage der Auswertung von Spielsituationen 219
3.6 Schlußbemerkungen 219
Literatur 219

4. Sonderpädagogische Aspekte einzelner Unterrichtsfächer 221
4.1 Deutsch und Darstellendes Spiel 221
4.1.1 Rollenspiele im Deutschunterricht bzw. im Darstellenden Spiel 221
4.1.2 Verfassen von Texten zur Auseinandersetzung mit einem emotional belastenden Problem 222
Literatur 222
4.2 Bildnerische Erziehung 222
4.2.1 Spontane Kinderzeichnungen als direkter Zugang zu Problemen und deren Ursachen 222
4.2.2 Kunsttherapeutische Förderung von Kindern mit sozial-emotionalen Schwierigkeiten 225
Literatur 228
4.3 Leibesübungen 228
4.3.1 "Bewegungserziehung" nach *M. Frostig* 228
4.3.2 "Psychomotorisches Training" nach *D. Eggert* 229
4.3.3 "Motopädagogik" und "Mototherapie" – Psychomotorische Entwicklung nach *E. J. Kiphard* 230
Arbeitsaufträge 231
Literatur 231
4.4 Musikerziehung 231
Arbeitsaufträge 233
Literatur 233

5. Veränderungen der Lernumwelt (Klasse/Schule) – oder: Das differenzierte Klassenzimmer 234
5.1 Offener Unterricht als geplante Lernumgebung 234
5.2 Das differenzierte Klassenzimmer als Bereicherung der Lernumwelt 234

Arbeitsaufträge 236
Literatur 236

ZUSAMMENARBEIT MIT ELTERN BEHINDERTER UND SCHULSCHWIERIGER KINDER 237

1. Reaktionen der Familie auf ein behindertes Kind 238
2. Was brauchen Eltern behinderter Kinder? 241
3. Modelle der Zusammenarbeit zwischen Familien und Fachleuten 242
4. "Elternarbeit konkret" – am Beispiel: Beratungseinzelgespräch 243
5. Elternarbeit in der Gruppe 245

Arbeitsaufträge 246
Literatur 246

ANHANG 249
Blindenschrift 250
Förderprogramme 251
Die 15. Schulorganisationsgesetz-Novelle – eine Weichenstellung im österreichischen Schulwesen 257

LITERATURVERZEICHNIS 265
SACHREGISTER 275

Vorwort

Welche Lehrerin/welcher Lehrer ist nicht schon einmal in der Situation gewesen, dem Verhalten eines bestimmten Schülers mehr oder weniger ratlos gegenüberzustehen oder nachzugrübeln, warum sich bestimmte Lernfortschritte nicht einstellen? Welche Lehrerin/welcher Lehrer im Schuleingangsbereich wird nicht immer wieder von der Vielfalt unterschiedlichster Voraussetzungen seiner Schülerinnen und Schüler überrascht? Und immer wieder beschäftigen sie/ihn die pädagogischen Sorgenkinder, die "besondere Erziehungsbedürfnisse" aufweisen und überdurchschnittlicher Zuwendung bedürfen.

In diesem Buch wird zunächst versucht, die besonderen Erziehungsbedürfnisse einzelner Kinder nach ihren häufigsten Erscheinungsformen und den betroffenen Entwicklungsdimensionen zu gliedern und in ihren Grundzügen darzustellen. Der gewählte Ansatz einzelner "Problemkinder" will keinesfalls einer grob verallgemeinernden Typologisierung das Wort reden, sondern versucht zum Ausdruck zu bringen, daß den Erziehenden nicht eine "Behinderung" gegenübersteht, sondern ein Kind in seiner Ganzheit mit jeweils spezifischen Bedürfnissen und Schwierigkeiten. Ein besonderer Schwerpunkt wurde daher auch auf spezielle, insbesondere kompensatorische Bildungsaufgaben, auf spezifische Maßnahmen im Unterricht sowie auf angemessenes Lehrerverhalten gelegt. Eine systematische Darstellung von Behinderungen im Detail wurde nicht angestrebt. Die zusammengestellten Informationen sollen vor allem dazu beitragen, die Lern- und Entwicklungsbedingungen der Kinder zu begreifen und somit die Grundlagen eigenen pädagogischen Handelns zu verbessern.

Der Hauptteil der Arbeit beschäftigt sich mit Lern- und Verhaltensstörungen, weil diese am häufigsten auftreten und von ihnen der größte Leidensdruck im Schulalltag ausgeht. Dieses Kapitel sowie die Ausführungen über geistig behinderte Kinder, über sonderpädagogische Förderdiagnostik und Maßnahmen sowie zur Zusammenarbeit mit den Eltern wurden von *Dr. Viktor Ledl* verfaßt. Die Kapitel über die schulische Förderung sinnes- und körperbehinderte sowie sprachgestörte Kinder stammen von *Dr. Heinz Gruber.*

Bei den Sinnesbehinderungen wird bewußt auf die herkömmliche Differenzierung in *sehbehindert* und *blind, schwerhörig* und *gehörlos* verzichtet, weil hinsichtlich der Beeinträchtigungen erhebliche Überschneidungen bestehen, häufig ähnliche oder nur graduell abgestufte Konsequenzen zu ziehen und exakte definitorische Abgrenzungen schwer durchzuführen sind.

Keinesfalls soll der Eindruck erweckt werden, daß das Durchlesen dieses Buches schon befähigt, alleinverantwortlich eine qualifizierte sonderpädagogische Förderung in allen Behinderungssparten vorzunehmen. Diese Absicht würde eine entsprechende Sonderschullehrerausbildung voraussetzen.

Offenheit wird auch angestrebt gegenüber dem institutionellen Ort und den organisatorischen Formen, mit denen besonderen Erziehungsbedürfnissen entsprochen werden kann. Sollte jedoch die Schulentwicklung der nächsten Jahre mit der Zielvorstellung "Integration" erweiterte Möglichkeiten eines gemeinsamen Unterrichtes behinderter und nichtbehinderter Kinder mit sich bringen, sind sonderpädagogische Grundkenntnisse, wie sie von diesem Buch vermittelt werden, für alle Lehrerinnen und Lehrer unentbehrlich.

Das Wissen über mögliche Beeinträchtigungen des Lernens enthält jedoch auch eine prophylaktische und eine allgemein methodisch-didaktische Komponente. Der Verlauf einer Entwicklungsbeeinträchtigung wird durch Bedingungen des pädagogischen Umfeldes wesentlich mitbestimmt, und ein Unterricht, der auf mögliche Beeinträchtigungen eingeht, entspricht sicherlich auch den Lernvoraussetzungen aller Kinder. Wie ein Lehrer einem verhaltensauffälligen Kind begegnet, welche optischen Hilfen er im Unterricht einsetzt, wie deutlich er spricht – ein Unterricht, der sonderpädagogische Prinzipien berücksichtigt, wird immer für alle Kinder besser geeignet sein, obwohl er eigentlich auf beeinträchtigte Kinder abzielt.

Es bleibt im Interesse aller Kinder zu hoffen, daß durch das vorliegende Buch ein weiterer Beitrag geleistet werden kann, sonderpädagogischen Erkenntnissen im allgemeinen Schulwesen noch mehr Geltung zu schaffen.

Vorwort zur 2. Auflage

Das Konzept des vorliegenden Buches, eine praxisbezogene und auf die pädagogischen Erfordernisse ausgerichtete Einführung in die Sonderpädagogik vorzulegen, fand weitgehende Zustimmung. Diese gute Aufnahme führte dazu, daß nun eine zweite im wesentlichen unveränderte Auflage erscheint.

Mit der 15. Novelle zum Schulorganisationsgesetz, BGBl. Nr. 512 vom 30. Juli 1993, und den damit verbundenen Novellen der wichtigsten Schulgesetze wurde die sonderpädagogische Förderung in Österreich auf eine neue Basis gestellt. Der Anspruch dieses Buches, sonderpädagogischem Grundwissen zu mehr Verbreitung zu verhelfen, erhielt dadurch neue Aktualität. Es erschien daher dringend notwendig, die wichtigsten Neuerungen einzuarbeiten, wobei in der Kürze der Zeit und aus technischen Gründen eine Gesamtredaktion jedoch nicht möglich war. Mit Bezug auf das Kapitel "Die schulische Förderung behinderter Kinder" werden daher die wesentlichsten Änderungen in einem Anhang gesondert dargestellt.

Eine weitere Verbesserung erfolgte durch die Erstellung eines ausführlichen Sachregisters, das die Einsetzmöglichkeit und Handhabbarkeit weiter verbessern wird.

Wien, Dezember 1993

Die schulische Förderung behinderter Kinder [1]

[1] Bezüglich der durch die 15. Novelle zum Schulorganisationsgesetz bedingten Änderungen siehe Seite 257ff.

1. Sonderschulen in Österreich

Das Recht auf Bildung ist für behinderte Kinder heute in allen Kulturnationen unbestritten und durch internationale Konventionen abgesichert. Allerdings gibt es trotz der in allen Staaten übereinstimmenden Zielsetzung, die **persönliche, berufliche und gesellschaftliche Integration** des behinderten Menschen zu erreichen, durchaus unterschiedliche Wege zu diesem Ziel, wie auch die diesbezüglichen Darstellungen einer vergleichenden Sonderpädagogik belegen.

Gründe für die Entstehung

Die historischen Wurzeln für die Errichtung eigener Sonderschulen und Klassen für behinderte Kinder reichen bis in das Zeitalter der Aufklärung zurück. Standen anfangs karitative Motive im Vordergrund, stellten behinderte Kinder in überfüllten Schulklassen bald einen Störfaktor dar und wurden selbst zum Züchtigungs- und Spottobjekt.

Die zunehmende Industrialisierung, die steigenden schulischen Anforderungen und die Ausdifferenzierung des Schulwesens in Verbindung mit dem auch für Pädagoginnen und Pädagogen offenkundigen Leidensdruck der behinderten Kinder führten sukzessive zur Errichtung von Sonderklassen und Sonderschulen.

Chronologie des österreichischen Sonderchulwesens

Einige Schlüsselzahlen über die Entwicklung des österreichischen Sonderschulwesens

1779 Gründung des k. k. Taubstummeninstitutes in Wien

1804 Eröffnung eines Blindeninstitutes in Wien durch *J. W. Klein,* ab 1817 Staatsanstalt

1816 Errichtung einer Klasse für schwachsinnige Kinder in Hallein durch den Lehrer *G. Guggenmoos*

1853 Gründung der Sondererziehungsanstalt "Levana" in Baden bei Wien durch *H. M. Deinhardt* und *J. D. Georgens* (Begründung einer "Heilpädagogik" im gleichnamigen Werk)

1864 In der Folge: Gründung verschiedener "Idioten-" oder "Schwachsinnigen-"Anstalten (1864 Ybbs, 1873 eigene Schulabteilung in der NÖ-Landesirrenanstalt in Wien, 1877 Gallneukirchen, 1878 Knittelfeld: "Idiotenstiftung", 1879 Bruck/Mur: "Pius-Stiftung", 1883 Biedermannsdorf: "Stephaniestiftung", 1885 Währing/Wien, 1895 Grinzing/Wien)

1881 Durch Ministerialerlaß wird festgelegt, daß die allgemeine Schulpflicht auch für blinde und taubstumme Kinder gilt und diese entsprechende Anstalten/Institute oder als "Notbehelf" allgemeine öffentliche Volksschulen zu besuchen haben.

1883 Novelle zum Reichsvolksschulgesetz: Die Landesgesetzgebung kann hinsichtlich der "Errichtung von Schulen und Erziehungsanstalten für nicht vollsinnige, ferner von solchen für sittlich verwahrloste Kinder [...] geeignete Anordnungen treffen".

1905 Die "Schul- und Unterrichtsordnung für allgemeine Volksschulen und für Bürgerschulen" legt fest, daß "für den Unterricht nicht vollsinniger oder schwächer veranlagter Kinder" mit Bewilligung der Landesschulbehörde besondere "Hilfs- oder Förderklassen" errichtet werden können. In der Folge Errichtung von "Hilfsklassen" für nicht vollsinnige Kinder und von "Förderklassen" für schwächer veranlagte Kinder

1911 Errichtung der Heilpädagogischen Abteilung an der Wiener Universitäts-Kinderklinik durch *Clemens Pirquet*

1920 Aufschwung der Sonderpädagogik unter *Otto Glöckel* und Errichtung selbständiger Hilfsschulen

1928 Erster definitiver Lehrplan für Hilfsschulen (ab 1921 Versuchslehrplan)

1938 Eingliederung in das nationalsozialistische Erziehungssystem mit katastrophalen Auswirkungen (Vernichtung "unwerten Lebens")

1945 Wiederaufbau des österreichischen Sonderschulwesens

1950 Erste Versuchsklasse für imbezille Kinder

1955 Eröffnung von zwei Spezialsonderschulen (für geistig behinderte Kinder)

1962 Das Schulgesetzwerk 1962 bringt eine Neuordnung der österreichischen Schule und die gesetzliche Verankerung des Sonderschulwesens.

1974 Beginn der Schulversuche zur integrierten Grundschule und differenzierten Sonderschule mit ersten Ansätzen zum gemeinsamen Unterricht behinderter und nichtbehinderter Kinder

1988 Rechtliche Grundlagen für Schulversuche zum gemeinsamen Unterricht in der 13. SchOG-Novelle

Pädagogische Ideen

Die grundlegenden pädagogischen Ideen – erkennbar an diesen historischen Wurzeln – sind bis heute unverändert geblieben. Unterschiedliche Behinderungen ziehen jeweils spezifische Bildungsbeeinträchtigungen nach sich, an denen sich Unterricht und Erziehung zu orientieren haben. Dies bezieht sich sowohl auf die Auswahl der Lehrinhalte als auch der Lehrmethoden. Während zum Beispiel beim nicht behinderten Grundschulkind das Erlernen des Lesens, Schreibens und Rechnens im Mittelpunkt steht, kann ein geistig behindertes Kind damit vielleicht wenig anfangen und braucht einen Unterricht in lebenspraktischen Fertigkeiten. Ist zum Beispiel der Unterricht sehender Kinder voll auf "Anschauung" aufgebaut, kann dieser Sinn im Unterricht von blinden Kindern überhaupt nicht genützt werden und muß durch den Tastsinn ersetzt werden, um echte Begriffe im Sinne von Begreifen aufbauen zu können.

1.1 Aufgaben und Bildungsziele

Allgemeine Bildungsaufgaben im SCHOG

Das Schulorganisationsgesetz unterscheidet bei der Formulierung der allgemeinen Bildungsaufgaben für die Sonderschulen nicht zwischen den verschiedenen Arten des Sonderschulwesens. Neben dem generellen, für das gesamte österreichische Schulwesen geltenden "Zielparagraphen" (§ 2 des Schulorganisationsgesetzes) werden als Spezifizierungen im § 22 des Schulorganisationsgesetzes folgende Aufgaben speziell für die Sonderschulen ergänzt:

- Förderung in einer der Behinderungsart entsprechenden Weise;
- Vermittlung einer den Volksschulen, Hauptschulen oder Polytechnischen Lehrgängen entsprechenden Bildung;
- Vorbereitung der Eingliederung in das Arbeits- und Berufsleben;
- bei Sonderschulen mit Hauptschullehrplan gegebenenfalls die Befähigung zum Übertritt in eine mittlere oder höhere Schule.

Bildungsziele in den Lehrplänen

In den **Lehrplänen** für einzelne Arten von Sonderschulen, sofern sie nicht nach den Lehrplänen der allgemeinen Schulen geführt werden, werden die Bildungsaufgaben und Bildungsziele je nach der Bildungsfähigkeit noch näher umschrieben. Es sind dies die **Allgemeine Sonderschule** (für lernschwache oder leistungsbehinderte Kinder), die **Sonderschule für schwerstbehinderte Kinder** und die **Schulen für "Viersinnige"** (blinde oder gehörlose Kinder).

Lehrplananforderungen als Maßstab

Aus den Selektions- und Differenzierungsmechanismen des österreichischen Schulwesens, dem ja auch nichtbehinderte Kinder ausgesetzt sind, ergibt sich, daß die Erreichung des lehrplanmäßig vorgesehenen Lehrzieles für eine bestimmte Gruppe von Schülerinnen und Schülern auf Dauer nicht gewährleistet werden kann. Besonders bei lernbehinderten oder verhaltensgestörten Kindern erhält die Sonderschule dadurch die Funktion eines "Auffangbeckens für Schulversager" (*Baier*, 1980, S. 6ff.) oder einer "Reparaturwerkstätte".

Erkennbare Behinderung als Legitimation

Bei geistig, sprach-, sinnes- oder körperbehinderten Kindern liefern die therapeutischen und methodisch-didaktischen Erfordernisse und die hochspezialisierten Vermittlungstechniken eine wesentlich günstigere Legitimation und Akzeptanz.

Subsidiäre Stellung der Sonderschule

Aus der begrenzten, nur in ganz bestimmten Behinderungsbereichen gegebenen subsidiären Stellung von Sonderschularten gegenüber dem allgemeinen Schulwesen kann hergeleitet werden, daß letztendlich die Leistungsfähigkeit, die Strukturen und das Selbstverständnis der allgemeinen Schulen maßgebend dafür sind, ob solche Sonderschularten als notwendig angesehen werden oder nicht.

Dieser Denkansatz kann jedoch nicht für das gesamte Sonderschulwesen akzeptiert werden und darf auch für die in Frage kommenden Sonderschularten nicht Unterordnung bis zur Selbstaufgabe bedeuten (mit dem obersten Ziel einer möglichst raschen Rückführung ihrer SchülerInnen in das Regelschulwesen).

Sonderschule als Alternative

Sowohl gesellschaftlich als auch schulpolitisch und pädagogisch müssen die Sonderschulen als echte Bildungsalternative für behinderte Kinder, als unbedingt notwendige Bildungseinrichtung für eine optimale Entwicklungsförderung mit vielen nur hier möglichen Betreuungs- und Förderungsmöglichkeiten anerkannt werden.

Dies umso mehr, als sie – einem gesetzlichen Auftrag gemäß – auf gesellschaftliche Integration behinderter Kinder hinzuarbeiten haben, ein Umstand, der bei den Diskussionen um den gemeinsamen Unterricht behinderter und nichtbehinderter Kinder nicht außer acht gelassen werden sollte.

(Siehe auch das Erkenntnis des Verwaltungsgerichtshofes, S. 23, sowie die Untersuchung von *Haeberlin u. a.*, S. 53f., in diesem Buch!)

1.2 Aufbau und Organisation

Sonderschularten

Neben der genannten schulhistorischen Entwicklung sind es vor allem die maßgeblichen menschlichen Entwicklungsdimensionen Intelligenz, Sinnesleistungen, Sprache, Motorik und soziales Verhalten, die die Spezialisierung der Sonderschulpädagogik bestimmten. Es ist daher auch nicht verwunderlich, daß nahezu alle Staaten mit einem vollausgebildeten selbständigen Sonderschulwesen eine ähnliche Gliederung aufweisen. Behinderungen in diesen Entwicklungsbereichen wirken sich eben am ehesten als **"Störungen der Bildsamkeit"** (*Bleidick*, 1978, S. 89) aus, die besondere pädagogische Maßnahmen erfordern.

Gemäß § 25 SchOG sind in Österreich folgende Sonderschularten vorgesehen:
- Allgemeine Sonderschulen (für leistungsbehinderte oder lernschwache Kinder)
- Sonderschule für körperbehinderte Kinder
- Sonderschule für sprachgestörte Kinder
- Sonderschule für schwerhörige Kinder
- Sonderschule für Gehörlose (Institut für Gehörlosenbildung)
- Sonderschule für sehbehinderte Kinder
- Sonderschule für blinde Kinder (Blindeninstitut)
- Sondererziehungsschule (für erziehungsschwierige Kinder)
- Sonderschule für schwerstbehinderte Kinder
- Heilstättenschule
- Sonderschule für mehrfachbehinderte Kinder

Organisationsformen

Die unterschiedliche Anzahl behinderter Kinder bei einer bestimmten Behinderungsart innerhalb des Einzugsgebietes von Schulen erfordert entsprechende **Organisationsformen**:
- **Selbständige Sonderschulen:** mehrere Sonderschulklassen mit eigener Direktion.
- **Angeschlossene Sonderschulklassen:** An einer Volksschule, Hauptschule oder Sonderschule anderer Art werden eine oder mehrere Klassen für Kinder mit einer bestimmten Behinderungsart (meist lernbehinderte oder geistig behinderte Kinder) geführt.
- **Abteilung:** Innerhalb einer Sonderschulklasse wird eine Gruppe von Kindern mit einer anderen Behinderungsart unterrichtet (eher selten).
- **Therapeutische und funktionelle Übungen in Form von Kursen:** zusätzlicher kursmäßiger Sonderunterricht an allgemeinen Schulen oder an Sonderschulen (z. B. Sprachheilkurs, in dem Kinder mit sprachlichen Auffälligkeiten begleitend zum Unterricht gefördert werden).

Sonderpädagogische Kurse

Schülerhöchstzahl

Ein weiteres besonderes Merkmal der Sonderschulen stellt die **Schülerhöchstzahl pro Klasse** dar, die je nach Sonderschulart zwischen acht und fünfzehn Kindern liegt, ein Grenzwert, der im Schulalltag derzeit nur selten erreicht wird (siehe auch amtliche Schulstatistik). Für die Vorschulstufe werden diese Mindestschülerzahlen noch geringer angesetzt.

1.3 Lehrpläne und Unterrichtsinhalte

Eigene Lehrpläne

Je stärker sich eine Behinderung auf die Erziehung und den Unterricht auswirkt, umso notwendiger ist auch eine Anpassung jener staatlichen Vorschriften, in denen geregelt wird, was und wie an Sonderschulen unterrichtet werden soll.

Manche Bildungsinhalte, verankert in entsprechenden Pflichtgegenständen, können bei bestimmten Behinderungen nicht oder nicht vollständig vermittelt werden, wie zum Beispiel nur visuell vermittelbare Inhalte bei blinden Kindern oder nur auditiv vermittelbare Inhalte bei gehörlosen Kindern. Gleiches gilt für kompliziertere theoretische Sachverhalte oder Erkenntnisse bei eingeschränkten geistigen Voraussetzungen etwa lernbehinderter oder geistig behinderter Kinder. Andererseits treten bei diesen eigenen Lehrplänen für blinde, gehörlose, lernbehinderte oder geistig behinderte Kinder zusätzliche Bildungsinhalte hinzu, die zur Kompensation der Behinderungsfolgen erforderlich sind oder eine besondere therapeutische Wirkung haben sollen.

Spezielle Methodik

Die didaktischen Grundsätze der Lehrpläne bilden den Niederschlag der im Laufe von Jahrzehnten gesammelten Erfahrungen, wie effektiver Unterricht bei behinderten Kindern gestaltet werden sollte. Hier liegt unzweifelhaft auch ein historisches Verdienst des Sonderschulbereichs, der die jeweils spezielle Methodik bis hin zu Lehrmitteln und eigenen Schulbüchern entwickelt hat und sie im Wege der Sonderschullehrerbildung tradiert.

1.4 Sonderschulbedürftigkeit und Sonderschulaufnahme [1)]

Das Schulpflichtgesetz legt in § 8 Abs. 1 die Sonderschulbedürftigkeit fest:

Gesetzestext

"Schulpflichtige Kinder, die infolge physischer oder psychischer Behinderung dem Unterricht in der Volks- oder Hauptschule nicht zu folgen vermögen, aber dennoch schulfähig sind, haben [...] ihre allgemeine Schulpflicht in einer ihrer Eigenart und Schulfähigkeit entsprechenden Sonderschule oder einer Volks- oder Hauptschule angeschlossenen Sonderschulklasse zu erfüllen, soweit solche Schulen (Klassen) vorhanden sind und der Schulweg den Kindern zumutbar oder der Schulbesuch aufgrund der mit Zustimmung der Eltern oder sonstigen Erziehungsberechtigten des Kindes erfolgten Unterbringung in einem der Schule angegliederten oder sonst geeigneten Schülerheim möglich ist."

Operationalisierungsversuche in der Praxis

In der Praxis bietet diese Bestimmung der Lehrerin/dem Lehrer für die Beurteilung von Sonderschulbedürftigkeit keine ausreichende Entscheidungshilfe. Die verschiedentlich zu beobachtenden Definitionsversuche orientieren sich meistens relativ willkürlich an der Schulleistung (z. B. zwei Jahre Schullaufbahnverlust, zweimalige Wiederholung derselben Schulstufe usw.) in Verbindung mit Einschätzungen des Schülerverhaltens ("zeigt sich überfordert", "resigniert", "entwickelt oder zeigt Verhaltensstörungen" usw.). Nicht zu vernachlässigen sind jene Faktoren, die durch zahlreiche Analysen zur Leistungsbeurteilung und zu den geschlechtsspezifischen Proportionen der SchülerInnen an Sonderschulen belegt werden (vgl. *Ingenkamp,* 1971, S. 181).

Einflußfaktoren

[1)] Siehe auch Seite 257ff.

Durchschnittszensuren von 958 Mädchen und 940 Buben des 4. Schuljahres in drei Haltungs- und sechs Leistungsfächern in der Bundesrepublik Deutschland (zit. nach: *Ingenkamp*, 1971, S. 181):

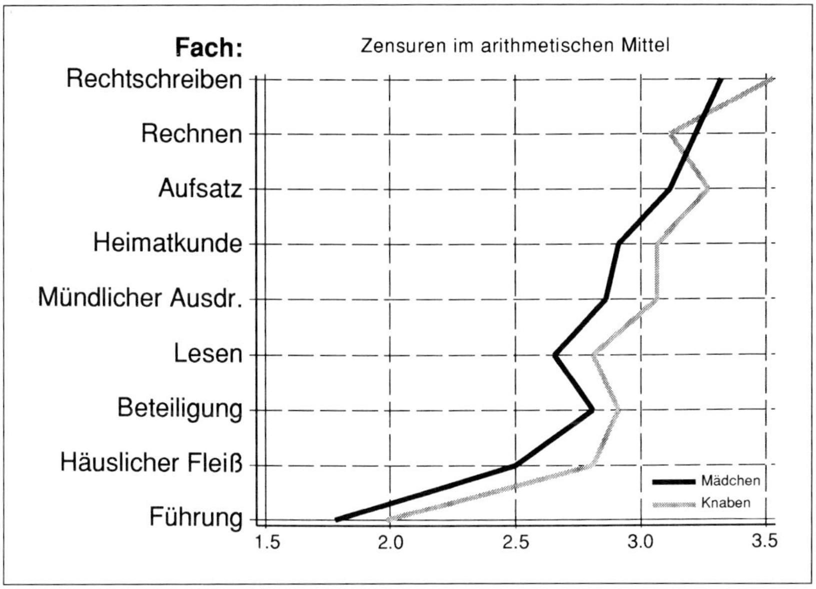

Geschlechterproportion der Kinder an österreichischen Sonderschulen (Berechnungen aus der Schulstatistik des Schuljahres 1990/91):

Knaben: 11 147 oder 60,84 %
Mädchen: 7 175 oder 39,16 %

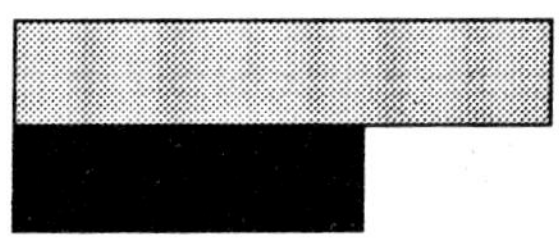

Mangelnde Förderung

Der Umstand, daß LehrerInnen bei Kindern mit angepaßtem Sozialverhalten auch gravierende Lernschwächen tolerieren, birgt jedoch auch die Gefahr in sich, daß Kinder mit besonderen Erziehungsbedürfnissen zwar in den Unterricht einer Volksschulklasse einbezogen und dort geduldet werden, ein individuelles, auf ihre Lernvoraussetzungen abgestimmtes Förderprogramm jedoch nicht entwickelt wird bzw. mangels Voraussetzungen bei GrundschullehrerInnen entwickelt werden kann. Eine solche **"wilde" oder "stille" Integration** ohne angemessene Begleitmaßnahmen mag zwar im Hinblick auf die sozialen Beziehungen und das Verbleiben in der Altersgruppe begrüßenswert sein, wird jedoch andererseits unter Umständen eine bestmögliche Ausbildung und Lebensvorbereitung verhindern.

Stille Integration

Behinderung und pädagogische Relevanz

Bei körper- und sinnesbehinderten Kindern, deren Behinderung offenkundig und sichtbar ist, wird häufig die Schlußfolgerung gezogen, daß sie dadurch von vornherein sonderschulbedürftig wären. Eine Behinderung ist jedoch pädagogisch nur relevant, wenn sie eine "Störung der Bildsamkeit" *(Bleidick*, 1978, S. 89) nach sich zieht. Wenn eine altersentsprechende Bildungsfähigkeit vorliegt und die Folgen der Behinderung durch medizinische oder technische Hilfsmittel weitgehend ausgeglichen werden können, liegt auch keine Sonderschulbedürftigkeit vor.

Selektionsdiagnostik versus Förderdiagnostik

Die einseitige Fragestellung "Ist das Kind sonderschulbedürftig?" – noch weitgehend bestimmt durch den überholten Ansatz einer **Selektionsdiagnostik** – sollte daher durch die Fragestellung "Wo liegen die Schwierigkeiten, und wie können sie behoben werden?" im Sinne einer **Förderdiagnostik** ersetzt werden. Gerade diese ist ja als wesentliche Voraussetzung für gezielte Hilfestellungen unentbehrlich.

Auslöser für Sonderschulaufnahme

Überprüfung

Den Anstoß zu einer Aufnahme in eine Sonderschule gibt im allgemeinen die Volksschule, wenn dort alle Förderungsmöglichkeiten ausgeschöpft worden sind und wenn nicht eine höhergradige Behinderung von vornherein zu einer direkten Einschulung in einer Sonderschule geführt hat. Die Aufgabe aller Prüfverfahren, die von Gesetzes wegen (vgl. Schulpflichtgesetz § 8 Abs. 2) in diesem Zusammenhang vorgesehen sind, ist, Art, Umfang und vielleicht auch Ursache der Behinderung herauszufinden, was nicht automatisch gleich zu einer Sonderschulaufnahme führen muß. Meistens wird mit diagnostischen Überprüfungen so lange gewartet, bis alle Beteiligten den Eindruck gewonnen haben, daß "es so nicht mehr weitergeht".

Die folgende Übersicht zeigt den vorgesehenen Ablauf des **Überprüfungsverfahrens** (aus: *Brezovich/Wolf,* 1986, S. 47):

Begründeter Antrag auf Aufnahme in eine bestimmte Sonderschulart durch:

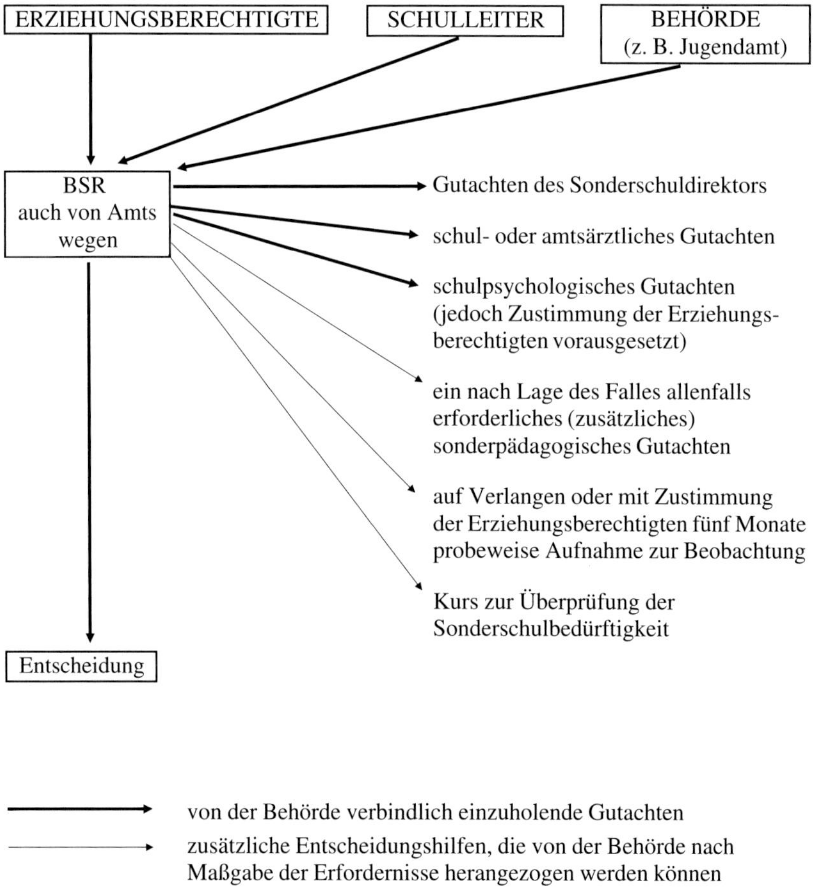

Nach Durchführung der dargestellten Überprüfungen liegt rein rechtlich die Zuständigkeit für eine Entscheidung beim Bezirksschulrat, doch gehen die laufenden Empfehlungen in die Richtung, eine gemeinsame Beratung mit Eltern und Sachverständigen anzusetzen, um den unpersönlichen und anonymen Behördenakt in Bescheidform durch eine gemeinsame Beratung über die günstigsten Maßnahmen und die geeignetste Bildungslaufbahn eines Kindes zu ersetzen (siehe auch den Grundsatzerlaß "Körperbehinderte und sinnesbehinderte Kinder im Schulwesen Österreichs", Erlaß des BMUKS, Zl. 36.153/20-I/1c/86 vom 29. April 1986).

Bescheid des Bezirksschulrates

Schullaufbahnberatung

Im Zusammenhang mit der Frage der Sonderschulbedürftigkeit soll noch auf folgende Regelungen hingewiesen werden: Wenn alle Möglichkeiten von Hilfestellung in der Volksschule erfolglos sind und abzuschätzen ist, daß ein Kind durch ein weiteres Verbleiben in einer Volksschulklasse Schaden nimmt, kann der Besuch einer Sonderschule von Gesetzes wegen auch gegen den Willen der Eltern erzwungen werden. Gleiches gilt zum Beispiel auch bei der gerichtlichen Anordnung von Erziehungshilfe.

Anordnung der Sonderschulaufnahme

In voller Übereinstimmung mit diesen Regelungen stellte auch der Verwaltungsgerichtshof in seinem Erkenntnis vom 27. September 1982 (Zl. 82/10/0127) fest, daß an einem **zeitgerechten Besuch** einer jeweils in Betracht kommenden Sonderschule ein **zwingendes öffentliches Interesse** besteht, wenn die der Bildungsfähigkeit des Kindes angemessene schulische Ausbildung nicht anders als durch eben diese Sonderschule gewährleistet werden kann. (Siehe auch die Untersuchung von *Haeberlin u. a.*, S. 53f., in diesem Buch!)

1.5 Zur Sonderschulbedürftigkeit körperbehinderter und sinnesbehinderter Kinder

Wegen der grundlegenden Bedeutung und bildungspolitischen Weichenstellung in Richtung auf einen gemeinsamen Unterricht sinnes- und körperbehinderter und nichtbehinderter Kinder werden wichtige Abschnitte **des Erlasses "Körperbehinderte oder sinnesbehinderte Kinder im Schulwesen Österreichs"** wiedergegeben:

Grundsatzerlaß

"Das österreichische Schulwesen baut auf der Zielsetzung auf, jedes Kind seiner Altersstufe und Bildungsfähigkeit entsprechend bestmöglich zu fördern.

Von einer gemeinsamen Bildung behinderter und nichtbehinderter Kinder sind erfahrungsgemäß positive Auswirkungen hinsichtlich der Entwicklung gegenseitigen Verständnisses und anderer wichtiger Qualitäten des Zusammenlebens zu erwarten. Entsprechend den allgemeinen Zielsetzungen des österreichischen Schulwesens und mit Bezug auf den didaktischen Grundsatz, die Eigenart des Schülers und seine Entwicklungsstufen zu berücksichtigen, muß es daher ein wichtiges Anliegen sein, benachteiligte oder beeinträchtigte Kinder zu unterstützen. Dies verlangt auch einen besonderen Einsatz des Lehrers und der Schulgemeinschaft und stellt die Leistungsbereitschaft und Leistungsfähigkeit des allgemeinen Schulwesens unter Beweis.

Gemeinsamer Unterricht

Auftrag an die Schulgemeinschaft

Bildungs- und Schullaufbahnbetreuung für körper- oder sinnesbehinderte Kinder

Bei körper- oder sinnesbehinderten Kindern sind Bildungswegentscheidungen häufig mit Unsicherheiten besetzt und schwierig zu treffen. Besonders relevant ist dabei die

Sonderschule oder allgemeine Schule

Frage, ob bei entsprechender Förderung der Besuch einer allgemeinen Schule möglich ist oder ob eine Aufnahme oder ein Verbleib in der Sonderschule den günstigeren Bildungsweg für ein Kind darstellt. Sowohl die Eltern oder Erziehungsberechtigten als auch der Schulleiter und die Lehrer einer allgemeinen Schule benötigen bei diesen Entscheidungen von großer Tragweite eine umfassende Information und Beratung.

Beratungsteam

Aus diesem Grund ist ein Beratungsgremium (Schul- und Schullaufbahnberatung) einzurichten, das Entscheidungshilfen, Vorschläge und Maßnahmen in den folgenden Bereichen bereitstellen soll:

Fragestellungen

- Einschätzung der Bildungsfähigkeit für einen Schultyp unter Berücksichtigung der jeweiligen schulischen Gegebenheiten und deren Verbesserungsmöglichkeiten;
- Aufzeigen und Besprechung vorhandener Alternativen (Schulformen);
- langfristige Bildungsmöglichkeiten (Umstiegsmöglichkeiten, Anschlußausbildungen, berufliche Relevanzen);
- für den Schulbesuch notwendige organisatorische Maßnahmen (Transportfragen, Klassenräume, architektonische Barrieren);
- zusätzliche Betreuung durch speziell ausgebildete Lehrer (insbesondere Sonderschullehrer der verschiedenen Fachrichtungen);
- spezifische Hilfsmittel und Hilfeleistungen für den Unterricht (Bedarf, Beantragung, Finanzierung);
- Aufklärungs- und Öffentlichkeitsarbeit zur Vorbereitung der Aufnahme eines körper- oder sinnesbehinderten Kindes in eine allgemeine Schule (Organisation von Elternabenden, Lehrerkonferenzen usw.).

Zur Beurteilung der Sonderschulbedürftigkeit

Bei der Beurteilung der Bildungsmöglichkeiten eines sinnes- oder körperbehinderten Kindes ist in jedem Fall die Möglichkeit zu prüfen, ob auch eine allgemeine Schule besucht werden kann. Auf die Bestimmungen über die probeweise Aufnahme gemäß § 8 des Schulpflichtgesetzes und die Durchführung von Kursen zur Überprüfung der Sonderschulbedürftigkeit gemäß § 25 Abs. 6 des Schulorganisationsgesetzes wird besonders hingewiesen.

Verbesserungen

Vor einer Entscheidung über die Aufnahme eines Kindes sind alle Möglichkeiten für organisatorische, pädagogische und therapeutische Hilfestellungen zu prüfen, welche die Leistungsfähigkeit einer allgemeinen Schule so erweitern können, daß auch ein sinnes- oder körperbehindertes Kind das Lehrziel der Schulart erreichen bzw. langfristig und erfolgreich gebildet werden kann.

Einschränkende Bemerkungen

Gründe für den Sonderschulbesuch

Trotz der grundsätzlichen Befürwortung eines gemeinsamen Unterrichtes von behinderten und nichtbehinderten Kindern können gewichtige Gründe auch gegen eine solche Maßnahme sprechen.

Die besonderen Lernvoraussetzungen einzelner behinderter Kinder können manchmal einen Unterrichtsaufbau und eine Unterrichtsführung erfordern, wie sie an einer allgemeinen Schule nicht geboten werden können.

Bei der Unterrichtsgestaltung darf nicht im Sinne einer falsch verstandenen Integration und zu Lasten einer grundlegenden Ausbildung des behinderten Kindes auf notwendige Leistungsforderungen und Fertigkeiten völlig verzichtet werden.

Durch die erhöhten Anforderungen und Belastungen, denen das behinderte Kind unterliegt, um die Folgen seiner Beeinträchtigung auszugleichen, kann auch die Gesamtentwicklung ungünstig beeinflußt werden. In diesem Fall oder wenn wesentliche medizinische Gründe dies erfordern, ist zu prüfen, ob nicht eine Aufnahme in eine Sonderschule der Bildungssituation des Kindes besser gerecht werden kann."

1.6 Statistische Kennwerte des Sonderschulwesens

Die folgende Übersicht zeigt die Zahl aller Schulen, Klassen und SchülerInnen an Sonderschulen (einschließlich der angeschlossenen Sonderschulklassen) in Österreich, gegliedert nach Bundesländern im Schuljahr 1990/91 nach Angaben der Schulaufsicht für das Sonderschulwesen:

Schulen, Klassen, SchülerInnen

	Schulen	Klassen	SchülerInnen	relativer Anteil an allen Schulpflichtigen	relativer Anteil der ASO-SchülerInnen an allen Schulpflichtigen
Burgenland	9	72	404	1,65 %	1,32 %
Kärnten	30	182	1 261	2,22 %	1,32 %
Niederösterreich	140	476	3 658	2,83 %	2,20 %
Oberösterreich	35	472	3 235	2,26 %	1,43 %
Salzburg	22	159	1 153	2,09 %	1,31 %
Steiermark	40	372	2 357	2,27 %	1,73 %
Tirol	42	211	1 461	2,48 %	1,39 %
Vorarlberg	21	123	921	2,72 %	2,18 %
Wien	37	488	4 270	4,44 %	2,63 %
Österreich	376	2 555	18 720	2,68 %	1,77 %

2,68 % aller Kinder im schulpflichtigen Alter

Insgesamt werden in Österreich 2,68 % aller Kinder im schulpflichtigen Alter (inklusive jener in 5. bis 9. Schulstufen an allgemeinbildenden höheren Schulen) in Sonderschulen unterrichtet. 1,77 % aller SchülerInnen besuchen Allgemeine Sonderschulen.

Unterschiedlicher Sonderschüleranteil

Der **unterschiedliche Sonderschüleranteil in den verschiedenen Bundesländern** läßt verschiedenste Interpretationen zu, wobei die Diskrepanzen bei einer Aufschlüsselung nach Schulbezirken noch auffallender wären. Unter der Voraussetzung einer gleichen Wahrscheinlichkeit für das Auftreten von Behinderungen in den verschiedenen Regionen ist die Schlußfolgerung zulässig, daß die Zahl der Sonderschulaufnahmen von einer Vielzahl von Faktoren beeinflußt wird und nicht nur objektive und einheitliche Kriterien maßgeblich sind.

Größenordnung der Sonderschularten

Hinsichtlich der Sonderschularten ergibt sich, daß im Bundesländerdurchschnitt rund zwei Drittel aller SonderschülerInnen, nämlich 12 364 Kinder, Allgemeine Sonderschulen besuchen. Unter den verbleibenden Sonderschularten stellt die Sonderschule für schwerstbehinderte Kinder die zweitstärkste Gruppe mit rund 3 400 Kindern dar. Der Sprung zur Sonderschule für körperbehinderte Kinder mit rund 700 Kindern besagt schon, daß alle anderen Sonderschularten vergleichsweise geringe Schülerzahlen aufweisen.

Zahlenmäßige Entwicklung in den letzten zehn Jahren

Eine graphische Darstellung der Entwicklung der wichtigsten schulstatistischen Parameter in den letzten zehn Jahren zeigt, daß die allgemeine demographische Entwicklung auch im Sonderschulwesen wirksam geworden ist (wahrscheinlich sogar überproportional). Das rasante Absinken der Schülerzahlen wurde zwar nicht linear auf die Klassenzahlen und damit auf die Organisationshöhe weitergegeben, bedeutet jedoch mittelfristig, daß viele zwei- oder dreiklassige Sonderschulen aufgelassen werden müssen. Umgekehrt ergeben sich aus den niedrigen Schülerzahlen **Individualisierungs- und Betreuungsmöglichkeiten wie nie zuvor**. Hinzu kommt, daß im gleichen Zeitraum auch die Zahl der SonderschullehrerInnen nicht vermindert wurde, sodaß für die schulische Erziehung behinderter Kinder auch im internationalen Vergleich gute Voraussetzungen gegeben sind (gemessen an den Parametern Lehrer-Schüler-Relation und Klassenschülerzahlen).

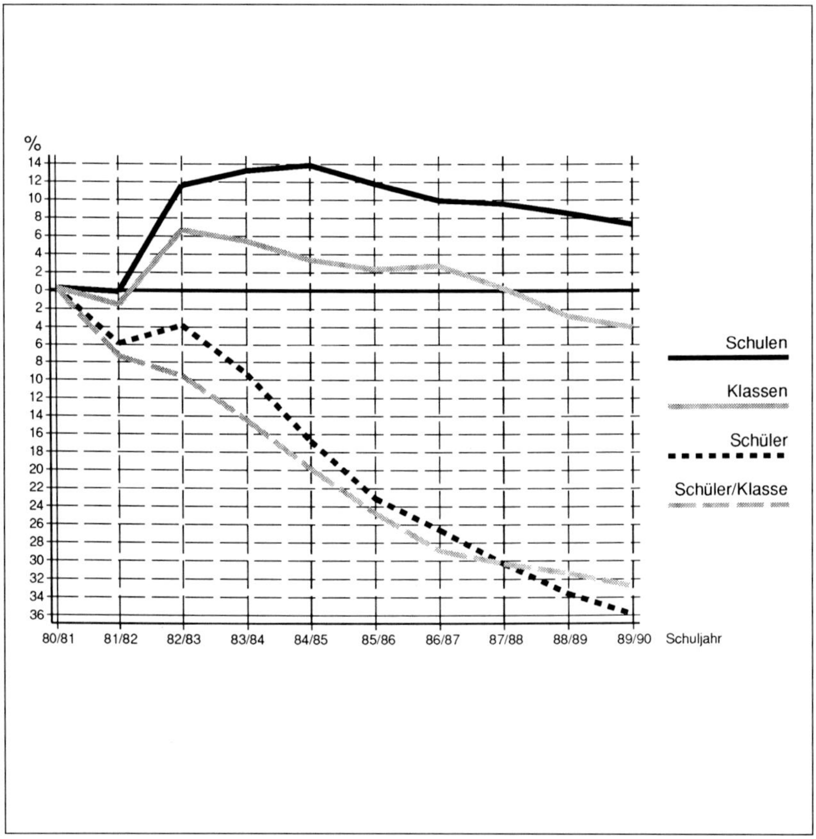

2. Ansatzpunkte für einen Unterricht behinderter Kinder in allgemeinen Schulen

Wer die der Volksschule vom Schulorganisationsgesetz her zugedachten Aufgaben betrachtet, findet neben den allgemeinen Richtzielen des § 2 den Auftrag, eine für alle SchülerInnen **gemeinsame Elementarbildung** zu vermitteln. Dabei soll den Kindern eine grundlegende und ausgewogene Bildung im sozialen, emotionalen, intellektuellen und körperlichen Persönlichkeitsbereich ermöglicht werden.

Gemeinsame Elementarbildung

Obwohl Kinder mit Bildungsbeeinträchtigungen oder Behinderungen nicht ausdrücklich erwähnt sind, hat die Reform des Lehrplans der Volksschule in den letzten Jahren keinen Zweifel daran gelassen, daß es erklärte Absicht und bildungspolitisches Ziel ist, daß sich die Grundschule "auf ihr Selbstverständnis als eine Schule der Kindheit und für die Kinder besinnt" (aus dem Geleitwort des Lehrplans).

Grundschule als Schule für alle Kinder

In zahlreichen Aussagen werden diese Zielsetzungen vertieft und präzisiert, wie z. B. bei der **Beschreibung des allgemeinen Bildungsziels** (*Egger u. a.*, 1989, S. 33):

"Der umfassende Bildungsauftrag der Grundschule setzt sich die individuelle Förderung eines jeden Kindes zum Ziel. Dabei soll einerseits der individuellen Erziehungsbedürftigkeit und Bildsamkeit der Schüler entsprochen werden, andererseits bei allen Schülern eine kontinuierliche Lernentwicklung angebahnt werden.

Förderung

Volksschule als sozialer Lebens- und Erfahrungsraum:

Die Schule ist ein vielfältiger Erfahrungs- und Handlungsraum für Schüler, Lehrer und Eltern. Schulleben geht über den Unterricht weit hinaus. Neben sachlichem Lernen findet in der Schule immer auch soziales Lernen in unterschiedlichen Formen und Situationen statt."

Schule als Lebensraum

In den Didaktischen Grundsätzen "Kindgemäßheit und Berücksichtigung der Lernvoraussetzungen" und "Differenzieren und Fördern" werden immer wieder die unterschiedlichen Lernvoraussetzungen der einzelnen SchülerInnen betont, und es wird auf Möglichkeiten hingewiesen, wie den individuellen Voraussetzungen der einzelnen SchülerInnen besser entsprochen werden kann.

Didaktische Grundsätze

Der Lehrplan erschöpft sich jedoch nicht nur in appellativen Forderungen, sondern zählt in einem eigenen Abschnitt "Lernen und Lehren in der Grundschule" (Punkt 7 der Allgemeinen Bestimmungen) auch wichtige grundschulgemäße Lernformen auf, **die gemeinsames Lernen von Kindern mit unterschiedlichen Lernvoraussetzungen ermöglichen und begünstigen**:

Lernformen

- Lernen im Spiel,
- offenes Lernen,
- projektorientiertes Lernen,
- entdeckendes Lernen,
- informierendes Lernen,
- wiederholendes und übendes Lernen u. a. m.

Das gegenüber einer frontalunterrichtlichen Drillschule deutlich gewandelte Erscheinungsbild der Volksschule in Verbindung mit einer modern ausgebildeten, sozial aufgeschlossenen Lehrerschaft und verbesserten Arbeitsbedingungen (bessere Arbeitsmittel, geringere Schülerzahlen usw.) hat auch die Möglichkeiten einer adäquaten Erziehung von Kindern mit Bildungsbeeinträchtigung und Behinderungen in der Volksschule deutlich verbessert.

Streuung der Leistungsfähigkeit

Da die Volksschule jeweils nahezu einen gesamten Altersjahrgang umfaßt, gibt es in jeder Volksschulklasse eine große Streubreite in der Leistungsfähigkeit der Kinder, die von Lernschwäche oder gar Lernbehinderung bis zur Hochbegabung reichen kann. Die Schulentwicklung hat sich von jeher bemüht, diese Gegebenheiten durch organisatorische Maßnahmen, geeignete Lernformen und Arbeitsmittel u. a. bestmöglich zu berücksichtigen. Auf die in den Didaktischen Grundsätzen des Lehrplans diesbezüglich verankerten Aufträge wurde bereits hingewiesen. Die Voraussetzungen und die Entwicklung des einzelnen Kindes und die Zielsetzung, den durch den Lehrplan zumindest rahmenhaft festgelegten Bildungsauftrag zu erfüllen, führen jedoch manchmal dazu, daß Kinder an die Grenze ihrer Leistungsfähigkeit gelangen oder gar Schulversagen eintritt. Derartige Abweichungen von der Altersnorm sowohl im Leistungs- als auch im Verhaltensbereich sind nicht nur für das Kind, sondern auch für die Lehrerin/den Lehrer mit Mißerfolgserlebnissen und Unsicherheiten verbunden.

Maßnahmen zur Differenzierung

Die Schwelle, ab wann ein Kind als "Problemschüler" eingeschätzt wird, hängt dabei von vielen Faktoren ab und ist von Lehrer zu Lehrer unterschiedlich. Bei Kindern mit Beeinträchtigungen und Lernschwächen wird sie in starkem Ausmaß vom Lehrplan, der Unterrichtsführung, der Leistungssituation in der Klasse und den verinnerlichten Leistungsansprüchen der Lehrerin/des Lehrers selbst bestimmt.

Neben einem vertieften Bemühen der LehrerInnen im Unterricht, den Schwierigkeiten auf den Grund zu gehen und sie zu mindern oder zu beheben, sind **im Rahmen der Grundschule** derzeit folgende Maßnahmen möglich:

Förderunterricht

- **Förderunterricht:**
  Er bietet die Möglichkeit, Lernprozesse durch gezielte Übungen, individualisierende Arbeitsweisen, intensivierte Lehrerhilfen und zeitlich längeres Verweilen an Stoffelementen zu unterstützen, einzelnen Schülerinnen und Schülern den Anschluß an den Lernfortschritt der Klasse zu sichern sowie vorhandene Lücken zu schließen (Punkt 7 der Didaktischen Grundsätze des Volksschullehrplanes).

Kurse

- **Therapeutische und funktionelle Übungen in Form von Kursen:**
  Die bekanntesten Formen sind der Sprachheilkurs und der Legasthenikerkurs. In § 25 Abs. 6 des SchOG ist weiters vorgesehen, daß für SchülerInnen an Volksschulen, bei denen ein Verfahren gemäß § 8 des Schulpflichtgesetzes (Aufnahme in der Sonderschule) eingeleitet worden ist, für die Überprüfung der Sonderschulbedürftigkeit Kurse durchgeführt werden können.

SpezialistInnen

- **Beratende Einrichtungen:**
  Schulpsychologischer Dienst, SonderschullehrerInnen mit Spezialaufgaben (z. B. Beratungs-, Betreuungs-, mobile SonderschullehrerInnen für sinnesbehinderte Kinder), medizinische Ambulanzen und Kliniken, heilpädagogische Stationen usw.

- **Maßnahmen der äußeren Differenzierung** (Parallelklasse, Rückstellung, Klassenwiederholung):
  Diese Möglichkeiten werden hinsichtlich ihrer Effektivität pädagogisch immer wieder diskutiert und wären vor allem unter dem Blickwinkel zu sehen, ob dadurch ein Beitrag zu günstigeren Entwicklungsbedingungen eines Kindes geleistet werden kann.

Die wesentlichste Zielrichtung der **Schulversuche** zum gemeinsamen Unterricht behinderter und nichtbehinderter Kinder besteht in einer Verbesserung der Leistungsfähigkeit der allgemeinen Schule, um den besonderen Erziehungsbedürfnissen behinderter Kinder innerhalb der allgemeinen Schule besser gerecht werden zu können. Dies gelingt in der Grundschule meist durch **zusätzlichen Einsatz von SonderpädagogInnen** gut, stößt aber in der Sekundarstufe I durch die differenzierte Unterrichtsorganisation, das Fachlehrersystem, den Fachunterricht, das Bildungsziel und die zunehmende Ausrichtung auf Weiterbildung und Berufsvorbereitung auf größere Schwierigkeiten.

Bessere Grundschule, weniger Sonder-schülerInnen

3. Neue Vorstellungen und Modelle zum gemeinsamen Unterricht behinderter und nichtbehinderter Kinder [1)]

Während die Schaffung eigenständiger Bildungseinrichtungen für behinderte Kinder in Österreich über Jahrzehnte, wenn nicht Jahrhunderte als besondere pädagogische und sozialpolitische Leistung anerkannt worden ist, bringen geänderte gesellschaftliche und pädagogische Erkenntnisse und Einstellungen auch Veränderungen in der Auffassung über die schulische Erziehung:

Keine Aussonderung

- Viele Eltern behinderter Kinder wollen einen frühzeitigen Ausschluß ("Aussonderung") ihrer Kinder aus der Gruppe der Gleichaltrigen vermeiden. Was häufig bereits im Kindergarten in Form einer gemeinsamen Förderung begonnen wird, sollte nach ihrer Meinung auch in der Schule fortgeführt werden. Viele Eltern organisieren sich daher in verschiedenen Vereinen und Initiativgruppen, um als wesentlichster Motor dieser Bewegung ihre Vorstellungen besser durchsetzen zu können (**schulische Integration**).

Stigmatisierung

- In der allgemeinen gesellschaftlichen Bewertung wird der Besuch einer Sonderschule häufig als zusätzliche **Stigmatisierung** eines ohnehin bereits beeinträchtigten Kindes gesehen. Zur Behinderung tritt eine gesellschaftliche Abwertung hinzu, weil aufgrund weitverbreiteter Vorurteile vielfach Sonderschulbesuch mit Begriffen wie Schwachsinn, Unfähigkeit, Faulheit usw. gleichgesetzt wird.

Internate

- Viele Behinderungen treten relativ selten auf. Das Netz der zugeordneten Sonderschulen ist daher ziemlich weitmaschig (häufig nur eine Schule im Bundesland), was entweder zu sehr **langen Schulwegen** bzw. Schülertransporten oder **Heimaufnahmen** führt. Beides wird von vielen Eltern als zusätzliche Belastung ihrer Kinder angesehen.

Integration als gesellschaftlicher Wert

- **Integration** ist eine Wertvorstellung, die in weiten Teilen der Bevölkerung einen hohen Rang einnimmt. Sie beinhaltet die Bejahung des menschlichen Grundbedürfnisses nach freier Teilhabe am sozialen Leben und die Erziehung zur sozialen Akzeptanz und Solidarität. Von vielen Eltern und Lehrerinnen und Lehrern wird dieser Wert als sehr positiv angesehen und vertreten. Seine Realisierung ist jedoch mit einem separierenden Sonderschulsystem schwer in Einklang zu bringen.

Internationale Vergleiche

- In vielen Ländern der Welt werden behinderte Kinder nicht von vornherein in eigene Schulen aufgenommen, sondern es wird versucht, wo immer es möglich ist, beide Gruppen gemeinsam zu unterrichten (z. B. beim amerikanischen Prinzip des "mainstreaming"). Viele Länder (von Osteuropa abgesehen) mit vergleichbar differenziertem Schulsystem wie Österreich bemühen sich ebenfalls seit längerer Zeit vermehrt um schulische Integration.

Anerkennung behinderter Menschen in ihrem So-Sein

- Der Glaube an die Allmacht der Spezialisten und Therapeuten wird zunehmend – auch mit Auswirkungen auf den Sonderschulbereich – erschüttert. Der Hauptvorwurf besteht darin, daß durch Medizin und Therapie der "Defekt" eines Menschen in den Vordergrund gestellt, der Mensch selbst in einzelne Teile und Funktionen zerlegt und ihm damit seine eigene "Abweichung" ununterbrochen vor Augen geführt würde.

[1)] Siehe auch Seite 257ff.

- In einer Reihe von Untersuchungen wird auch die Bildungs- und Erziehungsarbeit in Sonderschulen hinsichtlich ihrer Auswirkungen auf die Gesamtentwicklung eines behinderten Kindes in Frage gestellt (vgl. *Kniel*, 1979; *Preuss-Lausitz*, 1981; *Hauer*, 1990).

Effizienzuntersuchungen

Aus diesen Gründen ist es naheliegend, daß auch in Österreich schulpolitisch verstärkt Initiativen gesetzt worden sind, **den gemeinsamen Unterricht behinderter und nichtbehinderter Kinder zu unterstützen** und im Wege von Schulversuchen dafür neue Modelle zu entwickeln.

3.1 Leitideen der schulischen Integration

Durch die aufgezeigten Entwicklungen haben sich in den meisten Bundesländern Initiativen gebildet, die in erster Linie von betroffenen Eltern, aber auch von Lehrerinnen und Lehrern getragen sind und die auf eine Veränderung und Verbesserung der Erziehungssituation und Lebensbedingungen behinderter Kinder abzielen.

Elterninitiativen

Die wesentlichsten Leitideen können verschiedenen Modellbeschreibungen entnommen werden, die vom Bundesministerium für Unterricht und Kunst genehmigt worden sind:

- Wir vertreten die Ansicht, daß die soziale Integration behinderter Menschen eine gesellschaftliche Entscheidung darstellt, und wir bekennen uns zu diesem Wert.

Soziale Integration

- Wir erachten die soziale Integration als ein Recht Behinderter und vorrangig gegenüber schulischen und therapeutischen Maßnahmen, sofern der Behinderte bzw. dessen Interessenvertretung dies will.
- Wir glauben, daß die Ablehnung Behinderter durch die Gesellschaft keinen Teufelskreis darstellt, sondern vor allem durch soziale Integration in der Vor- und Grundschule verändert werden kann.
- Wir haben erlebt, daß die Integration Behinderter in der Regelschule vielleicht ein verunsicherndes Abgehen von schulischen und gesellschaftlichen Traditionen, eine Vergrößerung des Arbeitsaufwandes und der Kosten in der Anfangsphase bedeutet, jedoch vor allem eine außerordentliche Bereicherung der Lebenserfahrung und Lebensqualität für alle Beteiligten.

Bereicherung

Gerade behinderte Kinder bedürfen der Anregung und Impulse, die von gesunden Kindern ausgehen. Sie brauchen aber auch die Möglichkeit, in alltäglicher und behutsamer Auseinandersetzung mit einem realitätsgerechten sozialen Umfeld Erfahrungen zu sammeln, um ihre Identität zu finden und sich später behaupten zu können. Ebenso erhalten gesunde Kinder in dieser sozial prägenden Entwicklungsphase die Chance, im Miteinander mit dem behinderten Kind zu lernen, Individualität und Normabweichung zu achten, Rücksicht zu nehmen und Hilfe dort zu leisten, wo sie nötig ist.

Modellernen

Soziales Lernen

3.2 Schulversuchsmodelle zum gemeinsamen Unterricht behinderter und nichtbehinderter Kinder

Ausbau des Sonderschulwesens

Die Entwicklung des Sonderschulbereichs in der Nachkriegszeit war von der Tendenz geprägt, das selbständige Sonderschulwesen weiter auszubauen und zu perfektionieren. Die methodisch-didaktischen Kenntnisse der LehrerInnen wurden erweitert, spezifische Hilfsmittel und Ausstattungen bis hin zu eigenen Schulbüchern wurden entwickelt, und die Lehrpläne wurden auf die Bildungsvoraussetzungen der Kinder abgestimmt. Durch die Verselbständigung und die damit verbundenen Separationstendenzen wurden vielfach die Möglichkeiten aus dem Auge verloren, den besonderen Erfordernissen für die Erziehung behinderter Kinder dort zu entsprechen, wo sie meistens mit ihrem Schulbesuch beginnen, nämlich in der Grundschule.

Abkoppelung

Zwischenstufen der sonderpädagogischen Förderung

Auch in Österreich wurde Sonderpädagogik in vielen Bereichen auf Sonderschulpädagogik reduziert. Zwischen den Alternativen *Volksschule* oder *Sonderschule* wurden kaum **abgestufte sonderpädagogische Hilfestellungen** eingerichtet, wie sie zum Beispiel im folgenden Kaskadenmodell dargestellt werden (zit. nach: *Speck*, 1987, S. 336):

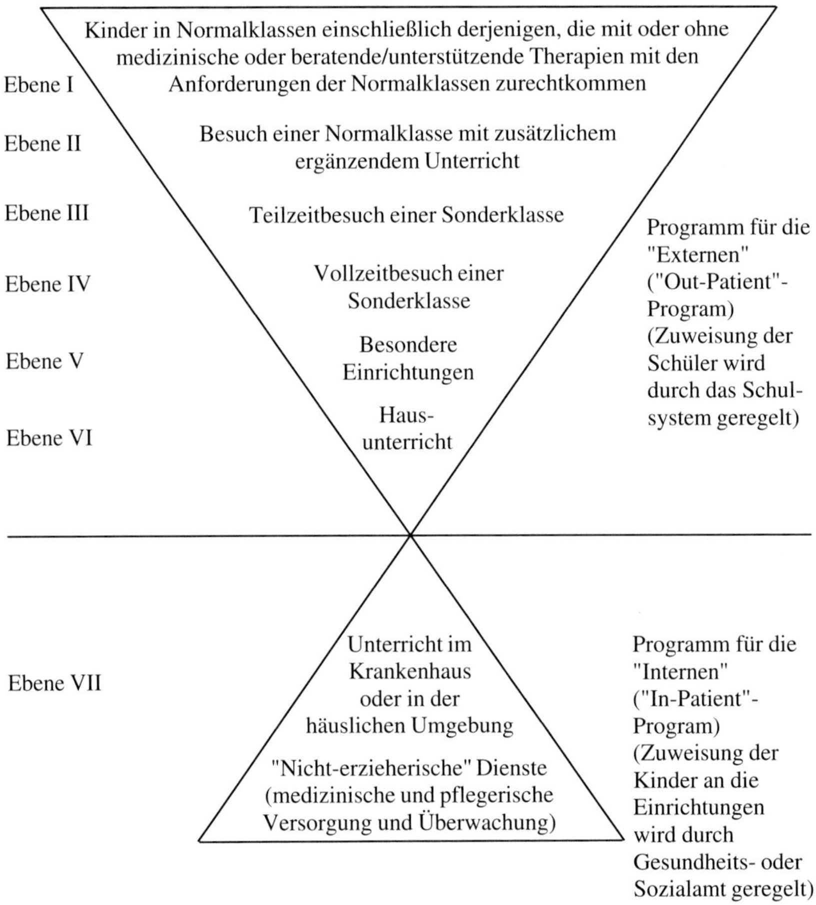

Kaskaden-System spezieller pädagogischer Dienste nach Deno

Aufgabe einer Reform des Systems der sonderpädagogischen Förderung muß daher sein, die **organisatorischen Bedingungen** zu schaffen, um den "besonderen Erziehungsbedürfnissen" behinderter Kinder dort gerecht zu werden, wo sie auftreten.

Dezentralisierung

Mit einer Novelle zum Schulorganisationsgesetz im Jahre 1988 wurden dafür die gesetzlichen Grundlagen geschaffen. Wegen des großen Interesses an diesen Schulversuchen wurde im Jahre 1991 der Schulversuchsrahmen deutlich erweitert. Nachdem die gesetzlichen Bestimmungen nur einen groben Rahmen vorgaben, eine Reihe von Schulversuchsmodellen jedoch bereits vorher existierte, wurde vom Bundesministerium für Unterricht und Kunst versucht, die wesentlichsten Modelle in einer **rahmenhaften Projektbeschreibung** zu fassen und zu publizieren (vgl. *Gruber/Petri* 1989).

SCHOG-Novellen

3.2.1 Integrative Klasse

"Das Grundanliegen dieses Schulversuchsmodelles ist darin zu sehen, daß besonderen Erziehungsbedürfnissen aller, auch behinderter Kinder, innerhalb des allgemeinen Schulwesens und dort wieder innerhalb einer Klasse besser entsprochen werden soll. Dadurch soll eine Ausgliederung behinderter Kinder, die den Anforderungen der allgemeinen Schule nicht entsprechen können, vermieden werden, ohne auf eine notwendige sonderpädagogische Förderung zu verzichten. Durch den gemeinsamen Unterricht behinderter und nichtbehinderter Kinder sollen auch jene sozialen Lernprozesse angebahnt werden und ablaufen, die für eine spätere gegenseitige gesellschaftliche Bewertung behinderter und nichtbehinderter Mitmenschen günstig sind. Als weiterer wichtiger Effekt sind aus dem Schulversuch Impulse für die Entwicklung von Lernformen für Kinder mit unterschiedlichen Lernvoraussetzungen zu erwarten." (*Gruber/Petri*, 1989, S. 22)

Heterogene Klasse

Wohnortnähe

Soziale Lernprozesse

Neue Lernformen

Die Proponenten dieses Schulversuchsmodells betrachten die völlige oder weitgehende Aufhebung der Absonderung behinderter Kinder als unverzichtbares Merkmal, weil nur so einer inhumanen Isolation und Etikettierung behinderter Kinder vorgebeugt werden könne. Viele Befürworter meinen, daß behinderte Kinder unter gewissen Voraussetzungen, wie individualisierendem, binnendifferenzierendem und schülerzentriertem Unterricht durch **zwei KlassenlehrerInnen**, wesentlich besser gefördert werden können als unter den derzeitigen Gegebenheiten.

Keine Isolation

Zwei KlassenlehrerInnen

Ein weiteres zentrales Merkmal neben dem zusätzlichen Sonderpädagogen in der Schulklasse wird in einer **Beschränkung der Schülerzahl auf etwa zwanzig Kinder** und einer bestimmten Relation zwischen behinderten und nichtbehinderten Kindern gesehen.

Geringere Schülerzahl

Die Grundlage für die Bildung der Lerngruppe soll vor allem die Zugehörigkeit zu einer Altersgruppe in einem bestimmten sozialen Umfeld sein, wobei kein Kind wegen einer Behinderung zurückgewiesen werden soll. Vom pädagogischen Anspruch her handelt es sich beim Modell der integrativen Klasse sicherlich um den konsequentesten Ansatz, der jedoch auch die höchsten Ansprüche im Hinblick auf die Gestaltung des Unterrichts stellt.

Integration ohne Ausnahmen

Probleme

Auf der Problemseite wäre neben dem Kostenfaktor vor allem die große Streubreite möglicher Behinderungen zu nennen, die die beiden LehrerInnen vor unlösbare Aufgaben stellt. Zunächst muß für jedes Kind ein individueller Zugang zum schulischen Lernen gesucht, gefunden und letztendlich auch "gemeinsam" begangen werden. Das mag ja nach einiger Erfahrung und bei hoher pädagogischer Kompetenz der LehrerInnen bis zu einem gewissen Grad gelingen. Wie aber z. B. ein sprachgestörtes Kind, ein lernbehindertes Kind, ein sehbehindertes Kind und ein erziehungsschwieriges Kind der jeweiligen Behinderung und Entwicklungsmöglichkeit entsprechend in einer solchen Klasse optimal gefördert werden kann, muß bei realistischer Sicht in Frage gestellt werden.

Individuelle Lehrplanzuordnung

Individueller Förderplan

In bezug auf die Lehrpläne wird der bisherige Vorgang in der Weise umgekehrt, daß nicht einzelne Kinder einem bestimmten Lehrplan und einer bestimmten Schulart zugeordnet werden, sondern daß umgekehrt ein der Bildungsfähigkeit entsprechender Lehrplan für das einzelne Kind ausgewählt wird. Selektionsmaßnahmen aufgrund von Lehrplananforderungen werden dadurch entbehrlich, müssen jedoch **durch konsequente individuelle Planung** ersetzt werden. Die Radikalität des Versuchsansatzes, der einen weitgehenden Bruch mit einem Großteil der Aufbauprinzipien des österreichischen Schulwesens verlangt, zieht natürlich auch eine Vielzahl von Detailproblemen unterschiedlichster Natur nach sich.

3.2.2 Kooperative Klasse

Teilweise gemeinsamer Unterricht

"Die bisherige Entwicklung des österreichischen Schulwesens konzipierte die Sonderschulen als eigenständige Schularten mit spezifischem methodisch-didaktischen und therapeutischen Gepräge. Damit verbunden sind jedoch Abkopplungsprozesse, die unter anderem zu einer Verminderung der Durchlässigkeit, zur Isolierung und Reduktion von Sozialkontakten zwischen behinderten und nichtbehinderten Kindern führen können. Durch das Modell der kooperativen Klasse sollen diese Effekte rückgängig gemacht und vermindert werden, wobei insbesondere in den weniger leistungsorientierten Unterrichtsbereichen und im Bereich der Schulveranstaltungen ein gemeinsamer Unterricht erfolgen kann. In den Fächern mit stärker kognitiven Komponenten und im Bereich der spezifischen sonderpädagogischen Förderung können die verschiedenen Lerngruppen entsprechend den Voraussetzungen erhalten bleiben." (*Gruber/Petri*, 1989, S. 28)

Relative Homogenität der Behinderung

Ausmaß des gemeinsamen Unterrichts

Bei diesem Modell bleibt die **Sonderschulklasse als eigenständige Lerngruppe** erhalten, was unter anderem den Vorteil hat, daß dort Kinder mit bestimmten Behinderungen erfaßt sind und daher hinsichtlich der erforderlichen sonderpädagogischen Förderung verhältnismäßig einheitlich vorgegangen werden kann. Zum Beispiel kann für hörbehinderte Kinder, die gemeinsam mit nichtbehinderten Kindern eine kooperative Klasse bilden, die notwendige sprachliche Förderung parallel oder ergänzend wirkungsvoll organisiert werden. Das Ausmaß des gemeinsamen Unterrichts richtet sich nach den Voraussetzungen der Kinder und kann einerseits von gelegentlichen gemeinsamen Unterrichtsvorhaben oder Schulveranstaltungen über gemeinsamen Unterricht in weniger kognitiv dominierten Fächern bis zu einem überwiegend gemeinsamen Unterricht reichen, wo das Modell der kooperativen Klasse dann nahezu in das Modell der integrativen Klasse übergeht.

Als Einstieg in diesen Schulversuch eignet sich einerseits eine bereits vorhandene Sonderschulklasse (häufig sogar im gleichen Schulgebäude) und andererseits der Zeitpunkt des Schuleintrittes, wo formell wohl zwei Klassen gebildet werden, die Kinder jedoch Maßnahmen der äußeren Differenzierung noch nicht als besonders trennend erleben.

Zeitpunkt des Schulversuches

Als Problem kann u. a. geortet werden, daß unter Umständen mit zunehmender Schwierigkeit des Lehrstoffes die Möglichkeiten für gemeinsame Lernvorhaben schwinden und durch das größere Ausmaß an getrenntem Unterricht und die Zuordnung zu bestimmten Klassen die stigmatisierende Wirkung für behinderte Kinder nicht in erwünschtem Ausmaß beseitigt wird.

Probleme

3.2.3 Förderklasse

"Die Förderklasse (Kleinklasse) soll eine Klasse sein, in der Kinder jene pädagogischen Rahmenbedingungen vorfinden, die helfen, Lern- und Verhaltensschwierigkeiten zu überwinden. Durch eine vorübergehende äußere Differenzierung sollen die Voraussetzungen für einen späteren gemeinsamen Unterricht gesichert werden, wobei die Verbindungen zu den anderen Klassen innerhalb der Schulgemeinschaft in größtmöglichem Ausmaß gewahrt bleiben sollen (gemeinsame Unterrichtsvorhaben, Schulveranstaltungen, Feste und Feiern usw.)." (*Gruber/Petri*, 1989, S. 48)

Pädagogische "Intensivstation"

Bei dieser Konzeption soll einerseits der Entstehung insbesondere von Lernbehinderungen und Verhaltensstörungen und damit verbundener **Sonderschulbedürftigkeit vorgebeugt** werden, und andererseits sollen Kinder, die nach den herkömmlichen Kriterien sonderschulbedürftig wären, durch die Versuchsbedingungen innerhalb des organisatorischen Rahmens der Volksschule oder Hauptschule weiter unterrichtet werden können. Durch die/den SonderschullehrerIn in diesen Klassen soll vor allem ein **heilpädagogisches Konzept** realisiert werden, das den Kindern jene Entwicklungsmöglichkeit sichert, die sie innerhalb einer herkömmlichen Grundschule nicht vorfinden, jedoch für einen erfolgreichen Schulbesuch in der Volksschule benötigen würden.

Zielgruppe

Therapeutisch orientierter Unterricht

Neben diesen qualitativen Merkmalen treten als quantitative Merkmale eine **Verminderung der Schülerzahl** auf etwa sechs bis zehn Kinder und eine mögliche **Erweiterung der Grundschulzeit auf fünf Jahre** hinzu. Für Kinder, die das Lehrziel der Volksschule nicht erreichen, ist ein Teilabschluß vorgesehen, der ihnen auch einen Übertritt in eine Förderklasse an einer Hauptschule ermöglicht.

Sechs bis zehn Kinder

Zu problematisieren wäre, daß dieses Schulversuchsmodell für körper- oder sinnesbehinderte Kinder relativ geringe, für geistig behinderte Kinder eigentlich keine Ansatzpunkte bietet. Zusätzlich besteht die Gefahr, daß sich durch die Aufnahme in die Förderklasse irreversible Abkopplungsprozesse einstellen, die erst recht wieder zur Bildung von anders bezeichneten Sonderklassen führen.

Lehrplan der Volksschule als Richtziel

3.2.4 StützlehrerInnen

Partielle Hilfen

"Einzelnen behinderten oder von Behinderung bedrohten Kindern ist die Teilnahme am Unterricht der allgemeinen Schule möglich, wenn für Teilbereiche des Unterrichtes zusätzliche Stütz- und Fördermaßnahmen eingerichtet werden können. Besonders in dünn besiedelten Regionen reicht die Zahl der behinderten Kinder oft nicht aus, eigene Gruppen oder Klassen mit einem durchgehenden sonderpädagogischen Unterricht zu bilden, der von einem Sonderschullehrer durchgeführt wird. Beim Modell 'Stützlehrer' soll daher erprobt werden, unter welchen Bedingungen eine Teilhabe behinderter Kinder am allgemeinen Unterricht möglich ist, wenn sich der Einsatz eines zusätzlichen Sonderschullehrers nur auf einzelne, individuell unterschiedlich lange Unterrichtsabschnitte bzw. auf eine spezifische sonderpädagogische Förderung erstreckt. Im Unterschied zum Modell 'Integrative Klasse' kann der methodisch-didaktische Ansatz nicht insgesamt auf die Zusammensetzung der Klasse aus behinderten und nichtbehinderten Kindern sowie das Zweilehrersystem abgestimmt werden, sondern steht die Unterstützung des einzelnen Kindes im Vordergrund." (*Gruber/Petri*, 1989, S. 32)

Sonderpädagogische Förderung als Zusatz

Dieses Modell erfordert auf Klassenebene keine besonderen organisatorischen Vorkehrungen und ist damit auch **flexibel in jeder Schule anwendbar**. Die Stützlehrerin/der Stützlehrer greift jedoch im allgemeinen nicht in die reguläre Unterrichtsgestaltung ein, sodaß der Ansatzpunkt für die Intervention eigentlich das behinderte Kind ist, das "gestützt" werden soll.

Probleme

Aus Kostengründen ist es jedoch nicht möglich, für ein einzelnes Kind bei schwerwiegenderen Behinderungen einen Stützlehrer für die gesamte Unterrichtszeit zur Verfügung zu stellen. Für die/den klassenführende/n LehrerIn muß die Unterrichtsführung daher auch alleine möglich sein, weil sie/er nur gelegentlich mit der Hilfe eines Stützlehrers rechnen kann. Außerdem muß auch hier – wie beim Modell "Integrative Klasse" – in Betracht gezogen werden, daß ein Stützlehrer allein nicht in der Lage ist, allen auch in dünn besiedelten Regionen möglichen Behinderungsarten pädagogisch-therapeutisch gerecht werden zu können.

Arbeitsaufträge

- *Innerhalb des Sonderschulwesens können behinderte Kinder in selbständigen Sonderschulen, in angeschlossenen Sonderschulklassen, in Abteilungen innerhalb einer Sonderschulklasse oder in Kursen unterrichtet werden. Welche Vor- und Nachteile können mit den verschiedenen Organisationsformen verbunden sein?*
- *Vergleichen Sie Lehrplananforderungen eines bestimmten Unterrichtsgegenstandes auf vergleichbarer Schulstufe zwischen dem Lehrplan der Allgemeinen Sonderschule und jenem einer Volks- oder Hauptschule!*
- *Sonderschulbedürftigkeit ist nicht exakt definierbar. Wann würden Sie dafür plädieren, daß ein Kind eine Sonderschule besuchen sollte? Formulieren Sie diese Kriterien!*

- *Versuchen Sie, Argumente für eine separierende Förderung behinderter Kinder Argumenten für eine integrierende (nicht aussondernde) Förderung entgegenzustellen!*
- *Früher wurden behinderte Kinder, besonders auf dem Land, meistens "integriert". Nennen Sie Rahmenbedingungen, die im Interesse der Kinder dabei eingehalten werden müßten!*
- *Entwickeln Sie über die in den Projektbeschreibungen schon angeführten Argumente hinausreichende Vor- und Nachteile der derzeit in Erprobung stehenden verschiedenen Versuchsmodelle!*

Literatur

Baier, H., Klein, G.: Die Schule für Lernbehinderte. Berlin 1980

Bleidick, U.: Pädagogik der Behinderten. Berlin 1978[3]

Brezovich, B., Wolf, W.: Schulrecht in der Praxis. Wien 1986[2]

Egger, T., u. a. (Hg.): Lehrplan der Volksschule. Wien 1989

Gruber, H., Petri, G.: Schulversuche zum gemeinsamen Unterricht behinderter und nichtbehinderter Kinder. Zentrum für Schulversuche und Schulentwicklung, Reihe II/21. Graz 1989

Hauer, K.: Abgang wohin? Zur sozialen Situation lernbehinderter Schulabgänger. Passau 1990

Ingenkamp, H.: Die Fragwürdigkeit der Zensurengebung. Weinheim 1971

Jonak, F., Kövesi, L.: Das österreichische Schulrecht. Wien 1990[3]

Kniel, A.: Die Schule für Lernbehinderte und ihre Alternativen. Rheinstetten 1979

Preuss-Lausitz, U.: Fördern ohne Sonderschule. Konzepte und Erfahrungen zur integrativen Förderung in der Regelschule. Weinheim 1981

Speck, O.: System Heilpädagogik. Eine ökologisch reflexive Grundlegung. München 1987

Kinder mit besonderen Erziehungsbedürfnissen und Bedarf an sonderpädagogischen Hilfen

1. Das Kind mit Lern- und Verhaltensstörungen

Einführung in die Thematik

Einführung

Eine Lehrerin, Frau S., ist verzweifelt und mit ihrer pädagogischen Weisheit am Ende. Sie kommt mit dem siebenjährigen Martin nicht zurecht. Martin "zerstört" ihr den Unterricht. Er kann sich keine fünf Minuten auf eine Tätigkeit konzentrieren, kann nicht ruhig sitzen und läuft wild in der Klasse umher. Dabei stößt er andere Kinder und sekkiert sie, sodaß sich deren Eltern schon öfters beschwert haben und von Frau S. verlangen, doch endlich "etwas zu unternehmen". Martins Schulleistungen sind miserabel, besonders in Lesen und Schreiben hat er große Schwierigkeiten. Martins Lehrerin fühlt sich hilflos und hat das Gefühl, bei diesem Kind zu versagen. Martin ist ein Kind von vielen, das Erziehungsprobleme hat und/oder schafft. Er wird von seiner Lehrerin als lern- und verhaltensgestört bezeichnet.

Lern- und Verhaltensstörungen in der Schule reichen von destruktiver Aggressivität bis zu autistischem Verhalten, von totaler Unaufmerksamkeit bis zu Schulphobien.

Wer kennt nicht solche Kinder? Schuldzuweisungen und Erklärungen sind oft allzu rasch bei der Hand: "Der könnte doch, wenn er wollte ...", "Bei diesem Elternhaus, kein Wunder ...", "Das Verhalten ist doch nicht normal, der gehört doch ..."

Frau S. wäre sich ja ganz sicher, wenn da nicht:

- ihre Kollegin, Frau R., in der letzten Konferenz gemeint hätte, daß Martin in Werken sehr interessiert sei und gute Arbeiten zustande bringe;
- ihr Kollege, Herr B., gemeint hätte, daß sie halt einmal richtig durchgreifen sollte bei dem "Fratzen", wie er ihn bezeichnet hat. Wenn Herr B. in ihrer Klasse suppliert, ist Martin tatsächlich wie ausgewechselt. Er sitzt auf seinem Platz, und die Schulübung ist ordentlich geschrieben, sogar mit "Zierleiste".

Lern- und Verhaltensstörungen sind immer person- und situationsgebunden.

Situation:

Martin "stört" in Werken nicht, weil er in der "Werksituation" zu Erfolgen kommt und "Stören" nicht notwendig hat.

Person:

Martin stört bei Herrn B. nicht, weil dieser "Störungen" nicht "zuläßt". Er schreibt "brav" mit, aber wenn Herr B. die Klasse verläßt, belästigt er wieder seine Klassenkameraden.

Lern- und Verhaltensstörungen können je nach Person und Situation spezifische Ausprägungen zeigen.

1.1 Der Zusammenhang zwischen Lern- und Verhaltensstörungen

Lernstörungen als Verletzung der Leistungsnorm und Verhaltensstörungen als Verletzung der sozialen Norm treten häufig gekoppelt auf und sind "zwei Aspekte ein und derselben Konfliktsituation" (*Schenk-Danzinger,* 1976, S. 7). Einerseits können Störungen im Sozialverhalten die Bearbeitung von Lernaufgaben "behindern", also Lernstörungen verursachen, und andererseits können Lernstörungen "sekundäre Störungen" (*Schumacher,* 1975, S. 10) im Sozialverhalten hervorrufen.

1.1.1 Der Teufelskreis von Lernstörung und Verhaltensstörung

Teufelskreis "Lern- und Verhaltensstörung"

Das folgende Modell zeigt den Zusammenhang zwischen Lern- und Verhaltensstörung am Beispiel einer Teilleistungsschwäche oder zu hoher Anforderungen an das Kind (vgl. *Zeman-Sedlak,* 1986, S. 15):

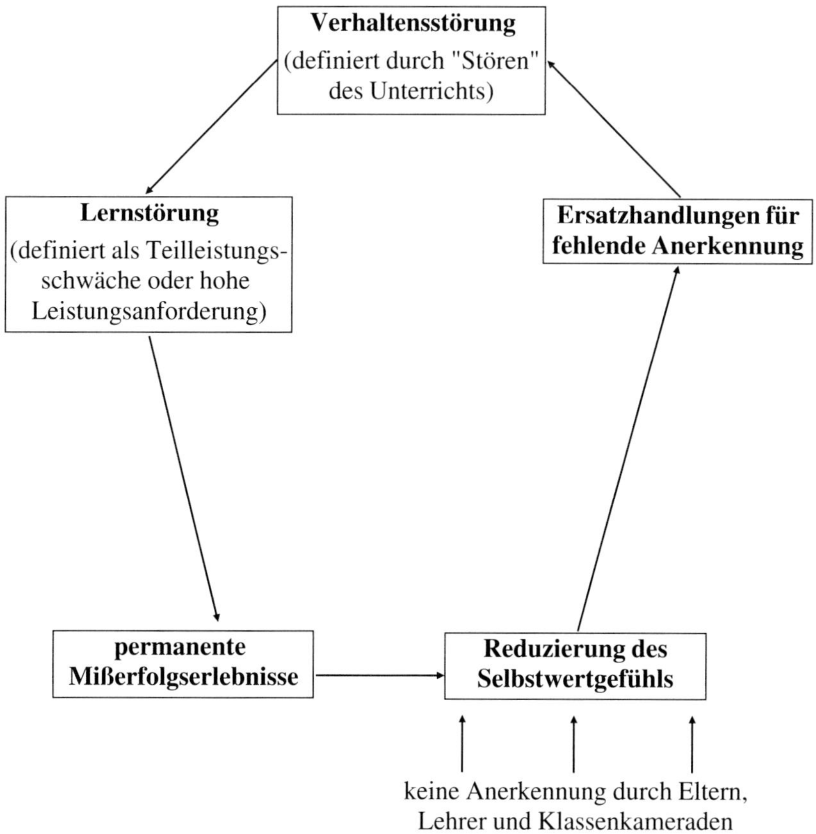

Verhaltensprobleme und Schulleistungsprobleme sind nicht selten gekoppelt

Durch die Tätigkeit als Beratungslehrer in den Jahren 1979 – 1988 an Wiener Volks- und Hauptschulen hatte ich *(V. Ledl)* häufig mit "verhaltensauffälligen" Kindern und Jugendlichen zu tun, die auch Lern- und Leistungsstörungen aufwiesen. Im Laufe der Arbeit wurde mir immer mehr bewußt, daß sogenannte "Teilleistungsschwächen" Lern- und Leistungsstörungen auslösen, die ihrerseits sekundär Verhaltensstörungen nach sich ziehen können.

Die Ergebnisse der folgenden Untersuchung sollen die Tatsache, daß Lern- und Verhaltensstörungen nicht isoliert gesehen werden dürfen, untermauern.

Im Zeitraum von 1979 – 1988 wurden mir 176 Kinder (n = 176), davon 149 Buben und 27 Mädchen wegen Verhaltensproblemen vorgestellt.

Bei 85 Kindern (n = 85, davon: 81 Buben und 4 Mädchen) waren schulpsychologische Gutachten und/oder klinische Befunde vorhanden, die genaue Aussagen zur Anamnese, zu hirnorganischen Grundlagen, zur Intelligenz (IQ) und zu Lernproblemen (Legasthenie, Teilleistungsschwächen, MCD = minimale zerebrale Dysfunktionen, Wahrnehmungsstörungen etc.) machten.

Bei den restlichen 91 Kindern waren keine schulpsychologischen und/oder klinischen Gutachten vorhanden, was aber nicht heißt, daß diese Kinder keine organischen Schädigungen und/oder Lernprobleme besaßen.

Die folgende Graphik veranschaulicht die Ergebnisse der Untersuchung: Gutachtenkinder mit Verhaltensproblemen (n = 85)

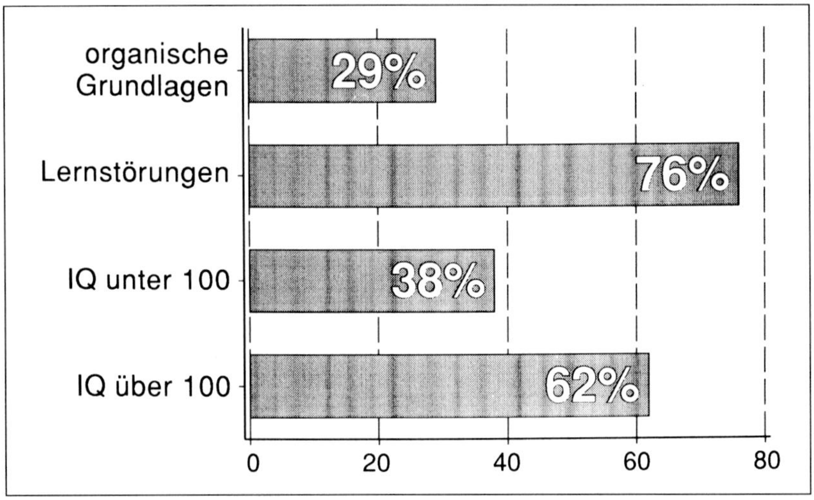

Erklärung der Graphik

Die organischen Befunde wurden durch neurologische klinische Gutachten (EEG-Befunde) erhoben. Die Lernstörungen wurden von schulunabhängigen Personen diagnostiziert, d. h. von SchulpsychologInnen und/oder klinischen PsychologInnen bzw. NeurologInnen.

Der durchschnittliche Intelligenzquotient (Mittelwert) betrug bei den Gutachtenkindern IQ = 101. Die IQ-Werte streuten von IQ = 84 bis IQ = 134

• *Bei 29 % der betreuten verhaltensauffälligen Kinder lassen sich (hirn-)organische Grundlagen nachweisen.*
Nach *Lempp* (vgl. 1989, S. 890) bieten 30 bis 50 % aller verhaltensgestörten Kinder und Jugendlichen Hinweise auf frühkindliche Hirnschädigungen leichten Grades. Allerdings dürfen die Folgen frühkindlicher Hirnschädigungen nicht überschätzt werden, da sie sich vielfach nur in bestimmten Belastungssituationen unter extremer Leistungsanforderung manifestieren (*Lempp,* 1978, vgl. S. 26).

• *Bei 76 % der betreuten verhaltensauffälligen Kinder lassen sich eindeutig Lernstörungen nachweisen.*

• *62 % der betreuten verhaltensauffälligen Kinder haben einen Intelligenzquotienten, der größer als 100 ist, bei 38 % ist er kleiner als 100.*
Vergleicht man den IQ von Kindern ohne Lernstörungen mit dem von Kindern mit Lernstörungen, so ergibt sich folgendes paradoxe Bild:

Kinder ohne Lernstörungen – ø IQ = 98

Kinder mit Lernstörungen – ø IQ = 104

Verhaltensauffällige Kinder mit Lernstörungen sind im Durchschnitt intelligenter als verhaltensauffällige Kinder ohne Lernstörungen!

• Auffallend ist der *geschlechtsspezifische Unterschied* in bezug auf Lernstörungen. Während Mädchen einen Betreuungsanteil von 15 % (27 von 176) ausmachen, finden sich bei den "Gutachtenkindern" mit Lernstörungen nur 5 % Mädchen (4 von 85).

1.1.2 Lernstörung als "partielle" und Verhaltensstörung als "totale" Störung des Unterrichts

Lern- oder Verhaltensstörungen führen je nach Ausprägung der realen Konfliktsituation im Unterricht (sprich: Symptom) zu Angeboten von "Hilfe" bzw. zum "Abbruch von Hilfe" oder zu "Problemdelegation". Es ist daher notwendig, den wechselseitigen Entstehungs- und Wirkungszusammenhang im Einzelfall genau zu analysieren, um adäquate Fördermaßnahmen einleiten zu können (siehe Abschnitt 1.9: *"Diagnose von Lern- und Verhaltensstörungen"*).

Lern- und Verhaltensgestörte werden als "Behinderte" für die Schule bedeutsam, da sie unterrichtet und erzogen werden müssen. Es ist dabei zu überlegen, über welche schulischen Fördermöglichkeiten für diese Behindertengruppe wir verfügen. Lern- und Verhaltensstörungen lösen verschiedene pädagogische Angebots- bzw. Interaktionsmuster bei Lehrerinnen und Lehrern aus (siehe folgende Graphik).

LERNSTÖRUNG	**VERHALTENSSTÖRUNG**
Kind ist "unkonzentriert und unaufmerksam"	Kind ist "unkonzentriert und unaufmerksam"
↓	↓
"stört" durch Verletzung der LEISTUNGSNORM	"stört" durch Verletzung der SOZIALEN NORM

PÄDAGOGISCHES ANGEBOTSMUSTER

Fördermaßnahmen	Störung der Lehrer-Schülerbeziehung bzw. Abbruch der Beziehung
↓	↓
Kind ist "HILFSBEDÜRFTIG"	Kind ist "DELEGATIONSBEDÜRFTIG"

1.2 Theorien über Lernbehinderungen und Lernstörungen

1.2.1 Wer ist "lernbehindert"?

Begriff "Lernbehinderung"

Der Gesetzgeber legt zwar den Rahmen für Behinderungen im allgemeinen fest, geht aber begreiflicherweise auf die Umschreibung einzelner Behinderungsarten und damit auch auf die Lernbehinderung im besonderen nicht näher ein.

Der bis 1986 geltende Lehrplan für Allgemeine Sonderschulen definierte die Zielgruppe der ASO-SchülerInnen wie folgt:

"Diese Kinder sind in ihrer Intelligenz, Entwicklung und Reife zurückgeblieben. Dazu kommt noch, daß oft leichte motorische Störungen, Sprachstörungen und mangelhafte soziale Anpassungsfähigkeit den Sonderschüler hemmen und seine Leistungsfähigkeit beeinträchtigen." (Lehrplan der ASO, 1982, S. 17)

Auch der neue Lehrplan der ASO (1986) definiert oder beschreibt an keiner Stelle die Art der Behinderung der ASO-Kinder. Dies zeigt das theoretische Dilemma einer Sonderpädagogik, die bis dato über keine anerkannte Theorie oder Begriffsbestimmung von "Lernbehinderung" (*Kanter/Speck,* 1977, S. 34f.) verfügt. Die Ursache für dieses Dilemma liegt in dem Umstand, daß **Lernbehinderungen multifaktoriell bedingt** sind, vielfältige Erscheinungsformen aufweisen und von der "Optik" des jeweiligen Betrachters geprägt sind.

1.2.2 Bedingungen von Lernbehinderungen

Die nachfolgende Skizze zeigt das Bedingungsgefüge einer Lernbehinderung mit den wechselseitigen Abhängigkeiten. Daraus ergibt sich, daß jede monokausale Interpretation einer Lernbehinderung der Wirklichkeit nicht gerecht wird.

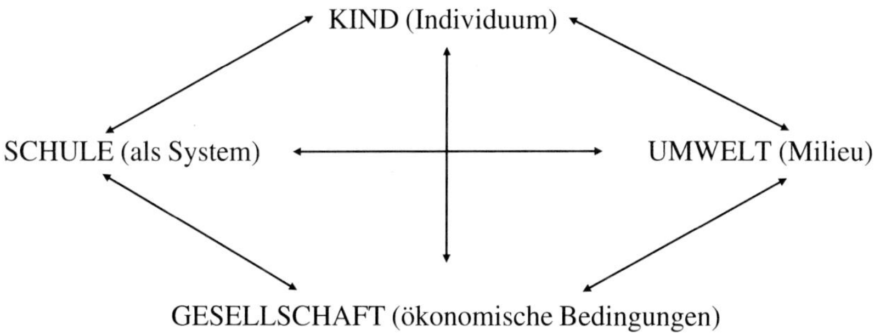

Das individualtheoretische Modell oder das "medizinische Modell"

Individual-theoretisches Modell

Die Lernbehinderung wird mit medizinischen und/oder psychologischen Methoden zu erklären versucht. Schulversagen entsteht demnach durch hirnorganische Schäden, Konzentrationsschwächen, Beeinträchtigungen der Sprache, schwaches Gedächtnis oder niedrige Intelligenz.

Bleidick sah "Lernbehinderung" als Synonym für Intelligenzschwäche und Schwachbegabung. In seinem Buch "Pädagogik der Behinderten" (1972) fallen Lernbehinderte und geistig Behinderte unter den Bereich "Pädagogik der Intelligenzgeschädigten".

Das milieutheoretische Modell der "sozio-kulturellen Deprivation"

Milieu-theoretisches Modell

Begemann u. a. (1984) haben nachgewiesen, daß der größte Teil der Lernbehinderten aus ungünstigen sozio-kulturellen Verhältnissen kommt (80 – 90 %). Die wichtigsten familiären Faktoren für die Zuordnung von Kindern zur Sonderschule sind daher nach *Begemann*: Kinderzahl, Zurückstellung vom Schulbesuch, Schulabschluß des Vaters und die Wohnsituation.

Als **sozio-kulturelle Benachteiligungen** gelten vor allem:

- Enge der Wohnverhältnisse bei unzureichender Ernährung und Pflege ("Verwahrlosung");
- psychische Belastung des Kindes durch Scheidungsprozesse, Trunkenheit der Väter (oder Mütter), Schlägereien etc.; das Bedürfnis nach Ruhe, Geborgenheit, Ordnung wird nicht gestillt, häufig sind die Kinder unerwünscht;
- Inkonsistenz im Erziehungsverhalten hat Regellosigkeit zur Folge;
- Resignation und Apathie der Eltern übertragen sich auf das Kind.

Probst (1973) meint, daß die Merkmale der "sozio-kulturellen Deprivation" den Sonderschüler vom Regelschüler treffsicherer unterscheiden als aufwendige Tests oder Noten des Grundschulzeugnisses.

Fallbeispiel

Fallbeispiel Robert

Der Schüler Robert (zwei Brüder, vier Schwestern) landet mit zwölf Jahren nach Lern- und Verhaltensschwierigkeiten in der Allgemeinen Sonderschule. Die Familienverhältnisse sind desolat, kriminell. Als Robert zwei Jahre alt ist, bringt sich der Vater im Gefängnis (Stein) um. Zwischenaufenthalte von Robert sind KÜST (Kinderübernahmestelle der Stadt Wien), Hohe Warte (Sondererziehungsschule) und Eggenburg/NÖ (Heim für schwererziehbare Jugendliche).

Bericht über einen Hausbesuch:

Ich betrete einen Gemeindebau in der Nähe eines Bahnhofs. Die Wände sind zerkratzt und mit diversen Aufschriften verziert. Stellenweise bröckelt der Putz von den Wänden. Frau N. (Mutter von Robert) öffnet ganz erstaunt die Tür – sie hat meinen angekündigten Besuch vergessen. Im Vorzimmer der Zwei-Zimmer-Wohnung empfängt mich ein Haufen Schmutzwäsche, die Tapeten hängen von den Wänden; im Wohnraum dasselbe Bild. An einem Tisch sitzen Roberts älterer Bruder und dessen Freund (beide arbeitslos) und spielen Karten. Gelegentliche Einbrüche und Diebstähle "bessern" die Arbeitslose "auf". Zahlreiche Videorekorder, originalverpackte Videokassetten und ausgebaute Autoradios liegen in einer Ecke aufeinandergetürmt. Die Mutter weiß davon, ignoriert aber das Verhalten ihres ältesten Sohnes. "Was soll ich machen mit dem Buam?" und "Is eh scho alles wurscht!" sind ihre Standardsätze. Der Großteil der Einrichtung ist bereits verpfändet. Während unserer Unterhaltung läuft der Fernseher vor einer Ansammlung Matratzen (Betten gibt es keine). Robert schläft auf diesen Matratzen gemeinsam mit seiner Mutter und deren Lebensgefährten, der häufig trinkt und keiner geregelten Arbeit nachgeht. Meinen Vorschlag, Robert zu einer Nachmittagsbetreuung bei einem Sozialarbeiter zu schicken, lehnt Frau N. ab. Sie will ihren "Bub" am Nachmittag bei sich haben.

Das gesellschaftstheoretische Modell (gesellschaftskritischer Ansatz)

Gesellschaftstheoretisches Modell

Die Vertreter dieses Ansatzes (*Jantzen,* 1974; *Preuss-Lausitz,* 1981) analysieren die gesellschaftlichen Bedingungen von Behinderung mit Hilfe der Theorie des historischen Materialismus (marxistische Gesellschaftstheorie). Sie lehnen eine rein individualistische, nicht gesellschaftsbezogene Auffassung von Lernbehinderung ab.

Nach *Jantzen* (1974, vgl. S. 102f.) ist die Isolation der Behinderten in der Sonderschule eine "Bedingung der Störungsgenese", die den Behinderten auf diese Weise soziale Erfahrungen vorenthält und sie in ihrer Persönlichkeitsentfaltung beeinträchtigt. Die Behinderung wäre demnach nicht Ursache, sondern Folge der sozialen Isolation, und zwar durch die pathologische Veränderung des Verhältnisses von Individuum und Gesellschaft.

Lernbehinderung als Etikettierungsprozeß

Die Vertreter des **"Etikettierungsansatzes"** ("labeling approach" – *Goffmann,* 1967; *Homfeldt,* 1974) verstehen Lernbehinderung und Schulversagen als Folge eines Zuschreibungsprozesses, in dessen Folge das Kind mit abweichendem Lern- bzw. Sozialverhalten ein Stigma erhält, das die Identität als Sonderschüler erst "schafft". Das so stigmatisierte Kind beginnt seine Selbstdefinition aufgrund der suggerierten Fremddefinition zu verändern.

Die Institution Schule als "Mittelschichtinstanz" kann insofern "behindern", indem sie schon bei Schuleintritt Verhaltensweisen von Kindern erwartet, die dem Normenrepertoire der Mittelschicht entsprechen. Beispiele dafür sind: Schulsachen in Ordnung halten, gepflegte Kleidung und gepflegtes Äußeres, gutes Benehmen, gepflegte Sprache usw.

Schule als Mittelschicht-instanz

Soziale Ausgrenzung, Arbeitslosigkeit, neue Frustrationen, verbunden mit asozialen Abwehrreaktionen, können zu einer Randgruppenexistenz führen, wie das folgende Fallbeispiel illustriert.

Fallbeispiel

Fallbeispiel: Robert – acht Jahre später

Verfolgen wir die Karriere von Robert weiter – acht Jahre später. Bemerkenswerterweise erschien über den nun Zwanzigjährigen in einem Wochenmagazin ein Artikel, dem wir folgende Textstelle entnehmen:

"Kaum den Heimen entwachsen, das erste 'Schmalz', die erste Verurteilung vor dem Jugendgericht in der Rüdengasse. Strafregister: Einbruch, Diebstahl, Körperverletzung, Nötigung.

Tätowierungen am ganzen Körper, auf Händen, Füßen, Bauch, Schultern, ja sogar auf der Stirn.

Er hat keine Pläne für den Sommer. 'Alles wurscht.' Er wankt. Erinnert sich an die Worte des Richters, der ihn auf dem Jugendgericht verurteilt hat. 'Einmal link, immer link', hat er gesagt.

Einen Dreck ist's ihm wurscht. Er hat genug gelitten unter den Vorurteilen, die sein Äußeres provozieren. Hat immer wieder, als er versucht hat, eine Stelle zu bekommen, eine Arbeit anzutreten, einfach einmal nicht aufzufallen, frontal der Realität begegnen müssen. Der Realität seines Äußeren. Hat sie nicht bewältigt. Hat's wieder probiert. Als Bäcker, als Hilfsarbeiter auf dem Bau, als Aushilfe hier, Aushilfe dort, als Schütze Arsch im Endeffekt, und so hat man ihn auch behandelt. Immer."

Das systemtheoretische Modell (Anteil der Schule am Zustandekommen bzw. Verhindern von Lernbehinderungen)

System-theoretisches Modell

Die Autoren *Reinartz* und *Sander* schreiben in ihrem Werk "Schulschwache Kinder in der Grundschule" den Lernausfall nicht allein dem Kind zu, sondern auch der Schule.

Schulschwäche wird als "Sammelbezeichnung für Lernstörungen, Teilleistungsschwächen, Verhaltensstörungen, Sprachschwierigkeiten, drohende und leichtere manifeste Behinderungen aller Art sowie für ähnliche Beeinträchtigungen verwendet, unabhängig davon, ob die Beeinträchtigung überwiegend psychosozial, soziokulturell oder organisch bedingt ist"; Kinder erleben die Grundschule "als überfordernde und bedrohende Institution", die durch "ausweglose Versagenssituationen ihre gesamte Persönlichkeitsentwicklung ernsthaft gefährdet" (*Reinartz/Sander,* 1982, S. 13).

Nach diesem Modell müßten durch pädagogische Fördermaßnahmen an der Grundschule die Versagerquote und die Überweisungsquote an die Sonderschule reduziert werden.

Arbeitsaufträge

- *Welchen sozio-ökonomischen, sozio-kulturellen und psycho-sozialen Benachteiligungen ist Robert in seiner Familie ausgesetzt?*
- *In welchen Passagen des Zeitungsberichtes (Robert als Zwanzigjähriger) können Etikettierung und Stigmatisierung bzw. Selbstdefinition des Stigmatisierten nachgewiesen werden?*
- *Durch welche pädagogische Fördermaßnahmen könnte die Grundschule die Versagerquote und die Überweisungsquote an die Sonderschule reduzieren? (Verwenden Sie dazu auch die Vorschläge von Reinartz/ Sander, 1982!)*

1.3 Lernbehinderungen in der Praxis

1.3.1 Lernbehinderung – Lernstörung – Lernverwahrlosung

Kobi (1977, vgl. S. 69) unterscheidet zwischen *Lernbehinderung, Lernstörung* und *Lernverwahrlosung.*

Lernbehinderung

• Lernbehinderung:

chronisch, durchgehend herabgesetztes Lernniveau mit Übergangsformen zur geistigen Behinderung (IQ = 55 – 85)

Lernstörung

• Lernstörung:

partiell herabgesetztes Lernniveau mit Schwierigkeiten in Reizverarbeitung, Merkfähigkeit, Psychomotorik und Konzentration; IQ uneinheitlich: 85 – 100 und mehr

Erscheinungsbilder:

- Lese-Rechtschreibschwäche (LRS)
- Teilleistungsschwäche (TLS)
- Wahrnehmungsstörungen
- Konzentrationsmängel
- Arithmasthenie (Rechenschwäche)

Lern-verwahrlosung

• Lernverwahrlosung:

herabgesetztes Lernniveau infolge von Erfahrungs- und Wissensmängeln, Schwierigkeiten im verbalen und motivationalen Bereich, Diskrepanz zwischen sprachgebundener und sprachfreier Leistung bei durchschnittlicher Intelligenz

Lernstörungen im Sinne von *Kobi* (1977) können im Gegensatz zu Lernbehinderungen und Lernverwahrlosungen als **weniger gravierend**, als **partiell** und **temporär** angesehen werden. Lernstörungen sollten daher nicht zu Sonderschulüberweisungen führen, sondern durch Stütz- und Fördermaßnahmen an der Regelschule kompensiert werden.

Für RegelschullehrerInnen bedeutet das aber, daß sie über Lese-Rechtschreibschwächen, Teilleistungsschwächen und Wahrnehmungsstörungen Bescheid wissen und eng mit SonderpädagogInnen kooperieren müssen.

1.3.2 Ein Fallbeispiel: Was tun mit Rudi?

Alljährlich stehen VolksschullehrerInnen vor der nicht leichten Entscheidung, bestimmte Kinder "mitzuschleppen" oder eine Überweisung an die Allgemeine Sonderschule (ASO) zu empfehlen.

Die Lehrerin von Rudi berichtet:

Fallbeispiel Rudi

"Rudi ist zwölf Jahre alt und sitzt in der 4. Klasse Volksschule. Lesen und Schreiben kann er so gut wie ein Zweitklassler. Rudi wurde vom Schulbesuch zurückgestellt und hat die 2. Klasse wiederholt. Rudis Leistungen in Rechnen und Sachunterricht sind zwar befriedigend, aber es bestehen Zweifel, ob er die Anforderungen der Hauptschule schaffen wird.

Bei schriftlichen Arbeiten ist Rudi nicht in der Lage, am Unterricht teilzunehmen. Zunehmend bildet das auch ein Problem im Rechnen, wo er an Textaufgaben scheitert.

Meistens ist Rudi unaufmerksam. Er stört den Unterricht und wird deshalb von den Mitschülern abgelehnt. Das Soziogramm zeigt ihn als isolierten Außenseiter. Rudi ist innerhalb und außerhalb der Schule ständig in Raufereien verwickelt, er gilt als brutaler Schläger.

Im 2. und 3. Schuljahr hat sich die Legasthenielehrerin um ihn besonders gekümmert und ihm Einzelunterricht erteilt. Bis dahin konnte er weder lesen noch schreiben. Das hat er zwar gelernt, aber der Abstand zum Klassenniveau hat sich nicht gebessert.

Was nützt es Rudi, wenn ich ihn am Ende der 4. Klasse positiv abschließe? Wird er in der Hauptschule im Fachlehrersystem untergehen? Wird er dann noch mehr durch Schlägereien im Mittelpunkt stehen wollen?

In der Konferenz diskutierte ich gemeinsam mit meinen Kolleginnen die Möglichkeit, ihn die 4. Klasse wiederholen zu lassen. Die Kolleginnen äußerten Bedenken, daß Rudi dann als Dreizehnjähriger in der 4. Klasse sitzen würde. Rudi wird dann als Dreizehnjähriger ganz andere Interessen als seine Mitschüler haben. Wird er es nicht als Demütigung empfinden, mit 'Babies' in der Klasse sitzen zu müssen?

Bleibt noch die ASO. Hier könnte Rudi unter Gleichaltrigen auf seinem Leistungsstand unterrichtet werden."

Es wird ein Aufnahmeverfahren in die ASO eingeleitet. Rudi will nicht in die "Deppenschule". Die Mutter erscheint aufgebracht (und leicht betrunken) in der Schule. Rudis Stiefvater, der arbeitslos ist und von der Sozialhilfe lebt, ist nicht mitgekommen.

Rudis Mutter kann sich kaum verständlich machen und versteht nicht – oder will nicht verstehen –, was ihr die Lehrerin zu erklären versucht. Rudis Mutter will nicht, daß ihr Kind in die "Hilfsschule" kommt.

Beim schulpsychologischen Test ist Rudi höflich und strengt sich sehr an. Der Test bescheinigt ihm einen IQ von 116 Punkten.

Ist Rudi lernbehindert?

Der Schulpsychologe sagt nein, der anwesende Sonderschuldirektor verneint ebenfalls die Frage.

Natürlich ist Rudi im Lernen behindert. Die Volksschule ist kein Ort, an dem er lernen konnte. Er kann einiges, das er anderswo gelernt hat: Er kann seine jüngeren Geschwister (vier an der Zahl) versorgen, er geht einkaufen, er kann seine Mutter oder seinen Vater, wenn sie getrunken haben, vom Wirtshaus holen und ins Bett bringen. Er kann brutal raufen, kennt alle Automaten im Prater. Er kennt alle Automarken und sammelt mit Leidenschaft "Mercedes-Sterne", die er abbricht.

Was tun mit Rudi?

Ein Extrembeispiel? Vielleicht sind Sie auch schon vor der Wahl gestanden und haben sich den Kopf zerbrochen wie Rudis Lehrerin.

Kann Rudi in die Hauptschule "mitgeschleppt" werden? Wird er zu einem Hauptschulabgänger ohne Schulabschluß werden, der dann – so wie Rudis Stiefvater – zu den "schwer Vermittelbaren" am Arbeitsmarkt zählt?

Oder wäre es besser, Rudi in die Sonderschule zu schicken, wo die Berufsaussichten der Abgänger auch nicht günstig sind?

Arbeitsaufträge

- *Wie würden Sie entscheiden, wenn Sie an der Stelle von Rudis Lehrerin wären?*
- *Fehlen Ihnen für eine Entscheidungsgrundlage noch wichtige Informationen? Wenn ja, welche?*
- *Um welche Form von Lernbeeinträchtigung handelt es sich bei Rudi? Nehmen Sie die Einteilung von Kobi (vgl. Abschnitt 1.3.1) zu Hilfe!*
- *Wie könnte man das aggressive Verhalten von Rudi erklären? (Vgl. Abschnitt 1.12.2: "Das aggressive Kind"!)*
- *Das Kriterium der schulpsychologischen Testung (IQ) bietet keine ausreichende Entscheidungshilfe für die Frage "Sonderschule – Klassenwiederholung – Aufsteigen in die Hauptschule" an. Warum?*
- *Hat die Schule in diesem Beispiel alle ihre Möglichkeiten ausgeschöpft, um Rudi zu helfen? Wenn nein, was hätte Ihrer Meinung nach getan werden müssen?*
- *Welches der angeführten Modelle (individualtheoretisches, milieutheoretisches, gesellschaftstheoretisches und systemtheoretisches Modell) könnte helfen, die "Lern- und Schulschwierigkeiten" von Rudi zu erklären?*

1.3.3 Kriterien für eine Aufnahme in die ASO

Kobi (1977, vgl. S. 72) schlägt folgende **zehn Problemstellungen** vor, die eine Lehrerin/ein Lehrer der Regelschule mit einem überzeugten "Ja" beantworten sollte, bevor sie/er bei einem Kind einen Sonderschulbesuch befürwortet:

Zehn Fragen für RegelschullehrerInnen

(1) Ich bin am Ende meiner methodischen, organisatorischen und zeitlichen Möglichkeiten, um das Lehrziel zu erreichen.

(2) Das Kind erhielt während wenigstens zwei Jahren im Rahmen der Normalklasse optimale, flankierende Hilfen (z. B. Legasthenikerbetreuung, Stütz-, Begleit-, SprachheillehrerIn, Förderunterricht usw.), die jedoch ohne erhofften Erfolg geblieben sind.

(3) Das Kind ist in allen wesentlichen schulischen Anforderungen lernbehindert. Es handelt sich nicht um eine Teilleistungsschwäche oder um eine vorübergehende Krise.

(4) Das Kind fällt jedoch deutlich als "Figur" aus dem Leistungsbereich der Klasse. Es ist nicht ein "schwacher Schüler" unter Normalklassenschülern.

(5) Ich habe keine Gefühle der Antipathie gegenüber dem Kind oder soziale Vorurteile, die meine Sicht trüben. Ich kann meine Aussagen auch belegen.

(6) Das (vorliegende) schulpsychologische bzw. klinische Gutachten deckt sich im wesentlichen mit meinen Erfahrungen und Beobachtungen.

(7) Die Eltern des Kindes wurden von mir wiederholt über das Schulversagen ihres Kindes sachlich informiert. Die Vor- und Nachteile eines Verbleibens an der Regelschule bzw. einer Sonderschuleinweisung wurden in Ruhe besprochen. Den Eltern wurden Entscheidungshilfen angeboten, z. B. schulpsychologische Testung und Beratung, Gespräch mit der/dem StützlehrerIn und anderen Personen, Kontaktaufnahme mit der Sonderschule etc.

(8) Ich habe mit dem Kind in geeigneter Form objektiv (nicht suggestiv) gesprochen.

(9) Ich habe den Eltern und dem Kind genügend Zeit gelassen, sich eine Entscheidung reiflich zu überlegen.

(10) Im Weigerungsfall wäre ich nicht persönlich gekränkt und bereit, mich weiterhin im Rahmen meiner Möglichkeiten um das Kind zu bemühen.

1.4 Kritik am Begriff der Lernbehinderung – oder: Die Legitimationskrise der Sonderschule

"Mit der Entstehung der Hilfsschulen entstand auch der Kampf gegen dieselben." *(Heinrich Kielhorn,* Mitbegründer des Verbandes der Hilfsschulen Deutschlands, 1897) Bleiben wir beim Beispiel von Rudi. Die Frage verlangt eine prognostische Entscheidung, in welcher Schulform (Volksschule/ ASO/Hauptschule) Rudi besser lernen wird. Konkret heißt das aber: Auf welche Klasse und welche Lehrerinnen und Lehrer wird er stoßen? Lokale Gegebenheiten, subjektive Empfindungen und Zielvorstellungen spielen bei den Entscheidungsträgern eine Rolle. Dürfen diese "Zufälligkeiten" eine so wichtige Entscheidung bestimmen?

1.4.1 Lernbehinderung ist ein relativer Begriff

Lern-
behinderung als
relativer Begriff

Das sogenannte "lernbehinderte Kind" ist ein theoretisches Konstrukt, das immer in Abhängigkeit zu den schulischen Anforderungen der Regelschule definiert wird.

Der Begriff **"Lernbehinderung"** müßte so definiert werden, daß die Feststellung einer vorliegenden Lernbehinderung objektiv (durch andere Personen) nachprüfbar wird. Dies ist unter anderem auch deshalb nicht möglich, weil wir nicht mit Sicherheit wissen, welche Bedingungen zu Lernversagen führen.

Um das Problem am Beispiel von Rudi zu konkretisieren: Sind es Rudis Teilleistungsschwächen (medizinisches Modell), ist es Rudis Familie (milieutheoretisches Modell), ist es die Schule, die Rudi nicht alle verfügbaren Lernmöglichkeiten eingeräumt hat (systemtheoretisches Modell), oder ist es die Gesellschaft, die mit ihren Norm- und Wertvorstellungen mit dem "Problem Rudi" nur durch Aussonderung fertig wird (gesellschaftstheoretisches Modell)?

1.4.2 Über die Häufigkeit von Lernbehinderungen kann keine verbindliche Aussage getroffen werden – oder: Je mehr Sonderschulen, desto mehr SonderschülerInnen

Lern-
behinderung
und Häufigkeit

Das einzige scheinbar objektive Kriterium zur Feststellung von Lernbehinderung als Meßinstrument von Entwicklungsmöglichkeiten, der Intelligenztest, ist mehr als fragwürdig und kein valides Prüfmittel zur Feststellung von ASO-Bedürftigkeit (vgl. hierzu auch: *Begemann,* 1984; *Kanter*, 1974; *Baier,* 1980).

Rudi erreicht im Intelligenztest 116 Punkte, er liegt also weit über dem Durchschnitt von 100 Punkten.

Eine Zeitlang hat man einen IQ von unter 85 als Kriterium für Sonderschulbedürftigkeit angesehen. Demnach wären ca. 16 % eines Schuljahrgangs potentiell lernbehindert!

Nach Schätzungen des Deutschen Bildungsrates (BRD) von 1973 wäre mit einer Population von 2,5 % Lernbehinderten, 3 bis 4 % Lerngestörten und 10 % von Kindern mit zeitlich begrenzten Lernschwierigkeiten zu rechnen. *Reinartz/Sander* (1982, vgl. S. 13) schätzen den Prozentsatz von "schulschwachen Kindern" um 25 bis 30 % ein.

Die Wahrscheinlichkeit für Rudi, ein "Sonderschüler" zu werden, hängt nicht nur von der Handhabung des Aufnahmeverfahrens ab, sondern auch vom Bundesland. In Wien hat Rudi hohe Chancen, eine Sonderschule zu besuchen, in Salzburg oder im Burgenland weit geringere.

Wo wir eine hohe ASO-Schuldichte finden, dort gibt es auch mehr Sonderschülerinnen und Schüler (siehe Abschnitt: *"Statistische Kennwerte des Sonderschulwesens").* Daraus läßt sich aber nicht der Umkehrschluß ableiten, daß bei einer Auflassung der Allgemeinen Sonderschulen die Lernbehinderungen einzelner Kinder verschwinden.

1.4.3 Lernbehinderung ist ein fixierender Begriff – oder: Die Undurchlässigkeit der ASO

Rudi will nicht in die "Deppenschule", und seine Mutter lehnt die "Hilfsschule" ab. Vielleicht ahnen beide, daß die ASO eine "soziale Rolltreppe nach unten" ist. In einem nach der Bildungshöhe gegliederten Schulsystem gibt es eben von einer bestimmten Stufe aus immer eine oder mehrere andere, die unterhalb liegen.

Lernbehinderung als fixierender Begriff

Lernbehinderung wird im gegenwärtigen Schulsystem oft als irreversibler Defekt gesehen, was die geringe Rückführungsquote an die Regelschule beweist. Trotzdem kann man die Sonderschule nicht nur als Reparaturwerkstätte sehen, die die pädagogische Konkursmasse der anderen Schulen übernimmt. Nicht die Sonderschule als Institution ist das bildungspolitische Problem, sondern die derzeit oft nicht ausreichenden Möglichkeiten und Voraussetzungen der Volks- und Hauptschulen, behinderte Kinder angemessen zu fördern.

1.4.4 Sonderschule oder Regelschule – eine falsche Alternative

Sonderschule und Regelschule im Streit

Die Berechtigung der Regelschule und der Sonderschule stellt sich aus der Sicht der jeweiligen Lehrergruppe in etwa so dar:

Das Interesse der Regelschule liegt in der Entlastung von Kindern, die das leistungshomogen gedachte Klassenniveau gefährden.

Das Interesse der Sonderschule liegt in dem Anspruch, leistungsschwachen Schülerinnen und Schülern durch besondere Maßnahmen doch noch zu einem schulischen Erfolgserlebnis zu verhelfen.

Zur Integration von Lernbehinderten

Dieser Streitpunkt, an welchem Ort (Sonderschule oder Regelschule) lernbehinderte Kinder optimal gefördert werden können, wurde von *Haeberlin u. a.* (1990) in einer großangelegten empirischen **Untersuchung über die Wirkung von integrierenden** (Regelschule mit und ohne sonderpädagogische Förderung) **und separierenden** (Sonderschule) **Schulformen** auf schulleistungsschwache SchülerInnen erforscht. Das Forschungsprojekt wurde in der deutschsprachigen Schweiz und im Fürstentum Liechtenstein an einer repräsentativen Stichprobe von 1 260 Kindern durchgeführt.

Die Ergebnisse dieser Untersuchung dürften durch ihre Ambivalenz sowohl bei Gegnern als auch Befürwortern der schulischen Integration Unbehagen auslösen.

Einige Ergebnisse der Untersuchung

"Die Möglichkeit zur emotionalen und leistungsmotivationalen Integration in die Schulklasse scheint in den heutigen Sonderklassen etwas günstiger zu sein als in den Regelklassen, unabhängig davon, ob diese eine spezielle heilpädagogische Schülerhilfe anbieten oder nicht. Die Möglichkeit zur Verbesserung der Schulleistungen scheint hingegen in den Regelklassen günstiger zu sein als in den Sonderklassen [...]." (*Haeberlin u. a.*, S. 328)

Die **Situation von** in die Regelschule **integrierten Lernbehinderten** kann in **sechs Punkten** beschrieben werden:

Untersuchungsergebnisse

1. "Integrierte Lernbehinderte gehören häufiger zu den unbeliebten und abgelehnten Schülern als ihre Mitschüler.
2. Integrierte Lernbehinderte schätzen sich selbst weniger gut sozial in die Klasse integriert ein, als sich die Mitschüler einschätzen.
3. Integrierte Lernbehinderte schätzen die eigenen Fähigkeiten negativer ein als ihre Mitschüler und als Lernbehinderte in Sonderklassen.
4. Integrierte Lernbehinderte schätzen ihr Wohlbefinden in der Schule negativer ein als ihre Mitschüler und als Lernbehinderte in Sonderklassen.
5. Integrierte Lernbehinderte machen größere Schulleistungsfortschritte als Lernbehinderte in Sonderklassen.
6. Die Integration von Lernbehinderten hat keine negativen Auswirkungen auf die Regelschüler.

In eine einzige provokante Schlagzeile gebracht, lautet unser Befund zur derzeitigen Lage der untersuchten Integrationsmodelle: **Erfolg bei der Leistungsförderung und Mißerfolg bei der Bemühung um sozial-emotionale Integration von schulleistungsschwachen Schülern.**" (Ebda, S. 329)

Integration und Leistungsideologie

Die Forschungsergebnisse von *Haeberlin u. a.* (1990) dokumentieren den Grundwiderspruch zwischen Integrations- und Leistungsideologie, denn "solange in unseren Schulen die Leistungsfähigkeit eine zentrale soziale Bewertungskategorie bleibt, können organisatorische Integrationsmaßnahmen die gruppeninterne Aussonderung von leistungsschwachen Schülern schwerlich verhindern" (ebda, S. 330).

Abgestufte Fördermaßnahmen im Rahmen einer Interventionspädagogik

Es kann unter den derzeitigen Gegebenheiten nicht um die Frage "Sonderschule oder Regelschule" gehen, sondern um **die Schaffung von möglichst variablen Organisationsformen**, um ein "abgestuftes System von Fördermaßnahmen" (*Kniel,* 1979, S. 267), das den Bedürfnissen der Kinder angepaßt ist. Sonderbeschulung dürfte demnach nur erfolgen, wenn frühere Interventionen erfolglos geblieben sind.

Eine solche "Interventionspädagogik" (*Kleber,* 1976, S. 184) würde die traditionellen Grenzen zwischen "Normal- und Sonderpädagogik" aufheben und das Arbeitsgebiet der SonderschullehrerInnen von der isolierten Institution "Sonderschule" auf die Regelschule ausdehnen (vgl. auch S. 18 und S. 23 in diesem Buch).

Arbeitsaufträge

- *Haeberlin u. a. (1990) geben in ihrem Buch "Die Integration von Lernbehinderten" einige Anregungen und Empfehlungen für ein System von Fördermaßnahmen bei Lernbehinderten. Beurteilen Sie diese aus Ihrer Sicht!*
- *Welche Modelle zur Förderung schulschwacher Kinder unter dem Integrationsaspekt gibt es in Österreich?*
- *Wie beschreiben Haeberlin u. a. die "Vision einer integrationsfähigen Schule"? Entwickeln Sie Ihre persönlichen Vorstellungen von einer solchen Schule!*

1.5 Theorien zu Verhaltensstörungen

1.5.1 Einleitung

"Störungen" als Anlaß für Fragen

Der Grundsatz "Wer stört, gilt als gestört!" gilt noch allzuoft als Patentformel für auffälliges Schülerverhalten. Aggressive, faule, schlampige Kinder werden im Sinne dieser eindimensionalen Sichtweise mit Hilfe "subjektiver Theorien" zu "gestörten Persönlichkeiten" erklärt.

Ulich (1980, vgl. S. 12) ortet bei der Frage von Disziplin- und Leistungsproblemen ein "beachtliches Theoriedefizit" bzw. einen "Mangel an Integration theoretischer Konzeptionen und praktisch-therapeutischer Maßnahmen". Störenden Schülerinnen und Schülern wird leichtfertig eine böswillige Störabsicht unterstellt ("Die zerstören mir meinen schönen Unterricht!") und führen häufig zu Fehl- oder Überreaktionen, anstatt die Störung zum Anlaß für Fragen zu nehmen.

1.5.2 Begriffserklärung

Begriffe

Die Begriffe **"Verhaltensstörung"**, **"Verhaltensauffälligkeit"**, **"Erziehungsschwierigkeit"** etc. **lassen sich** im Gegensatz zu organisch verursachten körperlichen Behinderungen, wie z. B. Blindheit, **nicht eindeutig definieren**. Bei Verhaltensgestörten ist das Problem, daß das abweichende Verhalten immer von anderen als "gestört" eingestuft wird.

Nach *Bärsch* (1978, vgl. S. 3) ist **gestörtes Verhalten** in hohem Maße **situationsabhängig**. *Fritz Redl* (1975, vgl. S. 570f.) spricht von **störendem Verhalten** ("disruptive behavior") und nicht vom störenden Kind ("disruptive child"). *Fatke* (1977, vgl. S. 22), ein Schüler von *Redl*, versteht "Verhalten" als Ergebnis eines reziproken Zusammenspiels von Person- und Umweltmerkmalen in einer konkreten Situation.

1.5.3 Verhaltensstörungen aus wissenschaftlicher Sicht

Aus pädagogischer Sicht

Pädagogische Sicht

Wenn "gestörtes Verhalten" keine eigenständige Qualität besitzt, so müssen sich pädagogische Maßnahmen logischerweise nicht allein auf das Kind, sondern auch auf dessen Umfeld beziehen. So spricht die *"Ausbildungs- und Prüfungsvorschrift für Lehrer an Sondererziehungsschulen"* (Schulen für erziehungsschwierige Kinder) von fehlentwickelten und emotional gestörten Kindern, "die mit sich und ihrer Umwelt in ernsthafte Konflikte geraten sind und deshalb Erziehungshilfe brauchen [...]. Dabei wird von *ökologischer Sichtweise* ausgegangen, die dem Symptomträger Kind nicht vordergründig oder ausschließlich Alleinverantwortung und moralischen Ursprung jeglicher Normabweichung zuordnet. Aus dieser Sichtweise wird die Ganzheitlichkeit der Erziehungssituation gebührend berücksichtigt."

Es wäre zu fragen, welche Rolle die "Schule" als Verursacherin bzw. Mitverursacherin von Verhaltensschwierigkeiten spielt (z. B. schulorganisatorische, methodisch-didaktische Mängel, Person der Lehrerin/des Lehrers, Führungsstil, Schulklima ...; vgl. Abschnitt: *Das systemtheoretische Modell)!*

Aus psychologischer Sicht

Psychologische Sicht

Je nach "psychologischer Schule" werden Verhaltensstörungen durch Störungen in der psychischen Entwicklung in den ersten Lebensjahren gesehen *(Entwicklungs- und Tiefenpsychologie)*, als erlerntes, unerwünschtes Verhalten, das durch eine Reihe von Verstärkungen zustande gekommen ist *(Lern- und Verhaltenspsychologie)* bzw. als Ergebnis von verzerrten Wahrnehmungs- und Erwartungshaltungen in Form von impliziten Persönlichkeitstheorien, bekannt unter den Stichwörtern "Halo-Effekt", "Self Fulfilling Prophecy" oder als Etikettierungsprozesse *(Sozialpsychologie).*

Aus soziologischer Sicht

Soziologische Sicht

Soziologen sehen Verhaltensstörungen als Ausdruck einer "sozio-kulturellen Benachteiligung", als Folge von familiärer Fehlerziehung, global als *Produkt von speziellen Sozialisationsbedingungen.*

Aus medizinischer Sicht

Medizinische Sicht

Verhaltensstörungen werden als Symptom für eine Krankheit, für einen pathologischen Zustand des Individuums gedeutet und damit *als klinisches Problem definiert*, für das die Lehrperson nicht mehr verantwortlich ist. Beispiele: Gehirnschädigungen (Gewalteinwirkung, Sauerstoffmangel vor oder während der Geburt, Vergiftungen, Entzündungen usw.), Hirnentwicklungs- und Hirnfunktionsstörungen (MCD = minimale zerebrale Dysfunktionen), neurotische und psychotische Verhaltensstörungen, chronische Krankheiten, Stoffwechsel- und Ernährungsstörungen, psychosomatische Reaktionen usw.

Fazit aus der Theorie

- Versuchen Sie niemals, das Verhalten eines Kindes (Menschen) mit Hilfe einer einzigen Ursache (monokausal) zu erklären!
- Es gibt nicht "den Verhaltensgestörten". Jeder "Fall" ist "anders". Verhaltensstörungen müssen differenziert gesehen und verstanden werden (zum Diagnoseproblem siehe Abschnitt 1.9: *"Diagnose von Lern- und Verhaltensstörungen")*, um adäquate sonderpädagogische Maßnahmen anzuwenden.
- Schreiben Sie ein "störendes Verhalten" nicht voreilig der Person als Eigenschaft zu, sondern beachten Sie den gesamten Bezugsrahmen, in dem sich Sie selbst und das "störende Kind" befinden!
- Sehen Sie eine Verhaltensstörung als einen "Hilferuf" des Kindes, als ein – aus der Sicht des Kindes – situationsangepaßtes Signal an seine Umwelt! Verhaltensstörungen haben neben der Signalfunktion meist eine "innere Logik", man muß sie nur sehen – können und wollen. (Es ist schwer, z. B. einen Schüler, der gerade einen anderen verdrischt oder den Lehrer wüst beschimpft, als "hilflos" zu erkennen.)

1.6 Häufigkeit von Verhaltensstörungen

Häufigkeit

Je nach Einteilungskriterium schwanken die Zahlen zwischen 1 bis 2 % und 50 %. So schätzt *Thalmann* (1971, vgl. S. 74), daß 20 % der GrundschülerInnen "unmittelbare Hilfe" nötig hätten und weitere 30 % so symptombelastet sind, daß Präventivmaßnahmen ergriffen werden müßten.

1.6.1 Befragungen von Grund- und Pflichtschullehrerinnen und -lehrern

Lehrerbefragungen

Befragungen von Grundschullehrerinnen und -lehrern in der BRD, wie viele verhaltensauffällige Kinder sie in ihrer Klasse haben, brachten Werte zwischen 9,7 % und 25,3 % (*Thommen,* 1985, vgl. S. 118). In Österreich gaben PflichtschullehrerInnen bei einer empirischen Untersuchung (*Köppel,* 1983, vgl. S. 8ff.) an, daß sie bei 9,4 % der Kinder Hilfe in Form einer zusätzlichen Betreuung benötigen würden. Eine empirische Längsschnittuntersuchung des Zentrums für Verhaltenspädagogik in Wien (*Eichleter/Knoblich/Ledl,* 1989, vgl. S. 23) über den Zeitraum 1977 – 1988 hat ergeben, daß das Betreuungsniveau bei verhaltensauffälligen Kindern durch einen Beratungslehrer trotz sinkender Schülerzahlen linear ansteigt. Im Schuljahr 1977/78 betrug der Betreuungsprozentsatz 1,5 %, im Schuljahr 1987/88 bereits 5,6 %.

1.6.2 Geschlechtsspezifische Unterschiede in der Häufigkeit

Knaben überrepräsentiert

Ein interessantes Ergebnis betrifft *die Situation von verhaltensauffälligen Mädchen*. Der überwiegende Teil aller in Wien durch BeratungslehrerInnen betreuten Kinder sind Knaben. Das langjährige Betreuungsverhältnis von 82 % Knaben und 18 % Mädchen entspricht fast genau den Daten einer gesamtösterreichischen Erhebung über die Situation an Sondererziehungsschulen (vgl. *Ledl,* 1983, S. 24). Von allen an Sondererziehungsschulen unterrichteten Kindern sind 17 % Mädchen und 83 % Knaben. Dies entspricht auch der subjektiven Einschätzung von Klassenlehrerinnen und -lehrern, die angaben, daß von den verhaltensauffälligen Kindern ihrer Klasse rund 75 % Knaben und 25 % Mädchen Hilfe bräuchten. Es ist nicht anzunehmen, daß Mädchen weniger verhaltensgestört als Knaben sind. Mädchen fallen mit ihrer Art der Störung weniger auf, sie verhalten sich angepaßter (vgl. *Köppel,* 1983, S. 8ff.).

Arbeitsaufträge

- *Was könnten die Ursachen für das "angepaßte Verhalten" der Mädchen sein?*
- *Auf welche Weise verarbeiten Mädchen anscheinend "unauffällig" Probleme mit sich und der Umwelt?*
- *Was könnten Sie als Lehrerin/Lehrer tun, um Mädchen vermehrt Chancen zur Problembewältigung zu geben?*

1.7 Ursachen von Lern- und Verhaltensstörungen

Ursachen multikausal sehen

Das Bedürfnis, Symptome zu erklären, zu deuten, dürfte deshalb so stark sein, weil wir etwas vorerst Unbekanntes Bekanntem zuordnen wollen. Wir wollen ein Verhalten "verstehen". Bei allem "Kausalitätsbedürfnis" muß man sich aber klar sein, daß eine Deutung nie die "ganze Wahrheit" zutage fördert und vom Deutenden viel projiziert, "hineingedeutet", wird. Deutungen können damit eine (falsche) Wirklichkeit erst konstituieren – und das ist für LehrerInnen manchmal entlastend, für Kinder aber verhängnisvoll.

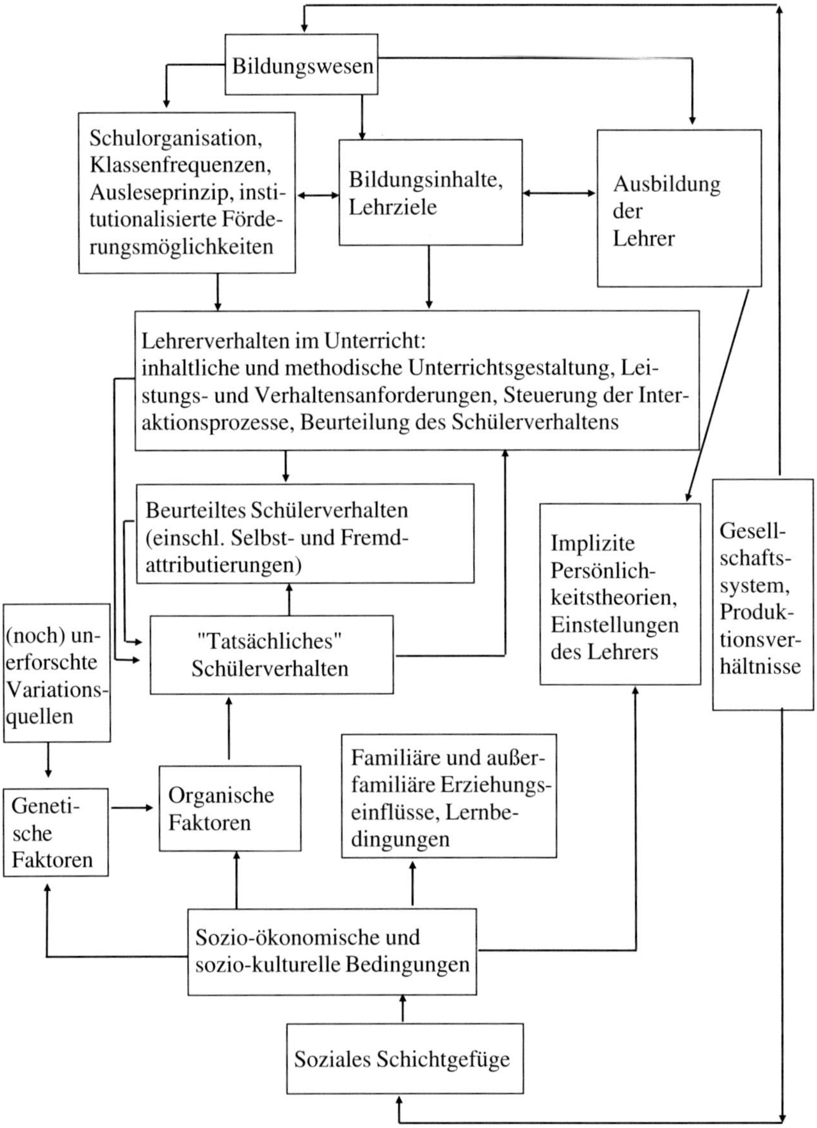

Das komplizierte Bedingungsgefüge von Lern- und Verhaltensstörungen (vgl. *Kornmann* in: *Ulich*, 1980, S. 183)

Die Deutung von Ursachen hat den Zweck, das Kind so zu erfassen, daß ihm damit geholfen werden kann. **Wird nicht die eigentliche Ursache (die Ursachen) gefunden, handelt es sich um eine oberflächliche Symptombehandlung.**

Lange Zeit galten Lern- und Verhaltensstörungen als angeborene Charakterstörungen. Da sich nur in wenigen Fällen eine innere (endogene) Ursache nachweisen ließ, geht man heute eher davon aus, Lern- und Verhaltensstörungen als durch das Milieu bedingt anzusehen. Bei genauer Analyse ist auch dieser Ansatz nicht befriedigend, weil er wesentliche Ursachenfaktoren und deren Bedingungsgefüge außer acht läßt. **Bei der Frage nach den Ursachen von Lern- und Verhaltensstörungen muß immer von einem konkreten Kind in einer konkreten Situation ausgegangen werden.** Die Abbildung (siehe oben) soll das **komplizierte Bedingungsgefüge** von Lern- und Verhaltensstörungen zeigen (vgl. *Kornmann* in: *Ulich,* 1980, S. 183).

Die folgende Aufzählung von Ursachen ist unvollständig; sie stellt einen Versuch dar, diesen Bereich zu systematisieren.

1.7.1 Organisch-biologischer Bereich

Organisch-biologische Ursachen

- *Organisch-funktionelle Beeinträchtigungen, Schäden und Funktionsstörungen* (z. B. Gehirnschädigungen, innersekretorische Störungen und Stoffwechselstörungen, Entwicklungsanomalien, chronische Krankheiten usw.) können "somatische Auslöser" für inadäquate Umweltreaktionen sein und damit zu "Verhaltensstörungen" führen.
  Immer mehr Bedeutung erhalten (leichte) hirnorganische Schädigungen (minimale zerebrale Dysfunktion = MCD), die bereits 10 bis 17 % der Normalpopulation betreffen. Merkmale: Wahrnehmungsdefizite, Koordinationsdefizite, abnormes motorisches Aktivitätsniveau = "Hyperaktivität" (zu schnelle und zu viele bzw. zu langsame und zu wenige Bewegungen), emotionale Labilität ("quecksilbrig"), kurze Aufmerksamkeit, Ablenkbarkeit, Impulsivität. Meist reagiert die Umwelt nicht adäquat auf (versteckte) Hirnschädigungen (z. B. Hyperaktivität), wobei es nach *Lempp* (1978) zur "Sekundärneurose" kommen kann (siehe auch Abschnitt 1.12.1: *"Das unruhige Kind").*
- *Psychosomatische Störungen (vegetative Symptome)* als Interaktionsstörungen zwischen Umweltbedingungen und körperlichen Gegebenheiten nehmen nicht nur bei Kindern, sondern auch bei Lehrerinnen und Lehrern zu.

1.7.2 Familiärer und sozio-kultureller Bereich

"Erziehungsfehler"

"Erziehungsfehler" lassen sich in drei Gruppen einteilen:

- Übertriebene Verweigerung: Zurückgewiesene (ungeliebte) Kinder, kombiniert mit einer starken "maßregelnden Erziehung", werden "frustriert" bzw. "aggressiv".

- Grenzenloses Gewährenlassen führt zu Irritation und Überforderung des Kindes.
- Inkonsequentes Hin- und Herschwanken (inkonsistenter Erziehungsstil) führt zu ständigen Konflikten.

Familiäre Ursachen

Bei "Erziehungsfehlern" reagiert das Kind über die Verhaltensstörung, wobei oft nicht zu klären ist, ob das Kind Verhaltensstörungen der Eltern durch Imitationslernen "kopiert".

Züblin (1975, vgl. S. 91) spricht von "induzierten Symptomen": z. B. übertriebene Ängstlichkeit, Nervosität, Aggression.

Aktuelle Konflikte

Bestimmte Ereignisse können ein Kind beeinträchtigen, wie z. B. Geschwisterrivalität bei Geburt eines Geschwisterchens, Scheidung, Mißhandlung, Spitalsaufenthalt (Hospitalismus), Tod eines geliebten Menschen, Entwicklungskrisen.

Beziehungsstörungen in der Familie

Systemtheoretische Ansätze sehen im Kind nur den Symptomträger, den eigentlich "gestörten Anteil" bildet aber die Familie als krankes oder "krankmachendes System". Hierzu zählen u. a. eheliche Disharmonie, pathologische, symbiotische Bindungsformen (z. B. Mutter-Kind-Symbiose), ferner Probleme durch Unvollständigkeit der Familie ("Scheidungswaisen", "vaterlose Gesellschaft").

Die heutige "Kleinfamilie" ist konfliktanfälliger geworden, bei Ausfall eines Teiles gibt es keinen "Ersatz".

1.7.3 Sozial-gesellschaftliche Probleme

Sozial-gesellschaftliche Ursachen

- Milieueinflüsse, die von Frühverwahrlosung (*Spitz:* "Hospitalismus") über äußere Verwahrlosung (Wohn- und Einkommensverhältnisse, unbeaufsichtigte Kinder) bis zu innerer Verwahrlosung ("Wohlstandsverwahrlosung") reichen:
  In diesem Zusammenhang weisen viele Befunde auf die Bedeutung der ersten drei Lebensjahre für die künftige stabile Entwicklung des Kindes hin. Berufstätigkeit der Eltern und Abschieben der Kinder in Kinderkrippen und anschließend in Ganztagsschulen, die beide nicht einer pädagogischen, sondern einer "ökonomischen Notwendigkeit" entspringen, prägen das Bild einer "kinderfeindlichen Gesellschaft", die immer weniger "Nestwärme" erzeugen kann oder will.

- Versachlichung und Verplanung der industriellen Umwelt:
  Kinder können in einer industrialisierten Umwelt immer weniger unmittelbare Erfahrungen in der Umweltaneignung machen. Sie erleben eine "Scheinwirklichkeit" (Fernsehen), das Abenteuer findet am "Abenteuerspielplatz" statt und in der Massenwohnsiedlung, wo das "psychosoziale Zentrum" und die Außenstelle des Jugendamtes vor dem Supermarkt installiert werden, weil man weiß, welche Probleme zu erwarten sind.
- Fehlen von verbindlichen Normsystemen (Pluralität) führt dazu, daß das Kind in Elternhaus und Schule mitunter unterschiedlichen Wertsystemen ausgesetzt ist. Die "Erziehung zu Werten" ist in ein pädagogisch schiefes Licht geraten, obwohl hier gerade die Schule ihre Chance wahrnehmen sollte. Beispiele für die Unterrichtspraxis: *Teml* (1983, S. 103-121) und *Simon/ Olds* (o. J., S. 49-223).
- Kinder werden immer mehr um "ihre Kindheit betrogen", indem sie immer früher und intensiver dem Druck eines falsch verstandenen Leistungsprinzips unterworfen werden.
- Durch das Leben in der "Konsumgesellschaft" führt die Überbetonung des Lustprinzips zu herabgesetztem Triebverzicht und zu Außensteuerung durch Reizüberflutung, durch Werbung, Fernsehen, Video und diverse Modetrends (vgl. *Schenk-Danzinger*, 1976, S. 27).

1.7.4 Die Schule als Mitverursacherin von Lern- und Verhaltensstörungen

Schulische Ursachen

Die Schule als Verteilerin von Berufskarrieren wird in Verbindung mit den elterlichen Erwartungen ("Aus dir soll was werden!") anscheinend immer mehr zu einem "Dauerstressator" ("Schulstreß", "Schulangst"). Aber auch unangemessenes Lehrerverhalten und inadäquate methodisch-didaktische Rahmenbedingungen (Schul- und Klassenklima) können manchmal Mitverursacher sein.

Arbeitsaufträge

- *Wenn Sie lern- und verhaltensgestörte Kinder in der Klasse haben, stellen Sie Vermutungen über die Ursachen des Verhaltens dieser Kinder an (vgl. dazu auch Abschnitt 1.9: "Diagnose von Lern- und Verhaltensstörungen")!*
- *Gestalten Sie ein kurzes Statement für ein Impulsreferat zu einem Elternabend zum Thema "Lern- und Verhaltensstörungen – eine neue Kinderkrankheit?"! (Hilfen dazu: Klöhn, E.: Kinder brauchen Nestwärme. Verhaltensstörungen – eine neue Kinderkrankheit? München o. J.)*

1.8 Das Erscheinungsbild des lern- und verhaltensgestörten Kindes (Symptomatik)

Klassifikationsversuch

Es gibt in der pädagogischen, psychologischen und klinisch-medizinischen Literatur viele Klassifikationsversuche von Lern- und Verhaltensstörungen.

Im folgenden wird versucht, eine für den Schulbereich relevante und einigermaßen vollständige Klassifikation zusammenzustellen. Die Zuordnung einer Störung zu einem bestimmten Bereich ist meist erst nach umfassender psychologischer oder klinischer Diagnose zulässig.

So kann z. B. die Sprachstörung "Dysgrammatismus" körperlich (hirnorganisch) verursacht sein oder eine Beziehungsstörung ausdrücken (Sprachverwahrlosung). Oder eine "Neurose" kann einerseits im Bereich "Ich-Einschränkung" angesiedelt werden, andererseits aber im körperlichen Bereich als sogenannte "Konversionsneurose" (Umwandlung oder Umkehrung von verdrängten Triebansprüchen oder Affekten in körperliche Symptome).

1.8.1 Störungen im körperlichen Bereich: motorische und vegetative Symptome

Funktionsstörung

Störungen im körperlichen Bereich stellen sich als **Funktionsstörungen** innerhalb der Körpersphäre oder als **bio-soziale Regulationsstörungen** dar.

Beispiele:

Allgemein motorische Unruhe bzw. psychomotorische Störung ("Hyperaktivität" – "Zappelphilipp"). Hierher gehören auch die motorische Ungeschicklichkeit oder die Hemmung, die ihre Ursache in einer (leichten) frühkindlichen Hirnschädigung haben können.

Als bio-soziale Regulationsstörung gelten u. a. allergische Leiden, Asthma, Einkoten, Einnässen, Verstopfungen, Eßstörungen, Konversionsneurosen, nervöse Beschwerden (Kopf- und Magenschmerzen).

Ferner unterscheidet man abnorme Erscheinungen innerhalb der Körpersphäre, sogenannte "Unarten" wie z. B. Daumenlutschen, Nägelbeißen, Haareausdrehen und -ausreißen, Kratzen, Zähneknirschen, Tics (Zuckungen) sowie stereotypes Erzeugen von Geräuschen.

1.8.2 Störungen in der Eigenbefindlichkeit des Kindes

Ich-Einschränkung

Störungen in der Eigenbefindlichkeit des Kindes stellen sich als Störungen dar, die das Kind in seinen "Ich-Gefühlen" beeinträchtigen und zu einer **"Ich-Einschränkung"** mit negativer Grundstimmung führen können.

Beispiele:

Allgemeine Ängstlichkeit und Angst in bestimmten Situationen (Phobien), "Schulangst" etc. Persönliche Verstimmungen (kindliche Euphorie und Dysphorie), Verträumtheit, Depressionen bis hin zu Suizidversuchen. In diese Gruppe gehören auch Neurosen als Fehlentwicklung bzw. Fehlanpassung.

1.8.3 Störungen im Bereich der Beziehungen zu Mitmenschen

Beziehungsstörungen stellen sich als **Störungen im Sozialverhalten** und **im Wertbereich** dar.

Beziehungs-
störungen

Beispiele:

- Aggressivität: Frechheit, Trotz, Ungehorsam, Widersetzlichkeit, mangelndes Regelbewußtsein, Verweigerung, Zerstörungslust, Hyperaggressivität, Ausagieren;
- Angeben: Aufschneiden, Prahlen;
- Kontaktstörungen: "autistisches" Verhalten, Rückzug aus sozialen Bezügen, schwere Kontaktgestörtheit;
- Bindungsschwäche: keine Freunde, beziehungsunfähig, Einzelgängertum;
- Distanzlosigkeit: freches, unverschämtes oder "klettenhaftes" Verhalten;
- Egozentrismus: Mittelpunktstreben;
- Eifersucht: übertriebene Eifersucht;
- Gehemmtheit: Weichheit, Unselbständigkeit, Unfähigkeit, sich durchzusetzen, soziale Reserviertheit, leicht verletzbar;
- Lügen: Unaufrichtigkeit, Schwindeleien;
- Stehlen: wahllose Diebereien (MitschülerInnen und LehrerInnen), Betrügereien, gestörtes Besitzverhalten, Freunde werden mit Diebsgut "gekauft";
- Verwahrlosung: unentschuldigtes Fehlen, Herumtreiben, Bandenzugehörigkeit, Rowdytum;
- Weglaufen: Schulschwänzen, Schulverweigerung;
- Sexuelle Fehlformen: exzessives Masturbieren, masochistische Regungen, Exhibitionismus, Voyeurismus.

1.8.4 Störungen im Leistungsbereich

Leistungsstörungen stellen sich als **Störungen in der Arbeitshaltung mit Übergang zu Lernstörungen** dar. Sie reichen von Spiel- und Interessensmangel über Faulheit (als mangelnde Leistungsbereitschaft) bis zur Arbeitswut (als übermäßigem Fleiß) und bis zu zwangsneurotischen Formen (übermäßige Sauberkeit und Ordentlichkeit, Pedanterie).

Leistungs-
störungen

Konzentrationsmängel als Konzentrationsschwäche bzw. Konzentrationsstörung führen häufig – in Verbindung mit Wahrnehmungsstörungen oder psychomotorischen Störungen – zu intellektuellem Versagen. Schlechte Schulleistungen (bei guter Intelligenz) können sich auch als "neurotische Lernhemmung" manifestieren, d. h. mit dem "Nichtlernen" soll jemand "bestraft" werden (meist die Eltern oder die Lehrerin/der Lehrer). Leistungsstörungen können sich auch als allgemeine Unreife, als Infantilismus bzw. mangelnde Schulreife darstellen.

Arbeitsaufträge

Denken Sie an die Kinder in Ihrer Klasse!

- *Welche der beschriebenen Symptome auffälligen Verhaltens (Lern- und Verhaltensebene) fallen Ihnen bei den Kindern auf?*
- *Versuchen Sie, sich Vorfälle mit Kindern in Erinnerung zu rufen, als Sie mit Ihrem "pädagogischen Latein" am Ende waren!*

1.9 Diagnose von Lern- und Verhaltensstörungen

1.9.1 Diagnoseschema von Lern- und Verhaltensstörungen (vgl. *Kobi,* 1977, S. 15; *Peyer,* 1976, S. 37-39)

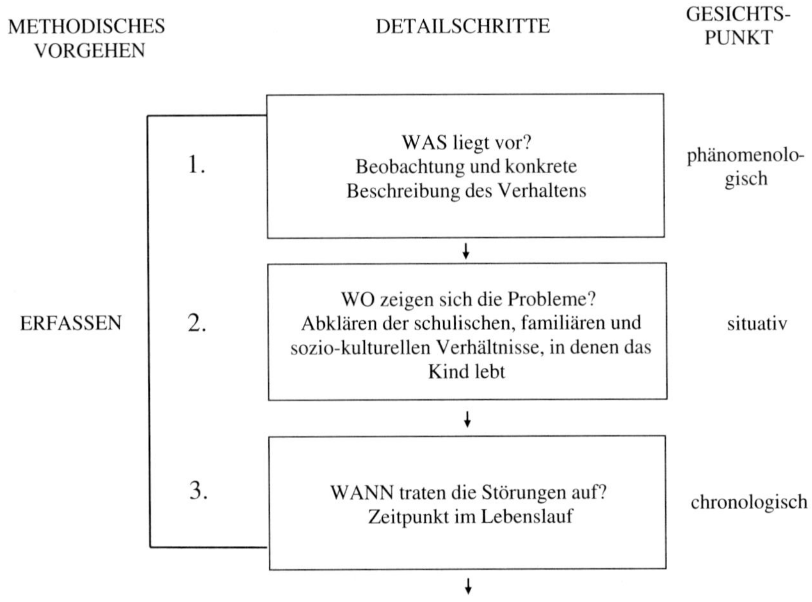

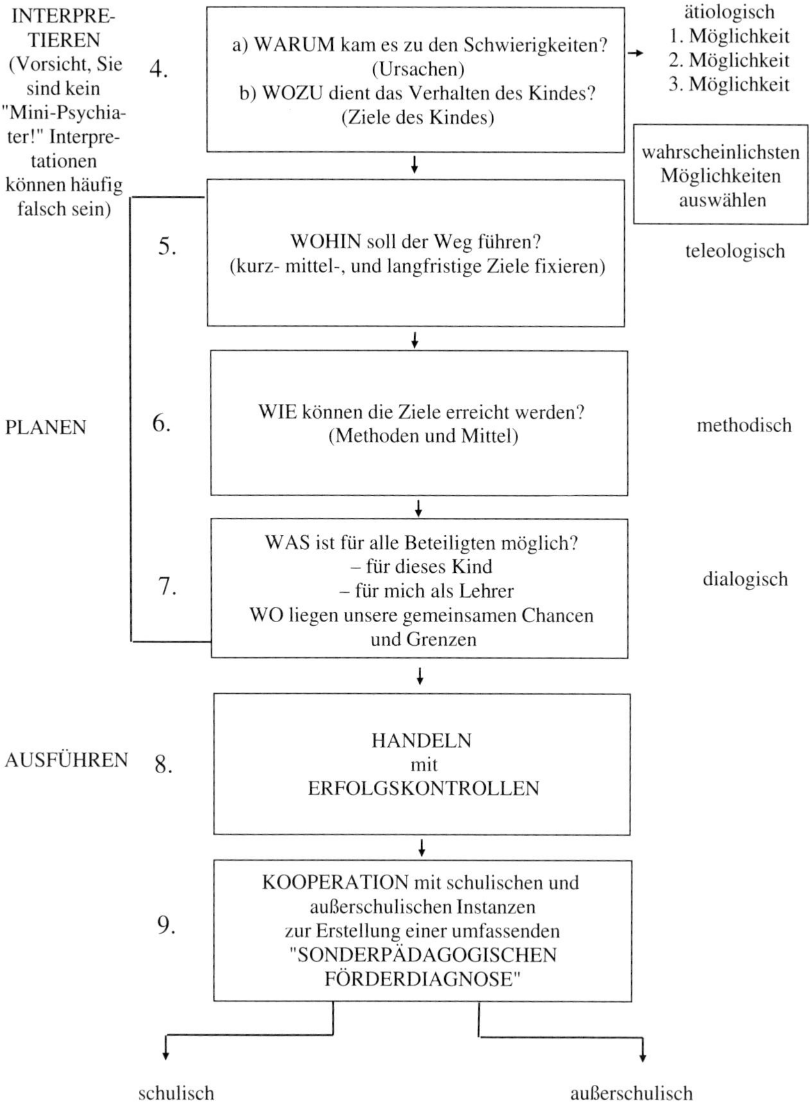

Kollegen, Direktor, Schulinspektor, Schulpsychologe, Schularzt, Schülerberater, Stützlehrer, Begleitlehrer, Legasthenielehrer, Sprachheillehrer

Hort, Jugendamt, Facharzt des Kindes, Klinik (Kinderpsychiater, Neurologe), Sozialpädagogische und sozialtherapeutische Institute, Institut für Erziehungshilfe, Familientherapeutische Einrichtungen

Förderdiagnose als pädagogische Handlungsgrundlage

Nach Erstellung einer **Förderdiagnose** muß entschieden werden, was im konkreten Fall geschehen soll. Möglich sind: **Beratung – Förderung – Therapie.**

Dabei geht es um zwei wichtige Fragen:

- Wer macht was mit wem?
- Wer koordiniert diese Tätigkeiten?

Die Kooperation mit schulischen und außerschulischen Instanzen erfordert von der Lehrerin/vom Lehrer Tatkraft und Ausdauer. In einem aufgeschlossenen Schulklima sollte es keine "institutionellen Barrieren" geben, wenn es um das Wohl des Kindes geht.

Das dargestellte Diagnoseschema mag auf den ersten Blick sehr theoretisch erscheinen, deshalb sei anhand einer konkreten Fallstudie die Nützlichkeit eines genauen diagnostischen Vorgehens demonstriert.

1.9.2 Fallstudie: Peter – ein verhaltensauffälliges Kind mit Lernstörungen (2. Schulstufe Volksschule)

Erfassen:
– phänomenologisch

(1) **Was liegt vor?**

Beobachtung und Beschreibung eines konkreten Verhaltens:

Peter verweigert die Mitarbeit, kriecht unter den Tisch, weint, schneidet Grimassen, hat brutale Raufereien mit anderen Kindern in den Pausen, hat öfter Bauchschmerzen.

– situativ

(2) **Wo zeigt sich das Problem?**

Schule:

Die oben genannten Probleme treten nur in der Schule (bzw. auf dem Schulweg) auf. Laut Aussage der Eltern und der Horterzieherin verhält er sich sonst relativ angepaßt.

Schullaufbahn:

Rückstellung mit Vorschulklassenbesuch, 1. Schulstufe, derzeit 2. Schulstufe. Gefahr der Klassenwiederholung – die Klassenlehrerin schlägt eine schulpsychologische Untersuchung und Überweisung in die ASO vor.

Familie:

Vater – Hilfsarbeiter, Mutter – Bedienerin, vier Kinder – Peter acht, Schwester vierzehn Jahre alt (besucht die ASO), zwei Halbbrüder aus der ersten Ehe der Mutter (sechzehn und neunzehn Jahre alt). Der Vater kümmert sich um die schulischen Belange, hat jedoch einen inkonsequenten Erziehungsstil, ist sehr jähzornig. Die Mutter macht einen verkommenen Eindruck, delegiert schulische Dinge an den Vater. Die Eltern verweigern die Zustimmung zur schulpsychologischen Testung und sind gegen eine Überstellung in die ASO ("Weigerungsfall").

– chronologisch

(3) **Wann traten die Störungen auf?**

Anamnestisch keine Auffälligkeiten; die Lernschwierigkeiten treten seit der Einschulung auf.

Rückstellung

Vorschulklasse

Noten der 1. Schulstufe:
1. Halbjahr: Gesamtnote "Genügend"
2. Halbjahr: Religion: 2; Sachunterricht: 3; Deutsch: 5; Mathematik: 4; Musikerziehung: 1; Bildnerische Erziehung: 2; Leibesübungen: 1

(4a) **Warum kam es zu den Schwierigkeiten? (Ursachen)**

Interpretieren:

– *Testergebnisse aus dem schulpsychologischen Gutachten:*

– ätiologisch

Peters Schwierigkeiten in Deutsch (1. Schulstufe: 5) und Rechnen (1. Schulstufe: 4) lassen auf den ersten Blick auf eine mögliche Lernbehinderung (chronisch, durchgehend herabgesetztes Lernniveau, vgl. *Kobi*, 1977) oder Lernverwahrlosung (Schwierigkeiten in der verbalen Ausdrucksfähigkeit) schließen. Laut schulpsychologischem Gutachten besitzt Peter einen IQ von 98, was keinesfalls eine Sonderschuleinweisung rechtfertigen würde.
Der Test ergab ferner eine "massive Rechtschreibschwäche im Zusammenhang mit einer verminderten akustischen Differenzierung". Die Rechenleistungen im Schulleistungstest waren positiv.

– *Feststellung von Förderbedarf durch den Beratungslehrer* (d. i. ein mobiler Lehrer zur integrativen Betreuung verhaltensauffälliger Kinder):

– Ursachen

• Bei der Prüfung nach der Beobachtungsliste von *Seyfried* (1983) ergaben sich Schwierigkeiten bei der akustischen Entschlüsselung (siehe schulpsychologisches Gutachten). Die Sprachfähigkeit war in Ordnung. Geringe Mängel gab es bei der motorischen Übertragung, größere Defizite bei der visuellen Entschlüsselung.
• Die Motorik wurde nach dem Prüfverfahren nach *Delacato* (1973) nochmals überprüft. Es ergaben sich keine Hinweise auf gröbere Ausfälle.
• Die Schwierigkeiten im visuellen Bereich wurden zusätzlich mit dem FEW (*Frostig* Entwicklungstest der visuellen Wahrnehmung) überprüft. Hier fielen speziell Schwierigkeiten in der Wahrnehmungskonstanz (WK) auf, welche die Tatsache erklären, warum Peter Probleme beim Wörtererfassen und Wörterlesen hat.
• Einzelgespräche mit Peter und projektive Verfahren ergaben keinen Hinweis auf psychische Schwierigkeiten oder auf Probleme bei der Kontaktaufnahme. Bei seinen Mitschülerinnen und Mitschülern war Peter trotz seiner gelegentlichen Aggressionen beliebt.
Das aggressive Verhalten verschwand fast blitzartig, als die Klassenlehrerin auf Peters Defizite aufmerksam gemacht wurde und ihrerseits von der Vorstellung Abstand nahm, Peter in die Sonderschule zu überweisen. Als Peter erfuhr, daß er nicht in die ASO kommen würde, hatte er es anscheinend nicht mehr notwendig, über Ausweich- und Fluchtmechanismen (Verweigern, Weinen, Unter-den-Tisch-Kriechen, Grimassenschneiden, Imponiergehabe durch Stärke und Raufereien) die Aufmerksamkeit der anderen auf diese Art auf sich zu lenken.
• Die Bauchschmerzen, die als psychosomatische Reaktion oder als Organneurose interpretiert werden könnten, erwiesen sich lediglich als erlernte Fluchtmöglichkeit, den schulischen Leistungsanforderungen zu entgehen. Peter sagte, auf die Bauchschmerzen angesprochen, zum Beratungslehrer: "Weißt du, meine Mutti läßt mich immer zu Hause, wenn ich in der Früh sage, daß ich Bauchweh habe!"
• Die Eltern selbst versuchten Peter mit falschen Methoden ("Lern mehr, du fauler Kerl!") vor der ASO zu bewahren, sie konnten ihm aber keine konkreten Hilfen anbieten, um die Überstellung zu vermeiden.

– Ziele des Kindes

(4b) **Wozu dient das Verhalten des Kindes? (Ziele des Kindes)**

Mögliche Erklärungen wären:

- Peter glaubt, durch Maßnahmen der Verweigerung seinen Lernproblemen zu entkommen.
- Das "Klassenkasperl"-Spielen (Grimassen) und die Raufereien könnten als Kompensation für Mängel im Leistungsbereich betrachtet werden (Statuserhöhung in der Gruppe): "Der ist wer, der ist stark, der traut sich was!" Sie können aber auch einfach als Hilferuf gesehen werden, damit sich jemand seiner Probleme annimmt.
- Die Bauchschmerzen sind in diesem Fall ebenfalls ein Fluchtweg vor drohender Niederlage.

System-theoretische Sicht

Theorieeinschub:
Verhaltensstörungen im Sinne der "Systemtheorie" (ökologische Betrachtung)

Sonderpädagogische Intervention "von außen" bringt Bewegung in ein erstarrtes System von gegenseitigen Rollenzuweisungen.

Die folgende Skizze zeigt dieses System – *der "Fall Peter" aus systemtheoretischer Sicht:*

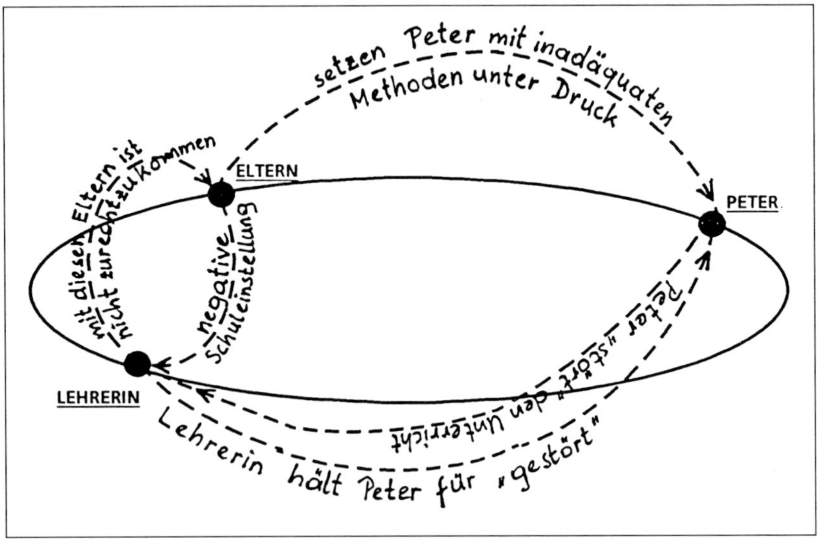

Was passiert durch die Intervention von außen?

- Die Lehrerin verändert ihre Einstellung zu Peter.
- Peter verändert daraufhin sein Verhalten in der Schule.
- Die Eltern geben ihrerseits ihren Druck auf Peter (und auf die Schule) auf.

Folge: Das "gestörte Verhalten" löst sich!

(5) **Wohin soll der Weg führen? (lang-, mittel- und kurzfristige Ziele)**

Planen:
– teleologisch

Langfristig:

- Vermeidung einer Überweisung in die ASO bzw. einer Wiederholung der 2. Schulstufe

Mittelfristig:

- Erlernen von Strategien einer adäquaten Frustrationsbewältigung (nicht Verweigerung) im Umgang mit Lernproblemen (Ich-Stärkung)
- Arbeit an der Rechtschreibschwäche durch Kompensation der Wahrnehmungsdefizite im visuellen und akustischen Bereich
- Arbeit mit den Eltern, um deren "Erziehungskapazität" zu stärken

Kurzfristig:

- Arbeit an aktuellen Konfliktsituationen (Raufereien) oder Verweigerungssituationen in der Klasse

(6) **Wie können die Ziele erreicht werden? (Methoden und Mittel)**

Planen:
– methodisch

Es wird davon ausgegangen, daß eine Kooperation mit schulischen oder außerschulischen Einrichtungen, im Idealfall SonderpädagogInnen oder SchulpsychologInnen, erfolgt (im folgenden "Helfer" genannt).

Arbeit an der Rechtschreibschwäche:

- Peter besucht den Legasthenikerkurs an der Schule. Die Lehrerin übt mit ihm speziell ein Programm zur "akustischen Differenzierung" (nach *Sindelar/Rind,* 1982).
- Peter nimmt am Förderunterricht der Klassenlehrerin teil.
- Der Helfer führt mit ihm Übungen zur visuellen Wahrnehmungsförderung (im besonderen zur Wahrnehmungskonstanz) durch.
- Die Eltern erhalten Übungshefte für das Training zu Hause (*Lauster,* 1975).

Arbeit an der Ich-Stärkung zum Aufbau einer adäquaten Frustrationstoleranz:

Die Lehrerin lobt kleinste Lernfortschritte und verstärkt jede Situation, in der es Peter gelingt, nicht zu verweigern (Erstellen eines Verhaltensprogramms mit Verstärkern/Token gemeinsam mit dem Schulpsychologen oder Beratungslehrer; zur Technik der Verstärkung durch Verhaltensprogramme siehe Abschnitt: *"Pädagogische Verhaltensmodifikation").*

Informationen des Helfers für die Eltern:

in Richtung "adäquater Umgang mit Lernproblemen" (nicht schimpfen, sondern helfen und fördern)

(7) **Was ist für alle Beteiligten möglich? (Chancen und Grenzen)**

Planen:
– dialogisch

Kind:

ist motiviert, die 2. Schulstufe positiv abzuschließen, und erklärt sich bereit, die zusätzlichen Förderangebote und Förderprogramme durchzuführen.

Klassenlehrerin:

verspricht Mitarbeit (positive Verstärkung durch Token-Programm). Wenn sich bis Ende der 2. Schulstufe Fortschritte zeigen (ca. acht Monate), will sie Peter in die 3. Schulstufe aufsteigen lassen (Grenzen).

Legasthenielehrerin und Lehrerin der 1. Schulstufe:

führen Zusatzbetreuung durch.

Eltern:

Hier ergibt sich nach ca. drei Wochen ein Problem. Die Eltern sind mit der Durchführung des Förderprogramms nach *Lauster* (1975) intellektuell und emotional überfordert. Die häuslichen Übungen führen zu ständigen Konflikten (Grenze). Hier wird Ersatz in Form der Horterzieherin von Peter gefunden, die freiwillig täglich ca. zwanzig Minuten mit Peter das Programm übt.

Ausführen

(8) **Handeln mit Erfolgskontrollen**

Der Helfer koordiniert die Betreuungsaktivitäten, d. h. er betreut nicht nur Peter (einzeln), sondern das ganze System (Schule – Hort – Eltern). Wenn an einer Stelle des Systems Schwierigkeiten (siehe Eltern/Horterzieherin) auftreten, versucht er, das System wieder arbeitsfähig zu machen.

Erstellen einer SPFD

(9) **Kooperation mit schulischen und außerschulischen Instanzen**
zur Erstellung einer umfassenden "sonderpädagogischen Förderdiagnostik" (SPFD)

schulische Kooperation **außerschulische Kooperation**

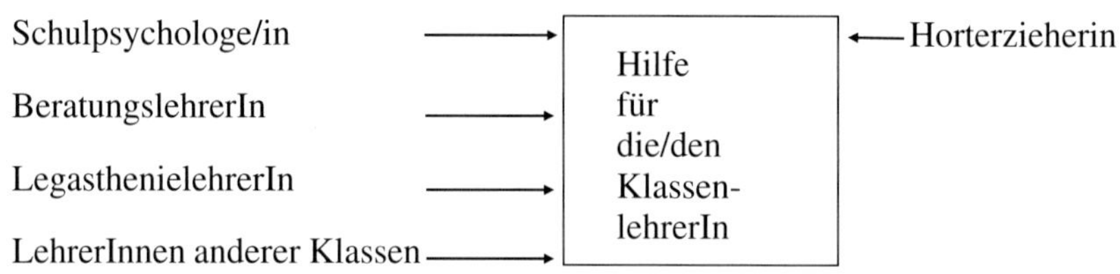

"Sonderpädagogische Förderdiagnostik" konzentriert sich bei Peter auf:

- Beratung
- Förderung
- Therapie war nicht notwendig. Eine Spieltherapie (aggressives Verhalten) hätte nur auf eine sekundäre Erscheinung gezielt, die Ursachen (TLS) aber nicht berührt.

Abschließende Bemerkung zum "Fall Peter"

Das Beispiel von Peter zeigt die zentrale Rolle der LehrerInnen bei der Bewältigung von Lern- und Verhaltensproblemen. **Als Hauptträger von Erziehungs- und Unterrichtsprozessen** haben sie einen wesentlichen Gestaltungseinfluß auf Kinder und Jugendliche – aber sie brauchen Hilfe bei Problemen, die sie allein nicht lösen können (Frage von Zeit und Ausbildung).

Fritz Redl (1975, S. 570) verwendete schon 1931 den Begriff *"Erziehungsberatung in der eigenen Klasse"*. Bei schwierigen Kindern muß "geholfen" werden, sie dürfen aber nicht an sogenannte "Experten" delegiert werden, weil sich damit LehrerInnen von ihrer pädagogischen Verantwortung lösen.

1.9.3 Sonderpädagogische diagnostische Hilfen bei Lern- und Verhaltensstörungen

Sonderpädagogische diagnostische Hilfen

- Anamnese des Schwangerschafts- und Geburtsverlaufs (vor- und nachgeburtliche Schädigungen bzw. Schädigungen während der Geburt – prä-, post- bzw. perinatal: Erhebungen durch den Arzt)
- Daten zur frühkindlichen Entwicklung (Auffälligkeiten beim Sitzen-, Laufen-, Sprechenlernen)
- Neurologischer Befund (Störungen der Fein- und Grobmotorik, der Reflextätigkeit)
- EEG-Befund (Elektroencephalogramm): Hirnstrombilder geben Hinweise auf zerebrale Schädigungen (z. B. Anfallsleiden).
- Klinisch-psychopathologischer Befund
- Schulpsychologisches Gutachten: Intelligenz- und Schulleistungsüberprüfung, projektive Verfahren, Teilleistungsschwächen
- Sonderpädagogisches Gutachten bei zusätzlicher Betreuung durch BeratungslehrerInnen, PsychagogInnen, SonderschullehrerInnen an der Regelschule u. a.

1.10 Schulrechtlich vorgesehene Maßnahmen bei Verhaltensstörungen – Anwendung von Erziehungsmitteln bei einem Fehlverhalten

Problem Erziehungsmittel

Das Problem Erziehungsmittel wird im § 47 des SchUG grundsätzlich geregelt:

"Mitwirkung der Schule an der Erziehung

§ 47. (1) Im Rahmen der Mitwirkung der Schule an der Erziehung der Schüler (§ 2 des Schulorganisationsgesetzes) hat der Lehrer in seiner Unterrichts- und Erziehungsarbeit die der Erziehungssituation angemessenen persönlichkeits- und gemeinschaftsbildenden Erziehungsmittel anzuwenden, die insbesondere Anerkennung, Aufforderung oder Zurechtweisung sein können. Diese Maßnahmen können auch vom Klassenvorstand und vom Schulleiter (Abteilungsvorstand), in besonderen Fällen auch von der Schulbehörde erster Instanz ausgesprochen werden.

(2) Wenn es aus erzieherischen Gründen oder zur Aufrechterhaltung der Ordnung notwendig erscheint, kann der Schulleiter einen Schüler in eine Parallelklasse, bei lehrgangsmäßigen Berufsschulen auch in einen anderen Lehrgang versetzen. Wenn mit einer solchen Maßnahme nicht das Auslangen gefunden werden kann, kann die Schulkonferenz (bei Schulen, die in Fachabteilungen gegliedert sind, die Abteilungskonferenz) die Stellung eines Antrages auf Ausschluß des Schülers (§ 49 Abs. 2) androhen.

(3) Körperliche Züchtigung, beleidigende Äußerungen und Kollektivstrafen sind verboten.

(4) Im Rahmen der Mitwirkung an der Erziehung kann das Verhalten des Schülers außerhalb der Schule berücksichtigt werden, hiebei dürfen nur Maßnahmen gemäß Abs. 1 und § 48 gesetzt werden. Eine Bestrafung für ein Verhalten, das Anlaß zu Maßnahmen der Erziehungsberechtigten, der Jugendwohlfahrtsbehörden, sonstiger Verwaltungsbehörden oder der Gerichte ist, ist unzulässig."

Unter Bezugnahme auf § 47 Abs. 1 des SchUG führt die Schulordnung (Verordnung des Bundesministers für Unterricht und Kunst vom 24. Juni 1974, BGBl. Nr. 373) in § 8 Abs. 1 lit. b folgende **Erziehungsmittel** vollständig an, die im Falle des Fehlverhaltens eines Kindes anzuwenden sind:

- Aufforderung,
- Zurechtweisung,
- Erteilung von Aufträgen zur nachträglichen Erfüllung versäumter Pflichten,
- beratendes bzw. belehrendes Gespräch mit dem Kind,
- beratendes bzw. belehrendes Gespräch unter Beiziehung der Erziehungsberechtigten,
- Verwarnung.

"Schulhaft" oder "Karzer" sind demnach mangels gesetzlicher Grundlage verboten.

Verständigungspflichten der Schule

§ 48 des SchUG legt im Falle von Erziehungsproblemen mit Schülerinnen und Schülern die **Verständigungspflichten** fest, die die Schule zu erfüllen hat:

"Verständigungspflichten der Schule

§ 48. Wenn es die Erziehungssituation eines Schülers erfordert, haben der Klassenvorstand oder der Schulleiter (der Abteilungsvorstand) das Einvernehmen mit den Erziehungsberechtigten zu pflegen. Wenn die Erziehungsberechtigten ihre Pflichten offenbar nicht erfüllen, hat der Schulleiter das zuständige Pflegschafts (Vormundschafts) gericht, falls voraussichtlich die Voraussetzungen zur Anordnung der Erziehungshilfe nach § 9 des Jugendwohlfahrtsgesetzes, BGBl. Nr. 99/1954, gegeben sind, die zuständige Bezirksverwaltungsbehörde (Jugendamt) zu verständigen. Das zuständige Pflegschafts (Vormundschafts) gericht ist ferner zu verständigen, wenn die Erfüllung der Aufgabe der Schule durch die Uneinigkeit der Erziehungsberechtigten gefährdet erscheint."

Das hier zitierte Jugendwohlfahrtsgesetz 1954 wurde durch jenes von 1989 (BGBl. Nr. 161) ersetzt. Nach § 2 Abs. 1 dieses Gesetzes ist die Jugendwohlfahrt "zu gewähren, wenn und insoweit die Erziehungsberechtigten das Wohl der Minderjährigen nicht gewährleisten" (*Jonak/Kövesi*, 1990, S. 571).

Bei schwerwiegender Verletzung der Pflichten des Schülers und wenn die Anwendung von Erziehungsmitteln (vgl. § 47) erfolglos geblieben sind oder wenn das Verhalten eine dauernde Gefährdung anderer Kinder hinsichtlich ihrer Sittlichkeit, körperlichen Sicherheit oder ihres Eigentums darstellt, kann nach den in § 49 SchUG vorgesehenen Verfahren der **Ausschluß eines Schülers von der Schule** ausgesprochen werden. Dieser Ausschluß ist kein Erziehungsmittel im engeren Sinn, sondern vielmehr eine Sicherungsmaßnahme, durch die andere Kinder geschützt werden sollen. Er ist allerdings nur an berufsbildenden Pflichtschulen (Berufsschulen) sowie an mittleren und höheren Schulen, nicht jedoch an allgemeinbildenden Pflichtschulen – und damit auch nicht **an Sonderschulen** – zulässig. Hier ist für solche Fälle

- die Einleitung eines Verfahrens über **Aufnahme in eine Sondererziehungsschule** (§ 8 Schulpflichtgesetz) oder
- der Antrag auf Einleitung eines **Verfahrens nach den Vorschriften des Jugendwohlfahrtsrechtes**

vorgesehen.

Bei "Gefahr in Verzug" kann jedoch die Schulbehörde erster Instanz die **Suspendierung eines Schülers vom weiteren Schulbesuch bis zu höchstens vier Wochen** verfügen. Während dieser Zeit kann sich der Schüler über den durchgenommenen Lehrstoff regelmäßig informieren (§ 49 Abs. 3 SchUG).

Nach § 8 Abs. 2 der Schulordnung sollen Erziehungsmaßnahmen

- möglichst unmittelbar erfolgen,
- in einem sinnvollen Bezug zum Verhalten des Schülers stehen,
- dem Schüler einsichtig sein und
- eine die Erziehung des Schülers fördernde Wirkung haben.

Zwischen den hier im wesentlichen wiedergegebenen rechtlich vorgesehenen Erziehungsmitteln und -maßnahmen und den Erfordernissen der Schulpraxis besteht **häufig eine Diskrepanz**, weil die Vielfältigkeit und die Komplexität von Erziehungssituationen in einer Rechtsvorschrift nicht adäquat abgebildet werden können. Dies gilt in noch stärkerem Maße beim Auftreten von gravierenden Verhaltensstörungen.

1.11 Der Einfluß des Lehrerverhaltens auf Lern- und Verhaltensstörungen

1.11.1 Die Bedeutung der Lehrerpersönlichkeit und des Lehrerverhaltens – oder: "Wer ist ein guter Lehrer für verhaltensgestörte Schüler?"

Bedeutung der Lehrerpersönlichkeit

Der gängigen idealistischen Darstellung der Lehrerpersönlichkeit in der pädagogischen Literatur steht die Tatsache entgegen, daß LehrerInnen tagtäglich mit Lern- und Verhaltensproblemen zu kämpfen haben und darunter stark leiden (vgl. die Untersuchung von *Köppel,* 1983).

Alle kennen das Phänomen, daß ein und dasselbe verhaltensgestörte Kind bei der einen Lehrperson "spurt" und bei der anderen "durchdreht", d. h. man ist als LehrerIn – ob man das akzeptieren will oder nicht – als Interaktionspartner immer mitbeteiligt.

Empirische Befunde zur Frage: "Wer ist ein guter Lehrer?"

Lassen wir die SchülerInnen einmal selbst zu Wort kommen. Auf die Frage, wie sich verhaltensgestörte Kinder "einen idealen Lehrer" vorstellen, antworteten diese: *"Er muß streng, aber gerecht sein – und er muß unsere Probleme verstehen."* (Ergebnisse einer Umfrage bei verhaltensgestörten Kindern, die von einem Beratungslehrer betreut werden; vgl. *Eichleter/Knoblich/Ledl,* 1989, S. 17.)

Eine Untersuchung von *Bertram* (1988, vgl. S. 26ff.) im Schuljahr 1986/87 (Hessen/BRD), die **Erwartungen** von Eltern, Schülerinnen und Schülern und Schulaufsicht **an einen "guten Lehrer"** darstellt, unterstreicht die eben zitierte Schülermeinung. *Bertram* fand, daß ein guter Lehrer begründete Autorität besitzt und man vor ihm Respekt hat – und daß er gleichzeitig den Kindern Güte, Wärme, Geduld und Zuwendung entgegenbringt.

Anmerkung: Gerade verhaltensgestörte Kinder haben feine "Antennen" dafür, ob man sie wirklich mag. Hier liegt aber das Dilemma: Wer kann ein aggressives, trotziges, unfolgsames Kind mögen – oder gar lieben?

Bertram stellt auch fest, daß "gute" LehrerInnen situationsangemessen reagieren und Schulprobleme abfangen, indem sie möglichst früh kompensierende Maßnahmen setzen (z. B. Diagnose von TLS, Einsatz von Förderprogrammen etc.) und Kontakt mit den Eltern herstellen.

Zu ähnlichen Ergebnissen kommt auch eine österreichische Untersuchung von *Mayr/Eder/Fartacek* (1988) über LehrerInnen, in deren Unterricht die Kinder intensiver mitarbeiten und weniger stören. Diese LehrerInnen verfügen u. a. über folgende Handlungsstrategien:

"Sie treten den Schülern selbstbewußt und von ihrer beruflichen Aufgabe überzeugt gegenüber; sie sorgen dafür, daß die Schüler innerhalb eines logisch aufgebauten Unterrichts mit interessanten Aufgaben beschäftigt sind; sie kontrollieren die Arbeitsergebnisse genau; sie vermitteln den Schülern klare Verhaltensregeln; sie bekommen viel von dem mit, was in der Klasse vor sich geht; sie bemühen sich, die Klassengemeinschaft zu fördern, sie begegnen den Schülern wertschätzend, offen und ehrlich; sie versuchen die Schüler auch dann zu verstehen, wenn sie ihnen einmal Schwierigkeiten bereiten; sie suchen das Gespräch mit den Schülern und gewähren ihnen einen gewissen Entscheidungsspielraum." (*Mayr/Eder/Fartacek,* 1988, S. 41f.)

1.11.2 Was können Lehrerinnen und Lehrer tun, um ihr persönliches Verhaltensrepertoire zu erweitern?

Gesprächsführung

Gesprächsführung

Es ist paradox: Obwohl LehrerInnen die meiste Zeit reden, sind sie nicht ausreichend mit der Technik optimaler Gesprächsführung vertraut. Viele andere Berufsgruppen werden auf Seminaren (verpflichtend!) in Techniken der partnerschaftlichen und non-direktiven Gesprächsführung geschult.

Gruppendynamik

Gruppendynamik

Gruppendynamische Übungen mit Selbsterfahrungscharakter mit den Fragen "Wie bin ich als LehrerIn?" oder "Wie wirke ich auf andere (Kinder, Eltern, KollegInnen, Vorgesetzte)?"

Lehrerverhaltenstraining

Lehrerverhaltenstraining

Lehrerverhaltenstraining in Form von "Micro-Teaching" mit Videokontrolle. Im allgemeinen werden zwei Varianten praktiziert: Während des Unterrichts werden spontan auftretende erziehlich schwierige Situationen – inklusive der Reaktionen der Lehrperson – aufgezeichnet und dann im Team analysiert. Und/oder: Im Rollenspiel werden solch typische Situationen dargestellt, Lösungsmöglichkeiten erarbeitet und mögliche Alternativen erprobt. In beiden Fällen kann Lehrerverhalten kritisch reflektiert und seine Wirkung auf das Verhalten der Kinder beobachtet werden.

Supervision

Supervisionsgruppen, die berufsbezogene Probleme in themenzentrierter Form reflektieren (Aussprachemöglichkeit mit "Gleichgesinnten"). Supervision haben bereits die meisten Berufsgruppen, die mit Menschen unter belastenden Umständen arbeiten: Sozialarbeiter, Psychologen, Ärzte und seit neuestem Krankenschwestern. In der Schule gilt es noch als Schande, Berufsprobleme zu haben oder gar zuzugeben. Besonders "erfolgreiche" LehrerInnen lassen gerne die Klassentür offen, damit alle "hören" können, wie erfolgreich sie sind.

Arbeitsaufträge

- *Nehmen Sie eine Unterrichtsstunde auf Tonband auf und analysieren Sie anschließend die Stunde (z. B. Anzahl der Schüler- und Lehrerbeiträge zum Unterricht, Redezeit, sozialintegratives oder autoritäres Verhalten etc.)! Noch interessanter ist eine Videoaufnahme.*
- *Lassen Sie von einer Kollegin/einem Kollegen Ihres Vertrauens eine Ihrer Stunden beobachten und bitten Sie um ehrliche Rückmeldung! Was war gut, was war schlecht?*
- *Erkundigen Sie sich an Ihrem Schulstandort über Möglichkeiten der Supervision, etwa in Form von "Fallbesprechungsgruppen"! Die meisten Institute der Lehrerfortbildung verfügen über speziell geschulte ReferentInnen.*

Literatur zu den Abschnitten 1.1 bis 1.11

Ausbildungs- und Prüfungsvorschrift für Lehrer an Sondererziehungsschulen (für erziehungsschwierige Kinder). Erlaß des BMUKS. Zahl 16 950/6-31/87

Baier, H.: Einführung in die Lernbehindertenpädagogik. Stuttgart 1980

Bärsch, W.: Erziehungskonflikte (Bewältigung abweichenden Verhaltens). Königstein 1978

Begemann, E.: Schüler und Lern-Behinderungen. Zum pädagogischen Auftrag des Lehrers. Ein Studienbuch. Bad Heilbrunn/Obb. 1984

Bertram, F.: Der gute Lehrer. In: Schulmanagement 3/1988, S. 26ff.

Bleidick, U.: Pädagogik der Behinderten. Grundzüge einer Theorie der Erziehung behinderter Kinder und Jugendlicher. Berlin 1972

Delacato, C. H.: Ein neuer Start für Kinder mit Lernstörungen. Eine Anleitung für die Eltern. Freiburg i. Br. 1973

Deutscher Bildungsrat: Empfehlungen der Bildungskommission. Zur pädagogischen Förderung Behinderter und von Behinderung bedrohter Kinder und Jugendlicher. Bonn 1973

Eichleter, W., Knoblich, R., Ledl, V.: Die integrative Betreuung verhaltensauffälliger Schüler an der Regelschule durch den Beratungslehrer. Trendanalyse für den Zeitraum 1977 – 1988. Ergebnisse einer empirischen Längsschnittuntersuchung des Zentrums für Verhaltenspädagogik. Wien 1989 (unveröffentlichte Untersuchung)

Dies.: Was kann die Sonderpädagogik an der Regelschule leisten? Ergebnisse einer empirischen Untersuchung zur "integrativen Betreuung von verhaltensauffälligen Schülern an der Regelschule durch den Beratungslehrer". In: Heilpädagogik. Beiblatt zur Zeitschrift "Erziehung und Unterricht" 2/1989, S. 56-60

Fatke, R.: Schulumwelt und Schülerverhalten (Adaptionsprozesse in der Schule). München-Zürich 1977

Goffmann, E.: Stigma. Frankfurt 1967

Haeberlin, U., Bless, G., Moser, U., Klaghofer, R.: Die Integration von Lernbehinderten. Versuche, Theorien, Forschungen, Enttäuschungen, Hoffnungen. Bern-Stuttgart 1990

Homfeldt, H. G.: Stigma und Schule. Düsseldorf 1974

Jantzen, W.: Sozialisation und Behinderung. Gießen 1974

Jonak, F., Kövesi, L.: Das österreichische Schulrecht. Wien 1990[3]

Kanter, G.: Lernbehinderungen, Lernbehinderte, deren Erziehung und Rehabilitation. In: *Deutscher Bildungsrat* (Hg.): Gutachten und Studien der Bildungskommission. Bd 34. Stuttgart 1974, S. 117-234

Kanter, G., Speck, O.: Pädagogik der Lernbehinderten. Handbuch der Sonderpädagogik. Bd 4. Berlin 1977

Kleber, E. W.: Über die Notwendigkeit präventiver Sonderpädagogik in der Ausbildung von Grundschullehrern, begründet durch Charakteristika des Arbeits- und Lernverhaltens von Schulversagern. In: *Sander, A.* (Hg.): Sonderpädagogik in der Regelschule. Berlin 1976, S. 181-196

Klöhn, E.: Kinder brauchen Nestwärme. Verhaltensstörungen – eine neue Kinderkrankheit? München o. J.

Kniel, A.: Die Schule für Lernbehinderte und ihre Alternativen (Eine Analyse empirischer Untersuchungen). Rheinstetten 1979

Kobi, E. E.: Heilpädagogik im Abriß. München-Basel 1977[3]

Köppel, K.: Untersuchungen zur psychohygienischen Situation der Wiener Pflichtschullehrer. In: Schulhefte 29/1983, S. 8-17

Lauster, U.: Konzentrationsspiele, Logikspiele, Lese-, Rechtschreib-, Aufsatz-, Rechenspiele u. a. Reutlingen 1975

Ledl, V.: Die Sondererziehungsschule – Analyse der gegenwärtigen Situation (Vorstellungen, Versuche und Maßnahmen im Sinne einer optimalen Betreuung verhaltensauffälliger Kinder). In: Erziehung und Unterricht 1/1983, S. 24-36

Lehrplan der Sonderschulen. Wien 1982[5]

Lehrplan der Sonderschulen. Wien 1986

Lehrplan der Volksschule. Wien 1988[3]

Lempp, R.: Frühkindliche Hirnschädigung und Neurose. Bern 1978[3]

Ders.: Medizinische Grundlagen der Verhaltensstörungen. In: *Goetze, H., Neukäter, H.* (Hg.): Pädagogik bei Verhaltensstörungen. Handbuch der Sonderpädagogik. Bd 6. Berlin 1989, S. 887-907

Mayr, J., Eder, F., Fartacek, W.: Mitarbeit und Störung im Unterricht: Strategien pädagogischen Handelns (3. Teil des Abschlußberichtes über das Projekt "Disziplin und Ordnungsrahmen"). Linz 1988

Peyer, B.: So oder so? Leitfaden für den Umgang mit verhaltensabweichenden Schülern. Zürich 1976

Preuss-Lausitz, U.: Fördern ohne Sonderschule (Konzepte und Erfahrungen zur integrativen Förderung in der Regelschule). Weinheim-Basel 1981

Probst, H. H.: Die scheinbare und wirkliche Funktion des Intelligenztests im Sonderschulüberweisungsverfahren. In: *Abé, I., u. a.:* Kritik der Sonderpädagogik. Gießen 1973, S. 107-183

Redl, F.: Disruptive behavior in the classroom. In: School Review 83/1975, S. 569-594

Reinartz, A., Sander, A. (Hg.): Schulschwache Kinder in der Grundschule (Pädagogische Maßnahmen zur Vorbeugung und Verminderung von Schulschwäche in der Primarstufe). Weinheim-Basel 1982

Schenk-Danzinger, L.: Mögliche Verursachungen von Lern- und Verhaltensstörungen. Materialien zur Pädagogik. Studientexte zur Lehrerbildung und Lehrerfortbildung. Wien 1976

Schumacher, G.: Neues Lernen mit Verhaltensgestörten und Lernbehinderten. Der durchstrukturierte Klassenraum. Berlin 1975

Sedlak, F., Zeman, M.: Schulschwierigkeiten erkennen und lösen (Grundlegende Bemerkungen zur Diagnose und psychologisch-pädagogischen Intervention). Wien 1986

Seyfried, P.: Lesen und Rechtschreiben – leichter gemacht. Linz-Wien 1983[2] (Als Lehrbuch zum Förderunterricht Deutsch im Rahmen der Schulbuchaktion 2. – 4. Schulstufe verwendbar. 3 Hefte und 1 Lehrerhandbuch)

Simon, S. B., Olds, S. W.: Familientraining – Werte klären – Entscheidungen lernen – 80 Interaktionsspiele. München o. J.

Sindelar, B., Rind, W.: Lernprobleme an der Wurzel packen (Trainingsprogramme gegen Lernstörungen). Wien 1982

Teml, H.: Werten lernen. In: *Teml, H.:* Unterricht gestalten – Lernen fördern (Materialien zum schülerzentrierten Unterricht). Linz-Wien 1983, S. 103-121

Thalmann, H. C.: Verhaltensstörungen bei Kindern im Grundschulalter. Eine Untersuchung über die Verbreitung und die sozialen und emotionalen Hintergrundfaktoren. Stuttgart 1971

Thommen, B.: Alltagspsychologie von Lehrern über verhaltensauffällige Schüler. Stuttgart-Toronto-Bern 1985

Ulich, K. (Hg.): Wenn Schüler stören (Analyse und Therapie abweichenden Schülerverhaltens). München-Wien-Baltimore 1980

Züblin, W.: Das schwierige Kind (Einführung in die Kinderpsychiatrie). Stuttgart 1975[4]

1.12 Symptomorientierte Maßnahmen bei Lern- und Verhaltensstörungen im Unterricht

Die Lehrerin/der Lehrer steht unter "Handlungszwang", auf ein bestimmtes Symptom des Kindes unmittelbar zu reagieren. Obwohl die Problematik von pädagogischen Rezepten nicht zu übersehen ist, sei der Versuch unternommen, an einigen Beispielen **"allgemeine Handlungsleitlinien" einer Pädagogik für Kinder mit besonderen Erziehungsbedürfnissen** aufzuzeigen. Grundlage hierfür bieten einige relevante *Grundinformationen* und die *Darstellung konkreter Fallbeispiele. Arbeitsaufträge* und *Literaturangaben* sollen zu weiterer Auseinandersetzung mit der jeweils angesprochenen Erziehungssituation anregen.

Definition: Kinder mit besonderen Erziehungsbedürfnissen

Unter **Kindern mit besonderen Erziehungsbedürfnissen** seien hier solche verstanden**, die Erziehungs- und Unterrichtsbemühungen wesentlich erschweren bzw. unmöglich erscheinen lassen und daher sonderpädagogischer Hilfe bedürfen.**

1.12.1 Das unruhige Kind – oder: "nervös, zappelig, unkonzentriert, schlimm"

1.12.1.1 Grundinformation

Diagnose und Ätiologie oft unklar

Motorische Symptome können eine zerebrale Fehlfunktion oder Störung (**minimale zerebrale Dysfunktion = MCD;** vgl. *Berger,* 1977, 1980) anzeigen, die sowohl organisch als auch umweltbedingt (exogen verursacht) sein kann und ihren Ausdruck in einer sogenannten **"Teilleistungsschwäche"** bzw. **"Teilleistungsstörung"** findet.

Manche Autoren sprechen von einer **leichten frühkindlichen Hirnschädigung** (vgl. *Lempp,* 1978; *Berger,* 1977; *Grissemann,* 1986). Das diagnostische Problem bei der MCD, die mit einer Häufigkeit von 20 % in der Normalpopulation unter Kindern auftritt, besteht in der Tatsache, daß die funktionalen neurologischen Ausfälle so "minimal" sind, daß sie nicht oder nur schwer nachgewiesen werden können und ihre Ursachen meist ungeklärt sind.

Die Reaktionen des MCD-Kindes auf Überforderung, Mißerfolg und Strafe sind eigentlich "normale" Kompensationsmechanismen und müssen von der Lehrperson rechtzeitig als solche erkannt werden.

Hyperaktive Kinder

ADHS

Ein besonderes Problem für LehrerInnen schaffen Kinder mit einem abnormen Aktivitätsniveau, sogenannte **"hyperaktive Kinder"** (vgl. *Grissemann***,** 1986; *Steinhausen,* 1982), die schon der leitende Arzt an der Irrenanstalt in Frankfurt/M. *Heinrich Hoffmann* 1845 in seinem Kinderbuch "Struwwelpeter" als "Zappelphilipp" beschrieben hat und die in der heutigen Fachsprache als Kinder mit "Aufmerksamkeitsdefizit-Hyperaktivitäts-Syndrom" (ADHS) bezeichnet werden.

Symptome der MCD

Welche Symptome können nun auf eine minimale zerebrale Störung hinweisen?

Meist findet man leichte **optische** Störungen bei der Auge-Hand-Koordination, der Figur-Grundwahrnehmung, der Wahrnehmungskonstanz, der Wahrnehmung von Raumlage und Raumbeziehung (vgl. *Frostig,* 1979, S. 5ff.)

Neben den Schwierigkeiten im optischen Bereich fallen **akustische** Wahrnehmungsstörungen auf, die *Sindelar* (1982, S. 15) als "optische und akustische Differenzierung und Gliederung" bezeichnet. Es können auch Störungen in der **Intermodalität**, d. h. in der Verbindung zwischen den beiden Modalitäten optisch-akustisch, bzw. in der **Serialität** auftreten. Unter Serialität versteht man die Speicherung und Reproduktion einer Reihenfolge, eine grundlegende Fähigkeit für das Erlernen des Lesens, Rechtschreibens und Rechnens. Mangelnde Serialität kann sich unter Einschluß der Körpermotorik auch auf das Verhalten auswirken.

Weitere leistungsmindernde Faktoren, die trotz guter Intelligenz auftreten, bilden Anzeichen einer **motorischen Unruhe**, das "Dauernd-auf-Achse-Sein", das Nicht-Stillsitzen-Können, das fahrige, sprunghafte, überschießende und zappelige Verhalten (vgl. *Kiphard,* 1986, Bd 3, S. 147). Diese Bewegungsunruhe, **"Nervosität"** (*Grissemann,* 1986, S. 33f.), die Reizbarkeit und leichte Ablenkbarkeit, verbunden mit Vergeßlichkeit und **geringem Konzentrations-**

vermögen beschreibt *Sindelar* (1982, S. 8) als Mangel an "Fokussierung der **Aufmerksamkeit**". MCD-Kindern fehlt es gleichsam an der Fähigkeit, Geräusche, Laute und Bilder, die gleichzeitig im Gehirn ankommen, herauszufiltern, sozusagen den "Brennpunkt" der Kamera "Gehirn" scharf einzustellen.

Schließlich lassen sich **grob- und feinmotorische Koordinationsstörungen** (Körperkoordination, Handmotorik, Schreibmotorik) feststellen, was MCD-Kinder in den Bereichen Werkerziehung, Leibesübungen, Bildnerische Erziehung und Schreiben als ungeschickt und linkisch erscheinen läßt.

Im **Sozialverhalten** haben diese Kinder eine geringe Selbstbeherrschung und mangelnde Verhaltenssteuerung, wirken gefühlsmäßig labil und wechseln häufig zwischen ängstlichem und frech-aggressivem Verhalten. Sie haben eine geringe Frustrationstoleranz, geben leicht auf, "flippen" unter Druck leicht "aus" und spielen dann "Klassenkasperl". Mit ihrem Verhalten verunsichern sie oft ihre Umgebung (MitschülerInnen, LehrerInnen und Eltern). Das folgende Fallbeispiel soll ein solches Kind veranschaulichen.

1.12.1.2 Fallbeispiel "Martin"

Fallbeispiel: MCD-Kind

Martin fällt bereits im Kindergarten auf. Die Eltern werden von der Kindergärtnerin an die Kinderklinik überwiesen, die im EEG einen Absenzenverdacht mit erhöhter Anfallsbereitschaft feststellt. Ein jährliches Kontroll-EEG wird empfohlen, von einer Medikation abgesehen.

Bei der Schuleinschreibung fällt Martin durch sein unreifes Verhalten auf. Die Direktorin empfiehlt eine schulpsychologische Testung zur Klärung der Frage, ob Martin "schulreif" ist. Die Eltern sind dagegen und suchen für Martin einen Platz in einer anderen Schule.

Martin kommt in eine 1. Klasse, in der bereits drei "schwierige Kinder" sind. Schon bald nach Schulbeginn ist die erfahrene Klassenlehrerin am Rande eines Nervenzusammenbruchs. Martin macht ihren Unterricht regelrecht "kaputt". Sie ersucht um Hilfe durch den Beratungslehrer. Die Frage der Rückstellung (Vorschulklasse) drängt sich auf.

Elterngespräch mit dem Beratungslehrer

Elterngespräch

Die Eltern erzählen die Vorgeschichte (Kindergarten, Klinik, Schuleinschreibung) und sind gegen eine Rückstellung. Sie können sich die Schwierigkeiten von Martin nicht erklären und sind verzweifelt. "Sagen Sie uns, was mit dem Kind los ist!" sagt die verzweifelte Mutter. Die Eltern geben ihr Einverständnis zu einer schulpsychologischen Untersuchung und zur Betreuung durch den Beratungslehrer.

Aus dem Protokoll des Beratungslehrers

Verhaltensbeobachtung im Unterricht

"Ich setze mich in die Klasse von Martin und beobachte
ihn, ohne daß er weiß, daß es um ihn geht.
Es ist gerade eine Deutschstunde/Schreiben.
Martins Arbeitsplatz ist ein Chaos.

Ständig ist er auf der Suche nach einem Gegenstand und findet nichts in dem Durcheinander. Alle Augenblicke fällt ihm etwas vom Tisch, das Aufheben ist mit Kontaktversuchen mit den Nachbarn verbunden. Die Lehrerin weist ihn zurecht. Martin nimmt wieder sein Heft zur Hand und führt verkrampft seinen Bleistift. Er schaut zur Tafel, doch er scheint "nichts zu sehen". Der Bleistift fällt wieder einmal zu Boden. Martin scharrt mit den Füßen, bewegt den Kopf hin und her und schaukelt mit dem Sessel. Die leisesten Geräusche ziehen seine Aufmerksamkeit auf sich. Das Auto, das gerade auf der Straße vorbeifährt, wird zum Mittelpunkt seines Interesses. Er läuft zum Fenster und fällt dabei - zum Gelächter der anderen - über den Sessel, den er "übersehen" hat. Jetzt reicht es der Lehrerin, und sie schreit: "Setz dich endlich auf deinen Platz!" Martin geht auf seinen Platz zurück, stützt sich auf seine Hände und sagt trotzig: "Ich schreibe nichts!" Unvermutet beginnt er zu weinen. Es läutet. Martin hat wieder einmal seine Schulübung nicht von der Tafel abgeschrieben - der häusliche Konflikt ist vorprogrammiert. In der Pause ist Martin unauffällig. Er spielt mit einer Gruppe von Buben auf dem Boden mit Matchbox-Autos. Das scheint seinem Bewegungsdrang entgegenzukommen.

Schilderung der Lehrerin

Gespräch des Beratungslehrers mit der Lehrerin

Die Lehrerin von Martin ist am Ende ihrer Weisheit, da es mit Martin weder mit Güte noch mit Strenge geht. Am meisten macht ihr die motorische Unruhe von Martin zu schaffen, weil er dann, wenn er den Platz verläßt, andere Kinder sekkiert, von der Arbeit aufhält und den "Klassenkasperl" spielt.

Im Fach Leibesübungen ist ihr schon die Tolpatschigkeit von Martin aufgefallen; sie hat auch den Eindruck, daß er sich zu wenig "anstrenge", daß er anscheinend nicht wolle. Sie weiß nicht, was mit Martin los ist, und vermutet einen Sonderschulfall.

Ergebnis des schulpsychologischen Gutachtens

Ergebnis der schulpsychologischen Untersuchung und der Überprüfung der vermuteten Teilleistungsstörungen

Laut schulpsychologischem Gutachten besitzt Martin eine durchschnittliche Intelligenz (IQ = 101), aber einzelne Leistungen fallen deutlich unter den Durchschnitt. Eine Rückstellung wird nicht empfohlen, sondern die Betreuung durch einen Beratungslehrer.

Überprüfung der Teilleistungsbereiche

Der Beratungslehrer überprüft einzelne Teilleistungen Martins. Die Ergebnisse und deren Relevanz für den Leistungs- und Verhaltensbereich werden im folgenden im wesentlichen wiedergegeben.

• *Optischer Bereich*

Optischer Bereich

Nach dem "Frostig Entwicklungstest der visuellen Wahrnehmung" (FEW) in der deutschen Bearbeitung von *Lockowandt* (1982) ergeben sich Ausfälle in allen fünf Bereichen.

1. Visuomotorische Koordination (VM)

Visuomotorik

Beispiel:

Martin kann die Kurve nicht in der Mitte nachfahren, ohne hinauszufahren. Die mangelnde Auge-Hand-Koordination erklärt seine Schwierigkeiten im Schreiben, Zeichnen (Feinmotorik) und in Leibesübungen (Ball fangen, "Ungeschicklichkeit" als mangelnde Koordination).

2. Figur-Grund-Wahrnehmung (FG)

Figur-Grund-Wahrnehmung

Beispiel:

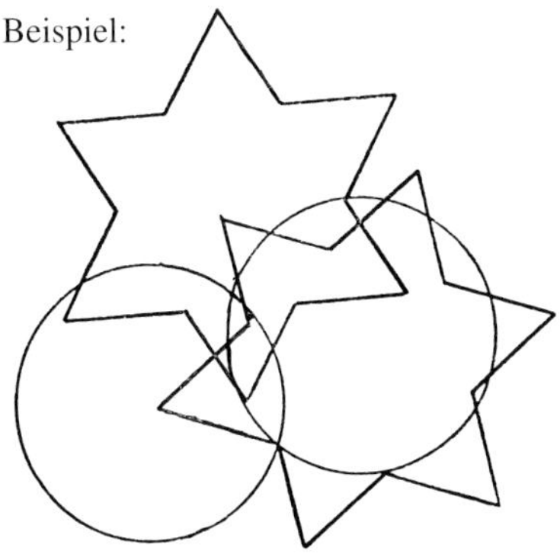

Martin kann die beiden Kreise und Sterne nur sehr schwer als "Figuren" erkennen. Es gelingt ihm nicht, die Figuren mit Filzstift nachzuzeichnen. Die mangelnde Figur-Grund-Wahrnehmung führt dazu, daß Martin beim Abschreiben von der Tafel "abschaltet". Er kann wesentliche "Zeichen" nicht von unwesentlichen unterscheiden, herausfiltern, was gerade wichtig ist. Alle optischen Reize strömen sozusagen gleichzeitig auf ihn ein. Martin kompensiert seine Schwäche mit Verweigerung, "Kasperlspielen", Weinen etc.

3. Wahrnehmungskonstanz (WK)

Wahrnehmungskonstanz

Beispiel:

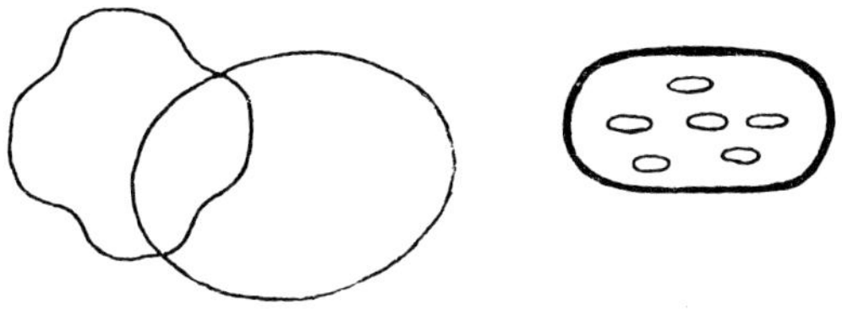

Martin hat u. a. diese Ellipsen als Kreise "gesehen". Es gelingt ihm nicht, Dinge, die einander optisch ähnlich bzw. gleich sind, zu erkennen. So kann es leicht zu Verwechslungen (z. B. beim Abschreiben) kommen.

Beispiele: a/o, h/b, n/r

An dieser Stelle sei gesagt, daß eine saubere Tafelschrift der Lehrperson Störungen in der Wahrnehmungskonstanz der Kinder verringern hilft!

Raumlage

4. Wahrnehmung der Raumlage (RL)

Beispiel:

In dieser Reihe soll "der falsche Mond" angestrichen werden. Martin streicht zwei Monde an.

Räumliche Beziehungen

5. Wahrnehmung räumlicher Beziehungen (RB)

Beispiel:

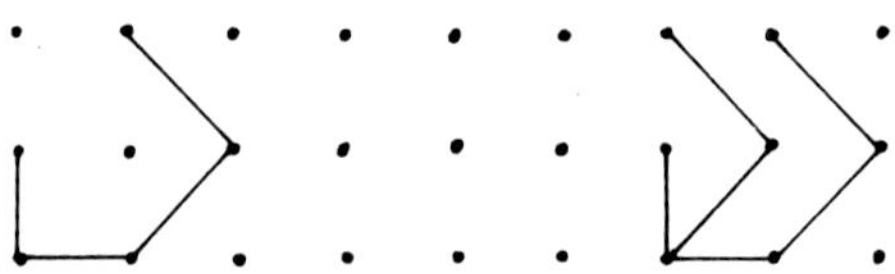

Das linke Muster soll ins rechte Feld übertragen werden. So sieht Martins Ergebnis aus:

Martin kann aufgrund seiner Ausfälle (Raumlage und räumliche Beziehungen) die Gegenstände vor, hinter, über, seitlich usw. nicht lokalisieren (RL) bzw. die räumliche Beziehung von Gegenständen zueinander nicht erfassen und damit nicht umgehen (RB). Das führt bei Martin zu seinem "tolpatschigen Verhalten", er "stürzt" faktisch ungeordnet durch den Raum, fällt über Gegenstände, weil er sie nicht "wahrnimmt".

Auf der Leistungsebene führen Störungen in der RL und RB zu Schwierigkeiten im Lesen, Schreiben und Rechnen.

Beispiele: b/d, u/n, p/b

Aufmerksamkeit

- *Fokussierung der Aufmerksamkeit*

Sogar in der Einzelbetreuung (Beratungsstunde) hat Martin anfangs Schwierigkeiten, seine Aufmerksamkeit auf *eine* Sache zu konzentrieren.

In der ersten Beratungsstunde im Herbst will Martin im Schulhof Kastanien sammeln: eine gute Gelegenheit zur Fokussierung der Aufmerksamkeit. Doch Martin sieht und hört hunderterlei Dinge. "Schau, ein Vogel!", "Da, ein Auto!" usw. Er "sieht" die Kastanien vor seinen Füßen nicht.

- *Grob- und feinmotorische Koordination*

Unausgeprägte Hirnhälftendominanz

Grobmotorik

Martin weist nach dem Prüfverfahren von *Delacato/Doman* (1973) eine unausgeprägte Hirnhälftendominanz (auch: gemischte "Lateralität") auf. Eine solche "gemischte Dominanz"

Ohr – links

Hand – rechts

Auge – gemischt (links und rechts)

Fuß – links

verursacht bei Martin Bewegungs- und Lernstörungen.

In diesem Zusammenhang sei auf eine neue Methode, die auf *Delacato* (1973) aufbaut, die sogenannte Edu-Kinestetik (*Dennison,* 1988, 1989, 1990) verwiesen, die über Koordinationsübungen die Integration der beiden Hirnhälften anregt und damit "Lernblockaden" aufhebt.

Feinmotorik

Schreiben

Bei Martin hat der FEW nach *Frostig* (*Lockowandt,* 1982) im Bereich "Visuomotorische Koordination" auf Probleme in der Feinmotorik hingewiesen.

Martin muß beim Schreiben große Anstrengungen unternehmen. Er braucht viel Zeit, und das Ergebnis läßt zu wünschen übrig. Er setzt einen zu hohen Schreibdruck ein, weil er sich bemüht, ausfahrende Bewegungen seiner Schreibhand zu unterdrücken – daher auch das langsame Schreibtempo bei Martin. Arm, Hand und Finger sind verspannt und müssen gelockert werden. Am besten eignen sich große ein- und beidarmige Schwungübungen. (Zahlreiche Übungen finden sich bei *Kiphard* 1986/Bd 2, S. 188-223, und bei *Heermann* 1985.)

Bei Martin muß kritisch angemerkt werden, daß seine Lehrerin zu schnell in den Schreibprozeß (Feinmotorik) eingestiegen ist, ohne vorher die Grobmotorik (große Schwungübungen) ausreichend geübt zu haben.

Schwungübungen zur Lockerung

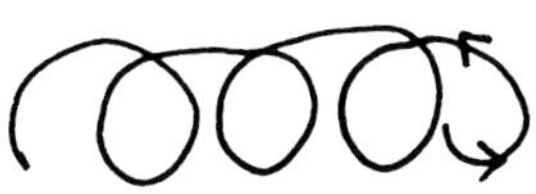

Spirale von außen nach innen

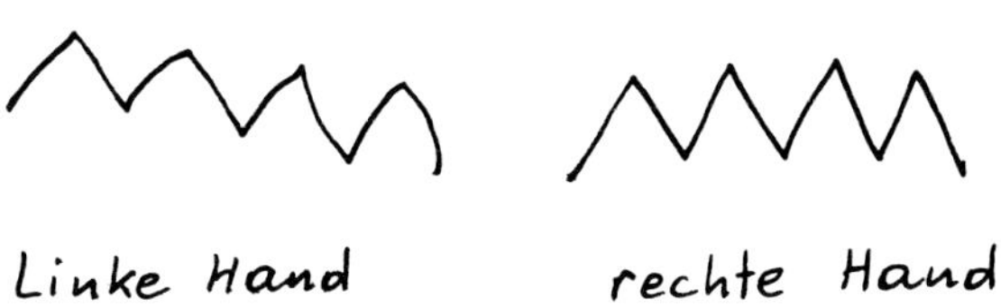

Zackenlinie – beidhändig

liegende "8" nach *Dennison*

• *Sozialverhalten*

Negativ-Botschaften

Martin gibt durch sein Verhalten in der Schule (Lehrerin und MitschülerInnen) und zu Hause (Eltern) ständig Anlaß zu ärgerlichen Äußerungen:

"Paß doch auf!" (Ungeschicklichkeit); "Mach doch gefälligst die Augen auf!" (optische Störung); "Du hast schon wieder nicht zugehört!" (Fokussierung der Aufmerksamkeit) usw.

Neurose

Einerseits werden bei Martin eine Reihe von Verhaltensstörungen durch die Teilleistungsstörungen direkt "verursacht", andererseits entwickeln sich aus den oben genannten Umweltreaktionen "sekundäre Verhaltensstörungen", die bis zur Neurose führen können (siehe Abschnitt 1.12.4).

Angegriffenes Selbstwertgefühl

In unserem Beispiel ist Martin noch nicht neurotisiert, er hat aber bereits kompensatorische Verhaltensweisen entwickelt, sich zumindest als "Klassenkasperl" in Szene zu setzen, um auf diese Art Beachtung zu erlangen. Martin ist noch nicht sozial isoliert, aber sein Selbstwertgefühl ist durch seine Teilleistungsstörung und die Umweltreaktionen bereits schwer angegriffen.

• *Motorische Unruhe*

Einsatz von Medikamenten ist sehr umstritten

Die organische Grundlage der MCD bei Martin (Auffälligkeiten im EEG/Anfallsbereitschaft) läßt die Frage nach medikamentösen Maßnahmen aufkommen.

Psychopharmaka sind chemische Substanzen, die in den Gehirnstoffwechsel eingreifen. Beim sogenannten "hyperkinetischen Syndrom" mit den Hauptsymptomen ziellose Unruhe, mangelnde Konzentration und Ausdauer, erniedrigte Aufmerksamkeitsspanne und Impulsivität im Sinne eines überstürzten Problemlösungsverhaltens (vgl. *Grissemann,* 1986, S. 242f.) gibt es klinische Erfahrungen mit dem Präparat *Ritalin*, das aber wegen seiner Nebenwirkungen bedenklich erscheint. Außerdem verschwindet die motorische Unruhe beim Einsetzen der Pubertät meist von selbst (mit oder ohne Medikamente).

Kehren wir zur Frage der Mutter und der Lehrerin – "Was ist los mit Martin?" – zurück, und versuchen wir, einige Handlungsanweisungen für das "psychomotorisch unruhige Kind" aufzustellen.

Handlungsanweisungen für das "unruhige Kind"

1.12.1.3 Was tun?

- **Gespräche mit den Eltern** und eventuell klinische **Abklärung** in Absprache mit dem Schulpsychologen und Beratungslehrer, um **welche Art von Ausfällen** es sich handelt (akustischer, visueller, motorischer Bereich). Beschuldigungen oder Vermutungen (Elternschuldtheorie) sollte man in Fällen wie des hier dargestellten vermeiden! Beispiele: "Vielleicht sieht er zu viel fern?", "Sie sollten mit ihm mehr üben!" etc.

- Mit Anpassungsdruck erreicht man bei diesen Kindern gerade das Gegenteil oder eine "sekundäre Neurotisierung".
  Geben Sie dem Kind einen **klaren Ordnungsrahmen** (ohne Vorwürfe) mit neutralem Ausdruck in Ihrem Verhalten!
  "Bring bitte deinen Arbeitsplatz in Ordnung!" statt: "Wie schaut denn dein Arbeitsplatz wieder aus!?"
  Offene Unterrichtsformen sind für diese Kinder Möglichkeiten, Bewegungsüberschuß loszuwerden.

- Bei Anzeichen von Ermüdung sollte der Leistungsanspruch abgebaut werden (kleine **Pausen** einschalten).

- Suchen Sie nach einem **"angemessenen Anspruchsniveau"** gerade bei MCD-Kindern, und verwechseln Sie Ihre Haltung nicht mit Verwöhnung oder Nachsicht!

- Bei Einzelarbeiten mit hohem Konzentrationsniveau sollten **irrelevante Reize**, die das Kind ablenken, reduziert bzw. **ausgeschaltet werden** (siehe Abschnitt: *"Veränderungen der Lernumwelt").*

- Gerade diese Kinder brauchen verstärkt **positive Erfolgsrückmeldung**! Der Satz "Bemüh dich mehr!" unter einer holprig geschriebenen Schulübung fruchtet wenig; das Kind kann es eben nicht besser. Diese Kinder leiden sehr unter ihrer "Störung" und können sich ihr "anderes Verhalten" im Vergleich zu den anderen Kindern nicht erklären. Verstärken Sie besondere Aufmerksamkeitsleistungen durch persönliches Lob und Anerkennung (Verstärkermethoden nützen)!

- Diese Kinder nehmen **zusätzliche Förderprogramme** dankbar an, sie sollten aber nicht als zusätzliche Belastung erlebt werden, sondern als Hilfe. Es erscheint sinnvoller, daß das Kind im normalen Unterricht unter dem Aspekt der Differenzierung und Individualisierung ein Förderprogramm bearbeitet, als daß es im Frontalunterricht einen Text von der Tafel abschreibt, der dann wieder von Fehlern strotzt und nicht "schön" geschrieben ist.

- "Unruhige Kinder" können ganz schön nerven! Bearbeiten Sie einen Konflikt in einem "ruhigen Klima" (aktives Zuhören, Ich-Botschaften, Suchen nach gemeinsamen konstruktiven Lösungen).

- Ein eigenes Kapitel sind Ihre eigenen Nerven!
  Gerade unruhige Kinder regen die Lehrerin/den Lehrer leichter und stärker auf.
  Je unruhiger das Kind wird, desto ruhiger sollten Sie werden. Begeben Sie sich in einen **"abgestellten Affekt"**! Hektische LehrerInnen dürfen sich nicht über eine unruhige Klasse wundern.
  Fragen Sie sich, was Sie bei diesem Kind so "aufregt"! Beginnen Sie den Schultag ruhig, und lassen Sie den Schultag ruhig ausklingen (beruhigende Übungen)!

- Zuletzt ein heißes Eisen – trotzdem angepackt: Hausaufgaben!
  Vermeiden Sie lange schriftliche Hausaufgaben!
  Erkundigen Sie sich über die Hausaufgabenbelastung und Aufgabenerledigung bei Eltern von MCD-Kindern! Diese sitzen oft stundenlang vor Übungen, die andere Kinder in einem Bruchteil der Zeit schaffen.
  Haben Sie den Mut zu **"differenzierten Hausaufgaben"**! Sie vermeiden damit viele Kinder- und Familientragödien.

Arbeitsaufträge

- *Im folgenden sind die medizinischen* ***diagnostischen Kriterien des ADHS*** *(Aufmerksamkeitsdefizit-Hyperaktivitäts-Syndrom) zusammengestellt:*
  Eine mindestens sechs Monate andauernde Störung mit Beginn vor Vollendung des siebenten Lebensjahres, bei der mindestens acht der folgenden Anzeichen auftreten:
  Das Kind:
  (1) zappelt häufig mit Händen und Füßen oder windet sich in seinem Sitz,
  (2) kann nur schwer sitzen bleiben, wenn dies von ihm verlangt wird,
  (3) wird leicht durch externe Reize abgelenkt,
  (4) kann bei Spiel- oder Gruppensituationen nur schwer warten, bis es an der Reihe ist,
  (5) platzt oft mit der Antwort heraus, bevor die Fragen vollständig gestellt sind,
  (6) hat Schwierigkeiten, Aufträge anderer vollständig auszuführen, beendet beispielsweise die Hausaufgaben nicht,
  (7) hat Schwierigkeiten, bei Aufgaben oder Spielen länger aufmerksam zu sein,
  (8) wechselt häufig von einer nicht beendeten Aktivität zu einer anderen,
  (9) kann nur schwer ruhig spielen,
  (10) redet häufig übermäßig viel,
  (11) unterbricht oft andere oder drängt sich diesen auf, platzt z. B. ins Spiel anderer hinein,
  (12) scheint häufig nicht zuzuhören, wenn andere mit ihm sprechen,
  (13) verliert oft Gegenstände, die es für Aufgaben und Aktivitäten in der Schule oder zu Hause benötigt,
  (14) unternimmt oft ohne Rücksicht auf mögliche Folgen körperlich gefährliche Aktivitäten, rennt z. B. ohne zu schauen auf die Straße.
- *Was fällt Ihnen an dieser Liste auf? Versuchen Sie einmal, die Kinder Ihrer Klasse nach dieser Liste einzuschätzen! Welche Gefahren sehen Sie?*
- *Kommentieren Sie die Behauptung: "Das unruhige Kind ist ein Kind unserer Zeit." Was fällt Ihnen dazu ein?*
- *Unruhige Kinder können sich schwer entspannen. Erkundigen Sie sich für sich und Ihre Kinder über Entspannungstechniken. Sie werden überrascht sein, wie gern Ihre "Zappelphilippe" beruhigende Übungen annehmen, weil sie ja meist selbst unter dem übermäßigen Bewegungsdrang leiden (Anregungen finden Sie bei Kiphard, 1986, Bd 1, S. 188-194). Häufig angewendete Entspannungstechniken sind: Autogenes Training, Progressive Muskelentspannung, Katathymes Bilderleben usw.*
- *Erkundigen Sie sich bei Ihrem Schulpsychologen, Beratungslehrer, Psychagogen, Begleitlehrer, Stützlehrer oder Legastheniker-Betreuer über das Teilleistungsförderprogramm, das er verwendet!*

- *Wie können Sie bei Ihren Kindern in der Klasse an den Schulleistungen und am Verhalten mögliche Teilleistungsschwächen erkennen, ohne vom Fach zu sein? (Einen sehr guten und praxisnahen Überblick über mögliche Erscheinungsformen der Teilleistungsbereiche mit einem "Diagnoseinstrumentarium" für LehrerInnen in den Bereichen Allgemeines, Lesen, Schreiben und Rechnen geben Zeman/König, 1986, S. 380-390.)*
- *Versuchen Sie, aus dem Protokoll (Verhaltensbeobachtung im Unterricht) Hypothesen aufzustellen, welche Symptome einer MCD bei Martin voraussichtlich zum Tragen kommen. Verwenden Sie dazu die Grundinformation! (Auflösung: 10: Feinmotorik; 11: Figur-Grundwahrnehmung; 13: motorische Unruhe; 15-17: Fokussierung der Aufmerksamkeit; 18-19: Körperkoordination/Raumlage/räumliche Beziehungen; 24: gefühlsmäßige Labilität.)*

Literatur

Berger, E. (Hg.): Teilleistungsschwächen bei Kindern (Beiträge zur minimalen zerebralen Dysfunktion). Bd 1. Bern 1977

Ders.: Einführung in die Neuropsychiatrie des Kindes- und Jugendalters. Studientexte zur Lehrerbildung und Lehrerfortbildung. Wien 1980

Delacato, C. H.: Ein neuer Start für Kinder mit Lernstörungen. Eine Anleitung für die Eltern. Freiburg i. Br. 1973

Dennison, P. E.: Befreite Bahnen. Freiburg i. Br. 1988[3]

Dennison, P., Dennison, G.: Edu-Kinestetik für Kinder. Das Handbuch für Eltern, Lehrer und Kinder jeden Alters. Freiburg i. Br. 1989[3]

Dies.: Brain-Gym. Freiburg i. Br. 1990

Frostig, M.: Visuelle Wahrnehmungsförderung. Übungs- und Beobachtungsfolge für den Elementar- und Primarbereich. 3 Übungshefte und 1 Anweisungsheft. Hannover 1979

Grissemann, H.: Hyperaktive Kinder. Kinder mit minimaler zerebraler Dysfunktion und vegetativer Labilität als Aufgabe der Sonderpädagogik in der allgemeinen Schule. Ein Arbeitsbuch. Bern 1986

Heermann, M.: Schreibbewegungstherapie und Schreibbewegungstest bei verhaltensgestörten, neurotischen Kindern und Jugendlichen. München-Basel 1985[3]

Kiphard, E. J.: Motopädagogik. Psychomotorische Entwicklungsförderung. Bd 1. Dortmund 1987[3]

Ders.: Mototherapie I und II. Psychomotorische Entwicklungsförderung. Bd 2 u. 3. Dortmund 1986[2]

Lempp, R.: Frühkindliche Hirnschädigung und Neurose. Bern 1978[3]

Lockowandt, O. (Hg.): Frostigs Entwicklungstest der visuellen Wahrnehmung (FEW). Weinheim 1982[4]

Sindelar, B.: Lernprobleme an der Wurzel packen. Raumorientierungs-, Optisches, Intermodal-, Akustisches und Serialitätstraining. Wien 1982 (Dazu gibt es ein Prüfverfahren zur Austestung von Teilleistungsschwächen.)

Steinhausen, H. C.: Das konzentrationsgestörte und hyperaktive Kind. Stuttgart 1982

Zeman, M., König, R.: Legasthenie – Verschiedene Forschungsansätze und Diagnoseinstrumentarium für den Lehrer. In: Erziehung und Unterricht 6/1986, S. 377-391

1.12.2 Das aggressive Kind – oder: "trotzig, frech, ungehorsam, böse, gewalttätig"

1.12.2.1 Grundinformation

Definition: "aggressives Verhalten"

Unter **Aggression** (aggressive Handlung) versteht man alle direkten oder indirekten, bewußten und unbewußten Handlungsweisen eines "Angreifers" mit Schädigungsabsicht, die beim "Geschädigten" ein Gefühl der Bedrohung auslösen. Die Reaktion des "Bedrohten" ist von dessen Persönlichkeitsstruktur (ängstlich/selbstsicher), seinem Verhaltensrepertoire und vom jeweiligen Wert- und Normengefüge in der konkreten Handlungssituation abhängig.

Aggressions-Interdependenz-Modell:

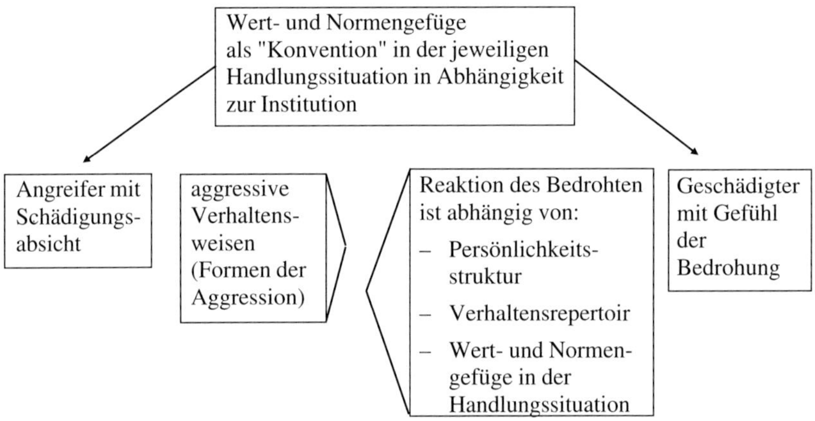

Aggression als Angstbewältigung und "Flucht nach vorne"

Der Aggressor wird meist vom Bedrohten als stärker und mächtiger erlebt, obwohl **Aggression häufig** als ein **Zeichen der "Schwäche"**, als **Form der "Angstbewältigung"** gesehen werden muß. Streß oder Frustrationserlebnisse in der Gegenwart oder Vergangenheit (frühe Kindheit) führen entweder zur **Flucht** (siehe Abschnitt 1.12.3: *"Das gehemmte Kind"*) **oder** zum **Angriff** (Aggression). Insofern könnte man etwas provokativ behaupten, daß sich das aggressive Kind noch gegen schädigende Einflüsse auf seine Person wehren kann, während das gehemmte Kind bereits resigniert hat.

Tragik des aggressiven Kindes

Die **Tragik des "aggressiven Kindes"** ist die Tatsache, daß seine Signale als vermeintliche "Stärke" und nicht als Notsignale einer inneren Schwäche und Verzweiflung wahrgenommen werden.

"So erstickt tragischerweise jeder neue Aggressionsausbruch von neuem die sich vielleicht eben anbahnenden zwischenmenschlichen Beziehungen im Keim. Aber allein schon die feindselige Grundstimmung des Aggressors provoziert unbewußt feindliche Haltungen bei den Personen seiner näheren Umwelt. Diese Gegenaggressionen wiederum bestätigen den Aggressiven in seiner Erfahrung, daß ja doch alle gegen ihn sind." (*Kiphard,* Bd 2, 1986, S. 274)

Das zornige, aggressive Kind ist meist ein unerwünschtes, ungeliebtes Kind, das einem inkonsequenten Erziehungsstil ausgesetzt ist.

Beispiele: verwöhnende Erziehung in Form von "Affenliebe"; gefühlskalter, verhärteter Erziehungsstil; verwirrender Erziehungsstil nach dem Schema "kalt/warm" bis zur sogenannten "Wohlstandsverwahrlosung" als falsch verstandene freie Erziehung bzw. als Erziehungsmüdigkeit.

Häufig findet man bei aggressiven Kindern **pathogene psychosoziale Umweltbedingungen** vor, wie z. B. Frühverwahrlosung, Heimerziehung, Scheidung, Streitmilieu mit Trunksucht, Prügelszenen, Mißhandlungen und Kriminalität, die in manchen Fällen eine "Milieutherapie" (Herausnahme des Kindes aus dem Milieu) notwendig machen.

Erscheinungsformen von Aggression

Die **Formen aggressiver Verhaltensweisen** reichen von Trotz und Verweigerung bis zu autoaggressiven Handlungen. Die folgende taxative Aufzählung stellt die wichtigsten Aggressionsformen, die für die Schule relevant sind, vor:

- Trotz ("Nicht-Folgen-Wollen")
- Arbeitsverweigerung (Schul- und Hausaufgaben)
- Wutausbrüche, Jähzorn (weinen, "explodieren", um sich schlagen)
- Verbalaggressionen (beleidigen, schimpfen, provozieren, verspotten, verhöhnen)
- unterrichtsfremde Störungen (unruhiges Verhalten, schwätzen, Selbstbeschäftigung)
- Drohungen, Erpressungen
- physische Auseinandersetzungen (raufen, prügeln)
- Quälereien (von Tieren und Menschen)
- Vandalismus (Beschädigung und Zerstörung von Gegenständen und Material)
- Jugenddelinquenz (Besitz ergreifen von fremden Gegenständen, stehlen, Schulschwänzen bzw. Schulverweigerung)
- Autoaggression (Tendenzen zur Selbstverletzung bis zum Suizid)

Interessanterweise rufen Aggressionen in der Klasse häufig drastische Maßnahmen auf den Plan, die bis zum Ausschluß eines Kindes führen (Sondererziehungsschule, Heimeinweisung).

Ursachen von Aggressionen

Über die **Ursachen von Aggressionen** gibt es **verschiedene Theorien**, von denen die drei wichtigsten im folgenden dargestellt werden.

Triebtheorie

- **Aggression als angeborener Trieb *(Freud, Lorenz)***

Die Kinderpsychologin *Meves* (1974, vgl. S. 88) bezeichnet den Aggressionstrieb als wichtiges Mittel des Kindes, sich von der Mutter zu befreien. Kinder, die "alles gewährt bekommen", finden für ihre aggressiven Handlungen kein Angriffsziel, sie "boxen gegen Watte". Kinder, die "alles verboten bekommen", leiden an Aggressionshemmung. Die Aggression richtet sich dann gegen das Kind selbst oder gegen Ersatzobjekte (schwächere MitschülerInnen, schwache LehrerInnen, Gegenstände).

Dieser Ansatz hat pädagogische Konsequenzen für Lehrpersonen – und da im besonderen für Lehrer*innen*, die nach *Freud* "Übertragungsobjekte" für das Kind sind.

Wenn Aggression ein angeborener Trieb ist, so muß die Schule Möglichkeiten schaffen, ihn auf ungefährliche Art ausleben zu lassen.

Diese Theorie erklärt die Tatsache, daß sehr milde, freundliche LehrerInnen manchmal Aggressionen magisch "anziehen", weil sie (ohne es zu wissen) stellvertretend für z. B. zu strenge Eltern zum Aggressionsobjekt werden. Wenn einem Kind Grenzen gesetzt werden, weiß es erst, wieviel Freiraum es hat.

Problem der "Grenzziehung"

"Schwammige Erziehung" (unklare Grenzen)

"Einschränkende Erziehung" (zu enge Grenzen)

So sollte es sein:

Weite, aber klare Grenzen, die über Diskussion und Übereinkunft erweiterbar sind

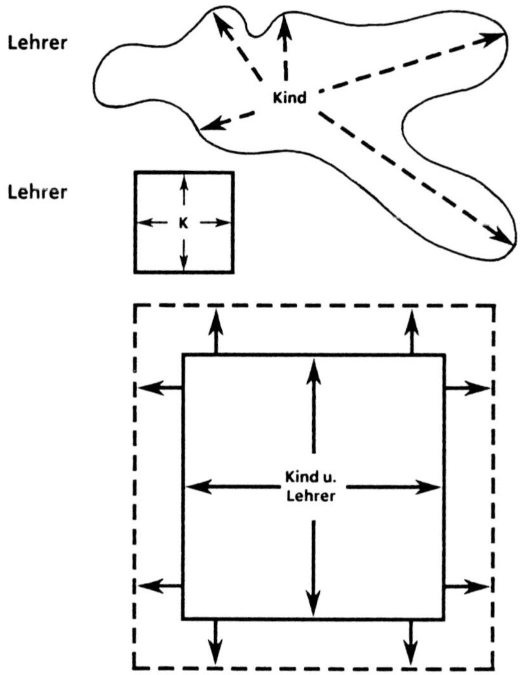

Frustrations-Aggressions-theorie

- **Aggression als Reaktion auf Frustration** ***(Freud, Dollard)***

Frustration führt nach dieser Theorie immer zu Aggression, und umgekehrt hat Aggression immer Frustration als Voraussetzung. Die Aggression richtet sich gegen den Urheber. Ist dieser stärker (z. B. durch Strafe), richtet sich die Aggression gegen ein anderes Objekt (schwächere Kinder usw.).

FRUSTRATION – AGGRESSION – AGGRESSIONSSTAU – ENTLADUNG (ERLEICHTERUNG)

Pädagogische Konsequenz dieses Ansatzes

Nicht alle Frustrationen können erspart bleiben (auch den Lehrerinnen und Lehrern nicht). Aber: **Vermeiden Sie unnötige Frustrationen,** wie z. B.: "Weil ihr heute so unruhig seid, gehen wir nicht turnen!" oder Bloßstellen und Lächerlichmachen vor der Klasse. Wenn sich eine Frustration nicht vermeiden läßt, kündigen Sie diese an, und erklären Sie den Sinn.

- **Aggression als erlerntes Verhalten** ***(Selg, Bandura, Tausch)***

Lerntheorie

Wenn Verhaltensweisen erlernt und nicht vererbt sind, ist es auch möglich, daß **aggressive Handlungen durch Modell-Lernen** (Elternhaus, Fernsehen, Comics u. a.) entstehen. Dazu kommt nach dem Prinzip des Verstärkungslernens, daß Erfolg durch aggressives Verhalten nicht nur zur eigenen Befriedigung, sondern auch zur Bekräftigung führt.

Pädagogische Konsequenzen dieses Ansatzes

Wenn Aggressivität eine Folge von Lernprozessen ist, so kann auch "sozial-integratives Verhalten" *(Tausch)* **erlernt werden.** Diese Erziehungsaufgabe der Lehrerin/des Lehrers gilt vor allem für Unterschichtkinder, die durch ihre Sozialisation verstärkt aggressive Lebenstrategien in die Schule mitbringen.

Dazu eine gewagte These: Die/der durchschnittliche LehrerIn als Angehörige/r der Mittelschicht kann oft gar nicht angemessen mit Aggressionen von Unterschichtkindern umgehen, weil sie/er es selbst nie "gelernt" hat.

Zusammenfassende Bemerkung zum Thema "aggressives Verhalten"

Unabhängig von der Gültigkeit einer oder aller Theorien zur Entstehung von Aggression müssen wir davon ausgehen, daß

- Aggressionen vorhanden sind,
- man Aggressionen nicht schutzlos ausgeliefert ist,
- man Aggressionen pädagogisch nützen sollte.

AGGRESSIONSMODELLE IM VERGLEICH

Aggressionsmodell 1	**Aggressionsmodell 2**	**Aggressionsmodell 3**
Aggression angeboren	Aggression durch Frustration	Aggression als erlerntes Verhalten
↓	↓	↓
Ersatzhandlungen für Aggressionstrieb anbieten	Frustrationen weitgehend vermeiden bzw. ankündigen	Aggression "umlernen"

Was tun bei schweren Aggressionen?

↙	↘
vorübergehende Aggression, ausgelöst durch momentane Krisen oder Ereignisse im Leben des Kindes	ständiges aggressives Verhalten
↓	↓
Toleranz, Verständnis, ruhiges Verhalten	feste Grenzen geben dem Kind Sicherheit

Fallbeispiel "Gerhard"

1.12.2.2 Fallbeispiel "Gerhard"

Bedingt durch die Vielfalt von Entstehungsursachen und Erscheinungsformen von Aggression, war es sehr schwierig, ein "signifikantes Fallbeispiel" auszuwählen. Es ist ein Kind gewählt worden, dessen Entwicklung von der Volksschule bis zum Ende der Hauptschule mitverfolgt wurde und das neben seinen Verhaltensstörungen auch Lernstörungen hatte.

Daten zur Anamnese

Daten zur Anamnese

Gerhard kam mit eineinhalb Jahren in eine Krabbelstube, ab dem vierten Lebensjahr besuchte er den Kindergarten, bereitete dort jedoch große Schwierigkeiten und blieb deshalb das letzte Jahr vor dem Eintritt in die Schule zu Hause.

Die Mutter stammt aus Jugoslawien und ist geschieden. Den Vater, der zu Trunksucht neigt, sieht Gerhard sporadisch. Die Mutter hat wechselnde Lebensgefährten.

Die Mutter berichtet über eine "übertriebene Eifersucht" Gerhards dem jeweiligen Partner der Mutter gegenüber. Gerhard versucht alles, um "Männer" von der Mutter fernzuhalten, wobei ihm jedes Mittel recht ist.

Die Mutter gibt die Schuld am Fehlverhalten ihres Kindes der Schule, wo sie aber trotz mehrmaliger Aufforderung nicht erscheint.

Gerhard wächst in völlig ungeordneten Verhältnissen auf. Zu Mittag wärmt er sich selbst sein Essen, und am Nachmittag ist er sich selbst überlassen. Die Mutter kommt oft erst spät nach Hause, und Gerhard weiß nicht, wo sie sich aufhält. Der Freund der Mutter hat schon öfter ihn und seine Mutter geschlagen bzw. mißhandelt.

Schulbesuch

Rückstellung mit Vorschulbesuch

Gerhard wurde wegen "geistiger Unreife und Konzentrationsschwäche" vom Schulbesuch zurückgestellt und besuchte eine Vorschulklasse.

Bericht derVorschulklassenlehrerin

Aus dem Bericht der Lehrerin der Vorschulklasse an den Bezirksschulinspektor

18. Nov.:
Zerbrach die soeben erhaltenen Ölkreiden und beschmierte die Schülertische.

20. Nov.:
Beim Basteln stellte er sich mit seiner Schere provozierend mitten in die Klasse und versuchte, seine Hose zu zerschneiden. Dann fuhr er sich mit der Schere in die Haare. Nach Wegnahme der Schere raste er gröhlend durch die Klasse, verschmierte das Tafelbild, goß Wasser aus der Gießkanne auf den Boden und boxte einige Kinder.

28. Nov.:
Riß Knöpfe von seiner Jacke, sprang mehrmals vom Tisch, läuft aus der Klasse.

4. Dez.:
Öffnete alle Fenster des Adventkalenders. Die Kinder versuchten dies zu verhindern, woraufhin er wütend Hiebe austeilte.

6. Dez.:
Verrichtete seine Notdurft im Turnsaal!

Gerhard wird für drei Wochen vom Unterricht "wegen körperlicher und sittlicher Gefährdung seiner Mitschüler" suspendiert. Die Mutter ist mit einer stationären Aufnahme an einer Kinderklinik einverstanden.

Aus dem Gutachten der Klinik (Auszüge)

Auszüge aus dem Gutachten der Klinik

Aufnahmegrund: disziplinäre Schwierigkeiten, besonders in der Schule

Untersuchung und Beobachtung:

Im psychischen Bereich erweist sich der Bub als pathologisch infantil; er ist in seinem Verhalten völlig unbekümmert, ganz unmittelbar, ungebremst, in seiner Stimmung rasch zwischen Mißmut und übertriebener Heiterkeit wechselnd. Die intellektuelle Begabung ist überdurchschnittlich (HAWIK IQ = 134, VQ = 116, HQ = 145), die Leistungen werden jedoch durch eine sprunghafte und unernste Arbeitsweise beeinträchtigt. Im sozialen Bereich hat der Bub die Schulreife noch nicht erreicht, sodaß die anamnestisch beklagten Schwierigkeiten durchaus verständlich erscheinen und in ähnlicher Art auch während des Stationsaufenthaltes auftreten.

Nur bei ganz unmittelbarer Zuwendung des Erziehers, im Einzelkontakt oder in der kleinen Gruppe gelingt es, den Buben leistungsmäßig gut zu motivieren und disziplinär anzupassen. Neben dem sicher vorhandenen Infantilismus scheint in der Genese der Verhaltensschwierigkeiten auch ein Erziehungsmangel von seiten des häuslichen Milieus eine Rolle zu spielen (Mutter hat den Buben schon frühzeitig fremden Erziehern überlassen, zeigt wenig Einsicht, wenn man ihr die Schwierigkeiten ihres Kindes vor Augen führt, sie selbst könne sich über den Buben nicht beklagen, sie bedenkt dabei aber nicht, daß sie persönlich ja nur sehr wenig Erziehungsarbeit leistet).

So ist zu befürchten, daß der Bub nach der Entlassung von der Station, wo er in der kleinen Schulgruppe zu guten Leistungen zu bringen und auch disziplinär durchaus erträglich war, wieder zu Schwierigkeiten kommen wird.

Zu einer administrativen Maßnahme (eventuell Unterbringung im Heim) ist die Mutter derzeit nicht bereit. Sollten jedoch alle Erziehungsversuche in der ambulanten Situation scheitern, wird ein Eingreifen des Jugendamtes nicht mehr vermeidbar sein.

Nach einem vierwöchigen Klinikaufenthalt kommt Gerhard wieder in die Vorschulklasse zurück.

Auszug aus dem Bericht der Vorschulklassenlehrerin

Bericht der Vorschulklassenlehrerin nach dem Klinikaufenthalt

"Nach den ersten zwei Tagen, die er nach seiner Rückkunft lauernd und beobachtend verbrachte, verfiel er wiederum in seine hemmungslose Aggressivität: prügelt rücksichtslos Kinder, stört bewußt ihre Arbeit, beschädigt fremdes Eigentum und entwendet Dinge aus fremden Schultaschen. Hört nicht auf den Lehrer. Selbst die Anwesenheit des Herrn Inspektors hindert ihn nicht daran, weiter unter den Tischen herumzurutschen."

Förderklasse

Gerhard wird mit Einverständnis der Mutter in eine *"Förderklasse"* (Kleinklasse für lern- und verhaltensgestörte Kinder) überstellt, wo sich sein Leistungs- und Sozialverhalten wesentlich bessert.

Hauptschule

Gerhard absolvierte die Hauptschule mit Unterstützung sehr verständnisvoller Lehrerinnen und Lehrer und mit Hilfe eines Beratungslehrers. Seine schwere Legasthenie (TLS im akustischen Gedächtnis und in der akustischen Differenzierungsfähigkeit) und seine impulsive Affektivität bleiben aber auch während der Hauptschulzeit seine Hauptprobleme.

Einige sonderpädagogische Folgerungen aus diesem Fallbeispiel – oder: Was passierte in der Förderklasse an "Besonderem"?

Sonderpädagogische Folgerungen aus dem Fall "Gerhard"

Die Regelschule war durch das aggressive Verhalten von Gerhard in ihren Interventionsmöglichkeiten anscheinend überfordert und leitete therapeutische bzw. sonderpädagogische Maßnahmen ein, indem sie Gerhard zuerst an die Klinik und dann an die Förderklasse verwies.

Es sei an dieser Stelle betont, daß es ein gefährlicher Trugschluß und ein pädagogischer Irrweg wäre, alle verhaltensgestörten Kinder in Kleinklassen zu beschulen ("Mistkübeleffekt" für "schlimme Kinder"), bei Gerhard wäre aber sonst eine Heimeinweisung (Sondererziehungsschule) die andere Alternative gewesen.

Was passierte nun in der Förderklasse?

Leistungsverhalten

- Gerhard wurde in der Förderklasse der Zusammenhang zwischen seinem Versagen in Deutsch und seinen Teilleistungsstörungen klargemacht, was den überdurchschnittlich intelligenten Bub (IQ = 134) veranlaßte, Trainingsprogramme zur Kompensation seiner Schwäche bereitwillig durchzuführen.
- Gerhard wurde bei seinen "Stärken" (Zeichnen, Sport und Musik) angesprochen, wo er zu Erfolgserlebnissen kam.

Sozial-emotionales Verhalten

- Durch Selbsterfahrungsübungen (gruppendynamische Übungen im Sesselkreis) erlangte Gerhard Einsicht in die Problematik seines impulsiven Verhaltens.
- Gerhard hatte vorher durch sein aggressives Verhalten die Zuwendung von anderen erzwungen; dazu bestand nun in der Kleingruppe kein Anlaß mehr.

Umgang mit Grenzverletzungen

- Gerhard hatte durch Verletzungen bestehender Grenzen ständig Grenzsetzungen für sein Verhalten provoziert, um dadurch Stabilität zu erhalten. Diese massiven und andauernden Grenzverletzungen konnten nun in der therapeutischen und personellen Situation der Förderklasse effektiver angegangen werden. Das folgende Beispiel soll dies verdeutlichen.

Grenzverletzung und Grenzsetzung an einem Beispiel

Beispiel: Turnstunde, Förderklasse, 4. Klasse Volksschule

Ein Lehrer suppliert für eine erkrankte Kollegin in der Förderklasse und ist gemeinsam mit einem Kollegen im Turnsaal (sechs Kinder). Der Supplierende berichtet:

Als wir uns anziehen gehen wollen, klettert Gerhard auf die Sprossenwand, spuckt auf die anderen Kinder herunter und beschimpft sie grob. Er blickt gespannt zu mir herüber – was wird er tun?

"Komm bitte runter, Gerhard, wir wollen uns anziehen gehen!" sage ich. Ein Wortschwall an unflätigen Ausdrücken und Spucke kommen mir entgegen. "Hör auf damit, ich will das nicht!" rufe ich Gerhard hinauf. Er ruft: "Geh sch ...!"

Mit einem Satz bin ich bei Gerhard oben, und ehe er weiter schimpfen und spucken kann, umspanne ich seinen Körper und steige zu Boden. Seine Muskeln sind verspannt. "Lassen Sie mich los!" brüllt er und beginnt vor Zorn zu weinen. "Ich laß dich los, wenn du dich umziehen gehst!" "Nein, ich geh mich nicht anziehen!" Ich lasse mich durch seine Schimpfkanonaden nicht beeindrucken.

Nach ca. zehn Minuten merke ich, daß seine Muskulatur nachgibt. Ich lasse etwas locker und lache ihn an. Er lacht zurück. Ich beginne ihn zu streicheln. Wie ein Baby hängt er jetzt in meinen Armen, er scheint die Situation zu genießen, er hat "Halt" gefunden.

"Weißt du Gerhard, daß du eigentlich ein netter Bursch bist, wenn du nicht schimpfst und spuckst!" sage ich zu ihm, und wir gehen gemeinsam zur Garderobe.

Die Grenzziehung durch "Halten" gab Gerhard zuerst "Einhalt", dann "Halt" und zuletzt die Einsicht, daß er mit anderen Verhaltensweisen ein "netter Bursch" wäre.

1.12.2.3 Was tun?

Handlungs-anweisungen für das "aggressive Kind"

Aggressionen im Unterricht können zwar nicht gänzlich vermieden, aber durch verschiedene Maßnahmen reduziert werden.

Unterricht

- Eine **spannende Unterrichtsgestaltung** (direkte Erfahrungen, erfahrungsbezogenes Lernen) vermindert Unterrichtsstörungen und Aggressionen. Dabei bietet besonders die **Gruppe (Gruppenarbeit)** ein selbststeuerndes Regulativ für unangemessene Aggression und Gehemmtheit.

Vorbild

- Die **Lehrperson** sollte ein **Vorbild** für aggressionsfreies Verhalten sein (Führungsstil) und ein reversibles Sprachverhalten pflegen *(Tausch).*

Aggressionen erkennen und stoppen

- **Aggressionen** sollten **rechtzeitig** als solche **erkannt** (auch versteckte Aggressionen) und mit Mut und Entschiedenheit **gestoppt werden**. Stellt das Ignorieren bei kleineren Unterrichtsstörungen eine wirksame Methode dar, ist es bei Aggressionen der Nährboden für noch dreistere Aktionen. Setzen Sie rechtzeitig Grenzen!

Stoppen – abbrechen – dazwischentreten

- Wenn Sie Konflikte im Ansatz erkennen, können Sie einer **Eskalation vorbeugen** durch Blickkontakt, Gesten, Bewegung in die Richtung des störenden Kindes, ohne den Unterricht abzubrechen. Als Formel bei **schweren Aggressionen** kann gelten: **"Stoppen – abbrechen – dazwischentreten"**. Stoppen oder brechen Sie eine Aggression durch eine klare, knappe Anweisung, oder greifen Sie direkt in die Situation ein – als sogenanntes "Dazwischentreten"! Falls Sie diese Methode zu "hart" finden, denken Sie bitte daran, daß Sie auch zum Schutz der "Aggressionsobjekte" da sind!

Emotionen abklingen lassen

- Stellen Sie ein aggressives Kind erst nach **"Abklingen" der Emotionen** zur Rede! Vorher hat ein Gespräch wenig Wirkung, und Ihr eigener Zorn kann in der Zwischenzeit auch verrauchen. Suchen Sie ein ruhiges Einzelgespräch in der Pause!

Sachliche Kritik

- Üben Sie **sachliche Kritik am Fehlverhalten**! Nicht: "Dauernd störst du meinen Unterricht!", sondern: "Du hast gerade Peter gestoßen. Sag mit bitte, warum du das gemacht hast!"

Auf Frustrationen vorbereiten

- Bereiten Sie auf frustrierende Situationen vor, und helfen Sie dem aggressiven Kind, die Situation möglichst realitätsnah zu sehen!

"Weichen Kern" suchen

- Aggressive Kinder bauen als Schutzmechanismus – weil sie von der Umwelt oft enttäuscht worden sind – oft Schutzschilder um sich auf. Sie lassen keinen an sich herankommen und blocken Intimkontakte geradezu ängstlich ab ("Angriff ist die beste Verteidigung"), in der Angst, eine neue Enttäuschung zu erleben. Lassen Sie sich von der "rauhen Schale" nicht täuschen, suchen Sie den **"weichen Kern"**!

Angemessene Kommunikation

- Lassen Sie sich womöglich nicht auf "offene Zweikämpfe" mit dem aggressiven Kind vor der Klasse ein, denn es besteht die Gefahr, daß sich ein Teil der Klasse mit ihm solidarisiert und es in seinem Verhalten verstärkt wird!

Einzelgespräche

- Führen Sie besser **Einzelgespräche** mit dem Kind, ohne vorerst die gebotene Distanz aufzugeben! Begründen Sie in diesem Gespräch Ihre Reaktionen, und beschreiben Sie Ihre Gefühle! Die Kommunikation **auf der Basis der gefühlsmäßigen Betroffenheit** hat erfahrungsgemäß den größten Erfolg.

Gesprächs-techniken

- Versuchen Sie im Einzelgespräch bzw. vor der ganzen Klasse die "niederlagelose Konfliktlösung" *(Gordon,* 1977), z. B.: "Laß uns gemeinsam überlegen, wie wir in Zukunft die Situation vermeiden können!" Bedenken Sie aber, daß **Gesprächstechniken** nur dann einsetzbar sind, wenn (schon) eine Bindung vorhanden ist, sonst könnte z. B. eine "Ich-Botschaft" *(Gordon,* 1977) leicht ins Leere gehen. Zum Beispiel: Lehrer: "Ich bin enttäuscht, daß du ..." Schüler: "Na und?!"

Ich-Stärkung

- Denken Sie daran, daß aggressive Kinder vor allem in ihrem Selbstwertgefühl stabilisiert werden müssen, d. h. sie müssen unter dem Prinzip der **"Ich-Stärkung"** rasch zu Erfolgen gebracht werden! Verstärken Sie positives Verhalten, suchen Sie nach Stärken, "überdramatisieren" Sie Erfolge!

Lob

- **Loben** Sie das **positive Verhalten** (nicht die Person) unmittelbar nach dem Verhalten! Das Lob sollte angemessen, ehrlich und detailliert sein, z. B.: "Ich freue mich, daß du es geschafft hast, die Schulübung mitzuschreiben, ohne deinen Nachbarn bei der Arbeit zu stören!"

Elternnachricht

- Koppeln Sie positive Verstärkung mit einer **Mitteilung an die Eltern**! Schreiben Sie den Eltern nur positive Mitteilungen ins Mitteilungsheft! Dadurch lösen Sie automatisch auch im Elternhaus Veränderungen aus, die sich wiederum positiv auf das Kind auswirken. Zum Beispiel: "Peter hat sich heute in der Rechenstunde sehr bemüht und eifrig mitgearbeitet. Ich habe mich darüber sehr gefreut." (Auch wenn die anderen Stunden eine Qual für Sie waren, sollten Sie nur das Positive mitteilen!)

Führungs- und Erziehungsstil

- Ein **Erziehungsstil** mit einem Zuviel an Freiheit und dem Fehlen jeglicher Einschränkung überfordert viele Kinder emotional und sozial und ruft mitunter Aggressionen hervor, vor allem, wenn die Kinder noch keine Bindung an die Lehrerin/den Lehrer haben. Die Hoffnung "Ich tu dir nicht weh, tu mir auch nicht weh" erweist sich im nachhinein meist als trügerisch. Zu liberale LehrerInnen berichten oft, daß sie sich von ihren Schülerinnen und Schülern "ausgenützt" vorkommen.

Regeln aufstellen

- Erarbeiten Sie mit der ganzen Klasse "Klassenregeln" und hängen Sie die Regeln deutlich sichtbar im Klassenzimmer auf (z. B. auf Packpapier). So ersparen Sie sich lange Moralpredigten und verweisen nur kurz auf die Regelverletzung. Wenn Sie die Kinder bei der Formulierung der Regeln einbeziehen, akzeptieren diese gern den Verweis. Wichtig:
  - Nur einige wenige Regeln aufstellen!
  - Klare Konsequenzen für die Regelverletzungen festlegen!
  - In die Formulierung der Regel auch den Grund einfügen!

  Beispiel: "Ich lasse andere ausreden und höre geduldig zu, denn ich habe es auch nicht gern, wenn ich unterbrochen werde!"
  Durch die **Erstellung von "Klassenregeln"** bestrafen Sie bei Verstößen nicht "das Kind", sondern ahnden einen "Regelverstoß", den das betreffende Kind eher zur Kenntnis nimmt, ähnlich der "roten Karte" im Sport. Erinnern Sie "im Eifer des Gefechts" ein störendes Kind rechtzeitig an die Regel. Erfahrungsgemäß lassen sich die schriftlich vereinbarten Regeln bald entfernen, sobald die Kinder sie durch Übung "internalisiert" haben.

"Unpersönlich" tadeln

- Strafen sollte man nur im Notfall, denn Strafen hemmen, reduzieren aber Aggressionen nicht! Wenn Sie tadeln, **tadeln** Sie möglichst **"unpersönlich"**, wie ein Schiedsrichter, der einen Regelverstoß ahndet! Persönliche Strafen mit hoher emotionaler Beteiligung können ein Fehlverhalten negativ verstärken, d. h. das aggressive Kind führt mit Absicht eine Strafe herbei, um dadurch Zuwendung zu erhalten. Als eine Form der Strafe gilt der **"Entzug von Vergünstigungen"**, eine andere aversive Maßnahme ist die Trennung von (aggressiven) Kindern, die sich zur Zeit nicht vertragen – nicht als Strafe, sondern zur Beruhigung der Situation.

- **Nähe und Berührung** helfen manchen Kindern, aggressive Regungen zu unterdrücken und Selbstkontrolle auszuüben. Aggressive Kinder leiden häufig an einem Mangel an "Körpergefühl", sie halten **Körperkontakt** nur schwer aus (siehe Beispiel "Gerhard"). Im Grundschulbereich bieten sich taktile Sensibilisierungsübungen und lustige Tastspiele als Hilfe an; wundern Sie sich aber nicht, wenn aggressive Kinder, die sonst "stark" spielen, bei diesen Übungen "ausflippen". Ältere Kinder versuchen oft durch Rempeln, Stoßen, Rangeln zu "körpern". Diese Symptome sind meist keine aggressiven Zeichen, sondern drücken den Wunsch nach Zuwendung aus.

Körperkontakt

- Gemeinsames **Lachen** über eine "verzwickte" Situation kann oft Wunder wirken – wenn Sie dabei lachen können! Lachen ist nach *Konrad Lorenz* (1963, vgl. S. 364) ein stammesgeschichtlich und instinktgebundenes soziales Kontaktmittel, das sich aus der Aggression ableitet.

Humor bewahren

- Bewahren Sie bei Aggressionen **"professionelle Distanz"** nach dem Motto: "Der Stärkere kann nachgeben, der Schwächere befindet sich in einer Verteidigungsbereitschaft." Das Motto könnte lauten: "Konsequent handeln – tolerant sein und rasch verzeihen!"

Toleranz

- Unter dem Aspekt, daß Aggressionen erlernte Verhaltensweisen sind, ist es wichtig, in der Schule **partnerschaftliches Verhalten einzuüben**. Es gibt noch keine Taxonomien (Lernzieldimensionen) für den sozio-emotionalen Bereich (Sozialverhalten), doch anzustrebende Ziele wären: verständnisvolles Zuhören, Respekt vor Werten anderer, Verbesserung der Selbst- und Fremdkommunikation, Umgang mit Aggressionen und Ermittlung von Konfliktstrategien (vgl. *Eichleter/Ledl,* 1985, S. 45f.). In den letzten Jahren haben **"Interaktionsspiele"** Eingang in die Schulklasse gefunden (siehe dazu Abschnitt: *"Soziales Lernen und Interaktionspädagogik").*

Verhaltens-
training

- Besonders bei aggressiven Kindern bieten sich **"Problemschüler-Klassenkonferenzen"** an, in denen alle in der Klasse unterrichtenden LehrerInnen über gemeinsame Interventionen beraten sollten. Bewährt haben sich auch Konferenzen unter der Leitung eines außenstehenden "Supervisors".

"Problemschüler-
Klassen-
konferenz"

- Wenn zwischen Ihnen und den Kindern Vertrauen und eine gute Beziehung bestehen, können **freie Aussprachen über Klassenprobleme** Wunder wirken. Die Kinder lernen dabei den freien Ausdruck von Gefühlen, ohne Angst haben zu müssen, daß sie mit Konsequenzen rechnen müssen. Die Klasse als "Aussprachegemeinschaft" ist eine Forderung, die bereits der Individualpsychologe und Lehrer *Oskar Spiel* (1979) vor und nach dem 2. Weltkrieg in seiner Versuchsschule in Wien mit Erfolg verwirklichte.

Aussprache-
stunde über
Klassenprobleme

- Forschungen zum **"Schulklima"** weisen auf Zusammenhänge von Aggressionen und der Gestaltung und Ausstattung von Klassen- und Schulräumen hin. Eine attraktive Umwelt fördert bei Kindern und Lehrerinnen und Lehrern Gefühle des Wohlbefindens.

"Schulklima"

- Leiten Sie rechtzeitig **sonderpädagogische bzw. therapeutische Maßnahmen** ein (Schulpsychologe, Klinik, Beratungslehrer, Jugendamt, Sozialtherapeut, Elternberatungsstellen usw.)! Diese Maßnahmen sind dann angebracht, wenn außerschulische und familiäre Bedingungen (delinquente Freunde, "Milieu") den Interventionsrahmen der Schule übersteigen. In diesem Fall muß sich die Schule **außerschulischer Fachleute** bedienen.

Maßnahmen
rechtzeitig
einleiten

Arbeitsaufträge

- *Welche Möglichkeiten sehen Sie, um Aggressivität als angeborenen Trieb in der Schule/Klasse in sinnvolle Bahnen zu lenken?*
- *Zur These "Aggression als Reaktion auf Frustration":*
  Welche unnötigen Frustrationen lassen sich in der Schule/Klasse vermeiden? Bringen Sie Beispiele!
  Welchen Frustrationen ist eine Lehrperson (sind Sie) in der Schule/Klasse ausgesetzt, und wie reagiert sie (reagieren Sie) auf diese?
- *Welche pädagogischen Möglichkeiten sehen Sie noch, erlerntes aggressives Verhalten "umzulernen"?*
- *Stellen Sie Vermutungen auf, warum Gerhard in seinem Verhalten so aggressiv ist! Verwenden Sie dazu die Daten der Anamnese!*
- *Der Bericht der Vorschulklassenlehrerin von Gerhard zählt die Vergehen von ihm zeitlich geordnet auf. Was fällt Ihnen an dem Bericht auf? Was fehlt Ihrer Meinung nach in diesem Bericht?*
- *Welche pädagogischen Empfehlungen lassen sich aus dem Gutachten der Klinik ableiten?*
- *Schon Hans Zulliger (1963), ein Schweizer Tiefenpsychologe und Lehrer, meinte, daß der Erzieher gegenüber Kindern nicht "ängstlich" sein dürfte. Diskutieren Sie diese These unter dem Aspekt "Aggression" und unter Einbeziehung des Fallbeispiels "Gerhard"!*
- *Mit welchen Formen der Aggression kommen Sie eher gut, mit welchen eher schlecht zurecht? Überlegen Sie, warum. Verwenden Sie dazu die taxative Aufzählung der wichtigsten Aggressionsformen!*

Literatur

Eichleter, W., Ledl, V.: Soziales Lernen – Interaktionsspiele in der Schulklasse. In: der sprachheilpädagoge 1/1985, S. 44-54

Hanke, B., Huber, G., Mandl, H.: Aggressiv und unaufmerksam (Die Aufgaben des Lehrers bei Schulschwierigkeiten). Weinheim-Basel 1984[3]

Kiphard, E. J.: Mototherapie. Teil II. Psychomotorische Entwicklungsförderung. Bd 3. Dortmund 1986[2]

Lorenz, K.: Das sogenannte Böse. Zur Naturgeschichte der Aggression. Wien 1963

Meves, C.: Verhaltensstörungen bei Kindern. München 1974[4]

Petermann, F., Petermann, U.: Training mit aggressiven Kindern (Einzeltraining, Kindergruppen, Elternberatung). O. O. 1988[3]

Prekop, J.: Hättest du mich festgehalten ... (Grundlagen und Anwendung der Festhalte-Therapie). München 1989

Spiel, O.: Am Schaltbrett der Erziehung. Bern-Stuttgart-Wien 1979

Trennstädt, K.-Chr.: Das Konstanzer Trainingsmodell (KTM). Bd 2. Bern 1987

Zulliger, H.: Schwierige Kinder (Zwölf Kapitel über Erziehung, Erziehungsberatung und Erziehungshilfe). Bern-Stuttgart 1963[5]

1.12.3 Das gehemmte Kind – oder: "schüchtern, ängstlich, verschlossen"

1.12.3.1 Grundinformation

Hemmung aus tiefenpsychologischer Sicht

Eine **"Hemmung"** im Verhalten (im weiten Sinn) eines Kindes weist nach der *tiefenpsychologisch* orientierten Auffassung von *S. Freud* entweder auf eine **zu starke "triebfeindliche" und "entmutigende" Erziehung** hin, die das kindliche Selbstvertrauen schwächt ("Ich-Schwäche"), oder auf eine **zu starke "Verwöhnung"**, die beim Kind "Eigenaktivität" verhindert. Gehemmte Kinder erscheinen oft "überangepaßt" (manche hatten nach Aussagen der Eltern keine Trotzphase), in ihrer Antriebs- und Ausdruckshaltung gehemmt.

Individualpsychologie: Überkompensation

Nach der *individualpsychologischen* Auffassung von *A. Adler* sind **Fehlhaltungen** (ursprünglich Neurosen genannt) wie Aggression, Hemmung, Angst usw. immer das Ergebnis einer nicht gelungenen und in das Sozialgefüge produktiv eingeordneten **"Überkompensation"**, ein "falscher Lebensplan" (*O. Spiel,* 1979, S. 45). Ein gehemmtes Kind mit seiner Mutlosigkeit und seinen Insuffizienzgefühlen geht mit seiner "fehlgeleiteten Kompensation" den sachlichen Lebensaufgaben aus dem Weg. Man könnte auch von einer "neurotischen Leistungsflucht" (*Kiphard,* 1986, S. 270) sprechen.

Hemmung aus lern- und verhaltenstheoretischer Sicht

Aus *lern- und verhaltenstheoretischer Sicht* ist die **"Theorie der erlernten Hilflosigkeit"** (*Seligmann,* 1986, S. 42ff.) für die Praxis interessant.

Folgen

Als **"Hilflosigkeit"** definiert *Seligmann* (1986, vgl. S. 52) einen psychologischen Zustand, der häufig hervorgerufen wird, wenn Ereignisse unkontrollierbar und unvorhersagbar sind. Diese "Hilflosigkeit" senkt die Bereitschaft des Kindes, sich in schwierigen Situationen angemessen zu verhalten, und vermindert die Lernfähigkeit und Lernbereitschaft. Sie äußert sich in Passivität, Initiativlosigkeit, Verweigerung und Rückzugsverhalten im sozialen Bereich.

Ursachen

"Unkontrollierbarkeit" kann durch übermäßiges Behüten und Verwöhnen oder durch Vernachlässigung sowie durch inkonsistentes Erziehungsverhalten verursacht werden.

Bei **Verwöhnung**	Bei **Vernachlässigung**
↓	↓
übersteigertes Selbstbild und negatives Fremdbild	negatives Selbst- und Fremdbild
↓	↓
sozial unsicheres Verhalten vorwiegend als	sozial unsicheres Verhalten vorwiegend als
Verweigerungsverhalten	**initiativloses, passives Verhalten**

Zielorientierte und hilflose Kinder

Seligmann (1986, S. 144ff.) unterscheidet ferner **"zielorientierte Kinder"** und **"hilflose Kinder"**.

Zielorientierte Kinder benützen nach Mißerfolg bei neuen Aufgabenstellungen Selbstinstruktions- und Selbstüberwachungstechniken, um eine richtige Lösung zu finden. *Hilflose Kinder* grübeln darüber nach, warum sie einen Mißerfolg erlebt haben und nicht, wie sie ihn beseitigen könnten. (Im Abschnitt *"Was tun?"* wird ein Selbstinstruktionsprogramm für hilflose Kinder von *Petermann*, 1986, vorgestellt.)

Wahrnehmungs-sensitivität

Nach der **Theorie der "wahrnehmungsmäßigen Sensitivität"** von *Argyle* (1972, vgl. S. 91ff.) können sozial unsichere Kinder soziale Reize und Signale, wie z. B. kleine verbale und nonverbale Schlüsselreize, Tonfall der Stimme, Körperhaltung, Mimik etc., nicht richtig deuten und haben damit Schwierigkeiten in der Wahrnehmung und damit in der sozialen Anpassung. Diese Theorie verweist auf Probleme der Wahrnehmung, die bei einem sozial gehemmten Kind auf eine MCD hinweisen können.

Erscheinungsformen von gehemmtem Verhalten

Die **Erscheinungsformen** von gehemmtem Verhalten können bei der **Persönlichkeit** des Kindes, im **Sozialverhalten** und im **Bewegungsverhalten** beobachtet werden.

– im persönlichen Bereich

Bei "Hemmung" denkt man zunächst an Persönlichkeitsbegriffe wie Schüchternheit, Verlegenheit, Unsicherheit, Verschlossenheit und Angst (persönlicher Bereich).

– im Sozialbereich

Petermann (1986) spricht von "sozial unsicheren und isolierten" Kindern, die nichts erzählen, nichts fragen oder erbitten und ganz auf sich zurückgezogen leben. Sie scheinen mit Blickkontakt oder auch direkt zu fragen: "Mach ich es so auch richtig?"

– im Bewegungsverhalten

Im Bewegungsverhalten sind gehemmte Kinder oft untersteuert, muskulär verspannt und können sich psychomotorisch nicht altersgemäß äußern. Ebenso sind sie kontaktgehemmt bis kontaktunfähig (*Kiphard*, 1986, vgl. S. 267).

Die folgende Übersicht zeigt die Problematik des **"gehemmten"** Kindes im Vergleich zum **"aggressiven"** und **"sozial angepaßten"** Kind in den Bereichen Persönlichkeit, Sozialverhalten und Bewegung.

	AGGRESSIVES KIND	SOZIAL KOMPETENTES KIND	GEHEMMTES KIND
Stimmung	ausgelassen	froh und gelöst	gedrückt, traurig
Beherrschung der Gefühle	unbeherrscht	gelingt	blockiert
Durchsetzung und Selbstbehauptung	aggressiv, bestimmend, evtl. auf Kosten anderer	angemessen	gehemmt, ängstlich
Verarbeitung von Angst	Angstverarbeitung als Aggression	gelingt, bzw. frei von Angst	Angstverarbeitung als Flucht nach innen oder als Flucht vor Anforderungen
Sozialverhalten (allgemein)	aggressives Verhalten	angemessen	sozial unsicheres Verhalten
Sozialkontakt in der Gruppe	überkontaktbedürftig	kommunikativ	abgesondert, isoliert
Psychomotorik (Bewegung)	gesteigerte Aktivität	unauffällig	reduzierte Aktivität

Aus **pädagogischer Sicht** sind die Hauptprobleme des **gehemmten Kindes** mit folgenden Stichworten zusammenzufassen:

- Selbstunsicherheit,
- mangelndes Selbstvertrauen,
- mangelnde Selbstbehauptung und
- sozial unsicheres Verhalten.

Diagnosen von Hemmungen

Differentialdiagnostisch ist eine "Verhaltenshemmung" von einem "neurotischen Verhalten" (neurotische Angstzustände, Angstneurose etc.) auch für Fachleute nur schwer abzugrenzen.

Für die Praxis sind die folgenden Formen von "Ängsten" von Bedeutung: soziale Angst, Ängstlichkeit, Depression, Schulangst (Schulphobie) und Schulverweigerung.

Struktur-diagramm

Das folgende **Strukturdiagramm** soll mögliche Zusammenhänge zeigen:

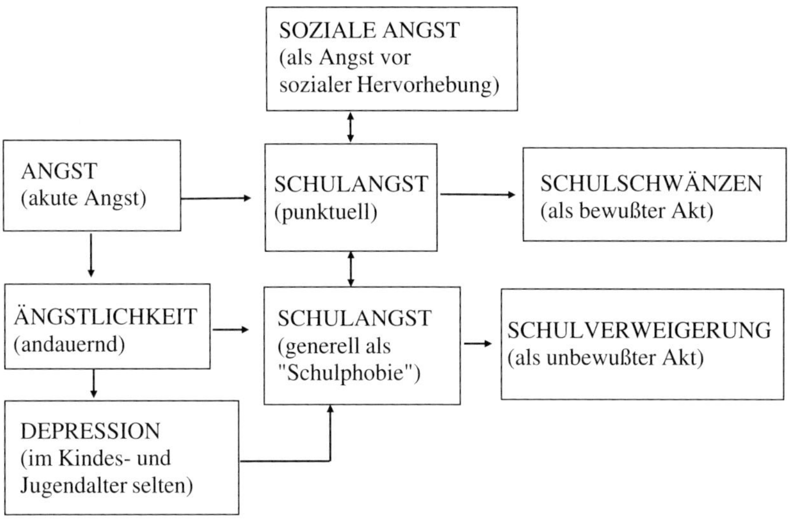

Begriffs-erklärung

Erklärung der Begriffe (vgl. Berger, 1989, S. 15ff., und Petermann, 1986, S. 5ff.)

ANGST ist ein normaler psychischer Mechanismus mit Schutzfunktion, der meist kurzfristig andauert, z. B. akute Angst vor einer Prüfung.

ÄNGSTLICHKEIT stellt eine überdauernde Persönlichkeitseigenschaft dar. Ängstliche Kinder erleben leichter und häufiger Angst.

DEPRESSION im Sinne einer Krankheit ist im Kindes- und Jugendalter selten – meist handelt es sich um kurzfristige depressive Verstimmungszustände aufgrund aktueller Ereignisse.

SOZIALE ANGST ist die Angst in sozialen Situationen, z. B. Kontaktangst (vor Fremden, Autoritätspersonen – Sonderform: Mutismus = Sprechverweigerung), Angst vor Ablehnung und Kritik, vor öffentlichem Sprechen und sozialer Hervorhebung.

SCHULANGST bezieht sich auf Ängste vor Leistungs- und Prüfungssituationen.

SCHULANGST als SCHULPHOBIE bezeichnet einen Angstzustand, der es dem Kind unmöglich macht, in die Schule zu gehen. Dies kann zur Schulverweigerung führen.

SCHULSCHWÄNZEN beruht auf einer bewußten Entscheidung des Kindes,

während

SCHULVERWEIGERUNG mit Angstzuständen verbunden ist, die nicht unbedingt mit der Schule in Verbindung stehen und meist therapeutischer Hilfe bedürfen.

Man unterscheidet:

- Schulverweigerung aus Trennungsangst: Aufgrund einer übermäßigen Bindung zwischen Elternteil (meist Mutter) und Kind bereitet der Schulbesuch massive Trennungsängste.
- Schulverweigerung aufgrund von Interaktionsproblemen zwischen Eltern und Kind: Die angstbesetzte Schulverweigerung steht als Symbol für einen Beziehungskonflikt als unbewußte Protesthaltung des Kindes.
- Schulverweigerung aus Angst vor schulischen Bedingungen.

1.12.3.2 Fallbeispiele

Im folgenden sollen drei Kinder bzw. Jugendliche mit unterschiedlichen Problemen vorgestellt werden:

Petra – ein Mädchen mit **sozial unsicherem Verhalten (sozialer Angst);**

Günter – ein Bub mit **ängstlichen Zügen;**

Harald – ein Jugendlicher mit **Schulangst (Schulphobie).**

Fallbeispiel Petra: sozial unsicheres Verhalten

Petra – ein Mädchen mit sozial unsicherem Verhalten

Petra besucht die 4. Klasse Volksschule. Sie hat drei ältere Schwestern. Die Eltern machen laut Aussage der Klassenlehrerin einen netten Eindruck, aber irgendwie hat sie das Gefühl, daß die Familie isoliert ist und wenige Außenkontakte hat. Der Vater liebt Petra nach Meinung der Mutter "abgöttisch".

Schon im Kindergarten und in der Vorschule hat Petra ein schüchternes, zurückgezogenes Verhalten an den Tag gelegt.

In der Klasse sitzt Petra meistens still und teilnahmslos auf ihrem Platz. Wird sie aufgerufen, erwidert sie nur kurz den Blickkontakt der Lehrerin. Gewöhnlich senkt sie ihren Blick und spielt nervös mit ihren Händen.

Petra ist nach Aussage der Lehrerin eine "starke kleine Persönlichkeit", die manchmal, wenn sie nicht "will", eine Antwort verweigert.

Die Lehrerin ist sich nicht sicher, ob Petra nicht "kann" oder nicht "will". Einmal, als Petra keine Antwort auf eine Frage gab, stellte die Lehrerin Petra vor der ganzen Klasse bloß: "Weißt du, daß du dumm bist, wenn du nichts redest!" Nach diesem Vorfall schwieg Petra eine ganze Woche lang im Unterricht.

Bei Übungen in der Schule (z. B. Arbeitsblatt) resigniert Petra schnell und meint rasch mit leiser, stockender Stimme: "Das kann ich nicht!" Sie bittet aber die Nachbarin oder die Lehrerin nicht um Hilfe.

Im Sozialkontakt mit anderen Kindern schließt sich Petra nur schwer an eine Gruppe an und weigert sich, sozialen Anforderungen nachzukommen.

Diese Schwierigkeiten im Sozialkontakt hat Petra laut Aussage der Eltern auch zu Hause. Wenn Besuch kommt, zieht sich Petra in ihr Zimmer zurück, als ob sie sich verstekken wolle. Wenn Freundinnen am Nachmittag bei ihr vorbeischauen, sagt sie, daß sie keine Zeit hätte und noch Aufgaben machen müsse, obwohl sie ihre Arbeiten schon längst erledigt hat.

Die folgende Zeichnung stammt von Petra. Der Auftrag lautete: "Zeichne auf, wie du deinen eigenen Körper besser machen könntest!" (Anregung dazu aus: *E. Bono de,* o. J.)

Petra: Ich habe vier Füße gezeichnet, weil ich schneller rennen will.

Günter – ein Bub mit ängstlichen Zügen

Fallbeispiel Günter: ängstliche Züge

Günter ist zehn Jahre alt und besucht die 4. Klasse Volksschule. Einleitend muß betont werden, daß Günter eine äußerst einfühlsame Lehrerin hatte, die auf seine persönliche und familiäre Belastung mit pädagogischem Einfühlungsvermögen reagierte und so verhinderte, daß Günter in eine Allgemeine Sonderschule oder Sondererziehungsschule überstellt wurde.

Günters Familiensituation:

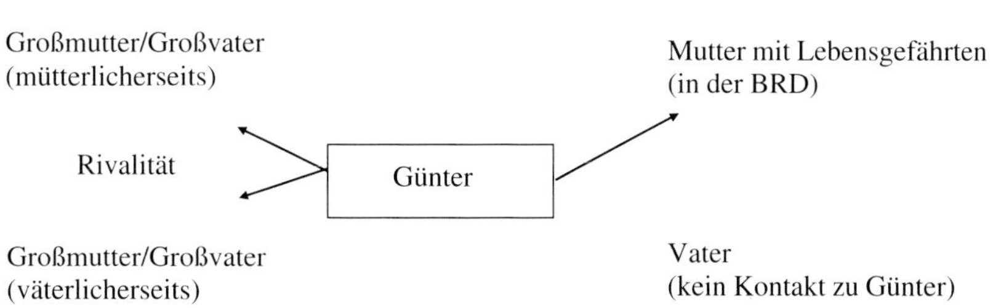

Günters Mutter war bei seiner Geburt sechzehn Jahre alt. Die Eltern des Vaters verboten dem Sohn, der damals siebzehn Jahre alt war, den Umgang "mit diesem Mädchen". Als Günter sechs Monate alt war, wollte der Vater Günters Mutter heiraten, das Kind aber nicht mitnehmen, "weil es so viel schrie".

Daraufhin erbarmte sich die Großmutter Günters (mütterlicherseits) und nahm Günter in Pflege zu sich. Die leibliche Mutter "entfernte" sich nach Deutschland und lebt dort mit einem Lebensgefährten. Einmal im Jahr besucht sie für ca. drei Wochen "ihren" Günter. Zu seinem Vater hat Günter keinen Kontakt.

Die Wochenenden verbringt Günter manchmal bei seinen Großeltern väterlicherseits. Zwischen den beiden Großelternteilen herrscht offene Ablehnung bzw. Rivalität.

Verhalten in der Klasse

Günters Verhalten in der Klasse (Bericht der Klassenlehrerin):

Günter ist ein sehr ruhiges, eher verschüchtertes Kind. Er wehrt sich nicht, wenn ihm Unrecht zugefügt wird. Manchmal sinkt er in sich zusammen, weint und will den Grund seines Schmerzes nicht nennen. Manchmal arbeitet er brav, dann aber schafft er es nicht einmal, ein oder zwei Sätze ins Heft zu schreiben.

Heuer begann Günter mit seinen Selbstmorddrohungen. Er hatte meist in der Schultasche ein Messer oder eine Schere und drohte, sich damit "abzustechen".

Seine Mitschülerinnen und Mitschüler machen um ihn einen weiten Bogen, akzeptieren aber seine Eigenarten. Seine Niederschriften zeigen seine Zerrissenheit.

Schriftprobe

Beispiel: Übungssätze mit Eigenschaftswörtern als Hausübung

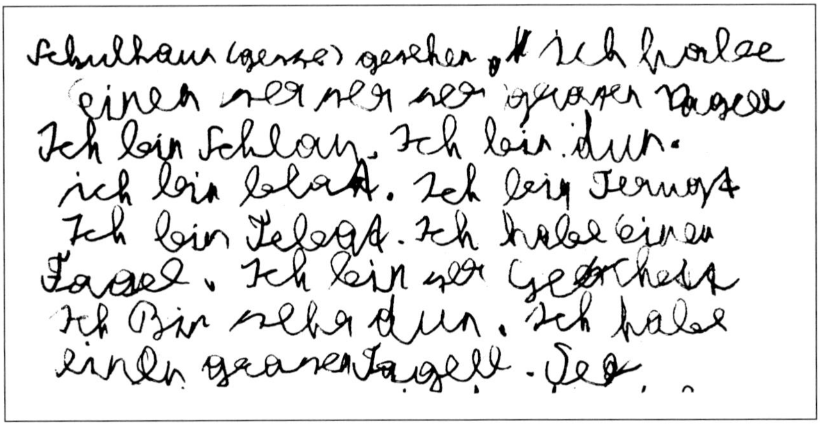

Wörtlicher Text: Ich habe einen sehr sehr sehr großen Vogel. Ich bin schlau. Ich bin dumm. Ich bin blad. Ich bin verrückt. Ich bin deppert. Ich habe einen Vogel. Ich bin sehr gescheit. Ich bin sehr dumm. Ich habe einen großen Vogel.

Seine Mitarbeit ist ohne Aufforderung gleich null, Arbeiten werden auf Aufforderung gemacht. Seine Aufsätze haben nichts mit dem Thema zu tun. Bei Konfrontation verweigert er die Arbeit, am besten wirkt Nichtbeachtung seines Fehlverhaltens.

Schulpsychologisches Gutachten

Auszüge aus dem schulpsychologischen Gutachten:

Testbefund:

Wenig Blickkontakt, versteckt sich unter der Weste. Im Test wortgewandt, überschießende Phantasie, auffälliger Sprechrhythmus (übertriebene Dehnung), gelegentlich Stottern.

Projektiv (Rohrschach, Schwarzfuß, Man, Tree, Familie, SET – Satzergänzungstest): gestörte Mutter-Kind-Beziehung, Selbstunwertgefühl, auto-aggressive Tendenz, Affektstau, anal-sadistische Tendenz, orale Fixierung, massive Kontaktstörung (Du-, Wir-Bezug), Defekt im Vaterbezug, Leere im Zugehörigkeitsgefühl innerhalb der Familie. Gesamt eher angstneurotisches Zustandsbild.

Ein Auszug aus dem SET, bei dem vorgegebene Satzanfänge zu ergänzen sind, weist auf die Familienproblematik und auf die angstbesetzten Züge ("angstneurotisches Zustandsbild") von Günter hin.

Der Vater ... ist weit weg.

Die Mutter ... ist in Deutschland.

Unsere Familie ... ist ganz getrennt.

Manchesmal habe ich schon gedacht ... der Teufel kommt.

In welches Tier würdest du dich verwandeln lassen? ... in keines.

Warum? ... weil die Jäger kommen.

Ich hasse ... nichts.

Ich hoffe ... daß die Feinde nicht in der Nähe sind.

Günters Ängste sind derart massiv, daß sie seine Leistungsfähigkeit und Leistungsbereitschaft auf *allen* Gebieten blockieren.

Angst in der Zeichnung

Der Auftrag für die folgende Zeichnung lautete: "Zeichne auf, wie du deinen eigenen Körper besser machen könntest!"

"Haarbart – Menschenfresser"

Das folgende Gespräch fand zwischen dem Beratungslehrer (BL) und Günter (G) im Anschluß an die Zeichnung statt:

G: Das ist ein Ungeheuer mit insgesamt sechs Ohren. Es frißt Menschen.

BL: Wozu sechs Ohren?

G: Damit es die Feinde besser hören kann. Wenn zuerst die äußeren Ohren ausfallen, kann es die mittleren benutzen. Wenn es einmal die inneren Ohren nicht mehr hat, muß es sterben.

BL: Warum muß es sterben?

G: Weil es dann seine Feinde nicht mehr hört. Die Pfeile an den Ohren sind dazu da, daß keine Menschen zu nahe kommen können, die werden aufgespießt. Die großen Hörner sind Zangen, mit denen das Ungeheuer die Menschen packt, um sie zu fressen.

BL: Wie viele Menschen frißt das Ungeheuer am Tag?

G: Zehn Menschen.

Fallbeispiel Harald: Schulangst

Harald – ein Jugendlicher mit Schulangst (Schulphobie)

Harald ist dreizehn Jahre alt und besucht die 2. Klasse Hauptschule, die er gerade wiederholt. Wegen des zahlreichen, von der Mutter gedeckten Fernbleibens vom Unterricht wird diese in die Schule zitiert. Die Schule droht mit Anzeige, falls Harald nicht in die Schule kommt.

Familiensituation

Die Familiensituation:

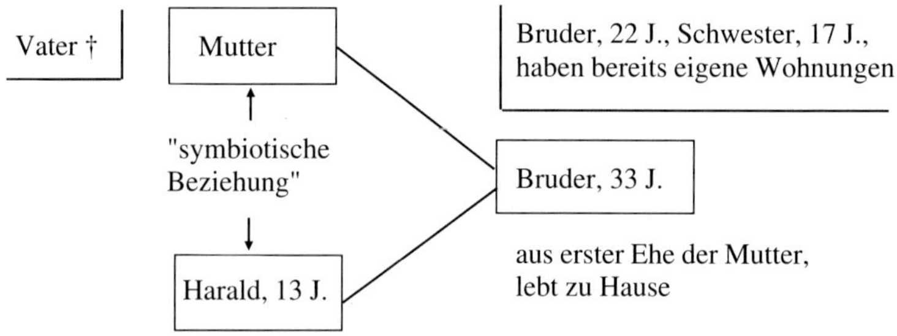

Die Mutter ist Hausfrau und Alleinerzieherin. Sie "lebt" teilweise von finanziellen Zuschüssen ihres ältesten Sohnes aus erster Ehe. Haralds Vater ist gestorben, als dieser drei Jahre alt war. Harald hat auch noch einen Bruder (zweiundzwanzig Jahre) und eine Schwester (siebzehn Jahre), die beide nicht mehr zu Hause wohnen.

Zwischen Harald und seiner Mutter besteht laut schulpsychologischem Gutachten eine "symbiotische Beziehung", in der Harald quasi als "Partnersubstitut" mißbraucht wird.

Gespräch mit der Mutter

Aus einem Gespräch mit der Mutter (Auszüge aus einem Tonbandprotokoll):

Harald ist ein sehr ängstlicher Bub. Sein Vater starb durch Ertrinken, als Harald drei Jahre alt war. Harald war auch schon nicht in den Kindergarten zu bringen, er war immer bei mir.

Ich kann tun, was ich will, er geht nicht in die Schule. Er ist sehr häuslich und brav, zeichnet gerne, liest und bastelt. Er sagt mir nicht, warum er nicht in die Schule geht. Er ist am Vormittag zu Hause, sieht fern, bastelt und liest. Wenn ich ihm die Sachen wegnehme, wird er wütend.

Ich glaube, daß er wegen seiner Mitschüler nicht in die Schule geht. Wenn ich ihn zwinge, sperrt er sich am Klo ein. Die Fürsorgerin hat mir gesagt, daß ich ihn bei der Tür hinausschmeißen soll, ich schaffe es aber nicht, weil er schon stark ist und sich wehrt. Ich muß heimlich in die Schule gehen und nachfragen, weil Harald sonst sehr zornig wird, wenn er weiß, daß ich in der Schule war. Ich sage ihm oft: "Die Fürsorge wird dich holen, dann kommst du in ein Heim!" Was mich der Bub aufregt, es ist ein Wahnsinn!

Gespräch mit Harald

Gespräch zwischen dem Beratungslehrer (BL) und Harald:

BL: Warum gehst du nicht in die Schule?

Harald: Wegen der anderen Kinder. Wenn ich fehle, spotten sie. "Wo warst du, was hast du gemacht?" fragen sie mich.

BL: Was bedeutet es für dich, nicht in die Schule zu gehen?

Harald: Die Mutti regt sich dann auf und schimpft. Manchmal wird sie krank, dann hat sie Migräne. Sie sagt, ich gehör in die Schule, das ist meine Arbeitsstätte. Ich weiß, daß es schlecht ist, ich denke oft nach, daß es nicht gut ist.

Symbiotische Beziehung als Ursache der Angst:

Symbiotische Beziehung als Ursache der Angst

Harald ist für die Mutter anscheinend ein "Partnerersatz". Die Grenzen und Rollenverteilung zwischen der Mutter und Harald sind nicht klar definiert. Wenn Harald nicht in die Schule geht, reagiert die Mutter mit Krankheit (Migräne), was bei Harald wieder zu Schuldgefühlen und Angst führt. Harald ist auch verunsichert, weil die Mutter zwischen Liebe und Ablehnung schwankt.

Harald hat wirklich "Angst", er kann sich sein Anderssein nicht erklären. Im SET ergänzt er: "Ich möchte wissen, ob ... andere Leute auch so Probleme haben wie ich!"

Angst im WARTEGG-Test

Im Wartegg-Test (projektives Verfahren), bei dem "neutrale Zeichen" ergänzt werden sollen, entstehen folgende Zeichnungen:

Der Punkt dreht sich rundherum.

Dieses Haus wird das nächste Opfer sein.

Gleich haben sie mich. (Die Welt lebt nicht ohne Angst!)

Bei einer derartig massiven Schulverweigerung sind Strafmaßnahmen meist sinnlos und Beratung nicht ausreichend. Hier bedarf es einer Psychotherapie unter Mitarbeit der Familie und der Schule.

In unserem Fallbeispiel war die Mutter nicht zu einer Therapie bereit, und Harald wurde in Fürsorgeerziehung übernommen.

1.12.3.3 Was tun?

Handlungsanweisungen für das gehemmte Kind

- Gehemmte und ängstliche Kinder als "hilflose Kinder" brauchen **gezielte Hilfen zur Bewältigung von Aufgaben**, die ihr mangelhaftes Selbstvertrauen aufbauen. Die Lehrerin/der Lehrer kann mit Hilfe von Regel- und Instruktionskarten dem Kind bei einer "Strategienbildung von Lösungsschritten" helfen.

  Instruktionen für Lösungsschritte bei Aufgaben

  "Regel- und Instruktionskarten" für das Training mit sozial unsicheren Kindern:
  "Die Regelkarten können sowohl im Einzel- als auch im Gruppentraining eingesetzt werden; sie sollten jedoch zunehmend auf schwierige Situationen bezogen werden. Die Inhalte der Karten werden auf bunten Karton geschrie-

ben und gut sichtbar vor dem Kind aufgestellt. Einige dieser durch gut einprägsame Symbole dargestellten Regeln können ebenso als Selbstinstruktionen dienen. Solche Selbstinstruktionen geben gezielte Hilfen zur Aufgabenbewältigung und Strategienbildung. Unter dem Begriff "Strategienbildung" wird eine Ordnung von allgemein gültigen Lösungsschritten verstanden. Die für eine allgemeine Strategie notwendigen Schritte werden durch lustige Figuren verdeutlicht. Die nachfolgenden Regeln beziehen sich auf fünf Bereiche:

1. das Sprachverhalten,
2. das Rückzugsverhalten,
3. das Erbitten von Hilfe,
4. die Aufgabenbewältigung und
5. allgemeine Schritte der Strategienbildung." (*Petermann*, 1986, S. 165f.)

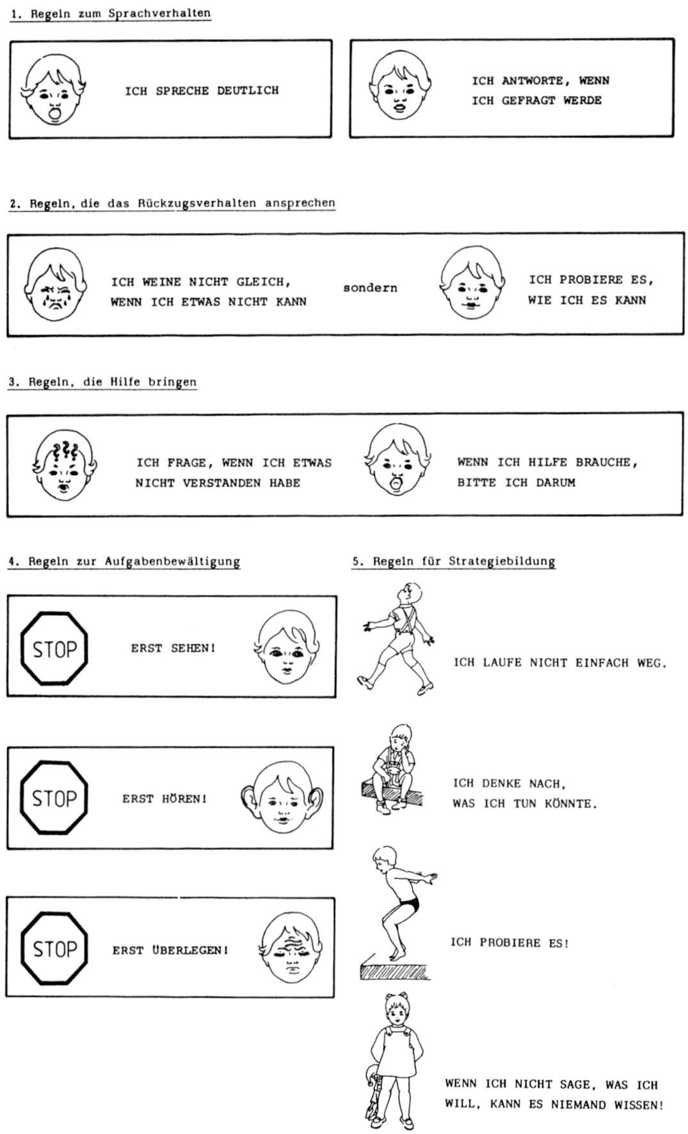

- Gehemmte und ängstliche Kinder brauchen nach der "Sicherheitssignal-Hypothese" *(Seligmann*, 1986, S. 107ff.) einen **transparenten**, kontrollierbaren und vorhersagbaren **Unterricht**, der eine angstreduzierende Wirkung hat.
  Sorgen Sie für ein **"angstfreies Klima"** in Ihrer Klasse! Hier einige Vorschläge:

  Transparenz des Unterrichtsaufbaues und der Unterrichts- und Prüfungsziele:
  Bei mündlichen Prüfungen und schriftlichen informellen Tests ist es günstig, die **Prüfungsanforderungen** detailliert **bekanntzugeben**.

  Transparenz der Leistung:
  Wie und warum komme ich zu welcher Note, bzw. wie kann ich die Note verbessern? Häufig herrscht vor der Zeugnisverteilung noch das "große Geheimnis" um die Note – pädagogisch gesehen der reinste Unfug! **Weniger punktuelle Prüfungen und Leistungsfeststellungen**, sondern Beobachtung und Bewertung der ständigen Mitarbeit (Überprüfung der Fortschritte). Viele LehrerInnen führen fast als zwangsneurotisches Leistungsritual die wöchentliche Gedächtnisübung, das Diktat oder das sogenannte "Rechtschreibfrühstück" durch, weil sie glauben, daß ohne diese Maßnahmen die Kinder nicht schreiben und lesen lernen. Ich kann den Zweiflern versichern: Kinder wollen lesen und schreiben lernen! Diese unausrottbaren Bräuche an unseren Grundschulen belasten nicht nur das Kind, sondern die ganze Familie.

  Bevorzugen Sie **"kooperative Arbeitsformen"**! In der Partnerarbeit wird sich das gehemmte Kind, das nicht gern vor der Klasse spricht, vertrauten Lernpartnern gegenüber leichter äußern. In der **Gruppenarbeit** ist das gehemmte Kind den schulischen Anforderungen nicht allein ausgesetzt und erhält Hilfe in der Gruppe.

Angstfreies Klima in der Klasse durch Transparenz der Maßnahmen

- Wenn Sie den Eindruck haben, daß ein Kind besonders große Ängste hat oder ängstliches Verhalten zeigt, teilen Sie den Eltern Ihre **Beobachtungen im Unterricht** mit, damit sie eventuell mit einem Arzt in Verbindung treten können (z. B.: nervöse Kopfschmerzen, Erbrechen, häufiger Durchfall). Achten Sie, was dem Symptom vorausgeht, z. B.: Gedächtnisübung – Erbrechen!

Symptomorientierte Beobachtung im Unterricht

- **Thematisieren Sie** "allgemeine" und "schulbezogene" **Angst** im Unterricht (falls Sie davor keine "Angst" haben)! Sie erhalten dadurch einerseits Einsicht in die Ängste Ihrer SchülerInnen und können andererseits helfen in der Be- und Verarbeitung von Angst.
  Einige Beispiele:
  Aufsatzthemen: Davor hatte ich aber große Angst! Was macht dir Angst?
  Reizgeschichten: Der Beginn einer Geschichte wird vorgegeben, die Kinder sollen ihn mündlich oder schriftlich ergänzen.

Thematisieren von Angst im Unterricht

- Nehmen Sie bewußt Einfluß auf das Selbstwertgefühl Ihrer Schülerinnen und Schüler! Hier zwei Beispiele als **Strategien zur Erhöhung des Selbstwertgefühls**:

Strategien zur Erhöhung des Selbstwertgefühls

Mein Personalausweis:

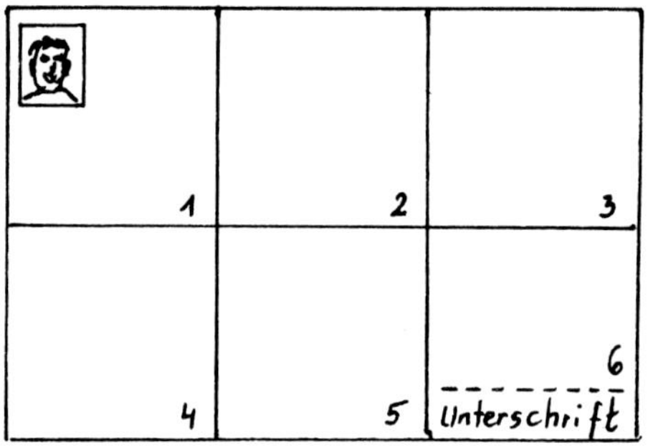

Die Kinder erhalten ein "Formular" ("Personalausweis"), in das sie ein Bild von sich einkleben oder ein Selbstporträt zeichnen. Dann sollen sie zu den folgenden sechs Fragen (Frage 1 = 1. Kästchen usw.) Stellung nehmen, indem sie in das jeweilige Kästchen etwas zeichnen oder schreiben. Die Ausweise können nachher untereinander ausgetauscht (Prinzip der Freiwilligkeit beachten!) oder als "Ausstellung" an einer Wandtafel gestaltet werden.

Fragen:

1. Was ist deine bisher größte Leistung, auf die du besonders stolz bist?
2. In welchen drei Sachen bist du gut?
3. Was können andere Leute machen, damit du glücklich bist? (eine Sache)
4. Was versuchst du unbedingt zu erreichen? (eine Sache)
5. Wovor hast du Angst?
6. Was möchtest du, daß in deinem Leben anders ist?

Der "Ich-bin-stolz-Rundblitz":

Dieses Spiel soll dem Kind die Strategie "Ich bin liebenswert und fähig" vermitteln.

"Stolz" kann als ein "Gespür" für den eigenen Selbstwert definiert werden: Stolz sein heißt, etwas in unserem Leben schätzen. Je mehr Dinge wir in unserem Leben annehmen können, desto stärker haben wir ein Gefühl der "Selbstbejahung". Der "Ich-bin-stolz-Rundblitz" trainiert diese Fähigkeit systematisch.

Durchführung:
Der Lehrer bittet die Kinder (Sesselkreis), eine Minute lang darüber nachzudenken, worauf sie stolz sind. Dann fragt der Lehrer blitzartig die Runde ab, wobei er jeden auffordert, etwas zu sagen. Jeder hat aber die Möglichkeit zu passen.

Übungseffekt:
Sie werden merken, daß Ihre Kinder immer "stolzer" werden, je öfter Sie dieses Spiel durchführen.

Möglichkeit:
Jede Woche ein kurzer "Ich-bin-stolz-Rundblitz" mit der Frage: "In dieser Woche war ich stolz darauf, daß ...".

- In dem Buch von *Oskar Spiel* (1947/1979) "Am Schaltbrett der Erziehung" werden die **gruppenpädagogischen, einzeltherapeutischen und familientherapeutischen Funktionen und Interventionsmöglichkeiten der LehrerInnen** dargestellt.

  Die folgende Systematik soll aus der Sicht der Individualpsychologie diese Funktionen und Interventionen auf der Ebene Klasse – Kind – LehrerIn aufzeigen. Eine Pflichtlektüre für engagierte Lehrerinnen und Lehrer!

Das System einer "individualpsychologischen Pädagogik" nach O. Spiel (1979) im Überblick:

Individual-psychologische Gesichtspunkte zum Umgang mit "schwierigen" Kindern

KLASSENEBENE	KINDEBENE	LEHREREBENE
Klasse als: Erlebnisgemeinschaft	Verstehen des Lebensstils und Erforschung des "Fluchtpunktes" Was will das Kind mit seinem Verhalten erreichen?	Lehrer als *"Beobachter"* und *"Deuter"*
Aussprachegemeinschaft	"Wohlwollende" Hilfeleistung	Lehrer als *"Kontaktsucher"*
Arbeits- und Hilfsgemeinschaft	Befreiung vom "Irrtum"	Lehrer als *"Entlaster"*
	ENTHÜLLUNG DES FEHLERS IN DER LEBENSPLANUNG ALS ANLEITUNG ZUR "SELBSTDURCHSCHAUUNG"	Lehrer als *"Enthüller"* = "Kernstück" der individualpsychologischen Pädagogik
Verwaltungsgemeinschaft	Planmäßige Aktivierung der durch die Enthüllung entbundenen positiven Kräfte	Lehrer als *"Trainer"*
	Schaffung von planmäßigen Situationen, die ein Erfolgserlebnis wahrscheinlich machen	Lehrer als *"Regisseur"*

"Lustvolle Teilnahme"

- Schaffen Sie **lustvolle Teilnahmemöglichkeiten** für das gehemmte Kind! Zu erwähnen wären: Musizieren mit Orff-Instrumenten, Mal- und Bewegungsspiele, Rollenspiele, Pantomime und Tanz.

Professionelle Hilfe in Anspruch nehmen

- Auch gehemmte Kinder sind in ihrem Verhalten "auffällig", obwohl sie aus der Sicht der Lehrperson oft so "brav" sind. Bei Anzeichen von übertriebener sozialer Angst, Ängstlichkeit und Schulangst sollten Sie **professionelle Hilfe in Anspruch nehmen**: Schulpsychologe, Beratungslehrer, Therapieeinrichtungen etc.

Arbeitsaufträge

- *Welche Verhaltensweisen von Petra weisen auf ein sozial unsicheres Verhalten hin?*
  Welche Informationen würden Sie noch brauchen, um die Gründe für Petras unsicheres Verhalten zu erfahren?

- *Welche Zusammenhänge könnten zwischen Günters Ängsten und seiner Familiensituation bestehen?*
  Stellen Sie Hypothesen auf!

- *Welche Verhaltensweisen von Günter weisen auf ängstliche Züge hin (siehe Bericht der Klassenlehrerin)?*

- *Was fällt Ihnen an der Schriftprobe von Günter (formal und inhaltlich) auf?*

- *Günter ist weder Legastheniker noch hat er Teilleistungsschwächen. Trotzdem hat er eine verheerende Rechtschreibung und schreibt nie Aufsätze "zum Thema".*
  "Angst kann dumm machen!" Belegen Sie diese Aussage anhand der Informationen, die Sie über Günter haben!

- *Versuchen Sie, anhand des schulpsychologischen Gutachtens die Gründe für Günters Angst herauszufinden!*

- *Was fällt Ihnen am Verhalten von Haralds Mutter auf?*

Literatur

Argyle, M.: Soziale Interaktion. Köln 1972

Berger, E.: Schulprobleme (Ursachen und Vorschläge zur Bewältigung. Ratgeber für Eltern, Lehrer und Schüler). Stuttgart 1989

Bono de, E.: Kinderlogik löst Probleme (Reihe: Psychoanalyse – Psychologie – Pädagogik in Praxis und Theorie). München o. J.

Kiphard, E. J.: Mototherapie. Teil II: Psychomotorische Entwicklungsförderung. Bd 3. Dortmund 1986[2]

Petermann, U.: Training mit sozial unsicheren Kindern (Einzeltraining, Kindergruppen, Elternberatung). München-Weinheim 1986[2]

Seligmann, M. E. P.: Erlernte Hilflosigkeit. München 1986[3]

Spiel, O.: Am Schaltbrett der Erziehung. Bern-Stuttgart-Wien 1979

1.12.4 Das Kind mit neurotischen und psychosomatischen Symptomen

1.12.4.1 Grundinformation

Keine organische Grundlage

Neurosen bzw. neurotische Störungen sind **Störungen im Verhalten** (z. B. Aggression, Hemmung etc.) **oder Störungen in der Organfunktion** (z. B. Bettnässen, Stottern) **ohne nachweisbare organische Grundlage**, die aber auf eine seelische Fehlhaltung und dadurch bedingte Konflikte zurückgehen.

Eine Neurose wird dann angenommen, wenn der Leidenszustand beim Kind oder Jugendlichen auffällt und/oder eine Verhaltensstörung solche Ausmaße zeigt, daß sie auch für den Laien als "krankhaft" erscheint und nicht nur als einfache Erziehungsschwierigkeit.

Häufigkeit

Die Grenzen und Übergänge zum Normalverhalten sind fließend, und daher sollte man **nur bei schweren Störungen von Neurosen sprechen**. Demnach bewegen sich die Schätzungen über die Häufigkeit von Neurosen je nach Grenzziehung und Benennung zwischen 5 % und 55 % der Bevölkerung (vgl. *Meinertz u. a.*, 1987, S. 70)

Konversion

Bei **neurotischen Störungen** kann eine seelische Empfindung in eine körperliche umgewandelt werden (**"Konversion"**). Das Kind klagt über körperliche Beschwerden, ohne daß organische Ursachen gefunden werden.

Psychosomatosen

"Psychosomatosen" bzw. psychosomatische Symptome sind – im Gegensatz zur "Konversion" – **Neurosen mit körperlichen Störungen im Sinne einer organischen Krankheit**. Beispiele: Kopfschmerzen/Migräne, Schweißausbrüche, Tremor, Magengeschwüre, Verstopfung, Darmerkrankungen, Durchfall, Hautkrankheiten, Bronchialasthma usw.

Neurosen: allgemein

Ganz allgemein kann man **Neurosen** als einen unbewußten Widerstand ("Verdrängung von Konflikten") und **neurotische Symptome** als Äußerungen von psychodynamischen Konflikten verstehen, die durch Umwelt- und Erziehungseinflüsse provoziert werden.

Situation neurotischer Kinder

Zur Situation von Kindern mit neurotischen und psychosomatischen Störungen

Das Kind besitzt ein **"Bewußtsein"** (1) für seine Störung, kann sich aber die **Ursachen** (2) für sein auffälliges **Verhalten** (3) **nicht erklären**. Seine **Handlungen** sind **nicht ausreichend kontrolliert** (4) und erzeugen einen permanenten **Leidensdruck** (5).

Abgrenzung zu anderen seelischen Erscheinungsformen

Abgrenzung von Neurosen und Psychosomatosen zu anderen seelischen Erscheinungsformen

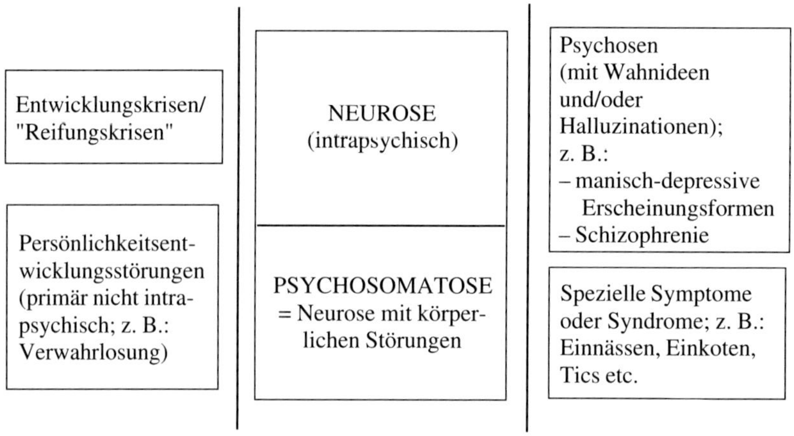

Nähere Informationen zur Frage der Abgrenzung finden sich bei *Berger,* 1980, S. 27ff., und *Hartmann,* 1986, S. 1ff.

Ursachen von Neurosen

Zur Ursache von Neurosen

Aus der Fülle von Erklärungsmodellen zur Entstehung von Neurosen werden im folgenden zwei "tiefenpsychologische" Modelle *(Freud, Adler)* und ein "psycho-organisches" Modell *(Lempp)* herausgegriffen, da diese Modelle für den schulischen Alltag relevant und hilfreich sein können.

Tiefenpsychologisches Modell nach *Freud*

Das tiefenpsychologische Modell von *Sigmund Freud*

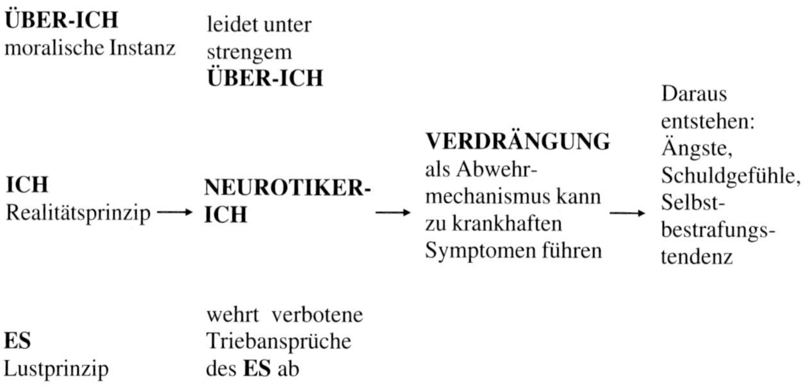

Die Persönlichkeitstheorie von *Freud* basiert auf einem **dreistufigen Schichtenmodell** (Über-Ich, Ich, Es). Das Es ist mit seinen Triebansprüchen mit dem erziehungsabhängigen Über-Ich konfrontiert. Das Ich, als Schicht des Bewußten, entscheidet über den Ausgang dieser Konfrontation, indem es Triebwünsche zuläßt oder verdrängt. Die verdrängten Triebwünsche existieren im "Unbewußten" weiter und können zu "Sublimierungen" (im positiven und negativen Sinn) und zu *"Neurosen"* führen. Nach *Freud* sind die Leistungen menschlicher Kultur das Produkt der Sublimierung sexueller Triebwünsche.

Sublimierung und Neurose

Das individualpsychologische Modell von *Alfred Adler*

Individualpsychologisches Modell nach *Adler*

OBEN	Nützliche Seite	Unnützliche Seite
	VERVOLLKOMMNUNG ALS ÜBERLEGENHEIT	NEUROTISCHE, UNREALISTISCHE ZIELE
	Kompensation bzw. **Überkompensation** im positiven Sinne als Ausgleich des Minderwertigkeitsgefühls	**Fehlkompensation** als "Fiktion von Stärke und Überlegenheit"
	↑	↑
	GEMEINSCHAFTS-GEFÜHL	EGOZENTRISMUS aus sozialer (Versagens-)Angst
	|	|
	Leitlinie	Fiktive Leitlinie als fehlerhafte Verarbeitung
	|	|
UNTEN	MINDERWERTIGKEITSGEFÜHL (Organminderwertigkeitsgefühl, verzärtelte oder gehaßte Kinder)	

Für *Adler* steht im Gegensatz zu *Freud* nicht der Geschlechtstrieb, sondern eine **krankhafte Steigerung des Minderwertigkeitsgefühls** im Zentrum seiner Neurosenlehre. Das Minderwertigkeitsgefühl ist nicht krankhaft, sondern ein Anreiz zu höheren Leistungen. Nur **die fehlerhafte Verarbeitung des Minderwertigkeitsgefühls** führt zur **Neurose**.

Fehlkompensation führt zur Neurose

Wenn nun ein Kompensationsversuch scheitert ("Fehlkompensation"), wird das Minderwertigkeitsgefühl nie wirklich ausgeglichen. Das neurotische Kind mit seiner Angst, *unten* zu sein, ist ein entmutigtes Wesen, das mit verfehlten Mitteln seine Position sichern will.

Als *pädagogisches Ziel* sieht *Adler* die **Stärkung des Gemeinschaftsgefühls** und den **Abbau des Minderwertigkeitsgefühls durch "Ermutigung"**.

Psychische Abwehrmechanismen

Die Tiefenpsychologie geht von der Annahme aus, daß Kinder/Jugendliche/Erwachsene "psychische Abwehrmechanismen" bzw. "Sicherungen" zur Bearbeitung von Konflikten einsetzen. Ein erfolgreich "abgewehrter Konflikt" kann zu einem späteren Zeitpunkt wieder an die Oberfläche drängen.

Die Kenntnis der wichtigsten Abwehrmechanismen und Sicherungen sollte zum "tiefenpsychologischen Grundrepertoire" von LehrerInnen gehören. Hier einige Beispiele:

Verdrängung

VERDRÄNGUNG:
Verdrängte Triebansprüche gelangen in "getarnter Form" zur Befriedigung.

Regression und Fixierung

REGRESSION und FIXIERUNG:
Die beiden Begriffe weisen auf das infantile Moment vieler Neurosen hin. Bei der *Regression* fällt das Kind auf eine frühere (bereits erreichte) Entwicklungsstufe zurück (z. B. bei der Geburt eines Geschwisterchens näßt das Kind wieder ein). Bei der *Fixierung* (auch Retardierung) bleibt das Kind in einer Entwicklungsphase stecken (z. B. orale Fixierung: das Moment des Genießens und Habens steht im Vordergrund – beim Lernen muß man aber "geben" können).

Projektion

PROJEKTION:
Das Kind, das bestimmte Triebe (z. B. Aggression) verdrängt, sucht diese in der Mitwelt und bekämpft sie dort. Es projiziert sein Innenleben gleichsam auf andere Menschen wie ein Diaprojektor das Dia an die Wand.

Über- oder Fehlkompensation

ÜBERKOMPENSATION oder FEHLKOMPENSATION:
Ein Minderwertigkeitsgefühl wird durch ein übertriebenes Verhalten ausgeglichen (z. B. durch Überheblichkeit, Kritiksucht, Herabsetzung anderer, Macht- und Geltungssucht, Roheit).

Gefühlsambivalenz

AMBIVALENZ DER GEFÜHLE:
Gegensätzliche Gefühle (z. B. Liebe/Haß) können einer Person gegenüber in raschem Wandel wirksam werden. Ein neurotisches Kind, das zur Lehrerin eben "Ich hab dich gern!" gesagt hat, sagt in der nächsten Minute "Ich hasse dich!" Manche LehrerInnen ertragen die Ablehnung ihrer Person durch ein (neurotisches) Kind sehr schwer und reagieren persönlich beleidigt, weil sie in ihren eigenen Gefühlen dem Kind gegenüber Ambivalenzen ausgesetzt sind.

Wiederholungszwang

WIEDERHOLUNGSZWANG:
Neurotische Kinder lavieren sich wie in "geheimer Regie" immer wieder in die gleichen Versagenssituationen. So beschwören sie z. B. Strafsituationen herauf, deren Ausgang sie zu kennen scheinen. Sie scheinen unfähig zu sein, aus Schaden klug zu werden.

Übertragung und Gegenübertragung

ÜBERTRAGUNG und GEGENÜBERTRAGUNG:
Im Sinne einer unbewußten "Personenverwechslung" wird *ein Bild aus der Kindheit* (Vater oder Mutter) *auf eine andere Person* (z. B. LehrerIn oder TherapeutIn) *übertragen.* Durchschaut die Lehrperson die "Übertragung" nicht, so läßt sie sich leicht in eine *"Gegenübertragung"* verstricken, d. h. sie reagiert so, als wäre sie mit dem Bild persönlich gemeint.

Schuldgefühl und Selbstbestrafung

SCHULDGEFÜHL und SELBSTBESTRAFUNG:
Schuldgefühle, die verdrängt worden sind, finden insgeheim unbewußte Selbstbestrafung, die von einer Über-Ich-Angst vorübergehend befreit. Beispiel: Der Mörder, der am Tatort sein Feuerzeug mit Monogramm "vergißt".

AUTOAGGRESSION:
Aggressionen, die nicht ausgelebt werden dürfen, wenden sich gegen die eigene Person. Die Palette reicht von der Selbstbestrafungstendenz (s. o.) über Formen der Selbstschädigung bis zum Suizid.

Autoaggression

Das psycho-organische Modell von *Reinhart Lempp*

Psycho-organisches Modell nach *Lempp*

Das Modell von *Lempp* (1978), das die Ursachen von Neurosen verdeutlichen soll, geht von der Annahme aus, daß eine *"leichte frühkindliche Hirnschädigung"* (Psychoorganisches Syndrom – POS) quasi als *"Neuroseboden"* für die Entwicklung einer Neurose fungiert.

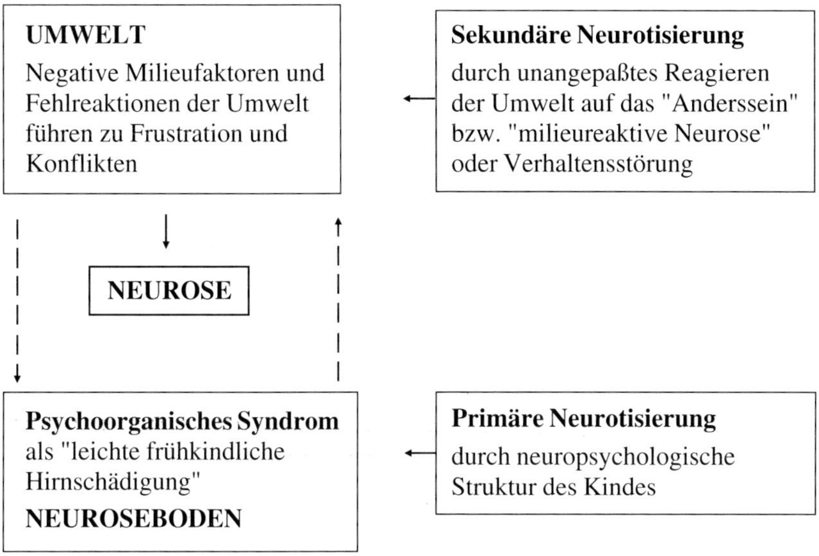

Psycho-organisches Modell, dargestellt als "Teufelskreis" zwischen POS und Umwelt

Nach dieser Theorie führt eine leichte frühkindliche Hirnschädigung durch eine qualitative Veränderung der Erlebnisform und Erlebnisverarbeitung zu typischen psychopathologischen Symptomen wie Reizüberempfindlichkeit (mangelnde Reizabschirmung und Reizdifferenzierung), zu erhöhter motorischer Unruhe und Aktivität, zu einer affektiven Labilität und zu einer Störung der Antriebsfunktionen (siehe dazu auch Abschnitt 1.12.1: *"Das unruhige Kind")*. Diese *Grundstörungen*, die das Kind seine Umwelt "anders" erleben lassen, führen zum psychopathologischen Bild des *"frühkindlich exogenen Psychosyndroms"* (Psychoorganisches Syndrom – POS) und erhöhen die Neurosegefährdung beim Kind *("Primärneurose")*. Wenn die Umwelt auf das "Anderssein" dieser Kinder unangepaßt reagiert und eventuell noch negative Milieufaktoren dazukommen, spricht *Lempp* (1978, vgl. S. 67) von einer *"sekundären Neurotisierung"* (siehe dazu auch Abschnitt 1.1.1: *"Der Teufelskreis von Lernstörung und Verhaltensstörung")*.

Grundstörungen erhöhen Neurosegefährdung

"Primärneurose"

Sekundärneurose bei unangepaßten Umweltreaktionen

Zusammenfassung und Gegenüberstellung

Freud	*Adler*	*Lempp*
Verdrängte Triebwünsche unter Annahme einer strengen Über-Ich-Instanz führen zur Neurose.	Fehlerhafte Verarbeitung ("Fehlkompensation") des "Minderwertigkeitsgefühls" führen zur Neurose.	Neuropsychologische und psychopathologische Struktur des Kindes führen zur "Primärneurose" und unter Umweltreaktion zur "Sekundärneurose".

1.12.4.2 Fallbeispiele

Aus der Vielzahl von neurotischen und psychosomatischen Symptomen seien im folgenden zwei Beispiele exemplarisch herausgegriffen.

Fallbeispiel Peter: neurotische Lernhemmung

Peter – ein Jugendlicher mit einer "neurotischen Lernhemmung"

Neurotische Lernhemmungen entstehen weder durch einen Intelligenzmangel (Abgrenzung zur Lernbehinderung) noch aufgrund von Lernstörungen (TLS, MCD usw.) oder Lernverwahrlosung, sondern es handelt sich hierbei um einen **"neurotischen Konflikt", der die Lernfähigkeit und Lernbereitschaft "hemmt"**.

Erklärung der neurotischen Lernhemmung

Eine neurotische Lernhemmung kann folgendermaßen erklärt werden (vgl. *Berger,* 1980, S. 29):

- Die Abwehr des ins Bewußtsein dringenden neurotischen Konfliktes verbraucht psychische Energie, die bei der Erbringung intellektueller Leistungen fehlt.
- Die Verweigerung der Lernleistung ist Ausdruck des neurotischen Strafbedürfnisses. Das Kind lernt nicht, um bestraft zu werden bzw. um jemanden zu bestrafen.

Peter wurde dem Schulpsychologen in der 2. Klasse Hauptschule wegen extremer Lernschwierigkeiten und aggressivem Verhalten vorgestellt. Da er die 2. Klasse bereits wiederholte, bestand die Gefahr, daß er noch einmal sitzenblieb. Es war abzuklären, ob Peter *sonderschulbedürftig* war oder ob andere Gründe für sein Lernversagen ausschlaggebend waren.

Diese Frage läßt sich durch das *schulpsychologische Gutachten* (Intelligenzüberprüfung, Schulleistungsüberprüfung, projektive Verfahren) beantworten.

STADTSCHULRAT FÜR WIEN

Schulpsychologische Beratungsstelle für allgemeinbildende Pflichtschulen

(Name), geb. 5. 10. 1966 LA 12;11[1)]

Schüler der 2/II. Kl. HS[2)]

wohnh.: 1020 Wien

Ergebnis der schulpsychologischen Untersuchung vom 22. 9. 1979

Vorstellungsgrund: Lernschwierigkeiten

Vorbefund: Universitätskinderklinik vom 4. 6. 1975: Neuropathischer[3)] Bub mit knapper Intelligenz, instabile Affekte und Emotionen, Frustrationstoleranz. Pädagogische Maßnahmen empfohlen, Therapie vorläufig unangebracht.

Schullaufbahn: 1. - 4.Kl. VS; 1/II.,2/II.,2/II.Kl. HS

Anamnest. Auffälligkeiten: Auffälligkeiten bei der Geburt (Asphyxie[4)] nicht auszuschließen). Verzögerte frühkindliche Entwicklung. Geschwür am Hals (mit 4 J.), Mandeln (mit 5 J.) operiert. - Ungünstige Milieueinflüsse.

Testergebnis: Unterdurchschnittliche Begabung (HAWIKÖ-IQ 92)[5)] mit Schwerpunkt der Schwächen im schulisch-relevanten verbal-theoretischen Intelligenzbereich (Verbal-IQ 89)[6)], während die praktische Intelligenz etwa an die Altersnorm heranreicht (Handlungs-IQ 99)[6)]. Merkliche Rückstände im Rechendenken, im Urteilsvermögen und in der verbalen Begriffsbildung und im Erfassen logischer Abläufe. Gutes Zahlengedächtnis und gute kritische Beobachtungsgabe.

Diagnost. Leistungsprüfung: Flotter, ziemlich sicherer Lesefluß bei gutem Inhaltsverständnis. Zufriedenstellende Rechtschreibung (nur leichte Unsicherheiten in der akustischen Differenzierung). Eher mäßige Rechenfertigkeit.

Dominanzprobe: Labilität durch Dominanzkreuzung (Schreibhand rechts, Auge links)[7)].

Projektive Verfahren (Baumtest[8)], Tierfamilie[9)], KAT[10)], Satzergänzung[11)]): Hinweise aus Sensibilität, Neigung zu affektiven Entladungen bei mühsamer Beherrschung, Lernschwierigkeiten, Regressionstendenz, Schulproblematik, sich vereinsamt und mißverstanden fühlen, erwachendes sexuelles Interesse, Realitätsflucht, Verbergungstendenz, erhöhte innere Angstbereitschaft.

Schulpsychologisches Gutachten

Diagnose und Empfehlung:

Die Schullaufbahn bis zur Hauptschule entspricht ungefähr dem Testergebnis: ein etwas knapp begabter Schüler, der mit günstigem Einschulungsalter und optimaler schulischer und außerschulischer Förderung so einigermaßen "mitschwimmt". Sein unreifes Verhalten erweckte in der Hauptschule zurecht den Eindruck, daß es sich um einen Sonderschulfall handeln könnte. Dies wird allerdings durch das vorliegende Testergebnis nicht bestätigt.

Es besteht der dringende Verdacht, daß es sich um eine schwere neurotische Intelligenzhemmung handelt, wodurch der Bub nicht befähigt ist, seine tatsächliche Basalbegabung auszuspielen. Er sperrt sich praktisch gegen Wissensaufnahme; auch die Annahme, daß er durch sein schlechtes Lernen sich oder seine Eltern "bestrafen" will, ist nicht von der Hand zu weisen. Aus diesem Grund scheinen alle zusätzlichen Bemühungen (Förderkurs u. dgl. - siehe Schülerstammblatt) in ihrer Effizienz eher fraglich.

Das Grundproblem wäre, P. aus seinen psychischen Schwierigkeiten herauszuhelfen, allerdings ist dazu fachmännische Hilfe unerläßlich. Es wird daher mit dem zuständigen Beratungslehrer Kontakt aufgenommen werden, damit er das Kind in Führung nimmt.

Den Kindeseltern wurde nahegelegt, die seinerzeit abgebrochene Therapie wieder aufzunehmen.

Schulpsychologe

Erklärungen zum schulpsychologischen Gutachten

1) LA 12;11 = Lebensalter zum Zeitpunkt der Testung (12 Jahre, 11 Monate)

2) 2. Klasse Hauptschule, 2. Klassenzug

3) Neuropathie = Funktionsanomalie des nervösen Apparates (vegetatives Nervensystem)

4) Asphyxie = Störung der Sauerstoffversorgung bei der Geburt (auch: perinatale Hirnschädigung)

5) HAWIKÖ-IQ 92 = Hamburg-Wechsler-Intelligenztest für Kinder (HAWIK) in der Version für Österreich (Ö); IQ 92 = Intelligenzquotient 92 (ø = 100)

6) Verbal-IQ = Verbalteil des Tests
Handlungs-IQ = Handlungsteil des Tests

7) Dominanzprobe: siehe: *"Das unruhige Kind: Fallbeispiel Martin: Grob- und feinmotorische Koordination"*

8) Baumtest: Das Kind soll einen Obst- bzw. Laubbaum zeichnen. Die Art der Darstellung läßt Rückschlüsse auf die Persönlichkeitsstruktur und den emotionalen Entwicklungsstand zu.

9) Tierfamilie (oder "Familie in Tieren" oder "Verzauberte Familie"): Das Kind soll seine Familie zeichnerisch in Tiere verzaubern. Die Zeichnung gibt Hinweise auf die Beziehungsstruktur innerhalb der Familie.

10) KAT = "Kinder-Apperzeptions-Test" von *Bellak:* Das Kind soll anhand vorgegebener Bildtafeln mit Tierbildern Geschichten erzählen, die seine Antriebe, Gefühle, Einstellungen und Konflikte aufzeigen.

11) Satzergänzung: Der SET (Satzergänzungstest) besteht aus angefangenen Sätzen, die ergänzt werden sollen und Einstellungen des Kindes zu verschiedenen Lebensbereichen zeigen.

Das *klinische Gutachten* (4. Klasse Volksschule) weist bereits auf neurotische Züge bei Peter hin (siehe markierte Stellen im Gutachten).

Klinisches Gutachten von Peter

Universitäts-Kinderklinik Wien

An die Öffentl. Volksschule ...

Peter N., geb. 66 10 05, wh. ...

Leptosomer, neuropathischer Bub mit knapp durchschnittlichen Intelligenzleistungen, der vor allem durch seine Frustrationsintoleranz, durch Mangel an Steuerung seiner Aktivität, durch Instabilität der Affekte und Emotionen auffällt.

Die Führung dieses Buben gestaltet sich sicher schwierig, da man einerseits ein hohes Maß an Geduld und Diplomatie aufwenden muß, auf der anderen Seite aber nicht in Nachgiebigkeit und Inkonsequenz verfallen darf. Der Bub muß genau erkennen, daß er die an ihn gestellten Anforderungen schließlich erfüllen muß, daß er den pädagogischen Druck nicht durch Zornausbrüche oder Konversion seiner dysphorischen Stimmung in somatische Symptome abzuwenden vermag, daß er schließlich doch fähig ist, die Forderungen zu erfüllen und daß ihm dies Erfolgserlebnisse bringt.

Wir haben versucht, die Kindesmutter in diesem Sinne zu beraten, ihr vor allem deutlich zu machen, daß in der häuslichen Erziehung alle "an einem Strang ziehen müssen", daß man schließlich dabei nicht die Geduld verlieren darf, da dauerhafte Erziehungserfolge sicher erst nach längerer Zeit zu erwarten sind.

Von einer die pädagogischen Maßnahmen unterstützenden medikamentösen Therapie wurde vorläufig Abstand genommen.

Schulpsychologisches Gutachten bestätigt den Verdacht

Das schulpsychologische Gutachten zeigt, daß es Peter nicht an der nötigen Intelligenz mangelt. Er hatte interessanterweise nur in den Lernfächern (GW, GS, BU) nicht genügende Leistungen, in den Hauptfächern war er positiv (D: 3, M: 3, E als Freigegenstand: 4).

Der Verdacht auf eine *"neurotische Lernhemmung"* (schulpsychologisches Gutachten: "schwere neurotische Intelligenzhemmung") stellt sich als *richtig* heraus.

Ursache: Lernverweigerung

Peter verweigerte gegenüber seinem Vater. Wie massiv der Haß auf seinen Vater war, zeigt die folgende spontane Zeichnung von Peter, die in einer Beratungsstunde entstand. Der Vater hatte zu Peter gesagt: "Wenn ich schulisch etwas Schlechtes höre, erschlage ich dich!"

Text: Wenn ich ihn (den Vater/Anm. d. Verf.) erwische, hau ich ihn krankenhausreif, die blöde Sau!!! Wenn der kein Messer in der Tasche hat, dann ist er auch feig. Das ist ein blödes Aasvieh. Ich könnte ihn treten, bis er liegenbleibt.
(Das Kreuz links bedeutet das Kreuz auf dem Grab des Vaters, rechts liegt der Vater – "Krampenfich" – im Grab.)

Der Beratungslehrer arbeitete mit Peter (einzeln) und mit den Eltern (Einzelgespräch und Elterngruppe). Peter konnte aus seiner neurotischen Verstrickung herausfinden und schloß die Hauptschule positiv ab.

Fallbeispiel Alexander: psychosomatische Beschwerden

Alexander – ein Jugendlicher mit psychosomatischen Beschwerden

Alexander besucht die 1. Klasse Hauptschule, 1. Klassenzug, und fällt den Lehrerinnen und Lehrern zu Beginn des Schuljahres sofort durch seine fahrige und hektische Arbeitsweise bei Aufgaben unter Zeitdruck auf.

Auffallend ist die *"psychologische Vorgeschichte"* von Alexander.

Mit sechs Jahren lassen die Eltern privat ein EEG machen, wobei sich aber keine Hinweise auf eine organische Komponente des Verhaltens ergeben. Es erfolgt eine Rückstellung vom Schulbesuch mit Überstellung in eine Vorschulklasse. Alexander wird von seinen Eltern zu einem Facharzt für Neurologie und Psychiatrie gebracht, der eine medikamentöse und psychotherapeutische Behandlung empfiehlt. Die Eltern machen von beiden Empfehlungen keinen Gebrauch.

"Psychologische Vorgeschichte"

Mit sieben Jahren wird Alexander vom Schulpsychologen getestet und an die Klinik weiterempfohlen. Die Eltern machen vom Therapieangebot der Klinik wieder keinen Gebrauch.

Mit neun Jahren wird Alexander wieder vom Schulpsychologen getestet, der eine "neurotische Fehlentwicklung durch überstrenge Erziehung seitens des Kindesvaters" feststellt. Die Eltern sind abermals zu keiner Mitarbeit bereit.

Erst zu Beginn der 1. Klasse Hauptschule, als Alexander bereits körperliche Störungen (Psychosomatose) aufweist, die dem Schularzt auffallen, sind die Eltern zumindest bereit, daß der Beratungslehrer mit dem Kind arbeiten "darf".

Fixierung einer Organneurose

Was sind nun die körperlichen Beschwerden von Alexander?

Psychosomatische Symptomatik

- Gelegentliches Stammeln bzw. Stottern,
- Schwitzen am ganzen Körper,
- auffallender Händetremor (Zittern) in Belastungssituationen,
- Kopfweh,
- Bauchschmerzen mit Erbrechen.

Die Eltern werden zu einem Gespräch mit dem Beratungslehrer in die Schule bestellt, es erscheint aber nur die Mutter. Die Mutter steht unter starkem Druck zwischen Alexander und ihrem Mann. Sie beschreibt sich selbst als "Mühlstein", der zwischen den beiden "aufgerieben" wird.

Gesprächsausschnitt

"Ich werde von Alexander ausgenützt! Sie müßten ihn wirklich kennen! Er ist ein Teufel! Er verstellt sich nur, er ist faul. Ich habe schon bald genug von ihm!" – "Manchmal möchte ich Selbstmord begehen, weil ich die Situation nicht mehr aushalte. Mein Mann ist sehr aggressiv und jähzornig. Ich kann mich aber nicht scheiden lassen, weil sonst mein Mann durchdreht!"

Was sagt Alexander zu seiner Situation?

Alexander berichtet in mehreren Gesprächen über die "Erziehungsmaßnahmen" seines Vaters.

"Einmal hat Papa meine Briefmarkensammlung zerrissen, weil ich eine Aufgabe vergessen habe. Ich mußte dreihundert Zapfenrechnungen rechnen und einen Tag im 'Gefängnis' (Abstellraum) verbringen. Manchmal denke ich, daß ich von zu Hause weglaufe. Als ich letzte Weihnachten Papa ein Geschenk gab, warf er es verpackt auf den Balkon hinaus und hat geschrien: 'Jeder soll wissen, daß mein Sohn ein Trottel ist!'

Als ich einmal eine Klingel basteln wollte, habe ich vom Abstellraum ein paar Drähte aus Papas Werkzeugkiste genommen. Ich mußte vierhundertmal schreiben: 'Ich soll die Sachen von meinem Vater in Ruhe lassen!'

Der Papa hat gesagt, wenn ich im Zeugnis einen Vierer habe, komme ich in ein Erziehungsheim."

In der Familie gibt es noch die zwölfjährige Schwester von Alexander, die eine AHS besucht und "keine Probleme macht".

"Zeichne deine Situation in der Familie!"

Alexander stellt seine *Situation in der Familie* in einer Zeichnung sehr treffend dar. Die Zeichnung schildert nicht nur seine Situation, sondern weist auch auf die Ursachen für sein Verhalten hin.

Alexander zeichnet sich selbst als Roboter, der von Vater, Mutter und Schwester mittels Fernsteuerung "bedient" wird.

Wörtliches Zitat von Alexander: "Ich bin in der Familie ein ferngesteuerter Roboter. Ich muß in eine Richtung fahren, kann aber nicht!"

Der Vater funkt: "Ich bin ein Musterschüler!", die Mutter: "Ich bin der bravste Bub von allen!", die Schwester: "Ich sekkiere niemanden!"

Familien-soziogramm

Alexander ist in der Familie sehr isoliert. Bei dem Auftrag "Verteile deine Familie auf dem Blatt. Jeder hat einen Kreis!" *("Familiensoziogramm")* entsteht folgendes Bild:

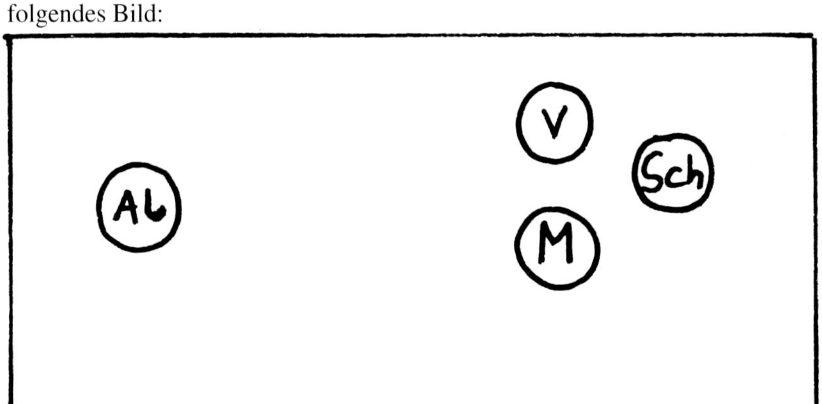

Beim Thema *"Verbessere deinen Körper!"* entsteht die folgende Zeichnung:

"Verbessere deinen Körper!"

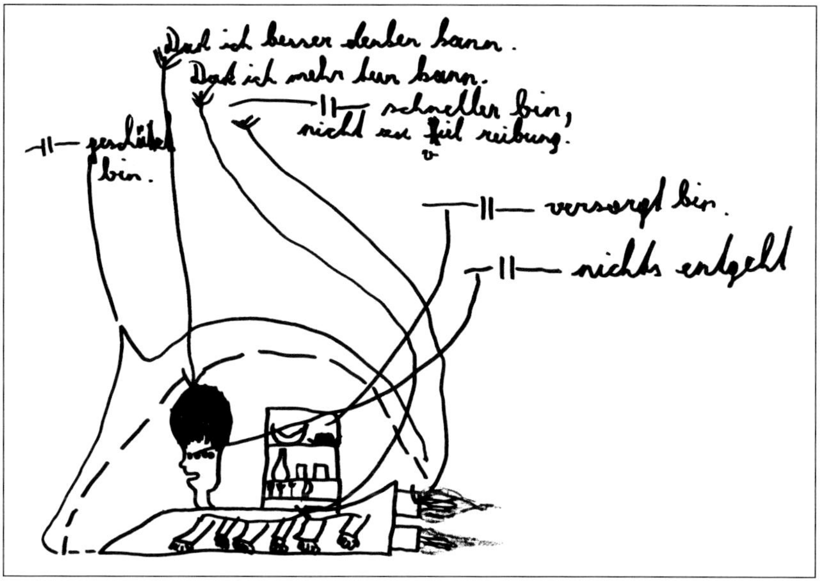

Alexander zeichnet sich als Rakete –
mit einem großen Kopf: damit ich besser denken kann,
mit vier Augen: damit mir nichts entgeht,
mit sechs Händen: damit ich mehr tun kann,
mit Düsenantrieb: damit ich schneller bin,
mit Luftkissen: damit ich nicht zuviel Reibung habe,
mit Kühlschrank und Essen: damit ich versorgt bin,
mit einer Schutzglocke aus Glas: damit ich geschützt bin.

Alexander als Symptomträger

Im Laufe der Betreuung durch den Beratungslehrer wird Alexander zunehmend ruhiger, ausgeglichener und selbstbewußter. Als die Eltern merken, daß "ihr Symptomträger" gesund zu werden droht, wollen sie die Betreuung unter einem Vorwand abbrechen.

Exkurs: Zur psychosomatischen Familienkonstellation

Exkurs: Psychosomatische Familienkonstellation und Rollentheorie

Nach der **"Rollentheorie"** von *H. E. Richter* (1970, vgl. S. 50ff.) beruhen Verhaltensstörungen nicht nur auf individuellen Defiziten des Kindes als "Patient".

Die **Familie** ist ein **homöostatisches System** mit eingebauten Kontrollen und Rollenzuschreibungen, welche die Familie "intakt" halten.

Die Symptomatik von Alexander (Psychosomatose) zeigt nur die ungelösten Konflikte eines Elternteils. Alexander wird gleichsam für eine bestimmte Rolle "gebraucht", und daher kommt es zu keiner Bearbeitung der pathogenen Ursachen.

Die folgende Skizze zeigt die psychosomatische Familienkonstellation in Alexanders Familie:

Psychosomatische Familienkonstellation

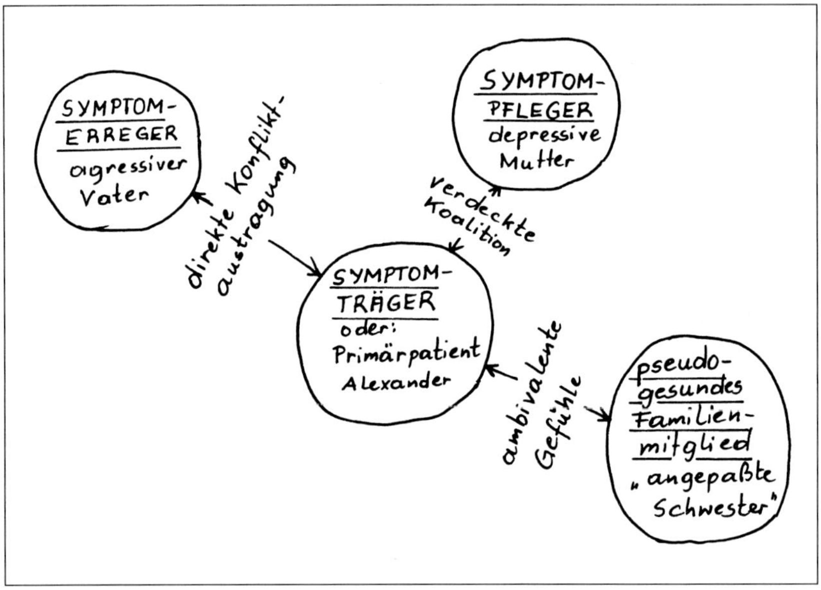

Der *Vater* ist durch seine offene Ablehnung *"Symptomerreger"* bei Alexander. Die Konfliktaustragung erfolgt direkt, d. h. der Vater straft – Alexander verweigert. Alexander: "Wenn sich die Familie ändern würde, würde ich ja lernen!" Die *Mutter* ist durch ihre unsichere Haltung und ambivalente Gefühlsbesetzung zwischen Alexander und ihrem Mann in einer verdeckten Koalition mit Alexander und erscheint zumindest als *"Symptompfleger"*. Alexanders *Schwester* als *"pseudogesundes Familienmitglied"* erfüllt die Anforderungen der Familie, "leidet" aber auch unter den Familienverhältnissen. *Alexander* als *"Symptomträger"* bzw. *"Primärpatient"* ist gleichsam der "Delegierte" der Familie, der von den unbewußten Problemen und Ängsten der Eltern ablenkt und diese als "gesund" erscheinen läßt.

Droht ein *"definierter Patient"* (Alexander) "gesund" zu werden, würde das Familiensystem "kippen", d. h. es wäre gezwungen, die Störungen bei sich zu suchen. Daher versucht das Familiensystem (Vater, Mutter, Schwester), den ursprünglichen Zustand wieder herzustellen und damit zu bewahren.

1.12.4.3 Was tun?

Handlungsanweisungen

Grundsätzlich gelten Angst und Strafandrohung als "Triebfeder" für Neurosen. "Angst macht dumm und krank!" könnte man vereinfacht sagen. Daher gelten sämtliche pädagogische Maßnahmen, die bei den Handlungsanweisungen für das "gehemmte Kind" angeführt worden sind, auch für das Kind mit neurotischen und psychosomatischen Symptomen.

Notwendigkeit von Therapie

– **Neurosen und Psychosomatosen** überschreiten häufig die "schulischen Kompetenzen" (Erziehung und Beratung) und **verlangen eine gezielte Therapie**, die in manchen Fällen durch somatische Behandlungsverfahren zu ergänzen ist. Als Möglichkeiten bieten sich **analytische Verfahren** (Psychoanalyse) an. Bei jüngeren Kindern bietet sich die **"Spieltherapie"** an, die vor allem mit Affektabfuhr im Spiel arbeitet, bei älteren Kindern Formen der **"Gesprächspsychotherapie"**. Als **kompensatorische Hilfen**, die jedoch häufig nur die Symptome behandeln, gelten die **"Verhaltenstherapie"** (Verhaltensmodifikation) und **"Suggestive Techniken"** (Entspannungstechniken). Bei Verdacht der Verursachung einer **Neurose durch eine früh-**

kindliche Hirnschädigung (Modell *Lempp*) kann ein **gezieltes Training** Abhilfe schaffen. Eine gezielte Behandlung von Teilleistungsschwächen dient der Vermeidung "sekundärer Neurotisierung", ist somit eine **Kausaltherapie**. Bei Störungen des Kindes, die durch das Interaktionssystem der Familie ausgelöst werden, eignen sich Verfahren der **"Familientherapie"**.

- Für alle sonderpädagogischen und therapeutischen Maßnahmen gelten folgende **Forderungen**:
  1) Jede Hilfe muß die pädagogische und soziale Kompetenz vorrangig bei der Klassenlehrerin/beim Klassenlehrer belassen.
  2) Jede Hilfe sollte "interpersonale Handlungsvermittlung" (*Mutzek*, 1984, S. 19ff.) anstreben, d. h. das Wissen und die Handlungskompetenz nicht nur auf den Experten konzentrieren, sondern die Bezugspersonen des Kindes (insbesondere die Lehrerin/den Lehrer) zum "Helfer" werden lassen.
  3) Jede Hilfe in Form von inner- und außerschulischer Kooperation erweitert die "sonderpädagogische Handlungskompetenz" des Regelschullehrers und ist damit "Hilfe zur Selbsthilfe".

Sonderpädagogische Maßnahmen als "Hilfen"

- Nützen Sie die Angebote der **Lehrerfortbildung** in Richtung Neurosenlehre, Gesprächsführung, Selbsterfahrung, Interaktionstraining, Lehrerverhaltenstraining. Erweitern Sie dadurch Ihr persönliches Handlungsrepertoire!

Erweiterung des persönlichen Handlungsrepertoires

- Als **unterstützende Maßnahmen im Unterricht** eignen sich folgende Verfahren: Verhaltenspädagogische Techniken, partnerzentrierte Gesprächsführung, soziales Lernen und Interaktionspädagogik, Rollenspiele, kunsttherapeutische Förderung, psychomotorisches Training und musiktherapeutische Interventionen.

Unterstützende Maßnahmen im Unterricht

Arbeitsaufträge

- *A. Adler (1976, S. 14 u. S. 90ff.) sieht als pädagogische Ziele bei Neurosen die "Stärkung des Gemeinschaftsgefühls" und die "Ermutigung". Wie können Sie diese beiden Ziele konkret im Unterricht verwirklichen? Welche pädagogischen Möglichkeiten stehen Ihnen zur Verfügung?*
- *Vergleichen Sie das individualpsychologische Modell von A. Adler mit dem System einer "individualpsychologischen Pädagogik" von O. Spiel! Wie versucht O. Spiel das Gemeinschaftsgefühl zu stärken und das Minderwertigkeitsgefühl zu beseitigen?*
- *Versuchen Sie, die Zeichnung von Alexander "Verbessere deinen Körper!" zu interpretieren!*
- *Zur psychosomatischen Familienkonstellation: Welche "pathologischen Ursachen" lassen sich in Alexanders Familie finden?*
- *Die Tatsache, daß nicht nur Kinder, sondern auch Lehrerinnen und Lehrer an Psychosomatosen leiden, hat Köppel (1983) in einer repräsentativen anonymen Fragebogenuntersuchung an 746 Wiener Pflichtschullehrerinnen und -lehrern untersucht. Er hat folgende psychosomatischen Beschwerden, die im Zusammenhang mit der Lehrertätigkeit erlebt werden, erhoben. Was könnten die Ursachen dieses "hohen Leidensdruckes" bei Lehrerinnen und Lehrern sein? Diskutieren Sie mögliche Ursachen und Möglichkeiten zur Verbesserung der Situation!*

Psychosomatische Beschwerden von Lehrerinnen und Lehrern im Zusammenhang mit ihrer Berufstätigkeit (Köppel 1983):

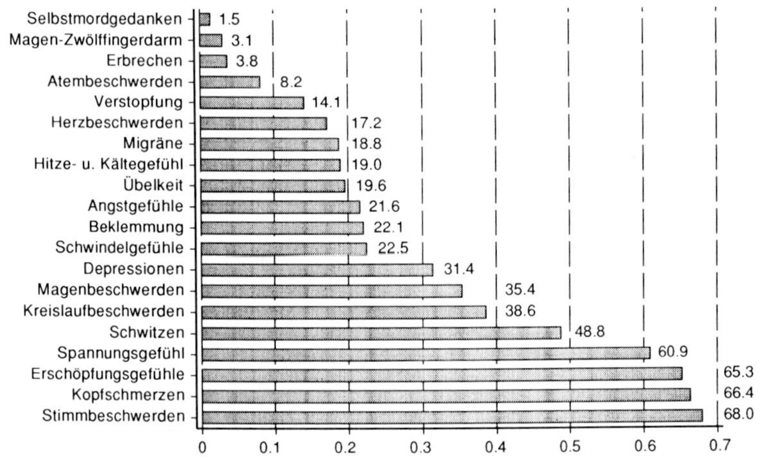

Literatur

Adler, A.: Individualpsychologie in der Schule (Vorlesungen für Lehrer und Erzieher). Frankfurt /M. 1976[3] (Original 1929)

Berger, E.: Einführung in die Neuropsychiatrie des Kindes- und Jugendalters. Studientexte zur Lehrerbildung und Lehrerfortbildung. Wien-München 1980

Dührssen, A.: Psychogene Erkrankungen bei Kindern und Jugendlichen (Eine Einführung in die allgemeine und spezielle Neurosenlehre). Göttingen 1971[8]

Freud, S.: Vorlesungen zur Einführung in die Psychoanalyse (Die Fehlleistungen, der Traum, allgemeine Neurosenlehre). Leipzig-Wien-Zürich 1922

Hartmann, K.: Heilpädagogische Psychiatrie in Stichworten (Eine Einführung für Studierende der Sonder- und Sozialpädagogik). Stuttgart 1986[2]

Köppel, K.: Untersuchung zur psychohygienischen Situation der Wiener Pflichtschullehrer. In: Schulheft 29/1983, S. 8-17

Lempp, R.: Frühkindliche Hirnschädigung und Neurose (Die Bedeutung eines frühkindlichen exogenen Psychosyndroms für die Entstehung kindlicher Neurosen und milieureaktiver Verhaltensstörungen). Bern-Stuttgart-Wien 1978[3]

Meinertz, F., Kausen, R., Klein, F.: Heilpädagogik (Eine Einführung in pädagogisches Sehen und Verstehen). Bad Heilbrunn/Obb. 1987[7]

Mutzek, W., Pallasch, W. (Hg.): Integration verhaltensgestörter Schüler (Praktische Modelle und Versuche). Weinheim-Basel 1984

Richter, H. E.: Patient Familie. Reinbek 1970

2. Das Kind mit Sehstörungen

Da die kindliche Entwicklung aus einem komplexen Ineinandergreifen von Reifen und Lernen besteht, läßt sich ermessen, wie groß die Bedeutung früher Lernerfahrungen und Umweltanregungen ist. Eine Sehschädigung kann dabei folgende **Einschränkungen** bewirken:

Auswirkungen

- eine verzögerte Bewegungsentwicklung (mangelnde Orientierungsfähigkeit im Raum, motorische Ungeschicklichkeit, motorische Auffälligkeiten usw.);

Bewegung

- eine beeinträchtigte sozial-emotionale Entwicklung (Berührungs-und Bewegungsängste, Isolierungs- und Minderwertigkeitsgefühle, Kontaktstörungen usw.);

Sozial-emotionaler Bereich

- eine beeinträchtigte kognitive Entwicklung (eingeschränktes Erfahrungslernen, falsche Begriffe und Vorstellungen, verzögerte intellektuelle Entwicklung usw.).

Kognition

Geht man davon aus, daß 80 bis 90 % der vom Menschen erfaßten Informationen über das Auge aufgenommen werden, ergeben sich gravierende Probleme für den Aufbau eines angemessenen Weltbildes.

2.1 Erfassung und Abgrenzung

Schweregrade

Wie auch bei anderen Behinderungsarten fällt eine klare Abgrenzung zwischen den verschiedenen Stufen und Schweregraden von Sehschädigungen relativ schwer. Wenn die Sehschärfe für die Ferne und/oder für die Nähe auf 1/3 bis 1/50 der Norm herabgesetzt ist (trotz optischer Sehhilfen wie Brillen), liegt eine **Sehbehinderung** vor. Bei einer Sehschärfe von unter 1/50 wird im allgemeinen von **Blindheit** gesprochen.

Messung des Sehvermögens

"Die häufig als Grenzwert angegebene Meßzahl 1/50 bedeutet zum Beispiel, daß jemand ein Sehzeichen aus einem Meter Entfernung erkennt, das normalerweise aus 50 Meter Entfernung zu sehen ist. Als Einschränkung muß bei der Verwendung dieses standardisierten, präzisen Meßverfahrens herausgestellt werden, daß es von den Augenärzten unter die subjektiven Verfahren gerechnet wird. Bei diesen muß der Proband selbst Angaben machen, die von seiner Motivation, Konzentration, Intelligenz und Seherfahrung abhängen und die deshalb von mal zu mal unterschiedlich ausfallen können." (*Rath*, 1977, S. 11)

Gelegentlich wird auch noch eine Zwischenstufe der "hochgradig Sehbehinderten" herausgehoben, die einen Visus (ein Sehvermögen) von 1/20 bis 1/50 der Norm aufweisen.

Sehen als komplexes Phänomen

Diese Angaben können jedoch jeweils nur eine grobe Orientierung über das Ausmaß einer Sehschädigung liefern, weil der **Sehvorgang** von einer Reihe von Funktionen beeinflußt wird. So können neben dem Auflösungsvermögen für die Nähe und für die Ferne auch das Gesichtsfeld, das Raum-, Bewegungs-, Farben-, Formen- oder Dämmerungssehen betroffen sein oder eine hohe Blendempfindlichkeit vorliegen.

Blind und praktisch blind

Selbst für das Nicht-sehen-Können, die scheinbar eindeutige Blindheit, reicht in der Praxis eine enge definitorische Bestimmung häufig nicht aus. Auch Personen, die noch ein geringes Restsehvermögen besitzen, gelten als **"praktisch" blind**, wenn sie sich in bestimmten Lebensbereichen wie Blinde verhalten müssen. Demgegenüber ist **"Farbenblindheit"** ein funktioneller Ausfall mit relativ geringen Folgen für eine selbständige Lebensbewältigung.

Was ein Kind sehen kann, ist jedoch nicht nur medizinisch meßbar, sondern wird durch **individuelle Faktoren** wie Erfahrungen, Intelligenz, Motivation usw. entscheidend mitbestimmt.

Häufigkeit

Das Fehlen einer einheitlichen und weltweit gültigen Definition erschwert auch Angaben über die Behinderungshäufigkeit und Vergleiche auf internationaler Ebene. Nach verschiedenen Expertenschätzungen liegt die Häufigkeit pädagogisch relevanter Sehschädigungen etwa bei 0,1 bis 0,3 % der Kinder im schulpflichtigen Alter, wobei der Anteil blinder Kinder mit 0,015 % als sehr gering anzusehen ist.

Da sehgeschädigte Kinder (insbesondere Kleinkinder) meist selbst nicht wissen, was Gut-sehen-Können bedeutet, wird ihre Behinderung – falls keine äußerlich sichtbaren Zeichen vorliegen – oft durch Zufall oder lange Zeit überhaupt nicht entdeckt. Es liegt somit meist an der Aufmerksamkeit und Beobachtungsfähigkeit der erwachsenen Bezugspersonen, ob schon früh in der Entwicklung Verhaltensweisen beobachtet werden, die auf eine Sehschädigung hindeuten.

Hinweise auf Sehschädigung

Beim Kind im Schulalter wären folgende **Verdachtsmomente** zu beachten:

- Äußerungen des Kindes über Sehbeschwerden, wie z. B. verschwommenes, unscharfes Sehen, Schwierigkeiten beim Sehen in die Ferne (Wandtafel);
- Kopfschmerzen oder schnelle Ermüdung bei Sehleistungen;
- Organauffälligkeiten wie Augenzittern, Augenrollen, Schielen;
- Blickauffälligkeiten wie scheinbares Vorbeisehen an einem fixierten Objekt;
- erfolgloses Sehverhalten mit Auswirkungen wie Anstoßen, Stolpern, Danebengreifen, Fehltritte bei Treppen;
- abweichendes Sehverhalten, z. B. "mit der Nase lesen", schiefe Kopfhaltung beim Sehen, Gebrauch nur eines Auges, Blinzeln;
- erhöhte Blendempfindlichkeit oder Wunsch nach mehr Licht;
- häufiges Augenreiben, Rötung oder Tränen der Augen;

Schulische Auffälligkeiten

- Auffälligkeiten in der Arbeitsweise;
- Lesen: stockendes Lesen, Probleme beim Erkennen von Einzelheiten ("Kleingedrucktes"), kein Überblick über großflächige Darstellungen;
- selbständiges Schreiben: extreme Schriftgröße, unregelmäßiges Schriftbild, Probleme nach Schreibunterbrechungen;
- Abschreiben: schreibt auffallend oft vom Nachbar ab, viele Fehler, Buchstabenverwechslungen, schreibt Zeilen doppelt.

Beim Zusammentreffen von mehreren dieser Symptome besteht Verdacht auf eine Sehstörung.

2.2 Arten von Sehstörungen

Folgende Hauptformen von Beeinträchtigungen des Sehvermögens können unterschieden werden (vgl. *Leyendecker*, 1988, S. 45):

Zentrales Sehen

• Störungen und Ausfälle im **zentralen Sehen** (in der Gesichtsfeldmitte) durch krankhafte Veränderungen oder Verletzungen der Netzhaut und andere Gewebsdefekte (Regenbogenhaut, Aderhaut) oder Pigmentmangel (Albinismus). Das Fixieren und scharfe Abbilden in der Mitte des Gesichtsfeldes ist erschwert, kleine Gegenstände und Zeichen können nicht oder nur schwer erkannt werden. Das sehbehinderte Kind kann sich in der Peripherie relativ gut orientieren und im Raum frei bewegen, aber z. B. keine normale Druckschrift entziffern. Das Farbensehen kann beeinträchtigt sein, und häufig sind diese Sehausfälle mit Lichtscheu und Blendempfindlichkeit verbunden.

Peripheres Sehen

• Störungen und Ausfälle im **peripheren Sehen** werden durch verschiedene Netzhautentartungen und Pigmentdegenerationen verursacht und können als Folge des sogenannten Grünen Stars (erhöhter Augeninnendruck) auftreten. Das Fixieren und scharfe Erkennen in der Mitte des Gesichtsfeldes ist möglich, aber die Orientierungsfähigkeit im umgebenden Gesichtsfeld herabgesetzt. Vor allem ist das Dämmerungssehen bis hin zur völligen Nachtblindheit beeinträchtigt. Bei schwerwiegender Beeinträchtigung findet sich ein ringförmiger Gesichtsfeldausfall um die Stelle des schärfsten Sehens, und es verbleibt somit manchmal nur noch ein röhrenförmiges Gesichtsfeld.

Sehschärfe

• Störungen der Sehschärfe durch **Brechungsanomalien**:

- Kurzsichtigkeit (Myopie): Infolge eines zu langen Augapfels wird Entferntes verschwommen, Nahes scharf wahrgenommen.
- Weitsichtigkeit (Hyperopie): unscharfes Sehen infolge eines zu kurzen Augapfels. Dies kann jedoch besonders im jugendlichen Alter durch Linsenakkomodation ausgeglichen werden, d. h. durch die Fähigkeit der Linse, sich den Sehanforderungen entsprechend unterschiedlich stark zu krümmen. Auf diese Weise kann ein weitsichtiges Kind häufig gut kompensieren und in Ferne und Nähe scharf sehen.
- Hornhautverkrümmung (Astigmatismus): Durch eine unregelmäßige Wölbung der Hornhaut entsteht ein unscharfes und verzerrtes Bild auf der Netzhaut.

Trübungen

• Störungen durch **Trübung der brechenden Medien**:

Hornhaut, Linse und Glaskörper können durch entzündliche Erkrankungen, Verätzungen und angeborene Defekte eingetrübt sein. Dies führt zu einem Sehen wie durch Nebel oder wie durch eine teilweise oder ganz beschlagene Scheibe (z. B. beim "Grauen Star").

Gesichtsfeldausfälle

• Störungen durch verschiedene inselförmige **Gesichtsfeldausfälle und -verengungen**:

Als Gesichtsfeld wird der mit unbewegten Augen sichtbare Teil des Raumes verstanden und berechnet. Bei dichten Hornhauttrübungen, Netzhautablösungen, Schädigungen des Sehnervs und Einäugigkeit können Teile des Gesichtsfeldes fehlen; oder inselförmige, dunkle Flecke bedingen ein unvollständiges und verschwommenes Netzhautbild.

Augenzittern

• Sehstörungen in Form des **Augenzitterns** (Nystagmus):

Dieser Störung liegt eine organische Augen- oder Hirnerkrankung zugrunde (z. B. kann die Stelle des schärfsten Sehens auf der Netzhaut beeinträchtigt oder ausgefallen sein). Die Sehschärfe ist herabgesetzt, die Fixierung beeinträchtigt. Die ruckartigen oder pendelnden Augenbewegungen können willentlich nicht kontrolliert werden; oft wackeln die betroffenen Kinder auch ständig mit dem Kopf. Psychische Anspannung verstärkt das Augenzittern.

Schielen

• **Schielen** und **funktionelle Sehschwäche**:

Schielen ist u. a. durch eine Störung des Gleichgewichts der Augenmuskeln bedingt oder durch eine einseitige, nicht korrigierte Fehlsichtigkeit auf einem Auge. Durch die Schielstellung wird das scharfe Sehen eines Auges nicht mehr geübt, die Sehschärfe kann verkümmern (wie auch bei sonstigen einseitigen leichten Sehschwächen). Jede einseitige leichte Sehschwäche kann zu einer schweren funktionellen Verminderung der Sehschärfe auf diesem Auge führen, weil es nicht benutzt wird (nicht in Funktion ist). Bei einseitiger Sehschwäche ist grundsätzlich mit Einschränkungen des räumlichen Sehens zu rechnen.

Andere Ursachen

Manchmal treten Sehschädigungen auch als Begleiterscheinung von Krankheiten (zum Beispiel von Zuckerkrankheit) oder infolge von Verletzungen (Traumata) auf.

Diagnose

Eine **exakte medizinische Diagnose** ist pädagogisch äußerst wichtig, weil sich nur dadurch abschätzen läßt, welche Sehleistungen ein Kind erbringen kann und welche Hilfen es braucht.

Die folgenden Bilder (aus: *Appelhans/Krebs,* 1985, S. 18ff.) sollen einen anschaulichen Eindruck über die **Auswirkungen einiger Sehstörungen** vermitteln.

Bild bei normalem Sehvermögen

Blenderscheinung bei Linsentrübung

Gesichtsfeldausfall bei grünem Star

Seheindruck eines Kurzsichtigen von einem Geschehen in der Ferne

Restsehvermögen bei fortgeschrittener Makulaerkrankung

2.3 Besondere Bildungsaufgaben

Im folgenden werden die wichtigsten Aufgabengebiete angeführt, die im Unterricht sehgeschädigter Kinder zu berücksichtigen wären.

2.3.1 Förderung der Wahrnehmung

Aufbau eines Weltbildes

Seherziehung

Da bei Sehschädigungen ein wesentlicher Teil der Umweltreize nur eingeschränkt oder nicht aufgenommen werden kann, wird der Kontakt zur Realität, der Aufbau eines "Weltbildes" überall dort behindert, wo visuell wahrgenommen wird oder werden muß. Umso wichtiger ist es daher zu lernen, die anderen intakten Sinne (**besonders Hören und Tasten**) zur Informationsaufnahme einzusetzen oder auch den verbliebenen Sehrest optimal auszunützen (**Prinzip der Seherziehung**). Fördermaßnahmen können in den meisten Fällen die Leistungen des geschädigten Sinnesorganes nicht verbessern, zielen jedoch vor allem auf eine Verbesserung der höheren psychischen Wahrnehmungsleistungen wie Diskrimination, Identifikation oder Interpretation von Reizen ab.

Haptische Wahrnehmungsförderung

Beim blinden und hochgradig sehbehinderten Kind sollte mit der **haptischen Wahrnehmungsförderung** bereits früh begonnen werden, um eine positive Haltung zu dieser Wahrnehmungsform aufzubauen, eine Vielfalt von Reizen verfügbar zu machen und zu Umwelterkundungen anzuleiten.

Hörtraining

Das **Hören** kann einen die Sehschädigung zum Teil kompensierenden Umweltzugang bilden, weil durch eine erhöhte Beachtung und Gerichtetheit auf bestimmte Eigenschaften von Hörsituationen die Identifikation von Objekten, aber auch räumliches Wahrnehmen ermöglicht wird.

2.3.2 Motorische Förderung

Der Einfluß der psychomotorischen Entwicklung auf die Gesamtentwicklung ist allgemein bekannt. Bewegungs- und Entwicklungsreize werden in besonderem Ausmaß über das Auge wirksam. Eine Beeinträchtigung des Sehens beeinflußt daher das Bewegungsverhalten ungünstig und schafft spezifisch eingeschränkte Lernvoraussetzungen. Bei vielen entwicklungsmäßig bedeutsamen Bewegungsabläufen ist eine Kontrolle des Auges eine wesentliche Unterstützung (Visuomotorik). Auch der Aufbau des Körperschemas vollzieht sich verzögert; in der Folge ergeben sich negative Auswirkungen auf die Raumerfassung und Raumorientierung.

Bewegung und Entwicklung

Körperschema

"Mangelnde Orientierungsfähigkeit führt allzu leicht beim blinden Kind zu einer regelrechten Raumangst, meist gekoppelt mit einer Bewegungsangst. Eine überbehütende Erziehung kann diese Ängste noch verstärken. Aus der Bewegungsangst entsteht schließlich die bei blinden Kindern leider sehr oft anzutreffende Unsicherheit und Bewegungsarmut, Ungeschicklichkeit, Zurückgezogenheit, Passivität und nicht selten Isolation. Die mangelnden Entwicklungsreize bedingen häufig eine deutliche psychosomatische und psychomotorische Retardierung gegenüber normalsichtigen Kindern." (*Scherer*, 1985, S. 191)

Bewegungsangst

Motorische Retardierung

Wenn der Bewegungserziehung daher nicht genug Aufmerksamkeit zugewendet wird, besteht die Gefahr der Entwicklung von typischen **Bewegungsstereotypien** ("Blindismen" wie Schaukeln, Wippen, Augenbohren usw.). Sowohl aus präventiv medizinischen als auch aus sonderpädagogischen Gründen kommt daher der körperlichen Erziehung und dem Sport große Bedeutung zu. Von einzelnen, medizinisch festzulegenden Ausnahmen abgesehen, liegt auch bei sehgeschädigten Kindern eine dem Durchschnitt entsprechende körperliche Belastbarkeit vor.

Stereotypen

Leibeserziehung und Sport

2.3.3 Mobilitätserziehung

Viele Einschränkungen des Sehvermögens führen auch zu einer **eingeschränkten Orientierung im Raum**, zu einem eingeschränkten Überblick über Verkehrsverhältnisse und Örtlichkeiten sowie zu Problemen bei einer selbständigen und unabhängigen Fortbewegung. Im weitesten Sinn kann Mobilitätserziehung daher als eine spezielle und erweiterte "Verkehrserziehung" angesehen werden.

Orientierung im Raum

Bei blinden Kindern ist diese Aufgabe naturgemäß am schwierigsten und steht in einem engen Zusammenhang mit der lebenspraktischen Erziehung. "Der Blinde muß lernen, von der Umwelt über den Gehörs-, Geruchs- und Tastsinn empfangene Sinnesdaten auszuwerten und sich eine Vorstellung von dem ihn umgebenden Raum zu machen." (*Wiesenhofer*, 1979, S. 102) Das Kind muß auch lernen, sich in unbekannten Räumen richtig fortzubewegen und sowohl den eigenen Körper (insbesondere die Arme) als auch verschiedene Hilfsmittel wie Langstock (Blindenstock), elektronische Mobilitätshilfen auf Ultraschall- oder Laserbasis etc. richtig zu handhaben. (Diese Geräte nehmen laufend Entfernungsmessungen zu Hindernissen vor und signalisieren Veränderungen zum Beispiel durch die wechselnde Höhe eines Pfeiftones.) Durch einen erfolgrei-

Reizaufnahme

Raumvorstellung

chen Unterricht über Geländeformen und Anlagen in verbauten Gebieten sowie über Verkehrsgegebenheiten kann es gelingen, das blinde Kind dazu zu bringen, daß es sich im Straßenverkehr zunehmend selbständig bewegen kann.

2.3.4 Begriffsbildung und Veranschaulichung

Besonderheiten im Unterricht

Schindele (1985, S. 102) umschreibt **die besonderen Gegebenheiten** Sehgeschädigter **in bezug auf den Schulunterricht**:

1. "Bei diesen Schülern ist der Zugang zur sachlichen und personal-sozialen Umwelt durch visuelle Wahrnehmung und entsprechende kognitive Verarbeitung beeinträchtigt, erheblich eingeschränkt oder völlig unmöglich.
2. Die Gefahr von Fehlentwicklungen, Störungen oder Retardierungen im perzeptiven, kommunikativen, psychomotorischen, psychosozialen und emotionalen Bereich ist bei diesen Schülern verstärkt gegeben.
3. Ein überdurchschnittlicher Anteil dieser Schüler hat zusätzlich Schädigungen oder Beeinträchtigungen im sensorischen, physischen, intellektuellen oder emotionalen Bereich.
4. Aufgrund mangelnder vorschulischer oder schulischer Förderung bestehen bei einem Großteil dieser Schüler erhebliche Lern- und Erfahrungsdefizite, so daß die bei vergleichbaren Normalsehenden üblichen Lernvoraussetzungen nur begrenzt oder unzureichend gegeben sind.
5. Bei den einzelnen sehgeschädigten Schülern sind diese Merkmale in jeweils individueller Art, Schwere und Kombination vorhanden; über die normale Variabilität zwischen Schülern hinaus weisen Gruppen sehgeschädigter Schüler daher eine zusätzliche, starke Inhomogenität in bezug auf diese speziellen Merkmale auf."

Veranschaulichung

In methodischer Hinsicht bedingt dies eine **besondere Art der Veranschaulichung** und Konkretisierung von Lerninhalten, soweit sie überhaupt einer Veranschaulichung zugänglich sind. Damit kann auch der Gefahr eines "Verbalismus" begegnet werden, bei dem über Dinge nur geredet wird, ohne daß beim Kind eine konkrete Vorstellung aufgebaut wird. Bei blinden Kindern erfordert die Erfüllung dieses didaktischen Grundsatzes eine Vielzahl zeitaufwendiger methodischer Besonderheiten wie den Einsatz von konkreten Dingen, Modellen, Tastmitteln, Ermöglichung von Handlungsabläufen, Lehrausgängen usw.

2.3.5 Lesen, Schreiben und Rechnen

Vergrößerungen

Bei sehbehinderten Kindern können die Kulturtechniken im allgemeinen auf dem üblichen Weg, jedoch meist mit Hilfe von Vergrößerungen erlernt werden. Schwierigkeiten ergeben sich je nach Behinderungsart in erster Linie beim Erkennen von Zeichen oder Einzelheiten, beim "Zusammensehen" von Teilen, beim Überblick etc., wie auch die folgende Abbildung verdeutlicht:

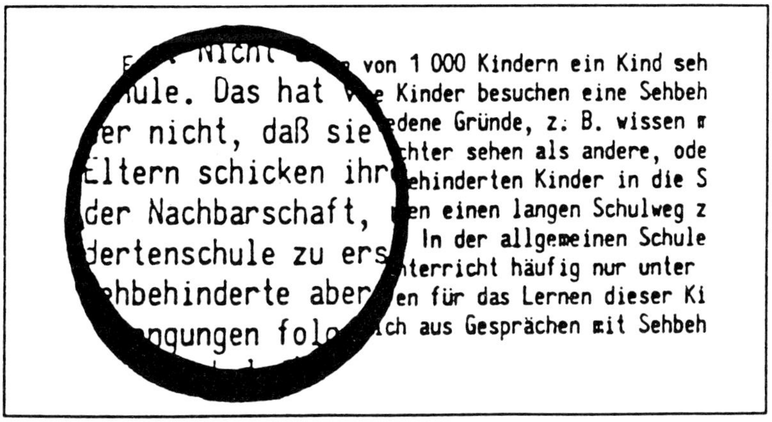

Schriftvergrößerung – ein Textausschnitt durch eine Lupe gesehen

Brailleschrift

Bei blinden Kindern ist ein völlig anderes Medium, die **Punktschrift oder Brailleschrift** (benannt nach dem Schöpfer der Blindenschrift *Louis Braille*), erforderlich, um Texte verfassen und lesen zu können. Aus sechs, in einer gleichbleibenden Matrix angeordneten Punkten können insgesamt vierundsechzig mögliche Zeichen gebildet werden *(siehe Anhang)*. Sensorisch-perzeptive Einschränkungen beim **taktilen (tastenden) Lesen** entstehen durch das Auflösevermögen der Fingerkuppen; mit anderen Worten, die einzelnen Buchstaben können nicht beliebig verkleinert werden. Bücher in Brailleschrift sind daher dreißig- bis fünfzigmal umfangreicher als solche in Schwarzschrift mit gleichem Textumfang.

Lesegeschwindigkeit

Da beim Lesen der Brailleschrift nicht Buchstaben zu Wahrnehmungseinheiten zusammengefaßt werden können, sondern jeder einzelne Buchstabe ertastet werden muß (Finger haben eine geringere Wahrnehmungsbreite als das Auge), bleibt die Lesegeschwindigkeit um das Zwei- bis Dreifache hinter dem visuellen Lesen zurück. Aus dem Lesen mit einem Finger (meist dem Zeigefinger) entwickelt sich allmählich das beidhändige Lesen, das für eine höhere Lesegeschwindigkeit Voraussetzung ist.

Kurzschrift

Eine weitere Erhöhung des Lesetempos wird über die Kurzschrift erreicht, deren Erarbeitung eine beträchtliche zusätzliche Lernbelastung bedeutet und Intelligenz und Sprachkompetenz voraussetzt.

Auch andere Zeichen, wie Musiknoten, Schriftzeichen für Mathematik, Chemie, Physik oder EDV, müssen mit Punktschriftzeichen dargestellt und gesondert gelernt werden. Infolge der nur auf vierundsechzig Zeichen begrenzten Variationsmöglichkeiten führt dies zu einer Mehrdeutigkeit jedes einzelnen Zeichens. Seine zutreffende Bedeutung kann dann nur aus dem jeweiligen Kontext erschlossen werden – eine anspruchsvolle geistige Leistung.

Schreiben

Der Schreibvorgang beginnt von Anfang an mit der Punktschrift-Bogenmaschine, bei der die sechs Tasten den sechs Punkten der Braillezeichen entsprechen.

Handschrift

Die Punkte werden bei dieser Art des Schreibens gleich richtig (das heißt von unten) eingestanzt, während bei den Punktschrifttafeln für Handschrift, einer Art von Schablone, die Punkte mit einem Stachel spiegelschriftlich von rechts nach links eingestanzt werden und das Blatt zum Lesen gewendet werden muß.

Zur Verbesserung der Kommunikationsmöglichkeiten mit Sehenden lernen blinde Schülerinnen und Schüler später auch noch Maschinschreiben, was häufig auch der beruflichen Eingliederung zugute kommt.

Rechnen

Auch das **Rechnen** und besonders das **geometrische Zeichnen** erfordern den Einsatz spezieller Arbeitsmittel. Auf anschaulich haptischen Vorübungen aufbauend folgt nach dem Erarbeiten der Ziffern bald der Einsatz von Rechenapparaten und der Braille-Schreibmaschine. Die Möglichkeiten des Geometrieunterrichtes werden durch den eingeschränkten Umfang der Tastgenauigkeit und die Schwierigkeiten der Herstellung tastbarer geometrischer Darstellungen ziemlich eingeschränkt.

2.4 Hinweise für den Unterricht

Elektronische Hilfsmittel

Wohl auf keinem anderen Gebiet der Behindertenpädagogik bzw. Rehabilitationstechnik wurden die Bildungs- und Kommunikationsmöglichkeiten durch die rasante Entwicklung der Elektronik so erweitert wie in der Blindenpädagogik. Mit der Ausarbeitung der notwendigen Übersetzungsprogramme ist es heute möglich geworden, Texte in verschiedenster Form aufzunehmen, zu speichern und wiederzugeben bis hin zur synthetischen Sprachausgabe des **Computers** oder des **sprechenden Taschenrechners**. Die Bildungsmöglichkeiten sind dadurch enorm erweitert worden, was in absehbarer Zeit auch der beruflichen Eingliederung zugute kommen sollte. Andererseits entsteht jedoch durch diesen Medieneinsatz eine Technikabhängigkeit, die bei Störungsfällen zu schwer überwindbaren Problemen führt.

Hilfen für den Unterricht

Auf die konkreten Möglichkeiten der Hilfsmittelversorgung blinder Kinder (z. B. mit elektronischen Blindenhilfsmitteln) wird im folgenden nicht weiter eingegangen, weil im Einzelfall eine jeweils spezielle Beratung und Ausstattung erforderlich ist. Bei sehbehinderten Kindern gibt es eine Reihe von Hilfemöglichkeiten, die dazu beitragen können, den Lernerfolg eines Kindes zu optimieren, und die auch an allgemeinen Schulen verwendet werden können.

Allgemeine Hilfen

- Arbeitstisch mit schrägstellbarer und höhenverstellbarer Arbeitsplatte
- Schreibtischlampe mit Helligkeitsregler und Leseständer
- speziell liniertes Papier und kontrastreiche Schreibmittel (z. B. Filzstifte)
- färbige Folien (über Gedrucktes gelegt verbessert sich manchmal die Lesbarkeit von Texten)
- Großdruckbücher (zum Teil im Rahmen der Schulbuchaktion erhältlich) und Vergrößerungen (Kopien)

Optische Hilfen

- individuelle Brillen; Lupen, Vergrößerungsgläser, Fernrohre
- Fernsehlesegerät (Lesegut wird über eine Kamera vergrößert und kann von einem Bildschirm abgelesen werden)

Akustische Hilfen

- Kassettenrekorder für Aufnahmen im Unterricht

Maßnahmen im Unterricht

Zusätzlich können folgende **Maßnahmen** die Lernsituation eines Kindes unterstützen:

- Wahl des günstigsten Sitzplatzes unter Mitwirkung des Kindes: richtige Beleuchtung, keine Blendungen oder Spiegelungen; Blick zur Tafel; Erreichbarkeit von Hilfsmitteln;
- vermehrtes Verbalisieren von Abläufen im Unterricht: Anfertigen des Tafelbildes, Rechnungen, Versuche und Beobachtungen im Sachunterricht;
- Schülerhilfe: Erklärungen von Mitschülerinnen und Mitschülern, Anfertigung von Durchschlägen;
- Sondergenehmigungen, wenn es um selbständige Informationsbeschaffung geht: zur Tafel gehen dürfen, Lehrerunterlagen benützen, Kopien anfertigen usw.;
- größere Zeitvorgaben bei der Anfertigung schriftlicher Arbeiten; manchmal sind auch Differenzierungen bei Leistungsfeststellungen hinsichtlich Umfang und Bearbeitungszeit erforderlich.

Soziale Folgen

Das schulische Lernen vollzieht sich fast immer in sozialen Zusammenhängen. Um angemessen und situationsgerecht reagieren zu können, muß man jedoch einen "Überblick" haben, der meistens Sehen voraussetzt.

Da viele nichtsprachliche Kommunikationsanteile wie Gestik, Mienenspiel oder vereinbarte Zeichen von Kindern mit Sehbeeinträchtigungen nicht wahrgenommen werden können, handeln die Kinder manchmal auch unangemessen oder gar nicht, und es kommt zu **Mißdeutungen** oder **Fehleinschätzungen**: Übersehen von Personen, "Nicht-Grüßen", versehentliches Anstoßen, unsichere oder falsche Antworten.

Häufig haben Kinder Hemmungen, ihre Sehschwäche zuzugeben oder bei Verständnisschwierigkeiten nachzufragen. Sie sollten daher immer wieder ermuntert werden, Sehprobleme mitzuteilen, spezifische Hilfsmittel einzusetzen und nötigenfalls um Hilfe zu bitten.

"Die Sehprobleme gegenüber der Umwelt zu verstecken und zu leugnen, führt also nicht nur zu Mißverständnissen und unangemessenen Reaktionen der Umwelt. Solch Verhalten verhindert auch, daß der Mensch mit Sehschwierigkeiten als 'normal' in allen Bereichen außer dem Sehen angesehen wird, als Junge oder Mädchen mit den verschiedensten Interessen und Fähigkeiten, mit positiven und weniger wünschenswerten Charakterzügen. Ständiges Verstecken der Sehprobleme und die daraus folgende Notwendigkeit, Versagenssituationen anders als durch Sehschwierigkeiten zu erklären, gefährdet auch die Persönlichkeitsentwicklung und eine richtige Einstellung zum eigenen Ich bei dem Kind oder Jugendlichen mit Sehproblemen." (*Appelhans*, 1983, S. 35)

Arbeitsaufträge

- *Versuchen Sie, eine Sehbehinderung zu simulieren, indem Sie Ihr Sehvermögen vorübergehend selbst beeinträchtigen (Brillengläser trüben oder verkleben, Augen verbinden etc.)! Versuchen Sie dann, alltägliche Aufgaben zu bewältigen!*
- *Grobe Überprüfungen des Sehvermögens von Kindern können auch in spielerischer Form durchgeführt werden (z. B. Text in gewisser Entfernung dargeboten: "Wer kann das noch lesen?" – "Wer kann das abwechselnd nur mit dem rechten oder dem linken Auge lesen?")*
- *Prüfen Sie kritisch die Lesbarkeit (Buchstabengröße, Kontrast etc.) und Übersichtlichkeit (Absätze, Hervorhebungen, Farbe etc.) von Texten! Fertigen Sie einen Text aus der "Sicht" eines sehbehinderten Kindes an, der diese Kriterien optimal berücksichtigt!*
- *Übertragen Sie einen kurzen Text in Punktschrift (Braillealphabet im Anhang)!*

Literatur

Appelhans, P., Krebs, E.: Kinder und Jugendliche mit Sehschwierigkeiten in der Schule. Heidelberg 1983

Corn, A. L., Martinez, I.: Ein blindes oder sehbehindertes Kind in Ihrer Klasse? Ratschläge für Lehrer. (Hg. v. Schweizer Zentralverein für das Blindenwesen) St. Gallen 1980

Leyendecker, C. H.: Wahrnehmungsstörungen. Behinderungen und Schule. Bd 3. Deutsches Institut für Fernstudien an der Universität Tübingen. Tübingen 1988

Scherer, F.: Förderung der motorischen Fähigkeiten und Sport bei Blinden. In: Handbuch der Sonderpädagogik. Bd 2. Berlin 1985, S. 190-201

Schindele, R.: Didaktik des Unterrichts bei Sehgeschädigten. In: Handbuch der Sonderpädagogik. Bd 2. Berlin 1985, S. 91-126

Rath, W.: Blindenpädagogik. In: *Bleidick, U.*: Einführung in die Behindertenpädagogik. Bd 2. Stuttgart 1977, S. 9-29

Wiesenhofer, J.: Mobilitätstraining. In: Festschrift 175 Jahre Bundes-Blindenerziehungsinstitut Wien. Wien 1979, S. 102-104

3. Das Kind mit Hörstörungen

Bedeutung des Hörens

Die Bedeutung des Hörens für die kindliche Entwicklung ist wegen der **engen Zusammenhänge mit der Sprach- und Denkentwicklung** allgemein bekannt.

Stufen des Spracherwerbs

Die Welt, in die Kinder hineingeboren werden, wird in rationaler und kommunikativer Hinsicht wesentlich von der Lautsprache, von der Muttersprache bestimmt. Bei einem hörenden Kind führt der Spracherwerb über Vorstufen und unvollkommene Formen allmählich zum normgerechten Gebrauch der Sprache. Wie aus dem Alltagserleben bekannt, verläuft dieser Lernprozeß nach entwicklungspsychologischen Gesetzmäßigkeiten. Eine besondere Einflußnahme durch die Eltern oder Erziehenden ist im allgemeinen nicht erforderlich.

Anders zeigt sich dieser Verlauf bei einem **auditiv beeinträchtigten Kind, das in der Entwicklung seiner frühkindlichen Persönlichkeitsstruktur wesentlich benachteiligt wird.** Dabei zeigen sich schon beim Säugling Abweichungen bei den vorsprachlichen stimmlichen Äußerungen, die eintönig und unmelodisch wirken. Gegen Ende des ersten Lebensjahres bildet sich dann beim hörenden Kind die Fähigkeit des Lauschens aus, die als Grundlage des sinnentnehmenden Hörens gilt. Diese wesentliche Rückkopplung fehlt beim hörgeschädigten Kind.

Folgen eines Hörschadens

Es ist daher nicht verwunderlich, daß auditiv beeinträchtigte Kinder

- später zu sprechen beginnen,
- ihr Wortschatz langsamer zunimmt,
- Schwierigkeiten in der Grammatik und Syntax und
- typische audiogene Dyslalien (hörbedingte Stammelfehler) aufweisen.

Eine nicht entdeckte und behandelte Hörschädigung kann starke nachteilige Auswirkungen auf die sprachliche und somit in weiterer Folge geistige und soziale Entwicklung eines Kindes haben. Der **frühen Diagnose** und **anschließenden Förderung** kommt **größte Bedeutung** zu, weil dadurch allfällige Störungen der kognitiven Entwicklung verhindert werden. Da die Sprache auch Leitmedium der Erziehung und der sozialen Eingliederung ist, hängt auch die Gesamtentwicklung maßgeblich von diesen frühen therapeutischen Bemühungen ab.

Sprache und Denken

Durch die Entwicklung der **Sprache** wird das ganzheitliche **Denken** des Kindes allmählich gegliederter, strukturierter, ökonomischer und flüssiger. Die Fülle der vorhandenen Assoziationen im kindlichen Sprachbewußtsein ermöglicht zunehmend eine Verknüpfung der verschiedenen Erscheinungen der Welt. Die Sprache liefert auch das Symbolsystem für abstrakte Denkvorgänge.

Gesprochenes als Grundlage emotionaler Beziehungen

Für die emotionale und soziale Entwicklung sind nach Erkenntnissen der Kommunikationstheorie nicht nur das Was, sondern auch das Wie des Gesagten wichtige parasprachliche Informationen. Durch sie wird die **soziale Beziehungsebene** wesentlich beeinflußt.

Die neben der Sprache und über die Sprache hinaus wirkenden Merkmale der Sprechstimme vermitteln elementare Gefühle zur Bezugsperson, die zur emotionalen Stabilisierung eines Kindes beitragen (Sicherheit, Geborgenheit, Akzeptanz, aber auch Tadel u. a. m.).

3.1 Erfassung und Abgrenzung

Früher Zeitpunkt der Erkennung notwendig

Wegen der Möglichkeit, sekundäre Folgewirkungen weitgehend zu verhindern, ist eine **möglichst frühe Erkennung des Hörschadens** für die kognitive und psychosoziale Entwicklung eines Kindes von größter Bedeutung. Nur etwa die Hälfte aller Hörschäden wird bis zum ersten Lebensjahr erkannt, in jener Phase, die auch für den weiteren Verlauf der Sprachentwicklung wichtig wäre.

Routineuntersuchungen

Im österreichischen Gesundheitswesen werden im allgemeinen bei sogenannten Risikokindern routinemäßig Untersuchungen vorgenommen (Mutter-Kind-Paß). Im Kindergarten- und Schulbereich erfolgen in der Regel **Reihenuntersuchungen** mit Audiometergeräten zur Messung des Hörvermögens.

Ausmaß der Hörbehinderung und Erkennung

Wenn entzündliche Begleiterscheinungen auftreten, kann vom Arzt oder von den Eltern schon eine leichte Hörbehinderung erkannt werden. Da hier aber kaum Verständigungsschwierigkeiten auftreten, wird eine derartige Hörminderung meist als vernachlässigbar angesehen. Ohne entzündliche Begleiterscheinungen kann der Gesamthörverlust bis über 30 % ansteigen, ehe die Behinderung erkannt wird. Die Entdeckung wird noch erschwert, wenn das Kind eine überdurchschnittliche Intelligenz aufweist. Diese Kinder können ihre Behinderung kompensieren, oft erzielen sie sogar überdurchschnittliche Lernergebnisse. Hörbehinderte Kinder haben erst im Durchschnitt ab etwa 40 % Gesamthörverlust das Gefühl, schlecht zu hören. Aber auch Gesamthörverluste bis 60 % können nicht richtig erkannt werden. Die gute Begabung kann in diesen Fällen noch Hörverluste ausgleichen, die bei weniger Begabten schon zur Ausbildung einer "Schwerhörigkeitssprache" führen können. Im Bereich eines Gesamthörverlustes von über 60 % wird es aber auch für das begabteste Kind kritisch. Die Schulleistung fällt unweigerlich ab.

Kompensieren der Hörbehinderung bei hoher Intelligenz

Bevor auf die Einteilung der Hörschädigungen nach dem Schweregrad eingegangen wird, sind einige **Grundinformationen aus der Akustik** notwendig. Die Lautstärke eines Tones oder Geräusches kann als sogenannter "Schalldruck" genau gemessen werden. Als Maßeinheit wird in der Radiotechnik Dezibel (dB) verwendet. In der folgenden Aufstellung werden verschiedenen Dezibelwerten Geräusche aus der Umwelt gegenübergestellt:

130	dB	Schmerzgrenze
120	dB	Hammer auf Stahlblech, 30 cm entfernt
110	dB	Flugzeugpropeller, 1600 Touren, 10 m entfernt
100	dB	Niethammer, 10 m entfernt
90	dB	Preßluftbohrer, 3 m entfernt
80	dB	sehr starker Straßenverkehr
70	dB	starker Straßenverkehr
60	dB	normale Unterhaltung, 1 m entfernt
50	dB	Lautsprecher in Zimmerlautstärke
40	dB	leises Auto, 10 m entfernt
30	dB	Großstadtstraße ohne Verkehr
20	dB	Flüstern, 1 m entfernt
10	dB	leises Flüstern, 1,5 m entfernt
0	dB	Hörschwelle

Das **Ausmaß der Hörschädigung** wird im allgemeinen in fünf Stufen eingeteilt (vgl. *Jussen*, 1974, S. 201):

- **Leichtgradige Schwerhörigkeit:** Der mittlere Hörverlust beträgt im Frequenzbereich 500 bis 2000 Hz nicht mehr als 30 dB.
- **Mittelgradige Schwerhörigkeit:** Der mittlere Hörverlust beträgt im Frequenzbereich 500 bis 2000 Hz zwischen 40 und 60 dB.
- **Hochgradige Schwerhörigkeit:** Der mittlere Hörverlust beträgt im Frequenzbereich 500 bis 2000 Hz zwischen 60 und 90 dB.
- **An Taubheit grenzende Schwerhörigkeit:** Der mittlere Hörverlust beträgt oberhalb des Frequenzbereiches 500 Hz 80 bis 90 dB.
- **Taub:** Hörgeschädigte mit einem Hörverlust von mehr als 90 dB im angegebenen Frequenzbereich gelten als "taub" (gehörlos).

Sprachfrequenzen

Die für die Sprachwahrnehmung wichtigsten Frequenzen liegen im Bereich zwischen 500 und 2000 Hertz. Nur etwa 3 bis 5 % aller *"gehörlosen Kinder"* erleben keinerlei akustische Ereignisse ihrer Umwelt bzw. nehmen sie nur als Vibrationen wahr. Die überwiegende Anzahl verfügt über Hörreste, die genutzt werden können und sollen (sogenannte resthörige Kinder).

Restgehör

Zeitpunkt des Hörschadens: prälingual versus postlingual

Ein weiterer wichtiger Gesichtspunkt ist der entwicklungsmäßige Zeitpunkt, zu dem der Hörschaden eingetreten ist. Während sich bei einem von Geburt an tauben Kleinkind (**prälingual ertaubt**) die Lautsprache auf natürliche Weise nicht entwickelt, kann ein späteres Eintreten einer Hörschädigung bei einem Kind, das bereits im Besitz der Sprache ist, nur mehr zu einem allmählichen Verfall der Lautsprache führen (**postlingual ertaubt**). Die pädagogischen Aufgabenstellungen unterscheiden sich ebenfalls: Einerseits geht es um den Aufbau und Ausbau der Lautsprache, andererseits um ihre Erhaltung und Weiterentwicklung.

Berücksichtigung aller Faktoren

Eine Abgrenzung der verschiedenen Grade von Hörschädigungen oder von Schwerhörigkeit und Gehörlosigkeit erfordert neben den **medizinischen** und **audiometrischen** Diagnosen auch **psychologische** und **pädagogische Einschätzungen**. Die individuellen Faktoren Intelligenz und Sprachbegabung, familiäre Bedingungen, Erkennungszeitpunkt und Beginn sonderpädagogischer Maßnahmen erzeugen beim gleichen Grad des Hörverlustes eine interindividuelle Variabilität, die die zu erwartenden Folgewirkungen des gemessenen Hörverlustes oft in verblüffender Weise relativieren.

Abgrenzung aus pädagogischer Sicht

Für das pädagogische Handeln kann vor allem die pragmatische Abgrenzung *van Udens* als Orientierung dienen: Danach ist derjenige taub, "der die Sprache hauptsächlich durch das Sehen aufnehmen muß; die Lautwahrnehmung ist ihm dabei eine Hilfe. Schwerhörig ist derjenige, der die Sprache hauptsächlich (und sei es auch nur unvollkommen) durch Hören aufnehmen kann; das Absehen ist ihm dabei eine Hilfe." (Zitiert nach: *Jann*, 1991, S. 18)

Hinweise auf Hörschädigungen im Alltag

Für den Alltag und die pädagogische Praxis gibt es folgende **konkrete Hinweise auf eine Hörschädigung**:

- Das Kind wirkt unaufmerksam, wenn es ohne Blickkontakt oder von hinten angesprochen wird.
- Es kommt in Diktaten zu einer Häufung auffälliger Fehler, die unmotiviert scheinen.

- Ähnlich klingende Wörter und Laute, besonders mit hohen Frequenzbereichen (zum Beispiel Zischlaute), werden verwechselt.

- Das Kind hat eine auffällige Kopfhaltung. Es versucht, das "bessere Ohr" der Schallquelle oder dem Sprecher zuzuwenden.

- Es gibt häufig Mißverständnisse. Angaben und Anweisungen werden falsch befolgt. Viele Reaktionen scheinen unmotiviert.

- Das Kind klagt über Ohrenschmerzen, Druck oder Sausen in den Ohren.

Bei solchen Verdachtsmomenten ist es unbedingt notwendig, die Eltern zu informieren und eine fachärztliche Untersuchung zu veranlassen.

Physikalische Eigenschaften des Schalls

3.2 Arten von Hörschädigungen

Schallwellen als physikalisches Phänomen breiten sich wellenförmig aus und müssen von einem Medium fortgepflanzt werden, bis sie auf das menschliche Ohr auftreffen, dort weitergeleitet und in eine Schallempfindung umgewandelt werden.

Anatomischer Aufbau

Wie die Anzahl der Schwingungen in der Zeiteinheit als Frequenz kann auch die Lautstärke als Schalldruck genau gemessen werden. Wenn der Schalldruck reduziert wird, nimmt auch die Lautheit ab, bis schließlich die Hörschwelle erreicht wird, ab der kein Höreindruck mehr vorhanden ist.

Beim Ohr als Empfangsorgan der Schallwellen können anatomisch das äußere Ohr, das Mittelohr und das Innenohr unterschieden werden.

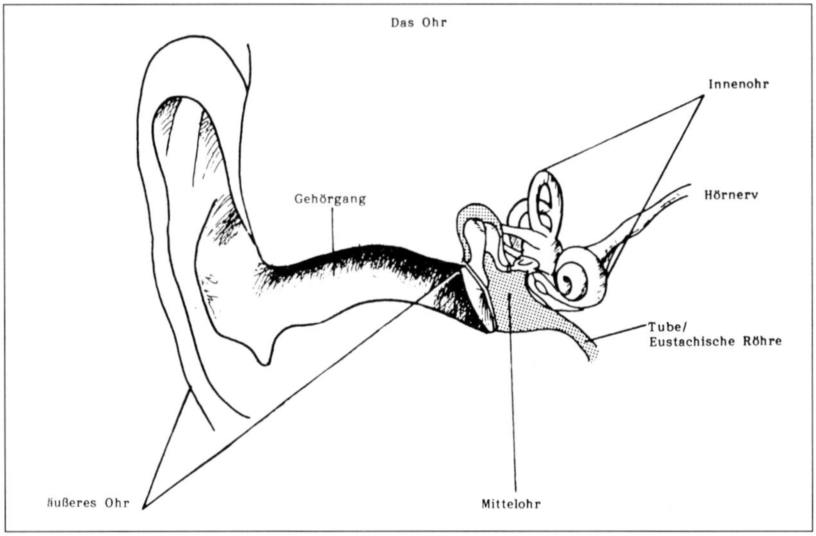

Physiologisch ist es hingegen zweckmäßiger, von einem **Schalleitungsteil** und einem **Schallempfindungsteil** zu sprechen, maßgeblich auch für die **Lokalisation** einer Schädigung.

Physiologischer Aufbau

Die einzelnen Sprachlaute bestehen aus **mehreren akustischen Bestandteilen**, und das menschliche Gehör hat gelernt, die einzelnen Laute nach diesen Bestandteilen zu identifizieren. Die folgende Abbildung zeigt das Sprachfeld (d. h. die Frequenzen und Lautstärken gesprochener Sprache) eingezeichnet in eine Audiogrammkarte. Je stärker die Hörkurve eines Menschen Teile des Sprachfeldes wegschneidet, umso schwieriger wird es für ihn, normaler Konversation zu folgen. Bei einer Hörschwelle unter der 80 dB-Grenze werden Sprachlaute nur mehr aus sehr geringer Entfernung erkannt.

Sprachfeld

Abdeckung des Sprachfeldes durch einen Hörschaden

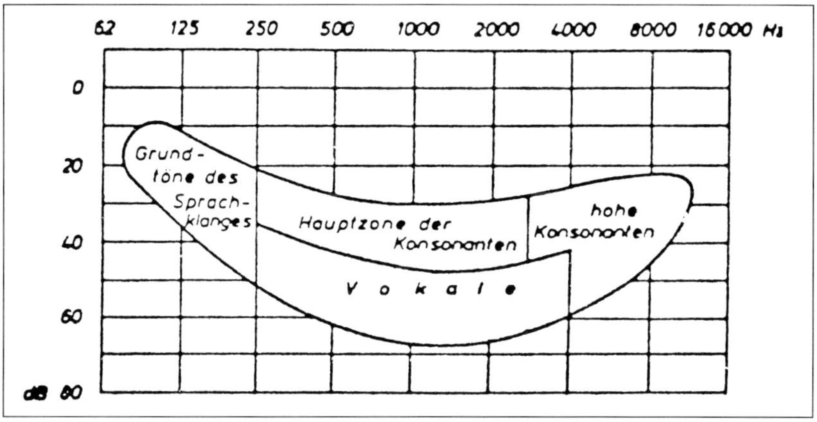

Sprachfeld

Die Bestimmung des Hörschadens erfolgt mit Hilfe der **Ton- und Sprachaudiometrie**, bei der Prüftöne oder Prüfwörter in abgestufter Lautstärke dargeboten werden. Die einzelnen Tonhöhen und Intensitäten werden als Schwellenwerte auf ein Diagramm übertragen (folgende Abbildungen aus: *Hauff/Kern*, 1991, S. 19).

Ton- und Sprach-audiometrie

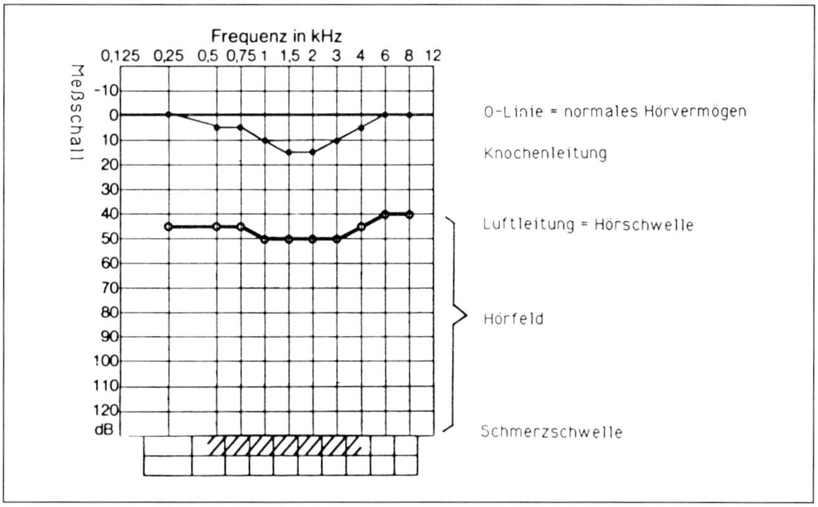

Tonaudiogramm bei Schalleitungsschwerhörigkeit

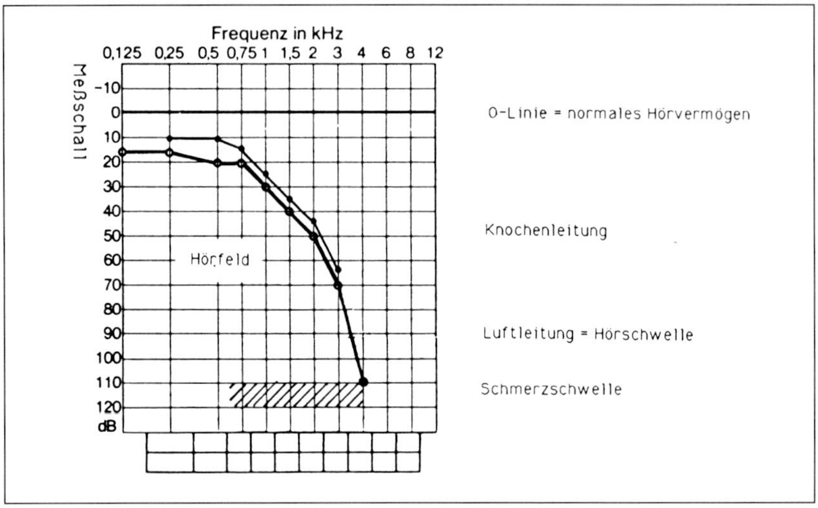

Tonaudiogramm bei Schallempfindungsschwerhörigkeit

Da der Schall jedoch sowohl über die Luftleitung als auch über die Knochenleitung wahrgenommen werden kann, kann über einen Vergleich dieser beiden Werte die Art der Hörschädigung bestimmt werden.

Schalleitungs-schwerhörigkeit

Bei **Schalleitungsschwerhörigkeit** wird die Weiterleitung des Schalles in das Innenohr behindert (Mißbildung, Ohrenschmalzpfropfen, Fremdkörper, Mittelohrentzündung u. a.).

"Auffällig ist ein vermindertes Hörvermögen in allen Frequenzbereichen. Von dieser quantitativen Abnahme der gehörten Lautstärke kann man sich durch einen visuellen Vergleich, aber auch dadurch ein Bild machen, daß man z. B. einen Radioapparat immer leiser einstellt. Um sicher zu sein, daß ein Kind unter Schalleitungshörverlust leidet, ist es notwendig, eine genaue Messung des Hörvermögens durchzuführen, weil nur damit subjektive Vermutungen objektiv abgeklärt werden können." (*Odreitz*, 1982, S. 27)

Schall-empfindungs-schwerhörigkeit

Wenn Störungen im Schallempfindungsmechanismus, also im Innenohr, im Hörnerv und/oder im Gehirn lokalisiert sind, handelt es sich um eine **Schallempfindungsschwerhörigkeit**. Häufige Ursachen sind angeborene Schäden, Traumen durch Unfälle, entzündliche Prozesse oder Tumorbildungen.

"Bei der Schallempfindungsschwerhörigkeit sind die Frequenzen unterschiedlich stark betroffen. Meist tritt neben einem stärkeren Hörverlust bei hohen Frequenzen auch eine qualitative Veränderung des Tongemisches auf, was sich, weil hochfrequente Konsonanten wie p, k, s, t, f, ch oder sch betroffen werden, auf das Sprachverständnis auswirkt. Einen visuellen Vergleich bietet die Darstellung einer Schallempfindungsschwerhörigkeit auf der Bildebene: Sprache wird nicht nur leiser, sondern auch verzerrt wahrgenommen. Ein phonetisches Beispiel macht die Schwierigkeiten noch deutlicher. So kann beispielsweise der Satz 'Ein Minister hält sich zu einer wichtigen Konferenz in einer Großstadt auf' wegen des Fehlens hoher Töne nur verstümmelt aufgenommen, falsch interpretiert und vom Betroffenen etwa folgend gehört werden: 'EID PIDISTER HARSTSIG TSU EIDER FIKDIGEN KONVELENZ INEIDER ROOSSCHNATT AUF.'" (Odreitz, 1982, S. 28)

Schalleitungsschwerhörigkeit: *Schallempfindungsschwerhörigkeit:*

Kombinierte Störung

Beide Störungen können auch **kombiniert** auftreten. Mit Hilfe audiometrischer Untersuchungen kann jeweils ein Audiogramm erstellt werden, aus dem Art und Ausmaß der Hörbeeinträchtigung genau abgelesen werden können.

3.3 Besondere Bildungsaufgaben und Maßnahmen im Unterricht

Die umfassenden Auswirkungen einer Hörschädigung auf die gesamte Persönlichkeitsentwicklung erfordern eine spezielle Förderung in folgenden Bereichen:

3.3.1 Sprachliche Förderung

Sprachliche Retardierung

Hörbehinderte Kinder können je nach Schweregrad der Behinderung im Gesamtbereich der Sprache retardiert sein. Häufig können sie Sprache nicht altersentsprechend verstehen und anwenden. Bei Kindern mit angeborenen oder im frühen Kindesalter erworbenen Hörbehinderungen kann der grammatische (= morphologische und syntaktische) Aufbau der Sprache verzögert und dadurch auffällig sein. Die Kinder sprechen **dysgrammatisch**.

Dysgrammatische Sprache

Beispiel:

Bub, 4. Schulstufe, hochgradiger Hörverlust: "Christian und Lukas machen wir einen Schneemann bauen. Lukas holte eine Karotten und Topf. Christian machen einen Kugeln. Christian und Lukas ist fertig gemacht. Lukas holen eine Rodeln. Christian und meine Freund gingen auf dem Berg. Und rutschte auf dem Boden."

"Schwerhörigensprache": audiogene Dyslalie

Neben diesen dysgrammatischen Fehlern ist die typische **Schwerhörigensprache** durch Unzulänglichkeiten der Artikulation, durch sogenanntes "verwaschenes" Sprechen, Auslassungen oder Ersetzungen von Lauten, Vereinfachungen von Lautgruppen (besonders Konsonantengruppen) gekennzeichnet. Die Fähigkeit, ähnlich klingende Laute zu unterscheiden, ist gering oder nicht ausgeprägt. Dadurch wird die Selbstkontrolle der Sprache erschwert.

Ausbau der vorhandenen Sprache im Unterricht

"Unter Berücksichtigung all dieser Besonderheiten besteht das Wesen des Sprachunterrichtes bei diesen Kindern darin, bei Auswertung aller möglichen elektroakustischen Hörhilfen und -verstärker in einem fortschreitend sich differenzierenden und durchformenden 'Ausbau' der bereits im Kinde lebendigen Sprache die formal wie inhaltlich nur unvollkommen erworbenen sprachlichen Mittel zu verfestigen, neue Wörter und Satzformen im Sinne des Bewußtmachens der sprachlich gefaßten Denk- und Geisteswelt zu erschließen und den schwerhörigen Schüler zu lebendiger Gestaltung anzuleiten. Diese Eigenart des Sprachunterrichtes bei Schwerhörigen wird wohl am einsichtsvollsten mit dem Terminus 'Sprachausbau' erfaßt." (*Jussen,* 1974, S. 240)

3.3.2 Hörerziehung

Nutzung des Resthörvermögens

Wie bereits erwähnt, muß durch eine planmäßige Nutzung und Übung des vorhandenen Hörvermögens bzw. der Hörreste versucht werden, die Folgen der Hörschädigung insbesondere auch für das schulische Lernen auszugleichen. Dabei steht nicht eine Verbesserung des Hörvermögens im Vordergrund, sondern **das Training von Identifikations- und Diskriminationsleistungen**, somit höherer Hirnleistungen bei der Verarbeitung auditiver Signale im Gehirn.

Planmäßige Hörerziehung

Je nach der Einbindung in den Erziehungsprozeß wird zwischen einer **planmäßigen** und einer **sporadischen Hörerziehung** unterschieden.

"Die planmäßige Hörerziehung stellt sich als selbständiger Übungsgang mit eigener Systematik dar und schafft die Grundlagen für die sporadische Hörerziehung. Ihr Anliegen ist

- die Hinwendung des Kindes zu auditiven Erscheinungen,
- das Sammeln von Hörerfahrungen und
- die Vorbereitung auf bewußtes und selbständiges Hören.

Ausbau des bewußten Hörens

Durch eine kontinuierliche Steigerung des Anspruchsniveaus wird die Fähigkeit des bewußten Hörens weiter ausgebaut, um diese

- zur Sammlung von Hörerfahrungen,
- zum Festigen von Hörgewohnheiten und Hörfertigkeiten,
- zur Sprachauffassung,
- zur Sprachgestaltung und
- zur Umwelterkenntnis

zu nützen.

Sporadische Hörerziehung

Die sporadische Hörerziehung bildet die Ergänzung des planmäßigen Geschehens. Sie hat

- die Anwendung der gewonnenen Hörerfahrung und
- das Stellen neuer Problemsituationen als Anreiz für ein weiteres Üben zum Ziel." (*Odreitz*, 1982, S. 62)

3.3.3 Absehen (Ablesen, Lippenlesen)

Obwohl der Hörsinn sicher am engsten mit der Lautsprache verbunden ist, können auch die anderen Sinne kompensatorisch genützt werden. Besonders der **Sehsinn** liefert über die Wahrnehmung des Mundbildes eines Sprechenden, aber auch über die Schrift und das Sprechen begleitende Handzeichen (Manualsysteme) wichtige Informationen. Allerdings beschränkt sich der Informationsgewinn allein über das Mundbild des Sprechers auf ca. 30 % der gesprochenen Sprache.

Mundbild

Handzeichen (Manualsysteme)

Hörgeschädigte Kinder müssen so früh wie möglich zum **Absehen** angeleitet werden (Antlitzgerichtetheit), um den lautsprachlichen Unterricht zu unterstützen. Da das Mundbild häufig nicht eindeutig ist (zum Beispiel bei ähnlichen Wörtern), sind Ergänzungen und Kombinationen zur Sinnerfassung notwendig, wobei die Intelligenz, der Wort- und Sprachformenschatz eines Kindes sowie eine gute visuelle Auffassungsgabe eine große Rolle spielen.

Antlitzgerichtetheit im Unterricht

3.3.4 Soziale Erziehung

Jemanden zu verstehen heißt bekanntlich nicht nur, den Sinn seiner sprachlichen Äußerungen aufzunehmen, sondern auch die zugrundeliegenden Empfindungen, Absichten, Wünsche usw. richtig zu deuten, eben zu "verstehen". Schon von klein auf befindet sich das hörgeschädigte Kind diesbezüglich in einer Ausnahmesituation des häufigen Nicht-verstehen-Könnens und des häufigen Nicht-verstanden-Werdens, woraus sich **Fehlverhalten** und **Anpassungsstörungen** entwickeln können.

Soziales Verständnis

Anpassungsstörungen

Im Schulleben ist daher immer zu bedenken, daß eine Hör-Sprachschädigung immer auch direkte und indirekte Auswirkungen auf den Vollzug sozialer Interaktionen hat, ja im Extremfall auch zur sozialen Isolierung führen kann. Für die spätere Integration in andere Lebensbereiche ist es wichtig, daß Kinder lernen, die in sozialen Situationen üblichen Verhaltensmuster anzuwenden und normale soziale Beziehungen herzustellen und zu unterhalten.

3.4 Technische Hörhilfen

Die Entwicklungen in der modernen Elektroakustik haben auch auf dem Gebiet der Hörhilfen enorme Verbesserungen hinsichtlich Größe, Tragekomfort und vor allem Leistungsfähigkeit von Hörgeräten erbracht.

Hörgeräte

Ein spezielles Hilfsmittel in der Sprachförderung ist der **Minifonator**, mit dessen Hilfe Schallwellen in fühlbare Vibrationen umgewandelt werden. Dadurch wird zum Beispiel eine sichere Unterscheidung von stimmhaften und stimmlosen Lauten möglich und der Sprechrhythmus vibratorisch fühlbar. Bei gehörlosen Kindern wird dieses Hilfsmittel besonders im Artikulationsunterricht, bei dem die Bildung und Aussprache der Laute erlernt werden soll, eingesetzt.

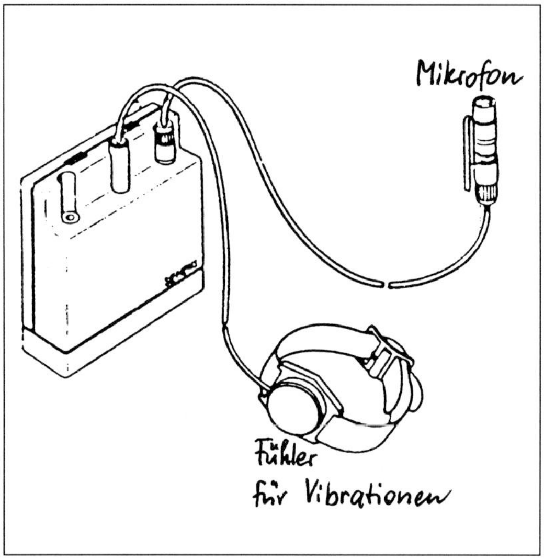

Minifonator

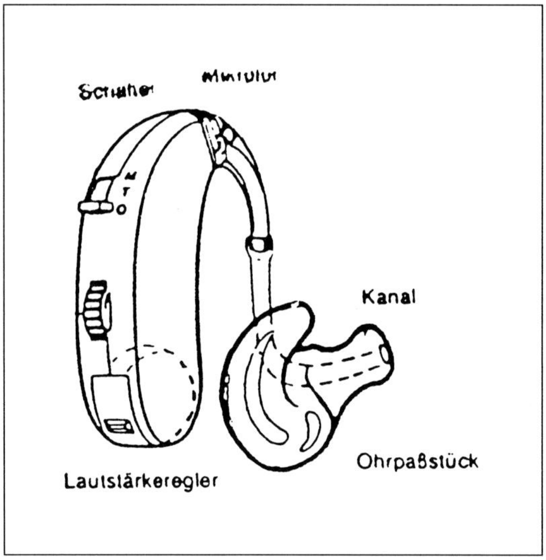

Hinterohr-Hörgerät

Neben den hauptsächlich in Verwendung stehenden individuellen Hörhilfen, wie **Hinterohrgeräte**, **Innenohrgeräte** oder **Taschenhörgeräte**, eignen sich für die Klassensituation besonders auch **drahtlose tragbare Hör-Sprech-Anlagen**, die individuell abgestimmt werden können und eine gute Übertragungsqualität aufweisen. Das Tragen eines Hörgerätes erfordert jedoch auch eine gewisse Gewöhnung und ein systematisches Training mit einer ansteigenden Schwierigkeit von Höreindrücken. Trotz der auf die Art der Hörschädigung abgestimmten Verstärkungsleistung muß das Kind allmählich lernen, aus dem Gehörten die richtige Auswahl zu treffen, Nutzschall aufzunehmen und Störschall zu "überhören".

Die Verordnung eines Hörgerätes obliegt einem Facharzt oder einer Fachklinik, die Anpassung und weitere Betreuung den einschlägigen Fachgeschäften.

3.5 Exkurs: Gebärdensprache oder Lautsprache bei gehörlosen Kindern

Die unendlichen Mühen und die dennoch oft nicht überzeugenden Ergebnisse eines ausschließlich lautsprachlich ausgerichteten Unterrichtes bei prälingual ertaubten Kindern sind ständige Anstöße zu einem im Grunde jahrhundertealten **Methodenkonflikt** in der Gehörlosenpädagogik, der phasenweise glaubenskriegsähnliche Dimensionen annehmen kann. Die Probleme lösen immer wieder die Forderung nach einer **Erziehung in Gebärdensprache** aus. Unter Gebärdensprache sind dabei nicht jene Zeichensysteme zu verstehen, die versuchen, durch Handzeichen das Verständnis der Lautsprache zu erhöhen, sondern "ein vollwertiges, umfassendes Sprachsystem, das in funktionaler wie struktureller Hinsicht den Vergleich mit den Lautsprachen nicht zu scheuen braucht" (*Wisch*, 1990, S. 16).

Methodenstreit

Manualsysteme

Diese Auffassung kommt auch in den folgenden Ausführungen zum Ausdruck: "Gebärdensprachen haben ihre Leistungsfähigkeit jedoch nicht nur als abstrakte Sprachsysteme erwiesen. Zahlreiche psycho-, sozio- und pädolinguistische Untersuchungen zeigen, daß eine umfassende Förderung der emotionalen, sozialen und geistigen Entwicklung gehörloser Kinder durch den Einsatz der Gebärdensprache erreicht werden kann. Die frühe Verwendung der Gebärdensprache ermöglicht eine differenzierte Begriffsbildung, altersgemäßen Wissenserwerb, die Vermittlung sozialer Wertvorstellungen und Normen sowie einen hohen Grad an kommunikativer Kompetenz. Nicht zuletzt verspricht eine solide Gebärdensprachkompetenz auch eine Verbesserung des Lautsprach- und insbesondere des Schriftspracherwerbs. Insgesamt sind die schulischen und außerschulischen Lernprozesse durch frühe und konsequente Einbeziehung der Gebärdensprache wesentlich effektiver zu gestalten." (*Wisch*, 1990, S. 16)

Argumente für Gebärdensprache

Von vielen Vertretern der Gehörlosengemeinschaft wird immer wieder eine staatliche Anerkennung ihrer "Sprache" (Gebärdensprache) verlangt, allerdings sind damit folgenschwere pädagogische und politische Konsequenzen verbunden:

Forderungen der Gehörlosenvertreter

- Anerkennung der Gebärdensprache und der Gehörlosen als sprachliche Minderheit,
- staatliche Finanzierung von Gebärdensprach-Dolmetschern für alle Ausbildungsbereiche und das öffentliche Leben,
- Förderung einer gebärdensprachlichen Umwelt für das gehörlose Kleinkind und Maßnahmen zum Erlernen der Gebärdensprache innerhalb der Familie,
- bilingualer Unterricht in Bildungseinrichtungen für Gehörlose, ausgehend von der Gebärdensprache, und gehörloses Erziehungspersonal,
- Förderung der Gebärdensprachgemeinschaft als eigenständige Kultur.

Für die schulische Erziehung ergibt sich ein **Anforderungsprofil**, das praktisch nur in **eigenen Schulen für gehörlose Kinder** erreicht werden kann. Damit wäre jedoch auch die Frage eines gemeinsamen Unterrichtes von gehörlosen und nichtbehinderten Kindern in neuem Licht zu sehen. In den folgenden Abbildungen (aus: *Maier/Rosenberg*, 1985, S. 172, S. 175, S. 262) wird diese "Sprache der Hände" als motorische Ausdrucksmöglichkeit veranschaulicht. Schwierige Begriffe oder Eigennamen, für die es kein Gebärdenzeichen gibt, können mit Hilfe des Fingeralphabetes ausgedrückt werden.

Eigene Sprache – eigene Schulen

Zeichensprache

Das internationale Fingeralphabet

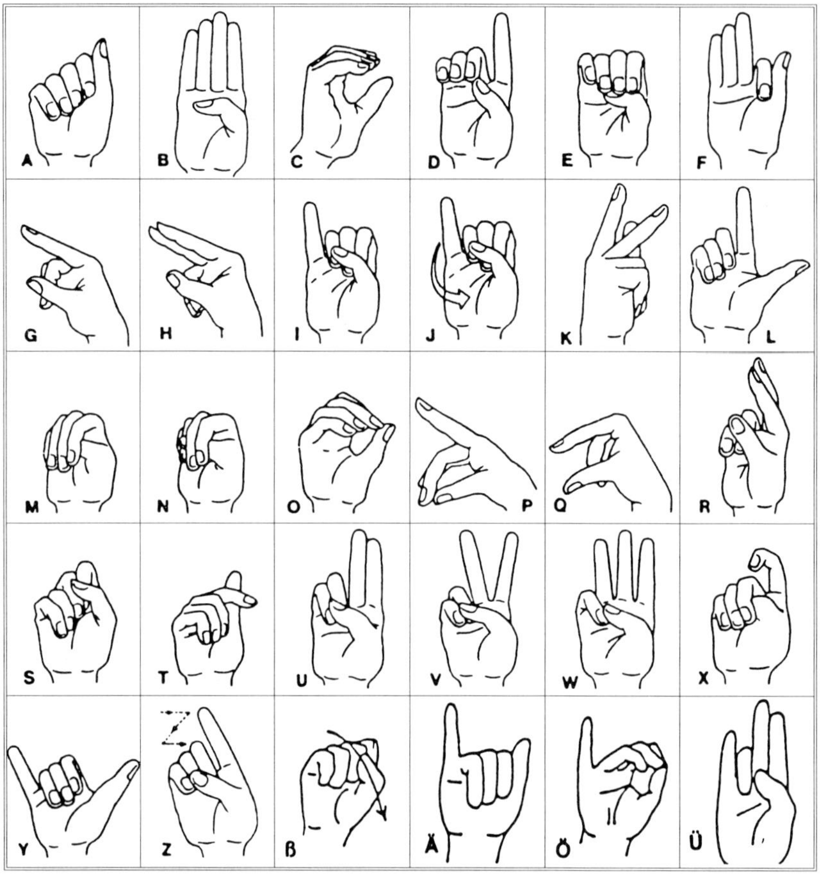

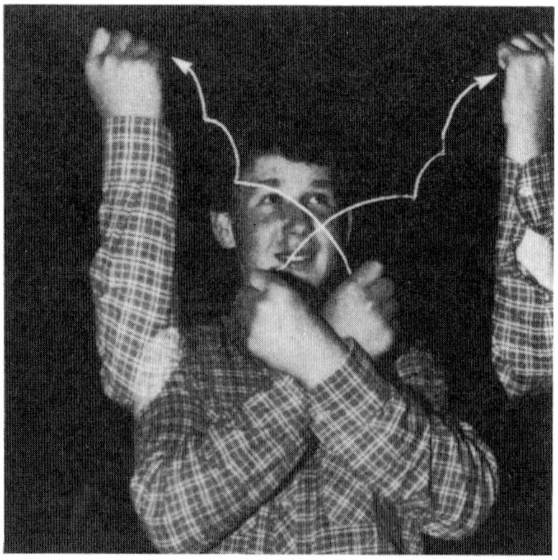

Ferien: "Beide Hände sind locker zu Fäusten geballt und vor der Brust überkreuzt. Dann werden beide Hände gleichzeitig in leicht wellenartigen Bewegungen nach außen geführt (im Anschluß der Bewegung sind die Hände seitlich hoch erhoben)."

Führerschein: "Auch hier werden zwei Gebärden gezeigt, die wir schon kennen. Zuerst wird das Handzeichen 'führen' gezeigt, anschließend das Zeichen für 'Schein' (Karte), das wir ebenfalls schon gelernt haben. Zusammenhängend ergibt sich das Hauptwort 'Führerschein'."

Futter: "Eine Hand wird so gehalten, daß die Fingerspitzen gerade ausgestreckt sind, der Daumen angelegt ist und die Hand abgekrümmt ist. In dieser Haltung werden die Fingerspitzen 2 – 3-mal zum geöffneten Mund geführt (diese Bewegung wird schnell ausgeführt)."

Argumente für die Lautsprache

Die wesentlichsten **Argumente für eine überwiegend lautsprachliche Erziehung** können der folgenden Aufstellung entnommen werden (vgl. *Jann*, 1991, S. 45 ff.):

1. Lautspracherziehung ist die Grundlage der Sozialisation, die Enkulturation und Personalisation einschließt. Ohne Sprachfähigkeit erscheint es nicht möglich, dem hörgeschädigten Kind kulturelle Erscheinungsformen, Werte und Normen angemessen zu vermitteln. Insbesondere die schulische und berufliche Ausbildung ist an den Besitz der Lautsprache gebunden.
2. Lautsprache ist die Basis für das Erlernen sozialer Rollen, die Voraussetzung für die gesellschaftliche Integration sind und eine wesentliche personale Orientierungshilfe darstellen.
3. Über die Lautspracherziehung ist es möglich, auf das hörbehinderte Kind erzieherisch einzuwirken und ihm die Normen und Werte zu vermitteln, die in der Gesellschaft, der es angehört, Geltung haben.
4. Lautsprachbesitz ist die Voraussetzung für eine angemessene kognitive Entwicklung des hörgeschädigten Kindes. Es ermöglicht Denkprozesse höherer Art, strukturiert und differenziert das Denken.
5. Lautspracherziehung ist die Grundlage der Fähigkeit, soziale Perspektiven im eigenen Denken und Handeln zu berücksichtigen. Das sozial-kognitive Lernen ist an Sprache gebunden.
6. Lautspracherziehung steht im Zusammenhang mit der emotionalen und sozialen Entwicklung. Die Fähigkeit, beziehungsrelevate Signale der Sprechstimme wahrnehmen zu können, scheint für eine gesunde Entwicklung der Emotionalität von ausschlaggebender Bedeutung zu sein.

Dieser Exkurs soll zu der Einsicht beitragen, daß die Erziehung Gehörloser zu den schwierigsten pädagogischen Problemstellungen überhaupt gehört (mit einem Gipfelpunkt bei der Erziehung taubblinder Kinder) und Bildungswegentscheidungen mit besonderer Sorgfalt getroffen werden müssen. Nach dem derzeitigen Stand der Entwicklung muß die Frage nach dem Primat einer der beiden Sprachmittel (Gebärdensprache bzw. Lautsprache) weiterhin offen bleiben.

3.6 Hinweise für den Unterricht

Maßnahmen im Unterricht

Außer durch eine optimale apparative Versorgung können durch Berücksichtigung einiger einfacher, aber wirksamer Maßnahmen wichtige Voraussetzungen für einen auch für hörgeschädigte Kinder adäquaten Unterricht geschaffen werden.

Lehrerverhalten

Lehrerverhalten

- Langsames und deutliches Sprechen in normaler Lautstärke und mit gleichmäßigem Tempo: Lautes Sprechen oder Schreien erzielt unter Umständen einen gegenteiligen Effekt.
- Natürliche Mimik und Gestik als zusätzliche Verständigungshilfen ohne übertriebene artikulatorische Bewegungen.
- Möglichst einfache und klare Sprache in ganzen Sätzen, die bei Verständigungsschwierigkeiten vollständig wiederholt werden sollten.
- Während des Sprechens Zuwendung zum hörbehinderten Kind, weil das Hören durch Ablesen wesentlich unterstützt werden kann.
- Einbeziehung des hörbehinderten Kindes in Unterrichtsgespräche und Unterhaltungen.

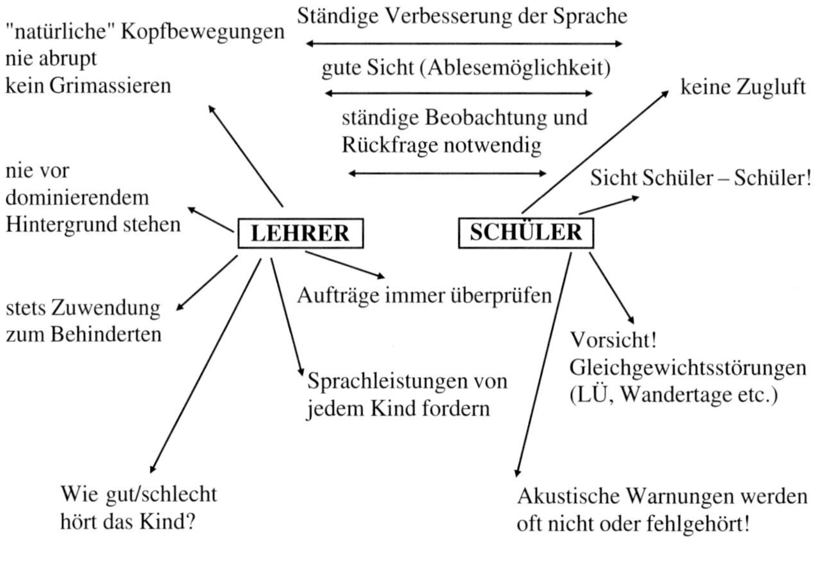

Unterrichtsgestaltung

Didaktische Gestaltung

- Übersichtlicher Unterrichtsaufbau und Hervorheben von Kerninformationen (samt Begriffserklärungen).
- Verwendung vieler Anschauungsmittel als visuelle Stützen (reale Objekte, Skizzen, Bilder usw.).
- Vereinbarung von Signalen, wenn das Kind etwas nicht "verstanden" hat, und gezielte Rückfragen.

Arbeitsplatz und Klassenraum

Sitzplatz

- Guter Blickkontakt zu LehrerInnen und MitschülerInnen (Ablesemöglichkeit des Mundbildes).
- Auswahl des Sitzplatzes auch unter Berücksichtigung akustischer Gesichtspunkte (wo hört das Kind am besten?).
- Vermeidung überflüssiger und störender Nebengeräusche durch Senkung des Geräuschpegels in der Klasse und Verbesserung der akustischen Qualitäten des Raumes.

Zusammenarbeit mit Eltern und Experten

Informationsfluß

- Bei vielen hörbehinderten Kindern sollte der Schulunterricht durch gezielte häusliche Förderung ergänzt werden. Ein regelmäßiger Informationsaustausch zwischen Schule und Eltern über den Lehrstoff und die Anforderungen kann auch die gegenseitigen Erwartungen abstimmen.
- Bei Schwierigkeiten sollte nicht gezögert werden, Fachärzte, Hörgeräteakustiker, spezialisierte LehrerInnen, PsychologInnen und im Falle eines integrierten Unterrichtes SonderschullehrerInnen heranzuziehen.

Viele der angeführten Hinweise haben auch für den Unterricht sprachlich beeinträchtigter oder wahrnehmungsgestörter Kinder Gültigkeit und tragen zu einer besseren Schulung der auditiven Fähigkeiten bei der Sprachwahrnehmung sowie zu einer Verbesserung der Lautdifferenzierung, des auditiven Gedächtnisses und der auditiven Konzentrationsfähigkeit bei.

Arbeitsaufträge

- *Drehen Sie bei Fernsehnachrichten den Ton ab! Wieviel Information können Sie noch entnehmen?*
- *In spielerischer Form können Sie leicht eine grobe Überprüfung des Hörvermögens Ihrer SchülerInnen durchführen. Sprechen Sie die Kinder aus einem Abstand von ca. fünf Metern mit leiser Stimme an! Zuerst von hinten, dann von rechts, dann von links. Werden alle Testwörter sofort verstanden?*
  Verbinden Sie die Augen eines Kindes! Erzeugen Sie ein Geräusch, wechseln Sie dann den Standort, und wiederholen Sie das Geräusch! Das Kind soll die Richtung der Schallquelle mit der Hand anzeigen.
- *Nehmen Sie verschiedene Geräusche (herabfallende Münzen, Telefonläuten, Klopfen usw.) mittels Tonband auf! Lassen Sie diese Geräusche von den Kindern identifizieren (Geräuschdiskrimination)!*

- *Bieten Sie mit einem geeigneten Instrument (Klavier, Xylophon) einen Grundton an! Das Kind soll diesem Ton eine Handhaltungshöhe zuordnen. Bei Anschlagen weiterer Töne soll es die unterschiedliche Tonhöhe durch veränderte Handhaltung anzeigen.*
- *Eine Tonbandaufnahme verdeutlicht auch das Verhältnis von "Nutzschall" (was das Kind hören soll) und unerwünschtem "Störschall" (Lärm, Nebengeräusche). Ein Ansteigen von Störschall führt zu einer schlechteren Hörsituation. Wie können Sie das Ausmaß des Störschalles in Ihrer Klasse vermindern?*
- *In der folgenden Abbildung wird am Beispiel Schallreflexion der Zusammenhang zwischen akustischen Qualitäten eines Raumes (Wandbeschaffenheit, Einrichtung, Vorhänge usw.) und Verständlichkeit von Sprache verdeutlicht. Überlegen Sie Möglichkeiten, die Raumakustik in Ihrer Klasse zu verbessern!*

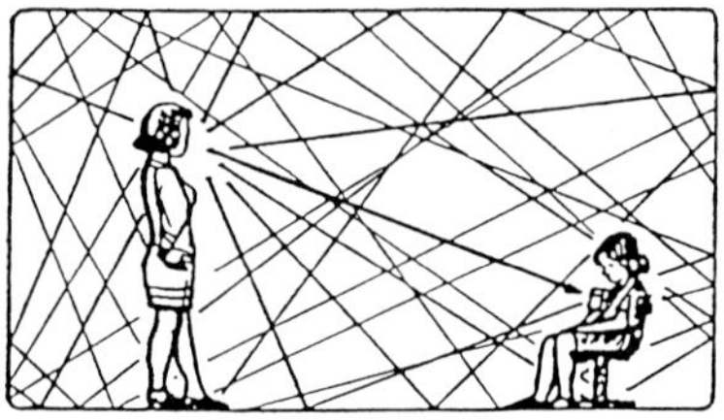

Zimmer mit starker Reflexion

Zimmer mit starker Absorption

Literatur

Fengler J.: Hörgeschädigte Menschen. Beratung, Therapie und Selbsthilfe. Stuttgart 1990

Hauff, R. v., Kern, W.: Unterricht in Klassen mit hörgeschädigten und hörenden Schülerinnen und Schülern. München 1991

Jann, P. A.: Die Erziehung und Bildung des gehörlosen Kindes. Heidelberg 1991

Jussen, H.: Schwerhörige und ihre Rehabilitation. In: *Deutscher Bildungsrat*: Gutachten und Studien der Bildungskommission. Stuttgart 1974, S. 185-316

Jussen, H., Claußen W. H.: Chancen für Hörgeschädigte – Hilfen aus internationaler Perspektive. München-Basel 1991

Löwe, A.: Hörbehinderte Kinder an Regelschulen. Berlin 1987

Ders.: Noch mehr "Lärm um Lärm"? Ergänzende Bemerkung aus der Sicht der Pädagogischen Audiologie zum Thema "Lärmbekämpfung in Schulen". In: Sozialpädiatrie 10/1989, S. 704

Maier, L., Rosenberg H.: Die Sprache der Hände. Gehörlosen-Kultur- und Jugendzentrum Graz. Graz 1985

Möller-Marko, M.: Das schwerhörige Kind. Auswirkungen einer Hörbehinderung auf die psychosoziale und kognitive Entwicklung. Rheinstetten 1980

Odreitz, H.: Auditive Beeinträchtigungen bei Kindern. Arbeitsbericht Nr. I/13, BMUKS, Zentrum für Schulversuche und Schulentwicklung, Klagenfurt 1982

Wisch, F. H.: Lautsprache und Gebärdensprache. Die Wende zur Zweisprachigkeit in Erziehung und Bildung Gehörloser. Hamburg 1990

4. Das Kind mit Sprachstörungen

Die Entwicklung der Sprache ist in die Gesamtentwicklung eines Kindes eingebettet und steht damit in ständiger Wechselwirkung. Sie ist an bestimmte physische und psychische **Voraussetzungen** gebunden: ein funktionsfähiges Gehirn, eine normale Ausbildung des Atmungs-, Stimm- und Lautbildungsapparates und der Sinnesorgane, allen voran das Gehör. Auf keinem anderen Entwicklungssektor wird darüber hinaus das Entwicklungsendprodukt so sehr von **exogenen Faktoren** bestimmt wie bei der Sprachentwicklung. Die Qualität und die Merkmale des sprachlichen Milieus sind bestimmend für die spätere sprachliche Leistungsfähigkeit eines Kindes. Sprachlernen erfolgt primär in sozialen Zusammenhängen durch Aneignen und Anwenden des in einer Gemeinschaft bestehenden Sprachinventars. Durch das mit Sprache verbundene Beziehungsgefüge von Denken, Speichern und Wahrnehmen ist jedes Kind mit Sprachschwierigkeiten auch von Defiziten oder Abweichungen in anderen Entwicklungsdimensionen bedroht.

Voraussetzungen der Sprachentwicklung

4.1 Erfassung und Abgrenzung

Die Auswirkungen von Sprachstörungen auf die emotionalen, sozialen und kognitiven Lernprozesse werden häufig auch von PädagogInnen **unterschätzt**. Erschwerend kommt hinzu, daß eine Störung jeweils nur am Vergleich mit normalem Sprachgeschehen festgestellt werden kann, die normale Sprachentwicklung wiederum spezifische Stufen enthält, die dem Erscheinungsbild einer Sprachstörung gleichen können. Neben dem querschnittsartigen Vergleich innerhalb einer Altersgruppe ist daher auch der individuelle Entwicklungsverlauf zu beobachten.

Vergleich zur Bezugsgruppe

Aufgrund des Syndromcharakters der meisten Sprachstörungen sind bei Auffälligkeiten umfassende, die Zusammenhänge aufdeckende medizinische, psychologische und sprachheilpädagogische Untersuchungen erforderlich.

Erkennung

Die **pädagogische Überprüfung** umfaßt in erster Linie die Bereiche Artikulation, Redefluß, Sprachverständnis, Wortschatz, syntaktisch-morphologische Gestaltungsmöglichkeiten u. a. m. Zusätzlich erzwingen alltägliche Situationen in Elternhaus und Institutionen kommunikatives Handeln, das im allgemeinen auch mit Sprechen verbunden ist (wenn man von Sprachverweigerung absieht), sodaß allfällige Störungen auf Dauer nicht verborgen bleiben sollten.

Sofern somit nicht bereits Eltern oder andere Bezugspersonen auf eine sprachliche Auffälligkeit aufmerksam werden, sollte spätestens mit dem Besuch eines Kindergartens oder der Schule eine Sprachstörung erkannt und therapiert werden. In fast allen Bundesländern sind routinemäßig **Reihenuntersuchungen** in Kindergärten und in Schulen vorgesehen.

Reihenuntersuchungen

Für die Unterrichtspraxis wird das Augenmerk auf **folgende Indikatoren** zu legen sein (jeweils auch im Vergleich zu anderen Kindern): Auslassen oder Ersetzen von Lauten, Lautabfolge im Wort, altersgemäßer Wortschatz, altersgemäße Verwendung von Verbbiegungsformen, Steigerungsformen von Adjektiven, Pluralformen, Subjekt-Verb-Kongruenz, Artikelklassenzuordnung, Artikelbiegung, Lokalpräpositionen, Länge der spontan gebildeten Sätze, Satzbildungsfehler, Störungen des Redeflusses, Auffälligkeiten der Stimme (Klang, Höhe, Lautstärke), Nasalität.

Häufigkeit von Sprachbehinderungen

Zuverlässige Angaben über die **Häufigkeit von Sprachbehinderungen** sind schwer möglich, weil kaum exakte und objektive Kriterien zur Beurteilung vorliegen und die subjektive Toleranz des Beurteilers und der Situationszusammenhang in die Ergebnisse einfließen. Nach Schätzungen von *Knura* liegt der prozentuale Anteil sonderschulbedürftiger Sprachbehinderter in der Bundesrepublik Deutschland bei 0,33 % aller schulpflichtigen Kinder, zuzüglich 1 % ambulant therapiebedürftiger Kinder (vgl. *Knura*, 1974, S. 129), wobei andere Experten zu deutlich höheren Werten kommen.

4.2 Arten von Sprachbehinderungen

Sprache und Sprechen

Auch bei Sprachbehinderungen gibt es kein allgemein anerkanntes Einteilungsschema. Die in erster Linie medizinisch ausgerichteten Klassifikationen orientieren sich hauptsächlich am Erscheinungsbild oder an den Ursachen. Zu unterscheiden ist auch aus sprachwissenschaftlicher Sicht zwischen Sprache als an Normen orientiertes, dem Denken und der Verständigung dienendes Zeichensystem einer Sprachgemeinschaft und Sprechen als akustische Verwirklichung dieses vorgegebenen Systems.

Die folgende grobe **Klassifizierung** orientiert sich an einer Zusammenstellung der Wiener Sprachheilschule (vgl. *Zeller*, 1983) und umfaßt **die für den Schulbereich häufigsten Störungen.**

4.2.1 Sprachstörungen

Im gesamten Ablauf des natürlichen Spracherwerbs kann es aus verschiedensten Gründen zu Entwicklungsstörungen und Verzögerungen kommen.

Dysgrammatismus

4.2.1.1 Dysgrammatismus

Ein häufiger Sprachentwicklungsrückstand nach dem dritten Lebensjahr ist der Dysgrammatismus.

"Unter Dysgrammatismus schlechthin versteht man die Unfähigkeit, seinen Gedanken die richtige Form nach den herkömmlichen Regeln der Grammatik und Syntax zu geben, also Fehler der Wortbeugung sowie Fehler der Wortstellung im Satz, die auch als Dyssyntaxie bezeichnet werden." (*Zeller*, 1983, S. 20)

Das charakteristische Erscheinungsbild umfaßt:

- falsche Wortbeugungen im Satz (z. B. "aufgeschreibt" statt "aufgeschrieben"),
- falsche Wortstellung im Satz (z. B. "Die Puppe ich in das Bett lege"),
- Ein- oder Zweiwortsätze (z. B. "Ich Ball" statt "Ich habe einen Ball"),
- Infinitivsprache (z. B. "Peter aufstehen"),
- falscher Gebrauch von Artikeln (z. B. "das Ball").

Als Ursachen kommen konstitutionelle Sprachschwächen, Zerebralschäden, Schwerhörigkeit, aber auch sozial bedingte Ursachen wie ungenügende sprachliche Förderung in Betracht.

4.2.1.2 Aphasie

Aphasie

"Unter Aphasie versteht man den völligen oder den teilweisen Verlust des Sprachbesitzes. Zumeist sind auch Lese-, Schreib- und Rechenfähigkeit davon betroffen (Alexie, Agraphie, Akalkulie)." (*Zeller*, 1983, S. 21)

Das Erscheinungsbild der Aphasie reicht vom totalen Sprachverlust bis zu geringfügigen Beeinträchtigungen. Bei zentralen Störungen tritt manchmal auch die Unfähigkeit auf, Schallerscheinungen an ihrem Klang zu erkennen (akustische Agnosie, Hörstummheit, Seelentaubheit) oder eine affektive und motorische Hemmung der sprachlichen Äußerungen trotz eines guten Sprachverständnisses (angeborene Wortstummheit).

Ursachen von Aphasien sind hauptsächlich Hirngefäßerkrankungen, traumatische Hirnschädigungen oder Hirnentzündungen (Encephalitiden).

4.2.2 Redestörungen

4.2.2.1 Stottern

Stottern

Unter allen Sprachbehinderungen weist das Stottern wohl die allgemein bekannteste und beeindruckendste Symptomatik, verbunden mit **hohem Leidensdruck für die Betroffenen**, auf.

"Stottern ist eine umfassende Kommunikationsbehinderung, an welcher der Stotterer und seine Interaktionspartner beteiligt sind. Entstehung, Aufrechterhaltung und Veränderung des Stotterns sind weitgehend von interaktionellen Einflüssen gesteuert. Die für die Interaktionspartner auffälligen Merkmale des Stotterers sind dessen Sprechablaufstörungen. Die wesentlichsten Sprechablaufstörungen bestehen aus Wiederholungen von Lauten oder Wörtern oder aus beobachtbaren Schwierigkeiten (Anstrengung und Spannung) beim Aussprechen einzelner Laute." (*Motsch*, 1983, S. 92).

klonisches und tonisches Stottern

Man unterscheidet **zwei Arten** des Stotterns: Beim **klonischen Stottern** werden Laute, Silben oder Wörter wiederholt (Beispiel: "Und - und - und - d - da bin ich zur - zur Mu - Mutti gegangen"). Bei **tonischem Stottern** kommt es zu

Blockaden beim Aussprechen einzelner Laute mit stillem oder hörbarem Pressen (Beispiel: "Und ... dann bin ich zur Mu - äh ... äh ... tti ge ... gangen").

Diese beiden Formen können isoliert oder gemeinsam auftreten; sie können auch mit weiteren Auffälligkeiten wie gestörter Atmung, unkontrollierten Mitbewegungen des Gesichtes oder der Gliedmaßen verbunden sein.

Die folgende Abbildung einer einzelfallorientierten Betrachtungsweise des Stotterns liefert ein umfassendes Verständnis für **die Entstehung** dieser Kommunikationsbehinderung (vgl. *Motsch*, 1983, S. 93):

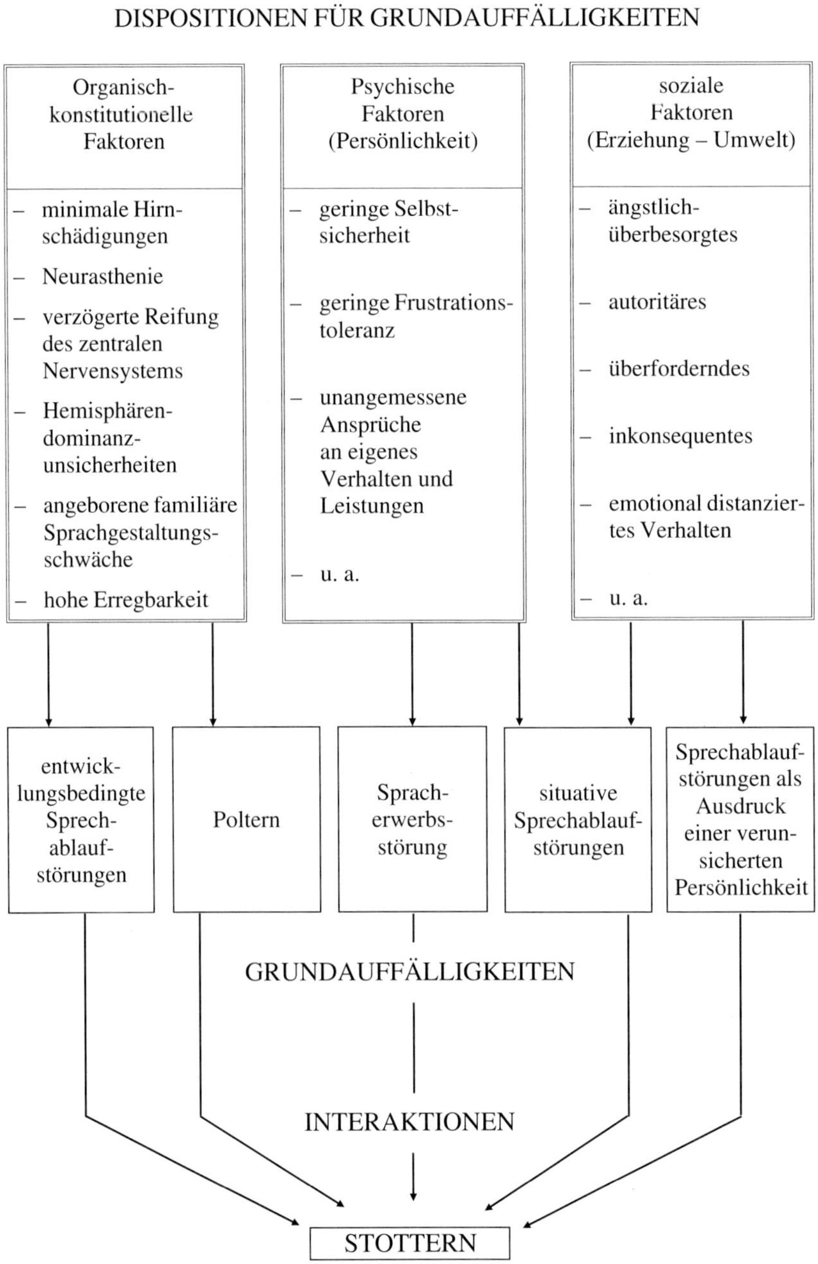

"Stottern ist ein Entwicklungsphänomen, das zumeist im Kindesalter seinen Ausgang von einer sprachlichen Auffälligkeit nimmt, welche nicht als Stottern zu bezeichnen ist.

Auf Grund der Reaktion der Bezugspersonen auf diese sprachliche Auffälligkeit kann es beim Kind zu Veränderungen in verschiedenen Bereichen kommen. Neben den Veränderungen des Sprechverhaltens selbst kann es zu Veränderungen des nonverbalen Kommunikationsverhaltens, des Sozialverhaltens, des Leistungsverhaltens, der Gefühle und Einstellungen gegenüber anderen und sich selbst kommen. Parallel dazu verändern sich Einstellungen und Verhalten der Interaktionspartner gegenüber dem Kind.

Die Sprechablaufstörung Stottern ist folglich nur die für die Bezeichnung maßgebliche Auffälligkeit der mehrdimensionalen, komplexen und dynamischen Kommunikationsbehinderung Stottern." (*Motsch*, 1983, S. 92)

4.2.2.2 Poltern

Poltern

"Das Poltern ist eine Schwäche im Formulieren der Sprache, welche sich in einer verwirrten, gehetzten und verschliffenen Redeweise äußert." (*Arnold*, 1970, S. 525)

Folgende **Auffälligkeiten** sind zu beobachten:

- hastige, undeutliche, unvollständige Artikulation;
- Laute, Silben und Wörter werden wiederholt und/oder ausgelassen;
- Wörter werden im Satz umgestellt und/oder umgedreht;
- Wörter und Sätze werden verstümmelt und/oder nicht zu Ende gesprochen;
- zwischen Sprechtempo und Sprechgeschicklichkeit besteht ein Mißverhältnis;
- es kommt zu unlogischen Gedankensprüngen.

Die Störung liegt weniger im Sprechvorgang als in dessen gedanklicher Vorbereitung. **Ursachen** sind vermutlich konstitutionelle Besonderheiten oder hirnphysiologische Veränderungen.

4.2.2.3 Neurotische Redestörungen

Sprechangst

Aus der psychischen Situation eines Kindes heraus können sich manchmal auch neurotische Redestörungen entwickeln.

Besonders "stille" Kinder leiden manchmal unter **Sprechangst (Logophobie)** oder **schweigen** in verschiedenen Situationen oder gegenüber bestimmten Personen zeitweise überhaupt vollständig (**elektiver Mutismus**).

4.2.3 Sprechstörungen

Stammeln

4.2.3.1 Stammeln (Dyslalie)

Die häufigste Störung bei der Verwirklichung der Lautsprache ist das Stammeln. Es ist die unter Kindern verbreitetste Sprachstörung, weil Stammeln mit der Sprachentwicklung in Verbindung steht und geradezu eine entwicklungsbedingte Vorstufe normgerechten Sprechens darstellt (physiologisches Stammeln).

"Unter Stammeln versteht man die Unfähigkeit, bestimmte Laute oder Lautverbindungen auszusprechen oder entsprechend der phonetischen Lautnorm der verwendeten Sprache richtig zu bilden." (*Knura*, 1974, S. 110)

Die **Einteilung der Stammelfehler** folgt im allgemeinen der Entstehungsstelle der einzelnen Laute in den drei Artikulationszonen Lippen, Zähne und Gaumen.

Die Benennung erfolgt nach dem jeweiligen Buchstaben des griechischen Alphabetes für einen betroffenen Laut (Sigmatismus, Rhotazismus, Kappazismus, Lambdazismus usw.).

Zu den aus dem Alltagserleben bekannten **Symptomen** zählen:

- Einzelne Laute oder Lautverbindungen fehlen völlig: z. B. *bau* statt *blau*, *anne* statt *Kanne*, *Daße* statt *Straße* ...
- Einzelne Laute oder Lautverbindungen werden durch andere ersetzt: z. B. *Dabel* statt *Gabel*, *Donne* statt *Sonne* ...
- Einzelne Laute oder Lautverbindungen werden durch einen Laut ersetzt, den es in der Muttersprache eigentlich nicht gibt.
- Die Abfolge der Laute in einem Wort stimmt nicht: Umstellungen, Einschübe, Verschmelzungen etc. führen zu schwer oder gar nicht verständlichen Wortschöpfungen.

Sigmatismus

Der häufigste Stammelfehler ist das **Lispeln** (**Sigmatismus**), eine fehlerhafte Aussprache der Zischlaute.

Die bekanntesten Formen sind der **Sigmatismus interdentalis**, bei dem die Zunge zwischen den geöffneten Zahnreihen durchkommt (Lispeln, Zuzeln). Manchmal können die jeweiligen Laute in isolierter Form gebildet werden, in Silben oder Wörtern gelingt dies aber nicht (Silbenstammeln, Wortstammeln).

Die **Ursachen** für das Stammeln können beträchtlich variieren. Neben erblichen Bedingungen ("angeborener Sprachschwächetypus"), Anomalien der Sprechwerkzeuge, sprechmotorischer Ungeschicklichkeit oder Hörbehinderungen wirken auch ungünstige Milieueinflüsse wie mangelnde sprachliche Anregungen verstärkend oder auslösend.

4.2.3.2 Näseln

Näseln

"Näseln ist eine pathologische Sprechweise mit entstelltem Stimmklang. Es wird von einer unphysiologischen Mitwirkung der Nasenräume bei der Phonation (Klanggebung) und Artikulation verursacht." (*Wulff*, 1983, S. 55)

offenes und geschlossenes Näseln

Von **offenem Näseln** spricht man, wenn Laute mit nasalem Beiklang gesprochen werden, bei denen dies im normalen Sprechen nicht vorgesehen ist ("Graf Bobby-Sprache").

Beim **geschlossenen Näseln** kommt keine Sprechluft in den Nasenraum ("Schnupfensprache"). Beide Formen können jedoch auch gemeinsam auftreten.

Hauptursachen für angeborenes Näseln sind Kiefer- und Gaumenspalten. Als funktionelle Ursachen kommen falsche Sprechgewohnheiten oder Verstopfungen der Nasenräume vor.

4.2.4 Stimmstörungen

Stimmstörungen

"Sie sind Störungen in der Verwirklichung von Stimmbildungsnormen und die Unfähigkeit, den individuellen stimmlichen Anforderungen des jeweiligen Anspruchs durch Umwelt und Beruf zu genügen." (*Zeller*, 1983, S. 32)

"Da die Stimme das Produkt einer komplizierten Wechselbeziehung von Atmung, Stimmgebung und Resonanz ist, können sich Störungen in jedem der genannten Bereiche auf die Stimme auswirken, ebenso Störungen in der Koordination ihrer Funktionen. Die Symptome einer Stimmstörung sind Heiserkeit, Veränderung des Stimmklangs (rauh, gepreßt, gequetscht, zu tief oder zu hoch, belegt u. ä.), meist rasche Ermüdbarkeit der Stimme, dazu oft noch subjektive Beschwerden im Halsbereich mit Trockenheit, Räusperzwang u. a. m." (*Zeller*, 1983, S. 32)

4.3 Besondere Bildungsaufgaben und Hinweise für den Unterricht

Unterricht – Therapie als Wechselverhältnis

Das zentrale pädagogische Anliegen bei Kindern mit Sprachstörungen ist die Verknüpfung des altersgemäßen Unterrichtes mit der behinderungsspezifischen Therapie (vgl. dazu die These von *Karl Cornelius Rothe*, daß aller Unterricht Therapie, alle Therapie Unterricht sei).

Eine therapeutische Modifizierung allgemein pädagogischer Prinzipien erfordert die Einplanung von Aufgaben für bestimmte Störungsformen, einen erhöhten Zeitbedarf und häufig auch eine Anpassung der Leistungsanforderungen.

Sprachheilkurs

In der Mehrzahl der Fälle werden die Erfordernisse einer **eigenen Sprachübungsbehandlung** daher auf **SprachheillehrerInnen** übertragen, die in Form sogenannter **Sprachheilkurse** an den jeweiligen Volksschulen tätig werden können.

Aus prophylaktischer Sicht kann gesagt werden, daß im Lehrplan der Grundschule dem Sprachunterricht besondere Bedeutung zugemessen wird, weil Sprache das Medium für nahezu alle anderen schulischen Lernprozesse darstellt.

Sprachfördernder Unterricht

Ein **sprachfördernder**, handlungs- und kommunikationsorientierter **Unterricht** ist daher ein allgemeines Anliegen der Grundschule, bildet gleichzeitig aber auch eine wesentliche Grundlage für die sprachliche Förderung von Kindern mit sprachlichen Auffälligkeiten oder Beeinträchtigungen.

In einem solchen Unterricht können Übungen zur Lautbildung, zur richtigen Atmung und Tongebung, zur Bildung richtiger Satzmuster usw. ohne besondere Bezugnahme auf bestimmte Kinder eingebaut werden.

Lehrersprache

Ein weiterer Faktor sind sicherlich **die Sprache und das Sprechen der Lehrperson** selbst, einerseits als möglichst gut verständliches Unterrichtsmedium und andererseits als Modell für kindliches Imitationslernen.

Die Stimme der Lehrerin/des Lehrers sollte daher als auditives Leitbild tragfähig sein, ruhiges Sprechtempo und eine ausgeformte Artikulation und Modulation aufweisen.

Richtiges Lehrerverhalten

Hinsichtlich des allgemeinen Lehrerverhaltens ist eine **Akzeptanz** des sprachgestörten Kindes mit seiner fehlerhaften Sprache und eine ständige Ermunterung zu sprachlicher Betätigung von besonderer Bedeutung.

Da sich häufig Folgewirkungen im sozialen Bereich ergeben, kommt dem Verhalten der Kinder untereinander und einer freundlichen Klassenatmosphäre besondere Bedeutung zu.

Unterrichtsgestaltung

Für einzelne Sprachauffälligkeiten kann noch auf folgende grundlegende **Verhaltensregeln** hingewiesen werden:

Dysgrammatismus

- Beim **Dysgrammatismus** sollte auf das Fördern der Redefreudigkeit und des Spontansprechens sowie auf das Schaffen von Spielsituationen, die eine sprachliche Beteiligung erfordern, besonderer Wert gelegt werden.

  Der Einsatz von Bildmaterial und Anschauungsmitteln vermehren den Wortschatz des Kindes, Sprachgestaltungsübungen und die Arbeit an Sprachformgerüsten tragen zur Einprägung richtiger Sprachformen bei.

  Da die Kinder häufig über ihre Sprachschwäche Bescheid wissen, wollen sie manchmal nicht gerne "öffentlich" sprechen.

  Korrekturen können auch indirekt durch Wiederholungen der Lehrerin/des Lehrers erfolgen, weil eine Hervorhebung des Fehlers wenig Sinn und kaum einen Lerneffekt hat.

- Beim Umgang mit **stotternden Kindern** kann die Lehrerin/der Lehrer sehr viel zur pädagogisch-therapeutischen Hilfe beitragen. Diese häufig sensiblen Kinder dürfen keinesfalls verlacht, bloßgestellt oder nachgeäfft werden

  Durch Zeitdruck bei Beantwortungen entstehen Angstgefühle, die die Sprechschwierigkeiten nur verstärken. Die Lehrerin/der Lehrer kann sich auch ein Bild davon machen, wann bei einem Kind mehr oder weniger Stottersymptome auftreten und diese Beobachtungen für die aktive Teilhabe der Kinder nützen.

  Bekanntermaßen haben stotternde Kinder in bestimmten Situationen wesentlich geringere oder keine Probleme (z. B. beim gemeinsamen Lesen oder Singen).

Stottern

- Beim **Stammeln** sollte die Ausbildung des richtigen Lautes in erster Linie durch logopädische Maßnahmen erfolgen.

  Die Fachliteratur dazu umfaßt eine Fülle bewährter Therapiemaßnahmen und -modelle.

  In Zusammenarbeit mit dem behandelnden Sprachheillehrer oder Logopäden kann der entsprechende Laut – sobald er beherrscht wird – auch im Unterricht abverlangt werden.

Stammeln

Arbeitsaufträge

- *Zeichnen Sie Gespräche mit Kindern oder Unterrichtsgespräche mit einem Kassettenrekorder auf! Notieren Sie sich Sprachauffälligkeiten der Kinder!*
- *Sammeln Sie sogenannte Zungenbrecher. Sie bieten gute Möglichkeiten, die sprachlichen Fähigkeiten in lustbetonter Form auf die Probe zu stellen!*
- *Beobachten Sie Ihr sprachliches Korrekturverhalten im Umgang mit Kindern (vgl. Abschnitt: "Hinweise für den Unterricht")!*
- *Versuchen Sie herauszufinden, an welchen Schulen in Ihrer Nähe SprachheillehrerInnen tätig sind!*

Knura, G.: Sprachbehinderte und ihre sonderpädagogische Rehabilitation. In: Deutscher Bildungsrat: Gutachten der Bildungskommission. Sonderpädagogik 4. Stuttgart 1974, S. 103-198

Luchsinger, A., Arnold, G. E.: Handbuch der Stimm- und Sprachheilkunde. Wien-New York 1970

Motsch, H. J.: Stottern. In: *Aschenbrenner, H., Rieder, K.*: Sprachheilpädagogische Praxis. Wien 1983, S. 134-182

Wulff, H.: Rhinophonie (Näseln). In: *Aschenbrenner, H., Rieder, K.*: Sprachheilpädagogische Praxis. Wien 1983, S. 98-119

Zeller, W.: Sprachbehinderungen im Kindesalter. In: *Aschenbrenner, H., Rieder, K.*: Sprachheilpädagogische Praxis. Wien 1983, S. 21-35

5. Das Kind mit körperlichen Behinderungen

In der sonderpädagogischen Fachliteratur werden unter *Körperbehinderung* überwindbare oder dauernde Beeinträchtigungen der Bewegungsfähigkeit mit anhaltenden, erheblichen Auswirkungen auf die kognitiven, emotionalen und sozialen Vollzüge verstanden. Ursache ist jeweils eine Schädigung des Stütz- und Bewegungsapparates oder eine andere organische Schädigung.

Definition

5.1 Erfassung und Abgrenzung

Im Zusammenhang mit dem körperlichen Erscheinungsbild und der Motorik können häufig schon in frühen Entwicklungsabschnitten relativ eindeutige Diagnosen gestellt werden. Für den Schulbereich finden sich verschiedene Versuche einer Systematisierung körperlicher Behinderungen, die allesamt etwa folgende **Hauptgruppen** erfassen:

Einteilung

- cerebrale Bewegungsstörungen: Folgezustände frühkindlicher Hirnschäden mit Bewegungseinschränkung;
- Querschnittslähmungen/Spina bifida;
- Muskelerkrankungen;
- Fehlbildungssyndrome (der Gliedmaßen);
- schwere chronische Erkrankungen u. a.

Die verursachenden Krankheiten und die Erscheinungsbilder sind **äußerst vielfältig** und können nicht einer einzigen medizinischen Disziplin zugeordnet werden, wie dies etwa bei Sinnesbehinderungen der Fall ist.

Vielzahl körperlicher Behinderungen

Bei einem weitestmöglichen definitorischen Ansatz wären nahezu alle Behinderungen der Kategorie Körperbehinderung zuordenbar (von Lernbehinderung und Verhaltensstörung abgesehen), weil nahezu immer eine organische Komponente als Ursache der Behinderung vorhanden ist.

Sofern körperbehinderte oder chronisch kranke Kinder die allgemeine Schule besuchen, müssen die zu beachtenden Gesichtspunkte im Einzelfall geklärt werden, was in Zusammenarbeit mit dem Schularzt und den Eltern erfolgen muß.

5.2 Arten von Körperbehinderungen

Wegen der Vielfalt möglicher Körperbehinderungen werden nur jene drei Hauptformen dargestellt, die am häufigsten vorkommen und denen auch der größte Anteil der Kinder an Körperbehindertenschulen zuzurechnen ist.

Drei Hauptformen

5.2.1 Infantile Cerebralparese

Bewegungsstörung durch Hirnläsion

Darunter versteht man eine **bleibende Bewegungsstörung** infolge einer Läsion des Gehirns in der frühen Lebenszeit. Die Schädigung kann pränatal im Sinne einer Fetopathie, perinatal (Sauerstoffmangel) oder postnatal (Enzephalitis, Meningitis) verursacht sein.

Die Kompliziertheit des Gehirns bringt es mit sich, daß bei einer Läsion sehr unterschiedliche Bewegungsstörungen auftreten können. Eine Beschreibung erfolgt im allgemeinen nach **drei Dimensionen**:

Schweregrad

Motorische Grundfunktion

- *schwerstgradig:* Grundfunktionen fehlen (Kopfhaltung, Gehen, Stützen der Arme, Umdrehen), weitgehende Abhängigkeit und Pflegebedürftigkeit;
- *schwergradig:* Grundfunktionen fehlen teilweise (falscher Sitz, kein freies Gehen);
- *mittelgradig:* Hilfen sind notwendig;
- *leichtgradig:* Grundfunktionen sind vorhanden, die Behinderung ist sichtbar;
- *minimal:* Behinderung ist nicht sichtbar.

Minimale Formen

Es ist anzunehmen, daß etwa 10 % aller Kinder eine **minimale cerebrale Bewegungsstörung** aufweisen, wobei bei genauen Untersuchungen der Motorik auch die Art der Bewegungsstörung diagnostiziert werden kann (vgl. *Lesigang*, 1978, S. 70).

Art der Bewegungsstörung

Spastizität – erhöhter Muskeltonus

- *Spastizität (Spastik):*
  – ca. 80 % aller Kinder mit cerebralen Bewegungsstörungen. Die Bewegung ist gestört, weil der Muskeltonus (der Spannungszustand der Muskulatur) federnd erhöht ist. Kinder mit minimaler Spastizität werden als ungeschickt, schwerfällig, plump, langsam, ängstlich, zögernd, sprechfaul beschrieben. Sie haben oft eine leise und gepreßte Stimme, zeigen mangelhafte Gleichgewichtsreaktionen und eine auffällige Mimik.

Athetose – gestörte Koordination

- *Dyskinesie bzw. Athetose:*
  – ca. 10 % aller cerebralen Bewegungsstörungen. Die Störung besteht in unkoordinierten und unwillkürlichen Bewegungen. Die Kinder mit minimaler Form haben Eigenschaften wie Quecksilbrigkeit, Schusseligkeit, Faxenhaftigkeit. Sie zeigen ruckartige Bewegungen, die oft wie Verlegenheitsbewegungen wirken. Die Sprache dieser Kinder kann stockend, der Atemstrom beim Sprechen versiegend bzw. explosiv sein. Die Mimik, die Gebärden und Gesten können durch unkoordinierte Bewegungen gestört sein. Daher ist manchmal auch das Ausdrucksverhalten dieser Kinder gestört, was sich auf die Interaktion mit der Umwelt auswirkt.

Ataxie – gestörtes Gleichgewicht

- *Ataxie:*
  Von den eher seltenen anderen Formen der Bewegungsstörungen ist die Ataxie die häufigste Form. Diese Störung ist eine Gleichgewichtsstörung.

Lokalisation

Im wesentlichen kommt man mit drei Begriffen aus, um zu beschreiben, welche Körperteile von der Bewegungsstörung betroffen sind:

Betroffene Körperteile

- **Tetraplegie**: Bewegungsstörung betrifft mehr oder weniger gleich alle vier Extremitäten.
- **Diplegie**: Beide Extremitäten, meist beide Beine, sind in der Regel gleich betroffen.
- **Hemiplegie**: Eine Körperhälfte ist betroffen (Halbseitenlähmung).

Bewegungsanalysen

Die Beschreibung von Bewegungsstörungen ist deshalb so schwierig, weil die verschiedenen Formen und Arten als Mischformen auftreten. Um die Bewegungsstörung richtig zu erkennen, bedarf es daher genauer **Bewegungsanalysen** durch Arzt und Physikotherapeuten.

Probleme der Entwicklung und des Wachstums

Zu beachten ist die Entwicklung der Kinder mit schweren Bewegungsstörungen. Die Läsion im Gehirn bleibt erhalten. Obwohl der Schaden nicht größer wird, "wächst die Behinderung im Laufe der Entwicklung heraus", weil der Abstand zu den normalen motorischen Fähigkeiten im Laufe der Zeit größer wird. Vor allem, wenn Kinder einen Wachstumsschub aufweisen, kann es zu einer relativen Verschlechterung der Bewegungsmöglichkeiten kommen. Zum Beispiel können Kinder wegen eines stärkeren Wachstums bzw. einer starken Gewichtszunahme nicht mehr gehen, nachdem sie es vorher mühsam erlernt hatten.

Begleitende Behinderungen

In Verbindung mit der Infantilen Cerebralparese treten oft sogenannte **assoziierte Störungen** auf. Zwei Drittel dieser Kinder weisen vor allem wegen der gestörten Mundmotorik unterschiedlich starke Sprechstörungen auf. Ein Drittel der Kinder zeigt Seh- und/oder Hörstörungen. Häufig ist die cerebrale Bewegungsstörung mit einer Epilepsie gekoppelt.

Intelligenzausprägung

Für den Schulerfolg ist die Intelligenz entscheidend. Grundsätzlich muß die Intelligenz nicht betroffen sein. Die Statistik zeigt, daß ein Drittel der Kinder mit Cerebralparese als Volks- bzw. HauptschülerInnen geführt werden können, ca. ein Drittel gilt als lernbehindert und ein Drittel als geistig behindert. Es ist anzunehmen, daß die Läsion im Gehirn oft nicht nur auf die Motorik Auswirkungen hat. Die intellektuelle Entwicklung ist auch dadurch beeinträchtigt, daß eine motorische Deprivation gegeben ist, die zu Erfahrungsmangel und sensorischer Deprivation bzw. zu Sprechstörungen und damit auch zu Sprachstörungen führt.

5.2.2 Spina bifida (gespaltene Wirbelsäule)

Es handelt sich um eine Verschlußstörung des embryonalen Neuralrohres. Die Ursache für diese Hemmungsmißbildung ist daher in den ersten Schwangerschaftsmonaten zu suchen.

Bei der *Spina bifida occulta* ist der Spalt so klein, daß es zu keinen Folgen kommt. Bei einer anderen Form, der *Meningocele*, besteht eine liquorgefüllte

Ausstülpung der Meningen (Hirnhäute). Wenn diese Ausstülpung auch Rükkenmark enthält, so spricht man von *Myelomeningocele*.

Bei der letztgenannten Form besteht immer eine schlaffe Lähmung unterhalb der mißgebildeten Rückenmarkssegmente. Das Lähmungsmuster ist aber von Fall zu Fall sehr unterschiedlich. Es gibt daher kein einheitliches Behandlungsprogramm. Die Kinder erhalten möglichst früh Stützapparate und eine entsprechende Schuhversorgung.

Hydrocephalus

Häufig ist mit dieser Behinderung eine **übermäßige Produktion von Hirnflüssigkeit** verbunden (Hydrocephalus oder "Wasserkopf"). In vielen Fällen kann im Schädel ein Druckausgleichsventil für die Ableitung der Gehirnflüssigkeit eingesetzt werden. Wenn der Druckausgleich nicht optimal funktioniert, treten Belastungen wie Kopfschmerzen oder Konzentrationsstörungen auf. Wenn die entsprechenden Nervenleitungen betroffen sind, funktioniert die Darm- und Blasenkontrolle nicht (Inkontinenz). Diese Kinder müssen immer Windeln tragen. Es kommt auch leicht zu Harnweginfektionen oder zur Schädigung der Nieren.

Inkontinenz

Sensibilitätsstörung

Aufgrund der Lähmung werden Verletzungen, Verbrennungen, Druckstellen von Schuhen und Schienen nicht gespürt.

Im Schulalltag ist zu beachten, daß die gelähmten Teile nicht der Kälte oder einem Druck durch einen Gegenstand ausgesetzt werden. Bei Schulausflügen sollten die Beine dieser Kinder im Rollstuhl zugedeckt sein. Die Sensibilitätsstörungen sind bei allen querschnittgelähmten Kindern zu beachten, insbesondere um auch der Bildung von Druckgeschwüren (Decubitus) vorzubeugen.

5.2.3 Progressive Muskeldystrophie (Muskelschwund)

Es gibt verschiedene Formen mit unterschiedlichem Verlauf.

Formen

Die bekannteste Form ist der **Typ Duchenne**. Das Muskelgewebe wird abgebaut bzw. durch Fettgewebe ersetzt. Diese genetisch bedingte Krankheit nimmt ihren Ausgang vom Beckengürtel. Die Kinder bekommen ab dem dritten bis fünften Lebensjahr Schwierigkeiten mit dem Gehen. Mit zehn bis zwölf Jahren müssen sie oft in den Rollstuhl. Auch die Lebenserwartung ist deutlich herabgesetzt. Häufig sterben sie bereits vor dem zwanzigsten Lebensjahr an Herzmuskelschwäche oder an Schwäche der Atemmuskulatur.

Verlauf

Pädagogische Probleme ergeben sich vor allem aus der kontinuierlichen Verminderung der Bewegungsfähigkeit und der ungünstigen Prognose, wobei zu beachten ist, daß bei anderen Verlaufsformen eine völlig andere Lebenserwartung gegeben ist.

Im Schulalltag ist zu beachten, daß Überanstrengung grundsätzlich vermieden, die Muskeln aber durch entsprechende Bewegungsübungen durchblutet werden sollen.

Die Bewegungsmöglichkeiten an den Enden der Extremitäten (Schreiben) sind lange gegeben, weil der Muskelschwund vom Rumpf ausgeht.

5.3 Besondere Bildungsaufgaben

Didaktische Maßnahmen

Bläsig führt folgende **besondere Bildungsinhalte** und **spezielle methodische Maßnahmen** für den Unterricht körperbehinderter Kinder an:

- "Auswählen der Lerninhalte und Berücksichtigung der unterschiedlichen Erfahrungen und Interessen körperlich, insbesondere hirnorganisch geschädigter Kinder;
- Abgrenzen des Lernstoffes auf wesentliche Vorgänge und logischen Aufbau;
- Ausrichten der Aktionsformen des Lehrens und Lernens auf die Verarbeitungsmöglichkeiten, auf die Interessen und auf mögliche Konflikte der Kinder (verständliche Wissensvermittlung);
- Verändern von Größe und Zusammensetzung der Lerngruppen;
- verstärktes Anbieten von Lernhilfen, Arbeitsmitteln sowie technischer Geräte und Schreibhilfen jeder Art;
- vermehrtes Anregen zu Eigenarbeiten, zu selbständigem Denken und Tun (handlungsorientierte Sonderpädagogik)." (*Bläsig*, 1983, S. 22)

Auswirkungen auf Wahrnehmung, Intelligenz und Verhalten

Während sich ansonsten die Persönlichkeit eines Kindes entsprechend den bekannten, entwicklungspsychologisch beschriebenen Verläufen ausbildet, können körperliche Behinderungen durch die eingeschränkte motorische Bewegungserfahrung und damit verbundene Einschränkungen der Wahrnehmungsfähigkeit auch veränderte Intelligenzfunktionen und Wahrnehmungsleistungen verursachen.

Hinzu können frustrierende Umwelterfahrungen treten (Unter- oder Überförderung, Überbehütung, Isolierung etc.). Das Verhalten der Umwelt auf der Interaktionsebene kann beim körperbehinderten Kind psychologische Auffälligkeiten auslösen oder massiv verstärken. Nachgewiesenermaßen zeigen nichtbehinderte Menschen bei sichtbarer Behinderung zahlreiche negative Reaktionen wie Erregung, Vermeidungstendenz etc., die die interpersonalen Beziehungen erschweren.

Umwelterwartungen

Von Geburt an wird das behinderte Kind an den normativen Erwartungen seiner Umwelt (Eltern, Geschwister, Gleichaltrige, TherapeutInnen) gemessen, denen es in vielen Fällen nicht entsprechen kann. Eine besondere Erziehungsaufgabe besteht daher darin, Bedingungen zu schaffen, bei denen **vom Kind kommende kompensatorische Verhaltensweisen gefördert und behinderungsadäquate, bedürfnisgerechte Möglichkeiten unterstützt werden.**

5.4 Richtige Versorgung mit Hilfsmitteln

Obwohl körperbehinderte Kinder im allgemeinen ausreichend und medizinisch kontrolliert mit Hilfsmitteln versorgt sind, können durch die besonderen Gegebenheiten und Abläufe des Schulunterrichtes **neue Erfordernisse** auftreten.

Dabei sind folgende Gesichtspunkte zu beachten:

Kriterien für Hilfsmittel

- Hilfsmittel müssen therapeutisch sinnvoll sein (Anbahnung richtiger Bewegungsmuster, Verhinderung falscher Bewegungsmuster) und nicht nur eine momentane Erleichterung für das behinderte Kind bringen.
- Hilfsmittel müssen den Notwendigkeiten des Kindes entsprechen.
- Hilfsmittel müssen funktionell und einfach zu bedienen sein.
- Hilfsmittel sollen auch schön und geschmackvoll gestaltet sein (sie gehören zum Kind wie z. B. die Kleidung).

Hilfsmittel für die Lagerung, für das Sitzen und Stehen

Sitzen, Stehen, Lagerung

Das wichtigste Hilfsmittel für den Schulbereich ist eine entsprechende *Sessel-Tisch-Kombination*. Sie soll die richtige Sitzhaltung bei der Arbeit (beim Schreiben) gewährleisten. Ideal sind in allen Dimensionen verstellbare Möbel.

In der Schule sollte für die Kräftigung der Muskulatur auch die Möglichkeit zum stundenweisen Stehen gegeben sein. Diese Funktion erfüllt *das Stehbrett* oder das *Schrägliegebrett*, Vorrichtungen, an denen das Kind in mehr oder weniger aufrechter Haltung festgeschnallt werden kann. Wenn das Kind steht, sollte auch ein entsprechender Tisch vorhanden sein, an dem es stehend arbeiten kann.

Hilfsmittel für die Fortbewegung

Gehen

Der Rollator (ein auf Rollen schiebbares Gestell zum Aufstützen) soll neben der aufrechten Fortbewegung des Kindes das Training der reziproken Beinbewegung und die Kräftigung der Muskulatur ermöglichen.

Rollstuhl

Auch *der Rollstuhl* sollte nach therapeutischen Gesichtspunkten verwendet werden, d. h. die richtige Sitz- und Arbeitshaltung sollte durch entsprechende Adaptierungen gegeben sein. Der Betreuer sollte die Funktion des Rollstuhls genau kennen, vor allem seine Eigenschaften im freien Gelände, damit Unfälle des hilflos im Rollstuhl sitzenden Kindes vermieden werden. Dabei ist besonders die Funktion der Feststellbremse zu beachten. Es erfordert auch einige Geschicklichkeit vom Betreuer, den Rollstuhl über Kanten oder Unebenheiten im Gelände zu schieben.

Hilfsmittel für das Schreiben

Schreibmittel

Unter allen schulischen Bewegungsabläufen ist Schreiben sicherlich am bedeutsamsten. Der Hilfsmittelversorgung sollte daher gerade bei dieser Kulturtechnik größtes Augenmerk geschenkt werden.

Grundsätzlich sind drei Möglichkeiten abzuklären:

- Wenn ein Kind noch mit der Hand schreiben kann, ist *das Schreibgerät entsprechend zu adaptieren*, eventuell zu verformen (Kugelgriff, flacher, breiter Griff). Manchmal genügen dicke Kugelschreiber oder Bleistifte. Das Schreibgerät muß nicht nur den Greifmöglichkeiten des Kindes angepaßt sein, sondern manchmal muß auch *die Schreibunterlage fixiert* werden (rutschfeste Unterlagen, Klebestreifen).

- Wenn das Schreiben mit einem Schreibstift oder ähnlichem nicht möglich ist, sollte geprüft werden, ob eine Tastatur bedient werden kann. Für den Schulgebrauch erscheint eine *elektronische Schreibmaschine* mit Korrekturtaste sinnvoll. Für den Elementarunterricht eignen sich besonders Schreibmaschinen mit Display oder einem kleinen Bildschirm. Günstig ist auch, wenn die Buchstaben möglichst groß angezeigt werden.
- Bei Kindern, die mit dem gezielten Drücken der Tasten Schwierigkeiten haben, ist *die Lochplatte*, die über die Tastatur geschraubt werden kann, eine weitere Erleichterung. Durch sie können die einzelnen Tasten störungsfrei gedrückt werden.

5.5 Hinweise für den Unterricht

Therapie-vorerfahrungen

Körperbehinderte Kinder sind meist vom Zeitpunkt der Diagnosestellung an vielfältigen therapeutischen Bemühungen von Fachleuten, aber auch der Eltern ausgesetzt, um eine bestmögliche Bewegungsentwicklung sicherzustellen. Die Arbeit der Schule sollte diese Bemühungen sowohl hinsichtlich des erforderlichen Therapieangebotes als auch eines therapeutisch orientierten Lehrerverhaltens aufgreifen und wirkungsvoll fortsetzen.

Mitarbeit der Physiko-therapeutInnen

Bei jedem Kind sind in Zusammenarbeit mit den PhysikotherapeutInnen die bestmöglichen Methoden der Bewegungserleichterung und die geeignete Sitzposition zu finden.

Im allgemeinen kann das behinderte Kind in aufrechter, gerader, symmetrischer Haltung am besten sprechen, arbeiten oder schreiben.

Dieser Grundsatz ist auch in der **Sitzplatzauswahl** in der Klasse zu beachten. Zur symmetrischen Sitzhaltung kann das behinderte Kind auch dadurch angeregt werden, daß man ihm Aufträge gibt, bei denen es beidseitig (beidhändig) arbeiten muß.

Arbeitstempo

Jedes Kind sollte sein **Arbeitstempo** möglichst selbst bestimmen können. Auf Kinder mit cerebralen Bewegungsstörungen darf kein zeitlicher Druck ausgeübt werden, weil dadurch die Störungen nur verstärkt werden (Verspannungen). Dies wäre besonders bei Leistungsfeststellungen zu beachten. Allgemein gelöste Stimmung löst auch die Verspannung der Motorik.

Selbst-bestimmung des Kindes

Das behinderte Kind weiß meistens selbst am besten, wie es mit einer konkreten Situation fertig wird. Daher sollte man es **mitbestimmen lassen**, wie es vorgehen will, bzw. es veranlassen zu sagen, ob und welche Hilfe es braucht – dem Kind also die Steuerung der Interaktion überlassen!

Berück-sichtigung der Lebenssituation

Körperbehinderte Kinder befinden sich zusätzlich zu ihrer Behinderung oft in familiärer und sozialer Hinsicht in einer besonderen Situation, die manchmal auch besondere Rücksichtnahme seitens der Schule erfordert. Maßnahmen im Unterricht sollten daher unter größtmöglicher Einbeziehung der Eltern und des Kindes selbst erfolgen.

Arbeitsaufträge

- *Führen Sie fünf Tätigkeiten an, die ein Kind mit einer Querschnittslähmung durchführen, und fünf, die es nicht durchführen kann! Welche Schlußfolgerungen auf seine Erfahrungswelt können Sie ziehen?*
- *Beim Österreichischen Institut für Schul- und Sportstättenbau (Tel. 0222/505 37 42) ist eine Empfehlung über behindertengerechte bzw. behindertenfreundliche Schulgebäude erhältlich.*
  Wie "behindertengerecht" ist das Schulhaus, in dem Sie unterrichten? Welche Maßnahmen müßten getroffen werden, um bewegungsgestörten Kindern die Bewältigung des Schulalltages zu ermöglichen?
- *In der Volksschule sind Belohnungssysteme (Sternchen, Bildchen usw.) für schriftliche Leistungen weit verbreitet. Versetzen Sie sich nun in die Lage eines Kindes mit graphomotorischen Störungen, in dessen Heft immer steht: "Bemüh dich mehr!"*

Literatur

Bläsig, W.: Stellung und Aufgaben der Pädagogik in der Rehabilitation Körperbehinderter. In: *Haupt U., Jansen G.W.*: Handbuch der Sonderpädagogik. Bd 8. Berlin 1983, S. 15-26

Lesigang, C.: Die motoskopische Erkennung minimaler Zerebralparesen. Wien 1978

Pawel, B. v.: Körperbehindertenpädagogik. Stuttgart 1984

6. Das Kind mit geistiger Behinderung

6.1 Was versteht man unter einer geistigen Behinderung?

Geistig behinderte Menschen haben eine stark verzögerte Gesamtentwicklung und eine stark veränderte Aufnahme- und Wiedergabefähigkeit.

Allgemeines Begriffsverständnis

Geistige Behinderung ist zunächst allgemein ein Attribut für **extreme Schwächen in der intellektuellen und sozialen Handlungsfähigkeit**.

In bezug auf das jeweilige biologische Lebensalter und den jeweiligen kulturellen Hintergrund bestimmen **zwei Komponenten** die geistige Behinderung:

- ein intellektueller Entwicklungsrückstand, der beträchtlich unter dem Durchschnitt liegt und der seit frühem Lebensalter vorhanden ist, und
- eine auffallende Schwächung der Anpassungsfähigkeit an soziale Anforderungen der Gesellschaft.

"Oligophrenie" als Überbegriff

Eine ältere, aus der Medizin her stammende Klassifizierung von geistiger Behinderung verwendet den Begriff der **"Oligophrenie"** (Geistesschwäche/ Schwachsinn) als Überbegriff und unterscheidet drei Stufen:

- **Debilität** (leichter Grad des Schwachsinns), IQ = 55 – 75
- **Imbezillität** (mittlerer Grad des Schwachsinns), IQ = 35 – 55
- **Idiotie** (höchster Schwachsinnsgrad), IQ = 35 und weniger

Diese Begriffe haben allerdings sehr abwertenden Charakter und sollten in der pädagogischen Fachsprache nicht mehr verwendet werden.

In der anglo-amerikanischen Literatur finden sich die Begriffe **"mentally handicapped"** (geistig behindert), häufiger **"mentally retarded"** (geistig retardiert).

Definition nach der AAMD

Die AAMD (American Association on Mental Deficiency) unterscheidet fünf Grade der geistigen Behinderung und orientiert sich an der Intelligenzverteilung als Unterscheidungskriterium:

- *profound* = sehr schwer: IQ = unter 25
- *severe* = schwer: IQ = 26 – 39
- *moderate* = mäßig: IQ = 40 – 54
- *mild* = leicht: IQ = 55 – 69
- *borderline* = Grenzfälle: IQ = 70 – 84

Jahrzehntelang war der Intelligenzquotient (IQ) das ausschlaggebende Kriterium für die Feststellung von geistiger Behinderung. Die neuere Diagnostik trifft auch Aussagen über das Sozialverhalten, das emotionale Verhalten, die Art der Wahrnehmung, über das Bewegungsverhalten (Motorik) und über Sozialisationsfaktoren, um so einerseits ein differenziertes Bild der geistigen Behinderung zu erhalten und andererseits adäquate Fördermaßnahmen einzuleiten.

Geistige Behinderung aus pädagogischer Sicht

Aus *pädagogischer Sicht* stellt sich die **Frage nach den Bildungsmöglichkeiten** von geistig behinderten Kindern und Jugendlichen.

Bach (1980) bezeichnet als geistig behinderte Kinder solche, "welche wegen der Schwere ihrer intellektuellen Beeinträchtigungen eine Sonderschule für

Lernbehinderte [in Österreich: Allgemeine Sonderschule, Anm. d. Verf.] nicht mit ausreichendem Erfolg besuchen können, die jedoch zu sinnvoller Tätigkeit und ausreichender Einordnung zu führen sind" (*Bach,* 1980, S. 1).

Geistige Behinderung als administrativer Begriff

Im Gegensatz zu *Bach*, der geistige Behinderung als *"administrativen Begriff"* definiert, sieht *Speck* (1980) den Begriff "geistige Behinderung" losgelöst von administrativen Maßnahmen. Geistig Behinderte haben nach *Speck* (1980, S. 164) **das Recht auf "personale und soziale Integration"**. Sonderpädagogik dürfe sich in diesem Verständnis nicht als "Absonderungspädagogik" verstehen, sondern müsse schulische und gesellschaftliche Integration ermöglichen.

6.2 Ursachen geistiger Behinderung

Häufigkeit

In Österreich sind rund 45 000 Menschen geistig und mehrfach behindert (vgl. *Spudich,* 1980, S. 4), was ca. 0,6 % der Bevölkerung entspricht.

Es gibt heute rund zweihundert bekannte Ursachen für eine geistige Behinderung, bei ca. 60 % der Menschen mit geistiger Behinderung kennen wir aber die Ursache letztlich nicht (vgl. *Neuhäuser/Steinhausen,* 1990, S. 25). Die Einteilung wird von den meisten Autoren nach dem vermuteten Zeitpunkt der Entstehung einer Störung vorgenommen.

Durch die Fortschritte der Medizin, der Biochemie und der Genetik können organisch-biologische Ursachen von "Schwachsinn" und verantwortliche Kausalketten immer genauer aufgespürt werden.

Autoren aus dem medizinischen Bereich (*Rett/Seidler,* 1981) bzw. aus dem Bereich der Neuropsychiatrie (*Berger,* 1980) verwenden die Begriffe **"(Hirn-) Schädigungen"**, **"Behinderungen"** und **"Entwicklungsstörungen"** (*Rett/ Seidler,* 1981, S. 17) bzw. **"hirnabhängige Störungen"** (*Berger,* 1980, S. 39).

Aus medizinisch-biologischer Sicht unterscheidet man:

Ursachen geistiger Behinderung

- angeborene Stoffwechselstörungen (z. B. Phenylketonurie, auch Phenylbrenztraubensäure-Schwachsinn)
- Hirnschäden (vor, während und nach der Geburt: prä-, peri- und postnatale Hirnschäden)
- schwere Ernährungsstörungen
- Infektionskrankheiten (z. B. Röteln)
- Chromosomenabweichungen (z. B. Mongolismus)
- hormonelle Störungen
- erblich und ätiologisch unklare geistige Behinderung (z. B. dementia infantilis; Demenz = geistiger Abbau)

Die Frage, ob **soziale Momente** eine zentrale Rolle bei der Entstehung einer geistigen Behinderung spielen, ist **noch nicht hinreichend** wissenschaftlich **geklärt**. Der Beweis für eine spezifische Beziehung zwischen sozio-kulturellen Bedingungen und kognitiven Leistungen ist bisher nur bei Lernbehinderten eindeutig nachgewiesen worden (vgl. *Eggert,* 1972; *Begemann,* 1984).

Das Phänomen "geistige Behinderung" kann durch **vier systemtheoretische Zugänge** beschrieben werden:

Systemtheoretische Zugänge

STATISCH-DEFEKT-ORIENTIERTE MODELLE
Geistige Behinderung als Zuschreibung von irreversiblen Defekten

DYNAMISCH-PERSON-ZENTRIERTE MODELLE
Geistige Behinderung als veränderbare und beeinflußbare Komponente

Medizinisch-biologisches Modell

(Hirn-)Schädigungen und Entwicklungsstörungen durch biologische, endo- und exogene Faktoren

Sozialwissenschaftlich-soziologisches Modell

Beachtung der sozio-kulturellen Bedingungen bei geistiger Behinderung

Normalisierung als Aufhebung gesellschaftlicher Absonderung

KIND MIT GEISTIGER BEHINDERUNG

Psychologisches Modell

Intelligenzmangel bzw. Intelligenzdefekt definiert durch den IQ

Pädagogisches Modell

Beeinflussung und Veränderung durch Förderung bzw. Integration

6.3 Geistige Behinderung und der Begriff der Mehrfachbehinderung

Symptome und Syndrome geistiger Behinderung

Bei der Gruppe der geistig Behinderten handelt es sich um eine sehr uneinheitliche Gruppe – *die* "geistig Behinderten" gibt es nicht.

Unter **Syndrom** versteht man eine mehr oder weniger regelhafte **Kombination von Symptomen**: z. B. geistige Behinderung mit Sprachstörungen und motorischen Ausfällen.

"Mehrfachbehinderung"

Rett (1981, S. 119) spricht von einem **"Trend zur Mehrfachbehinderung"**, der die betreuenden Institutionen vor Ein- und Zuordnungsprobleme stellt. Nach *Hensle* (vgl. 1988, S. 166) weisen etwa 70 % aller behinderten Kinder kombinierte Funktionseinschränkungen auf, bei etwa 30 % lassen sich isolierte motorische, sprachliche oder mentale Störungen feststellen.

Leitsymptom-
gruppen einer
frühkindlichen
Hirnschädigung

Frühkindliche Hirnschädigung in ihren Auswirkungen (Leitsymptomgruppen) unter dem Aspekt der "Mehrfachbehinderung" (vgl. *Hensle,* 1988, S. 173):

frühkindliche Hirnschädigung (prä-, peri-, postnatal) → kann zu folgenden **Symptomen** einer **Mehrfachbehinderung** führen →

Leitsymptomgruppen:

- **Störungen des Intellekts**
  (von Lernbehinderung bis geistiger Behinderung)
- **Teilleistungsstörungen**
  = MCD (minimale cerebrale Dysfunktion) bzw. Wahrnehmungsstörungen
- **Störungen der Motorik**
  von minimalen Bewegungsstörungen (MCP = minimale cerebrale Parese) bis zur Zerebralparese als typische Mehrfachbehinderung (Körper-, Lern- und Sprachbehinderung)
- **Zerebrale Krampfanfälle**
  als Ausdruck einer Hirnfunktionsstörung
- **Störungen der Sinnesrezeption**
  hauptsächlich als Seh- und Hörstörungen
- **Sprachstörungen**
- **Verhaltensstörungen**
  als spezifische hirnorganische Symptomatik ("Achsensyndrom") bis zu Verhaltensstörungen als Reaktion auf die Umwelt ("sekundäre Neurotisierung")

Der Begriff **"Mehrfachbehinderung"** ist für die Praxis **nicht sehr aussagekräftig**, weil er keine Aussage über Art und Ausmaß der Behinderung in den verschiedenen Entwicklungsdimensionen zuläßt. Letztendlich sind auch "Einfachbehinderungen" als Mehrfachbehinderungen zu sehen, weil z. B. Blindheit auch die Entwicklung der Motorik, der Sprache, der Intelligenz usw. beeinträchtigen kann.

Als *pädagogische Konsequenz* des Begriffes "Mehrfachbehinderung" ist festzustellen, daß in der traditionellen Sonderpädagogik die "dominierende Behinderungsform" den Ort der pädagogischen Förderung (in einer entsprechenden Sonderschulform) bestimmte. In Österreich heißen die Sonderschulen für geistig behinderte Kinder "Sonderschulen für schwerstbehinderte Kinder" (S-Schulen). So trifft man z. B. in der Sonderschule für körperbehinderte Kinder auch Kinder an, die zusätzlich geistig behindert oder lernbehindert sind. Das "Leitsymptom" ist aber die Körperbehinderung.

Pädagogische Konsequenz

Sonderschulen als institutionelle Differenzierung

Unser Sonderschulwesen geht noch immer von "Behinderungen" aus, aber nicht vom "behinderten Kind", meint *Hellbrügge* (vgl. 1977, S. 23) und gibt damit dem Prinzip der individuellen Förderung unter dem Aspekt weitestmöglicher Integration den Vorrang gegenüber der institutionellen Differenzierung.

versus

integrative Erziehung

Diese veränderte Position der Geistigbehindertenpädagogik, die nicht so sehr den Akzent auf den Defekt setzt (vgl. *Kobi,* 1977, S. 67) und die *Speck* (1988, S. 29) als "Loslösung vom medizinischen Modell" bezeichnet, fragt unter pädagogischem Aspekt nach den speziellen Erziehungsbedürfnissen des jeweiligen Kindes.

6.4 Geistige Behinderung am Beispiel des Kindes mit "Down-Syndrom" (Mongolismus, Trisomie 21)

1866 beschrieb der Engländer *John Langdon-Down* das Bild des "mongolian type of idiocy". Die folgende Darstellung beschränkt sich auf eine der häufigsten chromosomalen Störungen, die **Trisomie 21**, bei der ein überzähliges Chromosom der Gruppe 21 vorhanden ist. Nach *Ohlmeier* (vgl. 1983, S. 15) gehören 98 % der mongoloiden Kinder in diese Gruppe.

Beispiel einer Trisomie 21

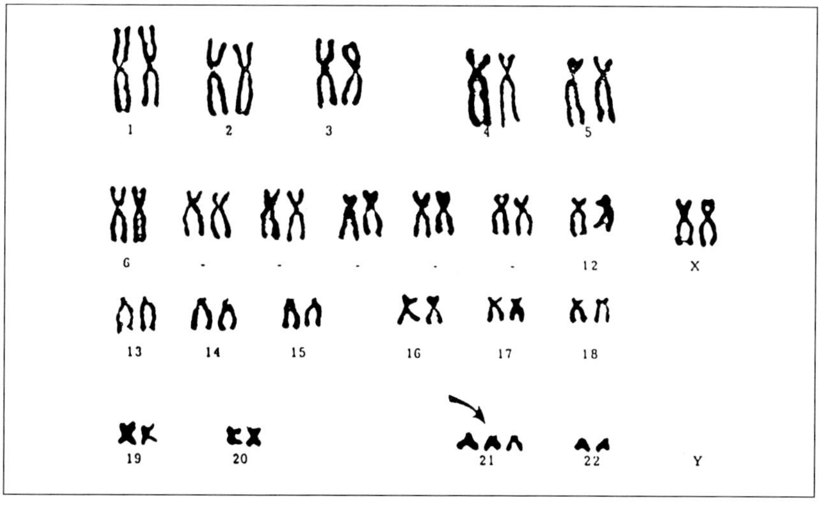

Beispiel einer Trisomie 21: Das Bild zeigt den geordneten Chromosomensatz (Karyogramm) eines mongoloiden Mädchens. Anstelle von 46 Chromosomen (23 Paare) sind 47 vorhanden. Das Chromosom 21 ist überzählig. (Abb. aus: *Vries-Kruyt*, 1974, S. 140.)

Ursachen

Die **Ursachen** für das Zustandekommen **der Trisomie 21** sind noch weitgehend ungeklärt, es gibt aber Hinweise auf das Gebär- und Zeugungsalter ("hormonelle Erschöpfung") beider Elternteile.

Alter der Mütter

Down-Syndrom und Vorkommen nach dem Alter der Mütter (vgl. *Hensle*, 1988, zit. in: *J. Carr*, 1978, S. 3):

Alter der Mutter	Wahrscheinlichkeit des Down-Syndroms
20 – 24	1 : 1 600
30 – 35	1 : 880
40 – 44	1 : 100
über 45	1 : 46

Alter der Väter

Neuere Untersuchungen weisen auch auf das Alter der Väter als Risikofaktor hin.

Merkmale des Down-Syndroms

Nach *Rett* (vgl. 1981, S. 121) unterscheidet man:

Organische Merkmale

Obligate Symptome:

1. Schrägstellung der Lidachsen nach außen oben
2. große zerklüftete Zunge
3. Tatzenhand mit kurzen Fingern und gekrümmten Kleinfingern
4. die Mongolenzehe
5. Hypotonie der Muskulatur (zu geringer Blutdruck)
6. Kurznasigkeit
7. Oligophrenie (Schwachsinn)

Fakultative Symptome:

1. Brachyzephalie (Kurzköpfigkeit)
2. Epikanthus (sichelförmige Hautfaltenbildung der Oberlider)
3. Finger-Furche
4. angeborene Herzfehler
5. verkleinerte, wenig modellierte Ohrmuschel

Intelligenz

Bei 28,5 % aller Down-Kinder finden sich angeborene Herzfehler (vgl. *Hensle,* 1988, S. 125); entscheidend sind aber Fehlbildungen des Gehirns, welche die geistigen Entwicklungsmöglichkeiten einschränken. *Rett* (vgl. 1981, S. 122) spricht von einer **großen intellektuellen Streuung** bei mongoloiden Kindern, die vom Niveau eines zweijährigen Kindes bis zu einem schulischen IQ von 70 reichen.

Beispiele von Förderung

Hinsichtlich der *schulischen Leistungsfähigkeit* von Kindern mit Down-Syndrom gibt es in der Literatur auch Berichte über ungewöhnliche Leistungen von Kindern, die von klein auf intensiv gefördert wurden (vgl. *Hunt,* 1974; *Vries-Kruyt,* 1974; *Tuckermann,* 1981). Je nach Schweregrad der geistigen Behinderung und den Möglichkeiten einer kontinuierlichen *Frühförderung* erlernen manche Kinder Lesen und Schreiben. Große Schwierigkeiten bereiten das Rechnen und das schlußfolgernde Denken, während Merkfähigkeit und Feinmotorik bessere Werte erbringen. Kinder mit Down-Syndrom sind großteils freundlich, anhänglich und sprechen besonders gut auf Musik und Rhythmus an, vielfach werden ihnen "Witz" und "Durchtriebenheit" zugeschrieben.

6.5 Geistige Behinderung am Beispiel des autistischen Kindes

Häufigkeit

Vier bis sechs von 10 000 neugeborenen Kindern leiden unter einer schweren frühkindlichen Entwicklungsstörung, die man als **"autistisches Syndrom"** bezeichnet. Die folgende Abbildung soll die **Diagnose von autistischen Symptomen** erleichtern.

Wie kann man Autismus erkennen?

Wie kann man Autismus erkennen? (Abb. aus: Autismus: Früherkennung. Broschüre der Österreichischen Autistenhilfe, Wien o J., S. 5)

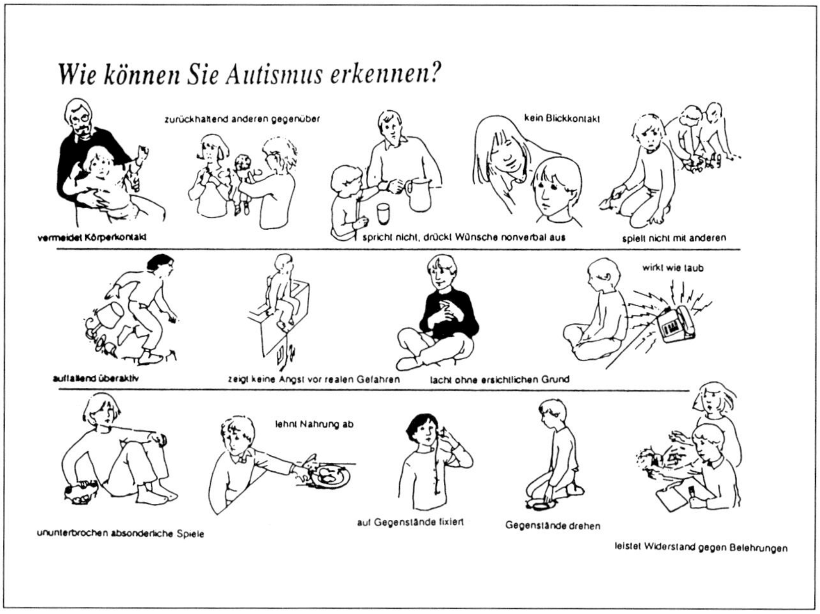

Beim autistischen Syndrom treten die typischen Einzelsymptome in Variationen auf, insgesamt führt aber das autistische Syndrom zu einer Beeinträchtigung der Kommunikation und der sozialen Interaktion.

Ursachen des Autismus (Ätiologie)

Unklare, multikausale Ätiologie

Autismus kann (derzeit) auf keine einheitliche Ursache zurückgeführt werden (**"multikausale Ätiologie"**).

Mangelnde Wahrnehmungssynthese bzw. Wahrnehmungsselektion

Symptomatologisch wird der Autismus als **"Verhaltensstörung"** (*Asperger,* 1968; *Berger,* 1980; *Rett,* 1981; u. a.) im Bereich der "endogenen Psychosen" definiert oder als **"zentrale Wahrnehmungs- und Sprachstörung"** (*Wing,* 1973a/b), der eine Hirnfunktionsstörung zugrunde liegt (vgl. *Rett,* 1981). *Kehrer* (1988, 1989) spricht von einer **"Störung der intermodalen Wahrnehmungssynthese"**.

Autistische Kinder können zwar sehen, hören, riechen, schmecken, tasten, doch werden die **Wahrnehmungen zu keinem typischen Gesamtbild kombiniert**. Nach *Kiphard* (vgl. 1986, Bd 3, S. 82f.) funktioniert bei autistischen Kindern der biologische Schutzmechanismus der Wahrnehmungsselektion un-

Reizüberlastung und "Rückzug"

genügend, d. h. alle eintreffenden Umwelteindrücke über die Nervenbahnen (optische und akustische Reize) werden "ungefiltert" weitergegeben, was zu einer "Reizüberlastung" führt.

Ursachenfaktoren

Ursachenfaktoren des autistischen Syndroms und ihre Beziehung untereinander (vgl. *Kehrer,* 1988, S. 43ff.)

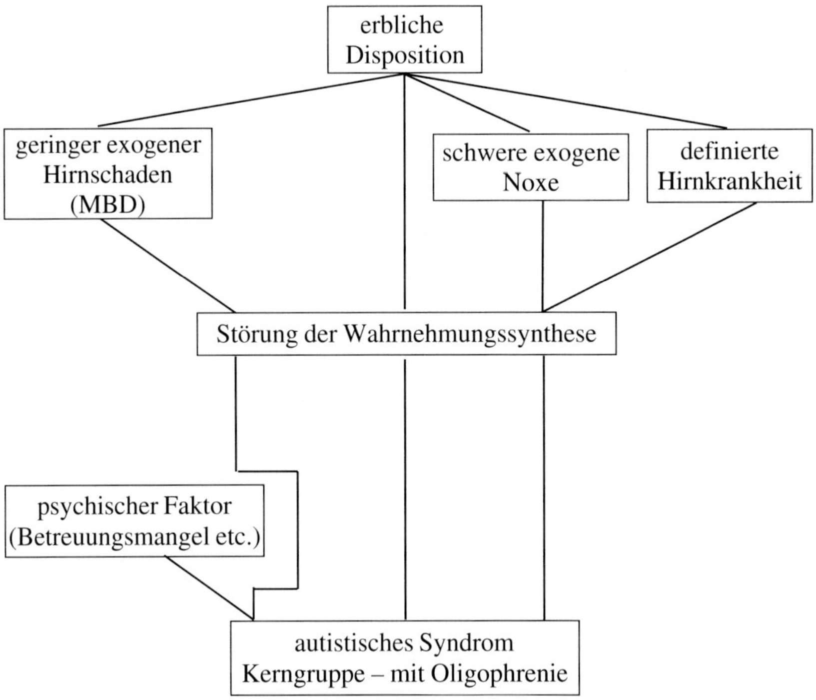

"Vielleicht sind die autistischen Angst- und Wutausbrüche ein letzter, ohnmächtiger Versuch, dem subjektiv als chaotisch erlebten Überangebot einfließender Umwelteindrücke zu entgehen. Man kann also in der spontanen Abwehr, in dem angstvollen Ausweichen und Sich-Abkapseln einen biologischen Schutzmechanismus im Sinne einer totalen Aufnahmesperre nach Zusammenbruch der sensomotorischen Regelkreise sehen. Da die Umwelt dadurch wirklich erträglicher und weniger bedrängend und bedrohend erlebt wird, werden diese typisch autistischen Verhaltenstendenzen des Rückzugs und des Ausweichens naturgemäß erst recht konditioniert." (*Kiphard,* 1986, Bd 3, S. 82f.)

Pädagogische Maßnahmen

Pädagogische Maßnahmen bei autistischen Kindern mit geistiger Behinderung

Beim geistig behinderten Kind mit Autismus treten neben den oben beschriebenen Symptomen **zusätzlich Wahrnehmungsschwächen** (Schwierigkeiten im Erkennen und Unterscheiden der Lage, Größe und Form von Gegenständen und Symbolen) und **Sprachauffälligkeiten** (keine Gebärdensprache, viele bleiben stumm, oft mechanisches, triebhaftes Nachsprechen einzelner Wörter oder Satzbrocken – "Echosprache") auf. *Klein* (1979) verwendet den Begriff **"lernunproduktives Verhalten"**. Das autistische Kind muß aber aus seiner Isolierung herausgeholt werden, es müssen durch "Verstehenlernen" und "konsequentes Vorgehen" Sozial- und Lernaktivitäten angebahnt und erhalten bleiben.

Herstellen von "Lernbereitschaft"

Die Unterbringung von autistischen Kindern in *Sonderschulen für schwerstbehinderte Kinder* oder in *Allgemeinen Sonderschulen* muß sehr kritisch gesehen werden, weil dort meist die aufwendige therapeutische Versorgung und Einzelbetreuung nicht gewährleistet ist.

Beschulung bei Autismus

Die Bildung von *eigenen "Autismusklassen"* ist wegen der unzureichenden sozialen Interaktionsmöglichkeit problematisch.

"Autismusklassen"

In Österreich gibt es Versuche zur Integration von autistischen Kindern in Form von **"Einzelintegration"** durch einen "Stützlehrer" (vgl. *Hawliczek*, 1987, S. 13f.) bzw. Versuche in **"Integrations- und Kooperationsklassen"**. Die bisherigen *internationalen Erfahrungen* über Integrationsversuche mit geistig behinderten autistischen Kindern (vgl. *Mühl*, 1987) sprechen nicht eindeutig für eine integrierte Erziehung, stellen aber die Bildung von Gruppen von autistischen Kindern in Frage. *Mühl* (vgl. 1987, S. 62ff.) plädiert eher für ein **"additiv-kooperatives Modell"** (d. h. additive Anbindung von Klassen für autistische Schüler an Regelschulen).

Einzelintegration

Integrations- und Kooperationsklassen

6.6 Erziehung und Unterricht geistig behinderter Kinder und Jugendlicher

6.6.1 Sonderschulen für schwerstbehinderte Kinder

In Österreich heißen die Sonderschulen für geistig Behinderte etwas irreführend *"Sonderschulen für schwerstbehinderte Kinder" (S-Schulen)*; teilweise werden Kinder mit leichter geistiger Behinderung an *Allgemeinen Sonderschulen* (ASO) unterrichtet. Schwerstbehinderte Kinder werden auch im Rahmen der *Heilstättenschule* und an *Sonderschulen für körperbehinderte Kinder* gefördert (siehe Problem "Mehrfachbehinderung").

S-Schulen

ASO

Heilstättenschulen

Sonderschulen für körperbehinderte Kinder

Die Sonderschule für schwerstbehinderte Kinder hat die Aufgabe, "schwerstbehinderte Kinder, die noch ansprechbar und bildbar sind [Frage der Bildungsfähigkeit, Anm. d. Verf.], in ihrer Gesamtentwicklung zu fördern, ihre Behinderungen durch heilpädagogische Maßnahmen nach Möglichkeit abzubauen, sie auf die Einordnung in kleine Gemeinschaften (Familie oder Heim) vorzubereiten, ihnen die elementarsten Verhaltensformen zur Bewältigung des Lebens anzuerziehen und sie mit einigen für ihr späteres Leben grundlegenden Kenntnissen und Fertigkeiten auszustatten." (Lehrplan der Sonderschulen: Allgemeine Sonderschule, Sonderschule für schwerstbehinderte Kinder, 1987, S. 323)

Die *Einreihung* eines Kindes in die jeweilige Klasse (Stufe) erfolgt nicht so sehr nach dem Lebensalter des Kindes, sondern eher nach seiner **Reife und Leistungsfähigkeit**. Im letzten Jahr der Schulpflicht soll der Besuch der *Abschlußstufe* ermöglicht werden.

Interdisziplinäre Kooperation

Die *Schule für geistig Behinderte* ist nach *Speck* (1980, S. 238) ein **"interdisziplinäres Förder- und Hilfssystem"**, in dessen Rahmen SonderschullehrerInnen in enger Teamarbeit mit AssistenzlehrerInnen (heilpädagogische Unterrichtshilfen), TherapeutInnen, ErzieherInnen am Nachmittag und pflegerischem Personal zusammenarbeiten sollten.

Befreiung von der Schulpflicht

Kostenloser "Hausunterricht"

Wenn ein geistig behindertes Kind dem Unterricht einer Sonderschule für schwerstbehinderte Kinder nicht zu folgen vermag, kann es auf Antrag der Eltern oder des Schulleiters **von der allgemeinen Schulpflicht befreit** werden. Nach der Einholung eines Gutachtens gibt es die Möglichkeit eines **"Hausunterrichtes"** entsprechend dem Behindertengesetz des jeweiligen Bundeslandes.

Von der "Bildungsunfähigkeit" zur "Schulunfähigkeit"

Sprach man früher bei geistig behinderten (schwerstbehinderten) Kindern von *"Bildungsunfähigkeit"*, ist dieser Begriff von *"Schulunfähigkeit"* abgelöst worden. Damit kommt auch zum Ausdruck, daß eigentlich das System Schule unfähig ist, ein bestimmtes behindertes Kind zu fördern.

Bei der **Beurteilung der "Schulunfähigkeit"** sind folgende Kriterien zu beachten:

- Kein schulpflichtiges und förderbares Kind darf nach den einschlägigen Rechtsvorschriften ausschließlich wegen eines fehlenden Transportmittels vom Schulbesuch befreit werden.
- Eine Entscheidung über die "Schulunfähigkeit" kann erst getroffen werden, wenn das Kind gründlich in der Klassensituation beobachtet wurde.
- Die Beurteilung der "Schulunfähigkeit" hängt davon ab, was man unter "Schule" nach tradierten Vorstellungen versteht und was dort zu geschehen hat, d. h. Schulen müssen kindgerechter (besser: behindertengerechter) werden (vgl. *Gruber,* 1981, S. 768ff.).

In den letzten Jahren mehren sich die Stimmen, die *auch für Kinder mit Intensivformen geistiger Behinderung eine schulische Fördermöglichkeit fordern* und *auf eine Beseitigung der Schulpflichtbefreiung drängen* (vgl. z. B. *Urdl,* 1990)

6.6.2 Zur schulischen Integration geistig behinderter Kinder und Jugendlicher

Fallbeschreibung einer Integrationsklasse

Eine Fallbeschreibung (gekürzt aus: *Sirbu u. a.* in: *Innerhofer u. a.*, 1990, S. 298f.):

Die behinderten Kinder der beschriebenen Klasse der Volksschule in Wien 1020, Leopoldsgasse, befinden sich im Schuljahr 1991/92 bereits in der 2. Klasse einer Hauptschule (Schulversuch "Neue Mittelschule", HS Wien 1200, Stromstraße).

"Volksschule Leopoldsgasse, Wien 2. Die Klasse 1 b hat zwei Lehrerinnen, obwohl sie nur aus 19 Kindern besteht. Eine Sonderschullehrerin kümmert sich besonders (aber nicht ausschließlich) um die drei behinderten Kinder Phillip (7), Tichomir (6) und Harun (6). Es handelt sich um eine "Kooperationsklasse", in der geistig behinderte Kinder zusammen mit nichtbehinderten unterrichtet werden und damit die Möglichkeit zur gemeinsamen Erziehung in der Regelschule geschaffen wird. Dieses Modell der schulischen Integration geistig behinderter Kinder existiert in Wien seit Herbst 1986.

Behinderte Kinder wie Phillip und Tichomir, die beide "mongoloid" sind, bedürfen viel Zuwendung und Aufmerksamkeit und besonderer fachlicher Qualifikation der Lehrer. Sie werden ihrer Behinderung und damit unterschiedlicher Leistungsvoraussetzungen entsprechend teilweise mit anderen Aufgaben konfrontiert als ihre Mitschüler. Phillip freut sich, wenn er den einzelnen Spielsachen ihren Namen geben kann und weiß, wie man damit umgeht und was man alles damit machen kann. Seine Freunde zeigen großes Interesse an seinen Leistungen. Er bekommt lauten Beifall, wenn er Erfolg hat. Das spornt ihn an, und sein Ehrgeiz überträgt sich auch auf Tichomir, dem er oft hilft, sobald er sieht, daß dieser mit einer Aufgabe nicht zurecht kommt.

Harun ist zwar stiller als die beiden anderen – er leidet an den Folgen einer Geburtsasphyxie, einem Erstickungszustand während der Geburt – dennoch scheint er mit großer Aufmerksamkeit den anderen Schülern bei ihrer Tätigkeit zu folgen, und auch er bekommt positiven Zuspruch von allen, als er den roten Ball richtig zu benennen weiß. Besonders seine motorischen Koordinationsfähigkeiten haben sich unter Mithilfe einer speziell ausgebildeten Stützlehrerin seit seinem Schuleintritt deutlich verbessert.

Vormittags verbringen die Kinder vier Stunden gemeinsam in der Klasse. Nur in Deutsch und Rechnen werden sie getrennt unterrichtet.

Die Besonderheit des Klimas in einer Integrationsklasse liegt zweifelsohne im Sozialverhalten, dem Austragen von Konflikten und der Bewältigung von Problemen, die in einer Klasse mit Schülern wie Tichomir, Phillip und Harun entstehen. Julia hilft ihrem Freund gerne beim Anziehen, wenn dessen manuelle Fertigkeit nicht ausreicht. Man überläßt dem Schwächeren auch gern einmal seinen Platz und liefert anerkennende Worte, wenn der andere Erfolg hat usw. Die Kinder lernen mit der Behinderung ihrer drei Mitschüler umzugehen und deren Leistungen nicht mit ihren in direkten Vergleich und in Konkurrenz zu setzen, sondern sie als individuellen Fortschritt und Erfolg jedes einzelnen Kindes zu sehen. Das Kennenlernen, Verstehen und Akzeptieren Behinderter wird diesen Kindern nicht vorenthalten. Sie haben früh Gelegenheit, Erfahrungen zu machen, die ihnen nicht nur eine andere Sichtweise des Problems 'Behinderung' vermitteln, sondern auch die Fähigkeit, mit behinderten Menschen zu leben."

Was geschieht nach der Schule?

Die Schulversuche zur Integration von geistig behinderten Kindern und Jugendlichen zeigen auch die Problematik auf, daß eine soziale Eingliederung nicht nur auf das Schulalter beschränkt werden kann. Nach dem **Prinzip der Normalisierung** sollte gemeinsames Lernen in der Schule nur die erste Stufe der gesellschaftlichen Integration im späteren Leben sein.

Arbeitsaufträge

- *Vergleichen Sie die methodischen Grundsätze für die Erziehungsarbeit bei geistig Behinderten nach Bach (1980) mit den methodischen Grundsätzen der Regelschule! Ziehen Sie dazu die Lehrpläne und Lehrplankommentare (VS/HS) zu Rate! In welchen Bereichen gibt es Abweichungen, wo Übereinstimmungen? Dieser Vergleich der "Schnittstellen" zwischen Regelschule und Sonderschule erhält seine Praxisrelevanz durch die steigende Anzahl von integrativen Schulmodellen.*

- *Versuchen Sie ein Unterrichtsthema aus dem Sachunterricht (Fachunterricht) so aufzubereiten, daß auch ein geistig behindertes Kind mitarbeiten kann!*
- *Bearbeiten Sie das Thema "Geistige Behinderung" mit Ihren Schülerinnen und Schülern im Unterricht! (Anregungen dazu finden Sie in: Lunacek, U., Spudich, H., Gruber, H.: Was heißt denn da behindert? Die Mappe enthält sechs einzelne Hefte, vier davon sind für die Unterrichtsgegenstände Deutsch, Englisch, Religion und Geschichte vorgesehen. Das "Leseheft" bietet eine Textsammlung mit Hintergrundinformationen, das Heft "Übungen und Spiele" enthält Übungen und Spiele zum sozialen Lernen in Hinblick auf Behinderung und "Anderssein". Zu beziehen bei: Lebenshilfe Österreich, Dachverband für Menschen mit geistiger und mehrfacher Behinderung, 1120 Wien, Schönbrunnner Str. 179.)*
- *Versuchen Sie das zentrale Problem des autistischen Kindes, die "Wahrnehmungsselektion", zu simulieren, indem Sie ein Gespräch mit einer/einem Bekannten führen oder einen Text memorieren unter gleichzeitiger Einblendung mehrerer (stark) "ablenkender" Reize! Z. B.: Der Plattenspieler spielt laut, das Fernsehgerät und der Kassettenrecorder dröhnen, der Staubsauger läuft usw. Welche Schwierigkeiten ergeben sich? Wie reagieren Sie bzw. Ihr Gesprächspartner? Gelingt es Ihnen, den Text zu lernen?*
- *Weitere Informationen zum Thema Autismus sowie eine Früherkennungs-Checkliste, eine Checkliste für das erste Lebensjahr und eine Merkmalsliste zur Erkennung des autistischen Syndroms finden Sie in: Autismus: Früherkennung. Broschüre der Österreichischen Autistenhilfe, 1010 Wien, Eßlingg. 13/11.*

Literatur

Asperger, H.: Heilpädagogik (Einführung in die Psychopathologie des Kindes für Ärzte, Lehrer, Psychologen, Richter und Fürsorgerinnen). Wien-New York 1968[5]

Bach, H.: Geistigbehindertenpädagogik. Berlin 1980[10]

Begemann, E.: Schüler und Lern-Behinderungen. Zum pädagogischen Auftrag des Lehrers. Ein Studienbuch.Bad Heilbrunn/Obb. 1984

Berger, E.: Einführung in die Neuropsychiatrie des Kindes- und Jugendalters. Studientexte zur Lehrerbildung und Lehrerfortbildung. Wien-München 1980

Carr, J.: Down-Syndrom in früher Kindheit (Entwicklung, Erziehung und Familiensituation). München 1978

Eggert, D.: Ein Beitrag zur Sozial- und Familienstatistik von geistig behinderten Kindern. In: *Ders.:* Zur Diagnose der Minderbegabung (Ein Handbuch und Textbuch zur Testbatterie für geistig behinderte Kinder – TBGB). Weinheim 1972, S. 73-90

Gruber, H.: Von der Schulpflicht befreite, behinderte Kinder in Österreich. In: Erziehung und Unterricht 10/1981, S. 768-780

Hawliczek, V.: Integrative Betreuung eines autistischen Kindes. In: Mitteilungen des Pädagogischen Instituts Wien 8/1986/87, S. 13f.

Hellbrügge, Th.: Unser Montessori-Modell (Erfahrungen mit einem neuen Kindergarten und einer neuen Schule). München 1977

Hensle, U.: Einführung in die Arbeit mit Behinderten (Psychologische, pädagogische und medizinische Aspekte). Heidelberg 1988[4]

Hunt, N.: Die Welt des Nigel Hunt (Tagebuch eines mongoloiden Jungen). München 1974

Kehrer, H. E.: Zur Ätiologie des autistischen Syndroms. In: Der Kinderarzt 1/1988, S. 43-50

Ders.: Autismus (Diagnostische, therapeutische und soziale Aspekte). Heidelberg 1989

Kiphard, E. J.: Mototherapie. Teil I (Psychomotorische Entwicklungsförderung. Bd 3) Dortmund 1986[2]

Klein, F.: Erziehung Geistigbehinderter mit autistischen Verhaltensweisen. In: *Bach, H.* (Hg.): Pädagogik der Geistigbehinderten. Handbuch der Sonderpädagogik. Bd 5. Marhold 1979, S. 213-221

Kobi, E. E.: Heilpädagogik im Abriß. München-Basel 1977[3]

Lehrplan der Sonderschulen (Allgemeine Sonderschule, Sonderschule für schwerstbehinderte Kinder). Wien 1987

Lunacek, U., Spudich, H., Gruber, H.: Was heißt denn da behindert? (Materialien für den Unterricht, hg. v. Bundesministerium für Unterricht, Kunst und Sport und von der Lebenshilfe Österreich) Wien 1987

Mühl, H.: Integration von Kindern und Jugendlichen mit geistiger Behinderung (Gemeinsame Erziehung mit Nichtbehinderten in Kindergarten und Schule). Marhold 1987

Neuhäuser, G., Steinhausen, H.-Ch. (Hg.): Geistige Behinderung (Grundlagen – Klinische Syndrome – Behandlung und Rehabilitation). Stuttgart 1990

Ohlmeier, G.: Frühförderung behinderter Kinder (Teil 1: Erfahrungsbericht; Teil 2: Darstellung der Methode). Dortmund 1983

Österreichische Autistenhilfe (Hg.): Autismus: Früherkennung. Broschüre der Österreichischen Autistenhilfe. Wien o. J.

Rett, A., Seidler, H.: Das hirngeschädigte Kind (Ärztliche, erzieherische und soziale Probleme). Wien-München 1981[5]

Sirbu, B. u. a.: Zur Integration geistig Behinderter. In: *Innerhofer, P. u. a.:* Psychische Auffälligkeiten und Probleme im Schulalter. Wien 1990, S. 298-309

Speck, O.: Geistige Behinderung und Erziehung. München 1980

Ders.: System Heilpädagogik (Eine ökologisch reflexive Grundlegung). München-Basel 1988

Spudich, H.: Menschen brauchen Menschen (Das Anliegen der geistig und mehrfach behinderten Österreicher und ihrer Angehörigen). Wien 1980

Tuckermann, A.: Down-Kind Andreas (Der Weg eines Heimkindes). München-Basel 1981

Urdl, I.: "Schulunfähigkeit" – die stille Euthanasie schwerbehinderter Menschen in Österreich. In: *Gruber, H.* (Hg.): Behinderung und Umwelt – Umwelt und Behinderung). Kongreßbericht vom 8. Heilpädagogischen Kongreß v. 14.-16. Juni 1990, Wien, S. 119-121

Vries-Kruyt, de T.: Jan (Die ergreifende Geschichte eines mongoloiden Kindes). München 1974

Wing, J. K. (Hg.): Frühkindlicher Autismus (Klinische, pädagogische und soziale Aspekte). Weinheim 1973a

Ders.: Das autistische Kind (Wie Erziehungsschwierigkeiten und Verhaltensstörungen überwunden werden können). Ravensburg 1973b

Sonderpädagogische Diagnostik

1. Zur Problematik von Diagnosen – eine kritische Bestandsaufnahme

Selektions- und Zuweisungs-diagnostik

Sonderpädagogische Diagnostik war und ist teilweise heute noch *"Selektionsdiagnostik"* und *"Zuweisungsdiagnostik"* im Rahmen der Feststellung der "Sonderschulbedürftigkeit" eines Kindes. Sie dient als Entscheidungshilfe, in welche sonderpädagogische Schul-, Heim- oder Klinikeinrichtung ein Kind aufgenommen werden soll – neuerdings auch zur Feststellung der "Integrierbarkeit" eines Kindes.

Diagnosen als Entscheidungs-hilfe

Diagnosen als Prognosen

Diagnosen als Entscheidungshilfen führen aber manchmal zu irreversiblen Entscheidungen, die dem Kind mehr schaden als nützen können. Man kann z. B. ein Kind nicht versuchsweise integrativ und ein andermal separiert beschulen, um sich im nachhinein für die bessere Lösung zu entscheiden. Mit einer Diagnose (als Entscheidung) wird eine versteckte *"Prognose"* über eine zu erwartende, künftige Entwicklung eines Kindes in einer nichtvorhersehbaren Zukunft abgegeben.

Defizitdiagnostik

Die meisten sonderpädagogischen Diagnosen (etwa in Form von Gutachten) orientieren sich vorwiegend an defizitären Beschreibungen *("Defizitdiagnostik")*. In einem "Negativkatalog" wird aufgezählt, was das Kind alles *nicht* kann. Das Kind wird einseitig unter dem Aspekt seiner "Behinderung" gesehen, wobei "nicht behinderungsspezifische" Fähigkeiten und Fertigkeiten außer acht gelassen werden.

Diagnose als Etikett

Einmal abgegebene Diagnosen können leicht zu einem *"Etikett"* werden und so der Bildung von Vorurteilen Vorschub leisten. Beispiele sind: ein typisches MCD-Kind, ein POS-Kind (POS = psycho-organisches Syndrom), ein hyperaktives Kind, ein Kind mit autistischen Zügen etc. – Bezeichnungen je nach dem sonderpädagogischen "Zeitgeist".

Diagnose als vorläufige Einschätzung

Beurteilungs-fehler

Werturteile

Eine **Diagnose** ist bestenfalls eine **vorläufige Einschätzung**, eine Momentaufnahme eines Zustandes, da die Entwicklung prozeßhaft und fortlaufend gesehen werden muß. Die *Diagnose* als "Einschätzung" (oder auch Fehleinschätzung) unterliegt den gängigen psychologischen *Beurteilungsfehlern* (z. B. Selffulfilling-prophecy, Hofeffekt, Kontrastfehler, logischer Fehler, Milde- und Strengeeffekt, Erwartungshaltung) und enthält immer auch *Werturteile* und Normen des Beurteilers, obwohl häufig so getan wird, als seien Diagnosen objektivierbare Tatbestände.

Diagnosen als Simplifi-zierungen der Wirklichkeit

Diagnosen sind auch häufig als sogenannte *"Einwortdiagnosen"* (z. B. Lernstörung, Legasthenie, Verhaltensstörung) *"Simplifizierungen" der Wirklichkeit.* Sie stützen sich meist auf vordergründige Phänomene und **vernachlässigen größere Zusammenhänge** und nicht selten auch die eigentlichen Hintergründe.

Der ideale Anspruch, nämlich die **"Erfassung der Gesamtpersönlichkeit"**, aus der heraus die Behinderung in der Regel in einem anderen Licht erscheinen würde, ist jedoch derzeit in wissenschaftlich befriedigender Weise noch nicht leistbar.

Soll man unter den gegebenen Voraussetzungen auf das Diagnostizieren gänzlich verzichten? Worin liegt die praktische Bedeutung des Diagnostizierens?

2. Anforderungen an eine sonderpädagogische Förderdiagnostik

Die Kritik an der herkömmlichen Diagnostik soll nicht zum Trugschluß führen, auf die systematische Erfassung von Fördermöglichkeiten gänzlich zu verzichten, nur müßte die statische, defektorientierte Selektions- und Zuweisungsdiagnostik durch eine **"erziehungs- und lernorientierte Diagnostik"** (*Bonderer,* 1990, S. 163) ersetzt werden, die als **"Begleitdiagnostik"** (*Kobi,* 1990, S. 21) bzw. **"Prozeßdiagnostik"** (*Bundschuh,* 1985, S. 35f.) in enger Kooperation aller Beteiligten ständiger Revision unterworfen sein muß.

Begleit- und Prozeßdiagnostik als erziehungs- und lern-orientierte Diagnostik

"Ein sonderpädagogisch relevanter Aspekt einer prozeß- und behandlungsorientierten Diagnostik wäre die unmittelbare und stetige Beobachtung schulischen Lern-, Leistungs- und sozialen Verhaltens und die Umsetzung dieser Beobachtungen in unmittelbar helfende und fördernde Maßnahmen didaktischer, pädagogischer und sozialer Art." (*Bundschuh,* 1985, S. 35f.)

Förderdiagnostik als Prozeß-diagnostik

Was sind nun konkret die **Anforderungen** an eine sonderpädagogische Förderdiagnostik als **"Prozeßdiagnostik"**?

Konkrete Anforderungen

- Sonderpädagogische Förderdiagnostik muß Entwicklungs- und Lernmöglichkeiten eines Kindes in ständiger Beobachtung aufzeigen.
- Sonderpädagogische Förderdiagnostik muß Aufschlüsse über geeignete Erziehungs-, Schulungs- und Fördermaßnahmen bei Kindern mit besonderen Lern- und Erziehungsbedürfnissen geben.
- Sonderpädagogische Förderdiagnostik muß konkrete Hilfestellung für die Planung, Durchführung und Kontrolle von pädagogischen und therapeutischen Handlungsansätzen leisten.

Für die *Praxis* ergeben sich zwei Fragen:

- Wie können die förderdiagnostisch ermittelten Daten (Befund/Gutachten) tatsächlich im Rahmen einer **"Erziehungsplanung"** in ein didaktisch-methodisches Handlungskonzept umgesetzt werden?
- Welche schulischen, erzieherischen und pädagogisch-therapeutischen Hilfen sollen, können und müssen für *dieses* Kind versucht werden? (vgl. *Bonderer,* 1990, S. 162)

Sonderpädagogische Förderdiagnostik (SPFD) versucht, Lernvorgänge eines Kindes mit besonderen Lern- und Erziehungsbedürfnissen im

Definition "Sonderpädagogische Förder-diagnostik"

- motorischen (Grob- und Feinmotorik),
- sensorischen (akustisch, visuell, taktil),
- sprachlichen,
- kognitiven und
- sozial-emotionalen Bereich

zu erfassen, um daraus adäquate **Fördermaßnahmen** und/oder eine gezielte **Therapie** zur Optimierung von Lernprozessen zu planen und durchzuführen.

3. Rahmenbedingungen, Handlungsschwerpunkte und Ablaufschema einer sonderpädagogischen Förderdiagnostik

3.1 Rahmenbedingungen

Rahmenbedingungen

Die Rahmenbedingungen förderdiagnostischer Prozesse lassen sich in vier Bereiche gliedern (vgl. *Bundschuh*, 1985, S. 90):

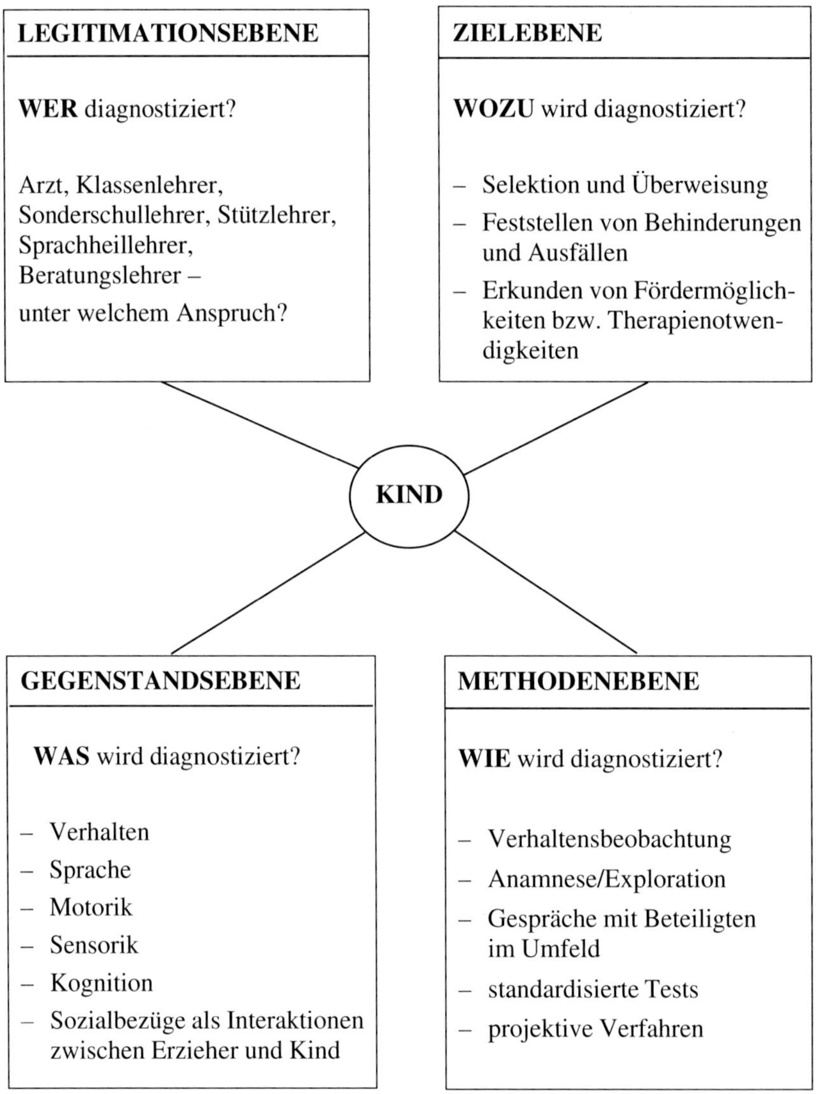

3.2 Handlungsschwerpunkte eines Unterrichts unter dem Anspruch einer sonderpädagogischen Förderdiagnostik

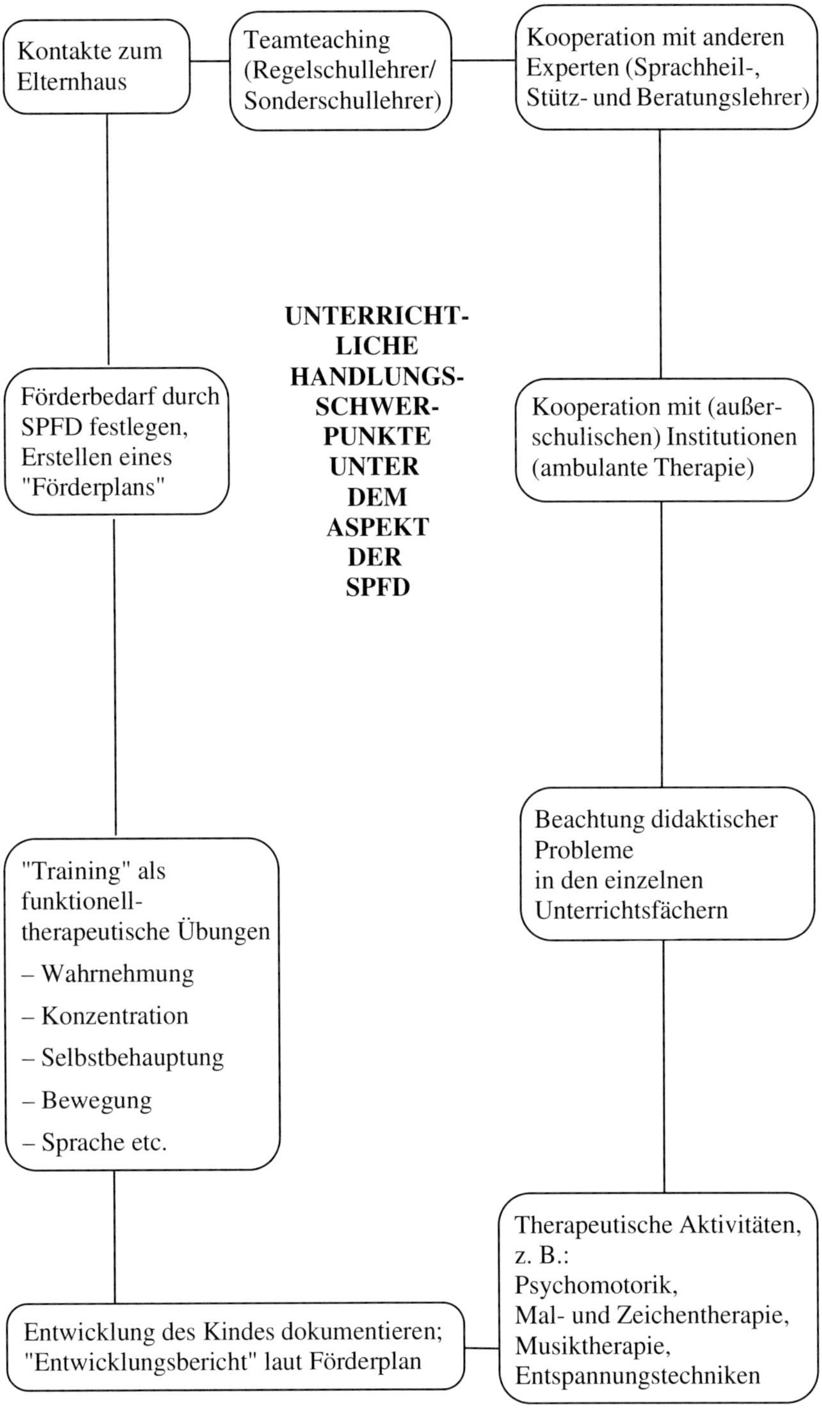

3.3 Ablaufschema für förderdiagnostische Maßnahmen

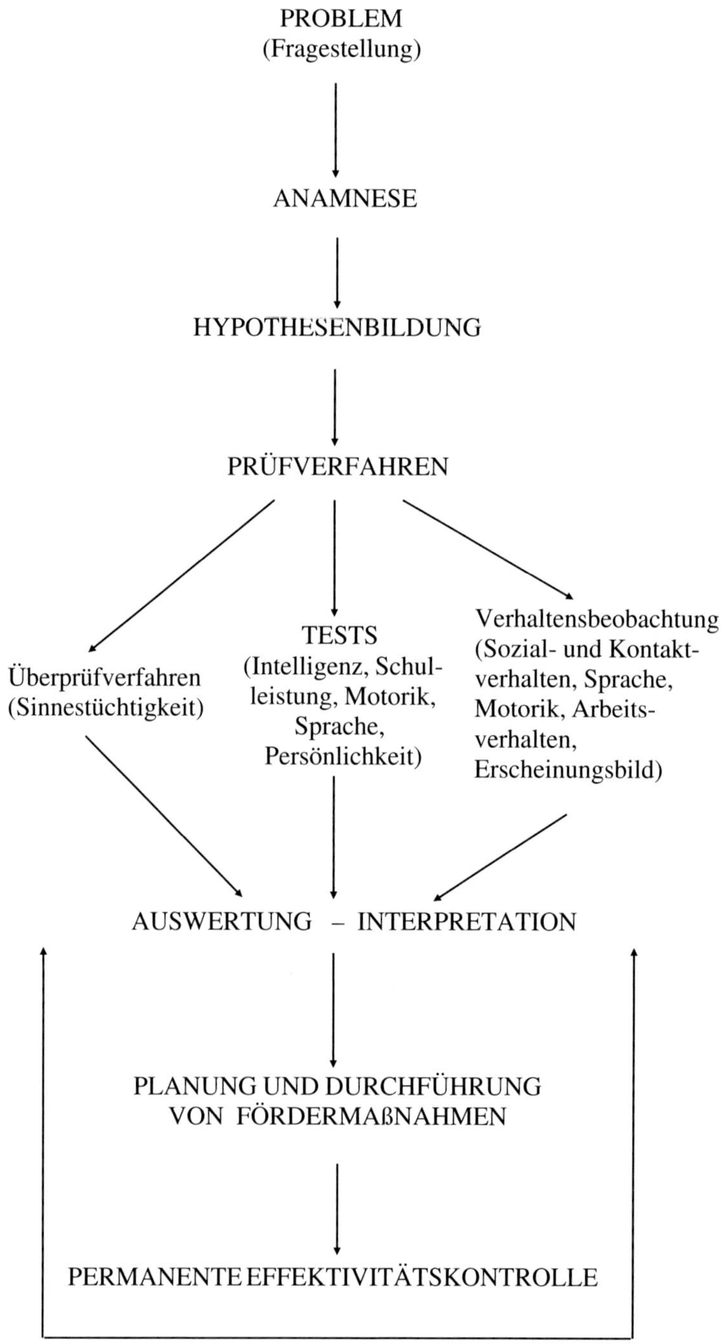

4. Überblick über sonderpädagogische Prüf- und Fördersysteme

Hier können nicht alle Verfahren aufgezählt und beschrieben werden (weitere Informationen siehe: *Kleber,* 1978; *Kobi,* 1990; *Bundschuh,* 1984; *Sedlak/Zemann,* 1986). Im folgenden werden einige **Prüf- und Fördersysteme** zu Intelligenz, Schulleistung, Entwicklung, Motorik, Sprache, Wahrnehmung und zum sozialen und affektiv-emotionellen Verhalten dargestellt.

4.1 Intelligenz

Überprüfung der Intelligenz

Sowohl der Intelligenzbegriff als auch die Auffassung, Intelligenz mit Tests möglichst exakt und gültig messen zu können, sind in jüngster Zeit ins Kreuzfeuer wissenschaftlicher Kritik geraten. Die Diskussion hat sich insbesondere an der zentralen Frage entzündet, ob man überhaupt von einem Intelligenzfaktor sprechen könne oder ob es nicht **mehrere wissenschaftlich belegbare, relativ autonome intellektuelle Kompetenzen** gäbe, die man als **"menschliche Intelligenz"** bezeichnen könne.

Howard Gardner stellt in seinem lesenswerten Buch "Abschied vom IQ" (1991) sechs gleichwertige Intelligenzen vor, die voneinander verhältnismäßig unabhängig sind: linguistische Intelligenz, musikalische Intelligenz, logisch-mathematische Intelligenz, räumliche Intelligenz, körperlich-kinästhetische Intelligenz, personale Intelligenzen (intrapersonale und interpersonale Intelligenz). Der erwachsene "Endzustand" eines Menschen wird seiner Meinung nach nicht bloß durch *eine* Intelligenz bestimmt, sondern ist "durch eine Mischung von Intelligenzen gekennzeichnet; eine Intelligenz in ihrer 'Reinkultur' kann man nur bei Behinderten beobachten" (ebda, S. 12). *Gardner* fordert, daß für jede einzelne dieser Intelligenzen spezifische Testinstrumente entwickelt werden müssen.

Die derzeit vorhandenen **Intelligenztests** sollen in erster Linie der Abklärung der Frage dienen, aus welchen Gründen ein jeweils bestimmtes Leistungsversagen auftritt (z. B. Abklärung einer neurotischen Lernhemmung = schlechte Schulleistungen bei guter allgemeiner Intelligenz).

Der Stellenwert des Intelligenzquotienten (IQ) für Maßnahmen zur Sonderschuleinweisung (Lernbehinderung) ist umstritten. Beim Vorliegen einer geistigen Behinderung oder bei Mehrfachbehinderungen ist der Intelligenzwert nicht sehr aussagekräftig. Der Intelligenztest diskriminiert im Bereich IQ = 0 bis 35 unzuverlässig; hier muß eine differenzierte Verhaltensbeobachtung einsetzen.

Intelligenztests werden häufig noch als Selektions- und Zuweisungsinstrument gesehen. Um pädagogisch umsetzbar zu werden, müssen sie durch konkrete Hinweise und Empfehlungen von Fördermaßnahmen ergänzt werden.

Beispiele:
- HAWIK (Hamburger-Wechsler-Intelligenztest für Kinder)
- SIT (Stanford-Binet-Intelligenztest)
- Nonverbale Intelligenztests
- TBGB (Testbatterie für geistig Behinderte von *Bondy u. a.*, überarbeitet von *Eggert*, 1972)

4.2 Schulleistung

Überprüfung der Schulleistung

Durch die Tatsache, daß das Lehrerurteil weder objektiv noch valide noch reliabel ist (vgl. *Ingenkamp,* 1971, S. 20f.) müßten die Schulleistungen eines Kindes mit Hilfe von "standardisierten Verfahren" überprüft werden.

Beispiele:
- AST: Allgemeiner Schulleistungstest (AST 2, AST 3, AST 4) für die 2., 3. und 4. Schulstufe für Deutsch, Mathematik und Sachunterricht
- DRT: Diagnostischer Rechtschreibtest (DRT 1 – 2, DRT 2, DRT 3, DRT 4 – 5 für die Volksschule; DRT 8 für die 1. – 4. Schulstufe in der Hauptschule)

4.3 Entwicklung

Überprüfung der Entwicklung

Entwicklungsprüfverfahren dienen als "Grobdiagnostikum" bei Entwicklungsauffälligkeiten und sind eher förderdiagnostisch orientiert, weil sich aus dem bisher erreichten Entwicklungsgrad das nächste anzustrebende Stadium ableiten läßt. Sie geben konkrete Hinweise auf pädagogische Fördermaßnahmen.

Beispiele:

- Funktionelle Entwicklungsdiagnostik für das 1. bis 2. Lebensjahr (*Hellbrügge,* 1971, 1978)
- *Delacato-Doman*-Entwicklungsprofil für die ersten sechs Lebensjahre
- Sensomotorisches Entwicklungsgitter nach *Kiphard* (1984) für das 1. bis 4. Lebensjahr
- TES: Testbatterie für entwicklungsrückständige Schulanfänger

Beispiel: Entwicklungsgitter nach *Kiphard*

Beispiel (aus: *Kiphard*, 1984, S. 14f.):

Kiphard prüft mit seinem "Entwicklungsgitter" mit Hilfe von 240 Aufgaben die Sinnes- und Bewegungsfunktionen von Kindern zwischen 0 und 4 Jahren. Die Überprüfungsaufgaben stellen zugleich Übungsaufgaben zur systematischen Förderung entwicklungsrückständiger Kinder dar.

Ohlmeier (1983) hat das "sensomotorische Entwicklungsgitter" von *Kiphard* für Kinder bis siebeneinhalb Jahre erweitert.

Schema des Entwicklungsgitters (240 Aufgaben zur Überprüfung):

	A. Optische Wahrnehmung (Sehen)	B. Handgeschick (Greifen)	C. Körperkontrolle (Gehen)	D. Sprache (Sprechen)	E. Akustische Wahrnehmung (Hören)
4. Jahr					
3. Jahr					
2. Jahr					
1. Jahr					

Ausschnitt: 4. Jahr (37. – 48. Monat)

	B. Handgeschick
	48. Schneidet mit Schere
	47. Knöpft auf und zu *
	46. Linie zwischen 2 Punkten
	45. Knetet Kugel und Schlange
	44. Schraubt, dreht Schlüssel
	43. Wäscht und trocknet Hände *
	42. Hält Stift mit Fingern
	41. Zeichnet Kreis ab *
	40. Baut Turm aus 8 Würfeln *
	39. Wickelt Bonbon aus
	38. Öffnet Zündholzschachtel
	37. Zieht Kleidung an *

Die mit * bezeichneten Items sind statistisch gesichert.

4.4 Motorik

Überprüfung der Motorik

Motorische Tests (auch: motometrische Verfahren bzw. "Motodiagnostik") können Abweichungen und Störungen in Bewegungsvollzügen aufzeigen.

Man unterscheidet sensomotorische (insuffiziente Wahrnehmungsmuster), grobmotorische und feinmotorische Störungen mit den Erscheinungsformen der Hyper-(Bewegungsüberschuß-) und Hypo-(Bewegungsarmut-)kinese sowie Stereotypien (Wiederholungen gleichartiger Bewegungen) (für Interessierte sei auf *Kiphard*, 1987, verwiesen).

Exemplarisch seien drei gebräuchliche Prüfverfahren zur Motorik angeführt.

LOS KF 18 – Gesamtmotorik

LOS KF 18: Lincoln-Oseretzky-Skala (LOS), Kurzform von Eggert (1971)

Die Kurzform (KF) eignet sich zur Überprüfung der Motorik bei geistig Behinderten, Lernbehinderten und nichtbehinderten Kindern zwischen fünf und dreizehn Jahren. Das Prüfverfahren umfaßt achtzehn Aufgaben.

Beispiel: Aufgabe 17

Aufgabe	Durchgänge	Zeitgrenze	Kriterien
auf einem Bein stehen mit geschlossenen Augen	1	10 sec	Gleichgewicht, gebogenes Bein berührt nicht den Boden, Augen geschlossen

KTK – Körperkoordination

HMKTK bzw. KTK: Hamm-Marburger-Körperkoordinationstest für Kinder von Kiphard/Schilling (1974)

Der KTK überprüft mit vier Bewegungsaufgaben die Gesamtkörperkoordination und Körperbeherrschung und dient auch zur Diagnose von Hirnschäden.

Alter: 5 – 14 Jahre

Aufgaben:

- Balancieren rückwärts
- monopedales Überhüpfen
- seitliches Hin- und Herhüpfen
- seitliches Umsetzen

Handgeschicklichkeit

Handgeschicklichkeitstest (Feinmotorik)

Beispiel: Zielpunktieren (aus: *Kiphard,* 1987, S. 65)

Um eine Hampelmannfigur sind 150 kleine Kreise (Durchmesser: 2 mm) angeordnet. Mit einem Filzstift probiert das Kind zunächst an den beiden außerhalb der Figur befindlichen "Bällen". Dann wird beim Hut begonnen und gleichmäßig punktierend an der Peripherie des Hampelmanns entlang fortgefahren. Punkte außerhalb der Kreise gelten als Fehler.

Hinweise für LehrerInnen: Wie erkenne ich Auffälligkeiten in der Motorik?

Hinweise für LehrerInnen

Grobmotorik:

- unsichere, unbeholfene Bewegungen
- Kinder können nicht gut balancieren, ohne aus dem Gleichgewicht zu kommen.
- ungeschickt beim Springen, Hüpfen, Laufen und Rückwärtsgehen
- Kinder können einen Ball schlecht fangen.
- Bewegungen können nicht richtig nachgeahmt werden.

Feinmotorik:

- Ungeschicklichkeit der Hand beim Zeichnen, Schreiben, Schneiden, Werken, Häkeln, Stricken, Nähen etc.
- Beim Nach- und Ausmalen wird über die Ränder gefahren.

4.5 Sprache

Überprüfung der Sprache

Zur *Diagnose des Sprachstatus* eines Kindes sollte man bei Auffälligkeiten (Dysgrammatismus, Dyslalie, Rhinophonie, Poltern, Stottern usw.; siehe Abschnitt: *"Das Kind mit Sprachstörungen"*) unbedingt eine/einen Sprachheillehrerln heranziehen. Es gibt standardisierte Verfahren zur Überprüfung des *Sprachverständnisses* (passiver Wortschatz) (PET = Psycholinguistischer Entwicklungstest von *Angermaier,* 1974), ebenso zur Überprüfung der *Artikulationsfähigkeit* (BAT = Bremer Artikulationstest) und zur Überprüfung der *Lautdiskriminationsfähigkeit* (BLDT = Bremer Lautdiskriminationstest).

PET

BAT

BLDT

Hinweise für LehrerInnen: Wie erkenne ich Auffälligkeiten in der Sprache?

Hinweise für LehrerInnen

Wortschatz:

- Kinder brechen Sätze ab, weil sie das passende Wort nicht finden.
- Kinder versuchen, durch Zeigen, Gestik und durch Ersatzwörter ("Ding") einen Inhalt zu umschreiben.

Redefluß:

- Kinder sprechen hastig oder zu langsam und undeutlich.

Anweisungsverständnis:

- Kinder führen einfache Arbeitsaufträge nicht oder unvollständig durch, sie beobachten andere Kinder und ahmen sie nach.
- Kinder können eine Anweisung nicht wiederholen.

Auffälligkeiten in der Sprachentwicklung:

- Probleme in der Lautdifferenzierung: ähnlich klingende Laute bzw. Wörter können akustisch nicht unterschieden werden, z. B. M**u**nd – M**o**nd
- Stammelfehler durch Bildung von Ersatzlauten für einzelne Laute
- Dysgrammatisches Sprechen in einfachen Sätzen, wobei die Wortstellung verdreht ist und Mehrzahlbildungen und Beugungen nicht richtig verwendet werden.

4.6 Wahrnehmung

Überprüfung der Wahrnehmung

Wahrnehmungsstörungen bleiben bei Kindern oft lange hindurch unentdeckt und können zu "gestörten" bzw. "behinderten" Umweltbezügen führen.

Zum Thema "Wahrnehmungsstörungen" gibt es eine Vielfalt von unterschiedlichen Vorstellungen, Definitionen, Symptombeschreibungen und Forschungsansätzen.

Grundsätzlich können **visuelle, auditive, taktile und kinästhetische Reize eine gestörte Aufnahme und Verarbeitung** erfahren.

Teilleistungsschwächen

Nach dem Wahrnehmungskonzept der "Teilleistungsschwächen" (vgl. *Sedlak/Sindelar,* 1987; *Sindelar,* 1982) können Störungen in folgenden Bereichen auftreten:

- optische Wahrnehmung
- akustische Wahrnehmung
- Raumorientierung
- Serialität
- Intermodalität

Visuelle Wahrnehmung

Exemplarisch sei die visuelle Wahrnehmung nach *Frostig* (1979) angeführt. Für die Überprüfung der visuellen Wahrnehmung eignet sich der FEW (Frostig-Entwicklungstest der visuellen Wahrnehmung) von *Lockowandt,* 1982 (siehe Abschnitt: *"Das unruhige Kind").*

Als Trainingsprogramm eignet sich die "Visuelle Wahrnehmungsförderung" nach *Frostig* (1979).

Walburg (1979) hat nach dem Curriculum nach *Frostig* ein Förderprogramm für geistig Behinderte zusammengestellt.

In den letzten Jahren wurden Wahrnehmungsförderkonzepte für Schwerstbehinderte entwickelt (*Fröhlich,* 1987), die man als "Basale Stimulation" bezeichnet. Mit Hilfe dieser Programme können sogar Kinder gefördert werden, denen man bisher Bildungsbemühungen absprach und die man von der Schulpflicht befreite.

Im Anhang befindet sich eine **Übersicht** über **sonderpädagogisches Fördermaterial** und über **sonderpädagogische Förderprogramme** mit Verweisen auf die Schwerpunkte und Nebenbereiche des Trainings (vgl. auch: *Literaturhinweise*, siehe unten).

Erklärung

Fördermaterial

FÖRDERMATERIAL (FM) umfaßt meist mehrere Bereiche und kann für alle Kinder (für die ganze Klasse) verwendet werden.

Förderprogramme

FÖRDERPROGRAMME (FP) sollen gezielt bei bestimmten Kindern von dafür ausgebildeten Personen eingesetzt werden.

4.7 Soziales und affektiv-emotionales Verhalten

Überprüfung des sozialen und affektiv-emotionalen Verhaltens

Zur Überprüfung und Erfassung der Persönlichkeit im personalen und sozialen Bereich eignen sich grundsätzlich:

- **das Gespräch** (Anamnese, Exploration, halb- und vollstandardisierte Befragung), — Gespräch
- **die Beobachtung** (unsystematische Verhaltensbeobachtung, Tagebuchaufzeichnungen der Lehrperson, situationsbezogene Verhaltensbeobachtung, systematische Verhaltensbeobachtung und Beobachtungsbögen mit einem "time sampling"), — Beobachtung
- **das Soziogramm** (Aufdecken von Beziehungsproblemen und Beziehungsstrukturen in der Gruppe/Klasse) und — Soziogramm
- **Verfahren der Psychodiagnostik** (projektive Verfahren): Diese versuchen die "innerpsychische" Dynamik eines Kindes aufzudecken, die das Verhalten bestimmen (Gefühle, Konflikte, Wünsche, Motive, Bedürfnisse, Sehnsüchte), um so die Ursachen des Problems zu erklären. Projektive Verfahren stellen nur zusätzliche Diagnoseverfahren dar und eignen sich im Sinne eines "Puzzles", um fehlende Bausteine in der Persönlichkeitserfassung herauszufinden. Durch die Verwendung von mehreren Verfahren entsteht ein "Bild" der Persönlichkeit. — Psychodiagnostik ("projektive Verfahren")

Beispiele für projektive Verfahren

Zeichentests

Zeichentests

Baumtest (siehe Abschnitt: *"Das Kind mit Lern- und Verhaltensstörungen: Fallbeispiel 'Peter'"):*

Baumtest

Das Kind soll einen Obst- bzw. einen Laubbaum zeichnen. Die Art der Darstellung läßt Rückschlüsse auf die Persönlichkeit zu.

Tierfamilie ("Familie in Tieren" oder "Verzauberte Familie", siehe Abschnitt: *"Das Kind mit Lern- und Verhaltensstörungen: Fallbeispiel 'Alexander'"):*

Tierfamilie

Das Kind soll seine Familie zeichnerisch in Tiere verzaubern. Die Zeichnung gibt Hinweise auf die Beziehungsstruktur innerhalb der Familie.

Variationen:
- Zeichne deine Situation in der Familie!
- Zeichne deine Familie als Maschine!

Wartegg-Zeichentest (siehe Abschnitt: *"Das Kind mit Lern- und Verhaltensstörungen: Fallbeispiel 'Günter'"):*

Wartegg-Zeichentest

Der WZT gibt nur geringe Vorgabe und eignet sich besonders, um Hintergründe von Schulversagen und psychische Probleme aufzudecken.

Zeichentest nach *de Bono* (siehe Abschnitt: *"Das Kind mit Lern- und Verhaltensstörungen: Fallbeispiele 'Günter', 'Alexander' und 'Petra'"):*

Zeichentest nach *de Bono*

Die Formulierung "Zeichne auf, wie du deinen eigenen Körper besser machen könntest!" veranlaßt das Kind, geheime Wünsche in ein Bild umzusetzen, und läßt Rückschlüsse auf das eigene "Bild" zu.

Andere projektive Verfahren

KAT

KAT ("Kinder-Apperzeptions-Test" von *Bellak*):
Das Kind soll anhand vorgegebener Bildtafeln mit Tierbildern Geschichten erzählen, die seine Antriebe, Gefühle, Einstellungen und Konflikte aufzeigen (jüngere Kinder).

TAT

TAT ("Thematischer Apperzeptionstest" von *Bellak*):
Er eignet sich für ältere Kinder und Erwachsene.

SET

SET ("Satzergänzungstest") (siehe Abschnitt: *"Das Kind mit Lern- und Verhaltensstörungen: Fallbeispiel 'Günter'"):*
Der SET besteht aus angefangenen Sätzen, die ergänzt werden sollen und Einstellungen des Kindes zu verschiedenen Lebensbereichen zeigen.

SCENO-Test

SCENO-Test von *Staabs:*
In diesem Test "baut" das Kind mit Bausteinen, Puppen und anderem vorgegebenem Spielmaterial seine Situation.

Fragebogen-verfahren

Neben den projektiven Verfahren in der Psychodiagnostik gibt es **Fragebogenverfahren** zu verschiedenen Themengebieten.

Beispiele für Fragebogenverfahren

KAT

KAT ("Kinder-Angst-Test"):
Er mißt bei Neun- bis Sechzehnjährigen die Ängstlichkeit bzw. den Grad der Angstbereitschaft.

PF-Test

PF-Test("Rosenzweig-Picture-Frustration-Test"):
Er diagnostiziert die soziale Reife und die Reaktionsweise in vorgegebenen Belastungssituationen.

Familien-Beziehungstest

Family-Relation-Test ("Familien-Beziehungstest" von *Bene/Anthony*):
Er versucht, mit vorgegebenen Fragen die Beziehungen des Kindes zu einzelnen Familienmitgliedern zu erfassen.

Persönlichkeitstests (projektive Verfahren) sind bei *geistig Behinderten* nur bedingt anwendbar, da keine Vergleichsdaten mit der Population von geistig Behinderten vorhanden sind und geistig Behinderte ihre "Selbstreflexionen" (Introspektion) meist nicht mitteilen können.

Verhaltens-beobachtung

An die Stelle von projektiven Verfahren tritt eine **Verhaltensbeobachtung** mit Hilfe vorgegebener Kategorien. In der Praxis eignet sich der **P-E-I** (Pädagogischer Einschätzungsindex) von *Günzburg* (1977, 1988), der die persönliche Entwicklung von geistig Behinderten prüft. Durch Verhaltensbeobachtung werden mit Hilfe eines Testhandbuches erreichte Persönlichkeitsmerkmale bzw. Defekte als Ausgangspunkt für Förderansätze genommen.

Arbeitsaufträge

- *Welche Eindrücke haben Sie von verschiedenen "Gutachten", die im Schulalltag auftreten?*
- *Kommentieren Sie das folgende Zitat:*
  Förderdiagnostik "ist offen und verständlich und versucht, einseitige Verteilungen von Macht, Verantwortung, Pflicht, Entscheidungsbefug-

nissen zu vermeiden. Sie liefert in diesem Sinne nicht nur B e handlungs-, sondern vor allem V e r handlungsgrundlagen" (Kobi, 1990, S. 13).

- Welche Konsequenzen hat eine "erziehungs- und lernorientierte Diagnostik" (vgl. Bonderer, 1990) für die erziehliche und unterrichtliche Tätigkeit von Regel- und SonderschullehrerInnen?
- Welche Erwartungen stellen Sie an sonderpädagogische Gutachten?
  - Ärztliches Gutachten
  - Klinisches Gutachten
  - Schulpsychologisches Gutachten
  - Sonderpädagogisches Gutachten durch Stützlehrer, Beratungslehrer, Sprachheillehrer, Physiotherapeuten etc.

  Notieren Sie zu jedem dieser Gutachten Ihre persönliche Meinung!
- Welche schulischen Rahmenbedingungen behindern eine sonderpädagogische Diagnostik, und welche könnten sie fördern? Zählen Sie auf!
- Versuchen Sie einen "Förderplan" für ein Kind Ihrer Klasse mit besonderen Lern- und Erziehungsbedürfnissen zu erstellen (siehe Abschnitt: "Diagnose von Lern- und Verhaltensstörungen")!
- Dokumentieren Sie in einem "Entwicklungsbericht" die Entwicklung dieses Kindes während eines Schulhalbjahres! Überlegen Sie, welche "objektivierbaren" Kriterien Sie für den Bericht verwenden wollen!

  Z. B.: Verbesserung der Leseleistung – Lesetest
  Verbesserung der Rechtschreibung – Rechtschreibkartei
  Verbesserung der motorischen Fähigkeiten – Beobachtungsliste im Turnunterricht

  Gehen Sie so vor:

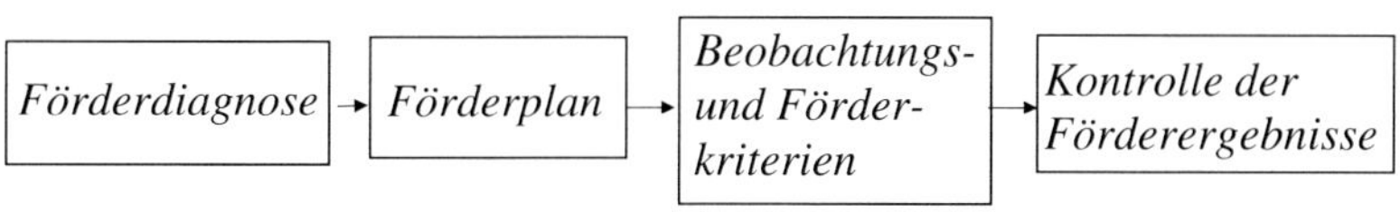

- Stellen Sie Übungen zur Förderung der Intelligenz, Konzentration, Motorik, Sprache, Wahrnehmung und des sozialen Verhaltens zusammen! Gehen Sie einen Bereich gezielt an, damit Sie sich und die Kinder nicht überfordern!
- Fragen Sie Stütz-, Sprachheil- und BeratungslehrerInnen an Ihrer Schule, welche sonderpädagogischen Fördermaßnahmen sie in der Arbeit mit Kindern mit besonderen Erziehungsbedürfnissen besonders häufig und erfolgreich verwenden!
- Welche Bereiche der sonderpädagogischen Förderdiagnostik finden Sie besonders wichtig, welche weniger wichtig? Begründen Sie Ihre Meinung!
- Wie und inwieweit sollte man Eltern in die sonderpädagogische Förderung miteinbeziehen? (Siehe auch Abschnitt: "Zusammenarbeit mit Eltern behinderter und schulschwieriger Kinder"!)

Angermaier, M. (Hg.): Psycholinguistischer Entwicklungstest PET. Weinheim 1974

Bonderer, E.: Psychodiagnostik und Erziehungspraxis. In: *Kobi, E. E.:* Diagnostik in der heilpädagogischen Arbeit. Luzern 1990, S. 149-170

Bundschuh, K.: Einführung in die sonderpädagogische Diagnostik. München, 1984[2]

Ders.: Dimensionen der Förderdiagnostik bei Kindern mit Lern-, Verhaltens- und Entwicklungsproblemen. München-Basel 1985

Delacato, C. H.: Ein neuer Start für Kinder mit Lesestörungen. Eine Anleitung für die Eltern. Freiburg i. Br. 1973

Eggert, D. (Hg.): LOS KF – Lincoln-Oseretzky-Scala-Kurzform zur Messung des motorischen Entwicklungsstandes von normalen und behinderten Kindern. Weinheim 1971

Ders.: Zur Diagnose der Minderbegabung (Ein Handbuch und Textbuch zur Testbatterie für geistig behinderte Kinder – TBGB). Weinheim 1972

Fröhlich, A.: Wahrnehmungsstörungen und Wahrnehmungsförderung. Heidelberg 1986

Ders., Haupt, U.: Förderdiagnostik mit schwerstbehinderten Kindern. Dortmund 1987

Frostig, M.: Visuelle Wahrnehmungsförderung (Übungs- und Beobachtungsfolge für den Elementar- und Primarbereich). Anweisungsheft , 3 Übungshefte. Hannover 1979

Gardner, H.: Abschied vom IQ. Die Rahmen-Theorie der vielfachen Intelligenzen. Stuttgart 1991

Günzburg, H. C.: Primäre pädagogische Analyse und Curriculum der Sozialentwicklung (Progress Assessement of Social Development). P-A-C 1 und P-E-I 1 mit Handbüchern: Bd 1: 1977[5]; Bd 2: 1983; Bd 3: 1988. Stratford-upon-Avon, England

Hellbrügge, Th. u. a.: Funktionelle Entwicklungsdiagnostik im 2. Lebensjahr. In: Fortschritt der Medizin 89/1971, S. 558-562

Dies.: Münchner Funktionelle Entwicklungsdiagnostik – 1. Lebensjahr. München 1978

Ingenkamp, K.: Die Fragwürdigkeit der Zensurengebung (Texte und Untersuchungsberichte). Weinheim 1971[2]

Kiphard, E. J.: Wie weit ist ein Kind entwickelt? Eine Anleitung zur Überprüfung der Sinnes- und Bewegungsfunktionen. Dortmund 1984[5]

Ders.: Motopädagogik (Bd 1: Psychomotorische Entwicklungsförderung). Dortmund 1987[3]

Ders., Schilling, F. (Hg.): Körperkoordinationstest für Kinder (KTK). Weinheim 1974

Kleber, W. E.: Lehrbuch der sonderpädagogischen Diagnostik (Eine Einführung in die Grundlagen diagnostischer Informationserhebung zum Zwecke pädagogischer Beratung für Sonderpädagogen, Lehrer und Berater im schulischen Bereich). Berlin 1978[3]

Kobi, E. E.: Diagnostik in der heilpädagogischen Arbeit. Luzern 1990

Kornmann, R. (Hg.): Testbatterie für entwicklungsrückständige Schulanfänger (TES). Weinheim 1977

Lockowandt, O. (Hg.): Frostigs Entwicklungstest der visuellen Wahrnehmung (FEW). Weinheim 1982[4]

Ohlmeier, G.: Frühförderung behinderter Kinder (Teil 1: Erfahrungsbericht; Teil 2: Darstellung der Methode). Dortmund 1983

Sedlak, F., Sindelar, B.: Hurra, ich kann's (Frühförderung für Vorschüler und Schulanfänger). Wien 1987[2]

Sedlak, F., Zeman, M.: Schulschwierigkeiten erkennen und lösen (Grundlegende Bemerkungen zur Diagnose und psychologisch-pädagogischen Intervention). Wien 1986

Sindelar, B.: Lernprobleme an der Wurzel packen. Raumorientierungs-, Optisches-, Intermodal-, Akustisches- und Serialitätstraining. Wien 1982

Walburg, W.-R.: Förderung der visuellen Wahrnehmung bei geistig behinderten und lernbehinderten Schulanfängern. In: *Reinartz, A., Reinartz, E., Reiser, H. R.:* Wahrnehmungsförderung behinderter und schulschwacher Kinder (Praxis und Forschung). Berlin 1990[3], S. 93-172

Exemplarische Auswahl sonderpädagogischer Maßnahmen bei schulschwierigen und bei behinderten Kindern

Da sich der Ort der sonderpädagogischen Förderung zunehmend von der Sonderschule an die Regelschule verlagert, sollten **RegelschullehrerInnen** vermehrt mit Maßnahmen vertraut gemacht werden, durch deren Berücksichtigung beeinträchtigten Kindern besser entsprochen werden kann.

Im Abschnitt *"Kinder mit besonderen Erziehungsbedürfnissen und Bedarf an sonderpädagogischen Hilfen"* wurden bereits einige sonderpädagogische Verfahren und behindertenspezifische Fördermaßnahmen vorgestellt.

Im folgenden soll versucht werden, vorhandene Forschungsergebnisse der Humanwissenschaften in das Arbeitsfeld von Lehrerinnen und Lehrern zu integrieren und praktisch nutzbar zu machen.

Am Beispiel von

- **pädagogischer Verhaltensmodifikation,**
- **partnerzentrierter Gesprächsführung** und
- **sozialem Lernen und Interaktionspädagogik**

werden **drei Techniken zur "sonderpädagogischen Kompetenzerweiterung" von RegelschullehrerInnen** vorgestellt.

Unterrichtsfächer sonderpädagogischer Orientierung

Anschließend soll gezeigt werden, wie man in einzelnen **Unterrichtsfächern** "sonderpädagogisch orientiert" arbeiten kann. Den Abschluß bilden einige Überlegungen zur **"Veränderungen der Lernumwelt".**

1. Pädagogische Verhaltensmodifikation (Methoden der Verhaltenstherapie)

Die **Verhaltenstherapie** ist eine Richtung der Psychotherapie, die auf **Erkenntnisse der Lernpsychologie** aufbaut. Sie wird üblicherweise von PsychologInnen oder SonderpädagogInnen durchgeführt; erfolgversprechender ist diese Methode aber, wenn sie die Klassenlehrerin/der Klassenlehrer selbst durchführt.

1.1 Stufen der pädagogischen Verhaltensmodifikation

Stufen:

Beobachtung des Problemverhaltens: Was tut das Kind?

– Beobachtung

Beispiel:

Franzi verläßt während der Stunde seinen Platz und läuft durch die Klasse. Dabei stört er andere bei der Arbeit, stößt oder rempelt sie an. Die Lehrerin ist verzweifelt; es hilft kein Zureden und kein Strafen.

Analyse des Problemverhaltens: Warum zeigt das Kind das Verhalten?

– Analyse

Franzi benutzt in diesem Fall (Gutachten des Schulpsychologen) sein Verhalten, um Anerkennung zu erlangen, nach dem Motto: "Negative Beachtung ist besser als keine Beachtung!" Die Lehrerin kann sein Verhalten (Aufstehen und Platzverlassen, andere stören) nicht ignorieren, da es mit Aggressionen (Kontaktversuche?) gegen andere Kinder verbunden ist. Sie muß die "Ordnung" unmittelbar wiederherstellen und kann nicht warten, bis Franzis Problem durch Therapie bearbeitet wird. (Franzi hat starke Zuwendungsdefizite durch Frühhospitalisierung und Probleme der Kontaktaufnahme.)

Definition von Verhaltensweisen, welche den Unterricht stören oder belasten

– Definition

- unerlaubtes Herumlaufen während der Stunde ("Sitzplatz-Verhalten")
- Stoßen und Anrempeln der anderen Kinder

Bestimmung des Veränderungszieles

– Ziel

Franzi soll während der Arbeit auf seinem Platz bleiben (damit wird das Stoßen der anderen unterbunden).

Wichtig: Immer nur *ein* konkretes Ziel zur Veränderung nehmen, sonst ist das Kind überfordert.

Arten von Verstärkern

Auswahl der Veränderungsmethode

Als Verstärker kommen in Betracht:

- sprachliche Verstärker: Lob;
- mimische oder gestische Verstärker: Kopfnicken, Lächeln;
- materielle Verstärker: Süßigkeiten, Bilder, Spielzeug;
- symbolische Verstärker: Sternchen, Token (Münzverstärkersystem);
- Aktivitätsverstärker: Puzzlespiele, Hausübungen in der Schule erledigen, Malen etc.

Bei der Auswahl der Verstärkungsmethode ist das Kind in einen pädagogischen Pakt als gleichwertiger Partner miteinzubeziehen. Das störende Kind steht meistens unter einem großen Leidensdruck, weiß aber nicht, wie es dem Leid entkommt. Im Falle des Beispiels "Franzi" könnte das Programm etwa so erklärt werden:

Das Problem direkt ansprechen:

"Du weißt, Franzi, daß du große Probleme hast, auf deinem Platz sitzenzubleiben. Wenn du aufstehst, stößt du deine Mitschüler. Die sind schon ganz sauer auf dich. Auch deine Eltern sind schon am Ende und wütend auf dich, wie du mir neulich erzählt hast."

Ich-Botschaft:

"Dein Verhalten macht mir das Unterrichten sehr schwer. Ich möchte, daß du und die anderen Kinder etwas lernen, ich kann aber so keinen ordentlichen Unterricht machen."

Anbieten von Hilfe:

"Ich möchte dir gerne helfen, daß du aus diesem Schlamassel herauskommst, und erkläre dir, was ich vorhabe ..."

Als Methode wird das *Tokensystem* gewählt. Franzi bekommt alle zehn Minuten ein rundes Plättchen von der Lehrerin, wenn es ihm gelingt, nicht vom Platz aufzustehen.

Wichtig: Das Programm muß dem Kind genau erklärt werden! Am Anfang nicht überfordern und Anforderungen langsam steigern!

Franzi kann eine bestimmte Anzahl von Plättchen gegen ein kleines Geschenk (wichtig: das Geschenk muß sich das Kind vor Programmbeginn ausgewählt haben, es muß "erstrebenswert" sein) eintauschen. Die Anzahl der Token kann auch sichtbar in der Klasse (Packpapier/Tafel) angebracht werden.

Die Eltern können mit einem täglichen Elternbriefprogramm miteinbezogen werden. Sie erfahren täglich, wie viele Token Franzi gesammelt hat, und bestätigen die Kenntnisnahme mit ihrer Unterschrift.

Erfolgskontrolle für das Erreichen des Veränderungszieles

Bei Mißerfolg (Nichterreichen einer gemeinsam fixierten Punkteanzahl) ermutigen Sie das Kind und bieten ihm einen neuen Versuch an.

1.2 Andere Methoden der Verhaltensmodifikation (Beispiele)

Kontingenzverträge

Kontingenzverträge

Schriftlicher Vertrag zwischen dem Kind und der Lehrerin/dem Lehrer, in dem sich beide Partner über das Auftreten bestimmter Verhaltensweisen und deren Folgen einigen.

Beispiel eines Kontingenzvertrages:

VERTRAG

zwischen **Franz Meyer** und **Frau Lehrerin Huber**.

Der Schüler Franz Meyer verpflichtet sich, in der Woche **vom 9. 11. 1992 bis zum 13. 11. 1992 seinen Platz nur auf Aufforderung von seiner Lehrerin zu verlassen**.

Frau Huber verpflichtet sich ihrerseits, bei Erfüllung des Vertrages Franz folgende **Belohnung** zu geben: **5 Alf-Pickerl**.

Unterschrift:	Rundsiegel der Schule	Unterschrift:
	(Wenn hier noch die Frau Direktor unterschreibt und Franzi bei Vertragserfüllung lobt, wäre das ideal!)	

Aversive Methoden (Methoden der Bestrafung)

Aversive Methoden

"Auszeit" (time-out):

Bei Auftreten eines unerwünschten Verhaltens wird das Kind für eine bestimmte Zeit isoliert (Begrenzung auf ein bis zwanzig Minuten) und erfährt keine Verstärkung und keine positive Sozialzuwendung. Wenn das Kind anschließend auch nur im Ansatz positives Verhalten zeigt, sollte es sofort positiv verstärkt werden. Diese Methode ist an bestimmte räumliche Voraussetzungen gebunden und sollte nicht mit dem "Ecken-Stehen" oder "Gang-Stehen" verwechselt werden!

Verstärkerentzug:

Entzug von positiven Verstärkern sofort nach Auftreten des unerwünschten Verhaltens.

Beispiel: Franzi stört in der Spielecke beim gemeinsamen Spiel. Er muß für zwei Minuten von der Spielecke auf seinen eigenen Platz, wo er beschäftigt wird. Die Verstärkung, der Spaß am Spielen, wird entzogen.

1.3 Abschließende Bemerkung

Pädagogische Verhaltensmodifikation sollte nur eingesetzt werden, um dem Kind schnelle Hilfe anzubieten. Eine Therapie an den Wurzeln des Verhaltens kann Jahre dauern.

Was passiert durch das Verhaltensprogramm bei Franzi?

Er kann aus dem negativen Teufelskreis heraus. Er bekommt von der Lehrerin positive Zuwendung (Verstärker), "normalisiert" sein Verhalten, seine Mitschüler reagieren anders auf Franzi, seine Eltern können ihn wieder loben, weil er in der Schule brav war.

Pädagogische Verhaltensprogramme laufen meist nur über kurze Zeit (ein paar Wochen) und können durch soziale Verstärker abgelöst werden.

Wichtig: Manchmal verstärken LehrerInnen negatives Verhalten, ohne daß sie es bemerken. Sie rufen z. B. nur Kinder auf, die sich lautstark melden, und merken nicht, daß dieses Verhalten Modellernen für die anderen ist. Oder sie ermahnen das Kind nur in Problemsituationen, anstatt es sofort positiv zu verstärken (loben), wenn es ein gewünschtes Verhalten zeigt.

Chancen und Gefahren der pädagogischen Verhaltensmodifikation

Die Beschränkung von Maßnahmen zur Verhaltenssteuerung auf Prozesse, die durch die Lehrerin/den Lehrer beeinflußt werden können und die sich ausschließlich auf die Interaktion Lehrer-Schüler beziehen, weist LehrerInnen eine wichtige Funktion bei der Veränderung von Verhalten zu. Hier zeigt sich die *Chance* der Verhaltensmodifikation.

Die *Gefahr* der Verhaltensmodifikation liegt darin, daß sie als "psychologisches Rohrstaberl", als Herrschaftsinstrument mißbraucht wird, um reibungslosen Unterricht herzustellen, ohne eventuell die strukturellen Unzulänglichkeiten des Schulalltags zu hinterfragen (vgl. dazu: *Sprau-Kuhlen,* 1989; *Grell,* 1976; *Kern,* 1974; *Lorenz u. a.*, o. J.)

Literatur

Grell, J.: Techniken des Lehrerverhaltens. Weinheim-Basel 1976

Kern, H. J.: Verhaltensmodifikation in der Schule (Anleitung für die Schulpraxis). Stuttgart 1974

Lorenz, R., Molzahn, R., Teegen, F.: Verhaltensänderungen in der Schule. Reinbek o. J.

Sprau-Kuhlen, V.: Verhaltensmodifikation für verhaltensgestörte Schüler. In: *Goetze, H., Neukäter, H.* (Hg.): Pädagogik bei Verhaltensstörungen. Handbuch der Sonderpädagogik. Bd 6. Berlin 1989, S. 836-851

2. Partnerzentrierte Gesprächsführung

Partnerzentrierte Gespräche

Es ist bisher in der Pädagogik (vgl. *Wagner,* 1982; *Gordon,* 1977) nur ansatzweise gelungen, die erfolgreichen **Techniken der Gesprächstherapie** (*Rogers,* 1973; *Tausch,* 1973; *Minsel u. a.,* 1974) **für den schulischen Bereich** nutzbar zu machen.

Was bedeuten Begriffe wie *"reflektierendes Zuhören"* (*Rogers,* 1973; *Tausch,* 1973; *Minsel,* 1974), *"partnerzentriertes Gespräch"* (*Schwäbisch/Siems,* 1980) und *"aktives Zuhören"* (*Gordon,* 1977), und wie sind sie auf schulisches Lernen übertragbar?

2.1 Die Eile des Schulalltags verhindert gute Gespräche

Sie haben sicher schon ein Kind als faul oder verstockt erlebt und sind erst später in einem ruhigen Einzelgespräch auf die wahren Ursachen seines Verhaltens gekommen.

Was ist vermutlich passiert? Das Kind hatte vielleicht keine Gelegenheit, sein Problem zu formulieren, und Sie haben vielleicht nicht "richtig" zugehört.

2.2 "Richtiges" Zuhören – was ist das?

Richtiges Zuhören

Nehmen wir an, ein Schüler sagt:

"Ich verstehe es nicht, vielleicht sollte ich aufhören, mir Mühe zu geben!"

↓

Schüleräußerung

Was passiert beim

- aktiven Zuhören *(Gordon)*,
- reflektierenden Zuhören *(Rogers)*,
- verständnisvollen Zuhören *(Schwäbisch/Siems)*?

Der Lehrer hört auf die Empfindung und entschlüsselt die Botschaft des Kindes.

Der Lehrer versucht, die Äußerung des Kindes verständnisvoll wiederzugeben = verständnisvolles Wiedergeben; Fachausdruck: "Paraphrasieren".

Lehrer: "Du bist ratlos und entmutigt und versuchst aufzugeben."

Was passiert?

Schüler: Der Lehrer versucht, mich zu verstehen, er achtet mich und meine Gefühle.

Lehrer: Gibt keine Rezepte, sondern "Hilfe zur Selbsthilfe".

2.3 Lehrerinnen und Lehrer als "Berater"

Lehrerinnen und Lehrer als Berater

Die Eigenschaften eines guten Beraters sind nach *Rogers* (vgl. 1973, S. 52ff.):

- Emotionale Wärme, Akzeptierung und Achtung des Gesprächspartners (**Akzeptanz**):
  Ich akzeptiere das Kind mit all seinen (Verhaltens- und Lern-) Fehlern und nehme an seinen Problemen Anteil.
- Einfühlendes Verstehen (**Empathie**):
  Ich betrachte das Kind gleichsam von innen her, versuche, mich in es hineinzuversetzen.
  Vorsicht: Verstehen heißt nicht "alles verstehen und billigen".
- Echtheit des Beraters (**Kongruenz**):
  Ich habe als LehrerIn keine Fassade, ich spiele keine "Rolle", sondern akzeptiere und lebe meine Gefühle. Ich kann freundlich, aber auch zornig sein (vgl. *Bachmair,* 1985, S. 25f.).

Einwände gegen das reflektierende Zuhören

2.4 Mögliche Einwände gegen das reflektierende Zuhören in der Klasse

1. Einwand

"Also zum Beraten bin ich wirklich nicht in der Lage – weder von der Zeit noch von der Ausbildung her. Dafür gibt es ja Schulpsychologen oder Beratungslehrer."

Sie haben recht, bei Kindern, die Ihre Kapazitäten überfordern, sollten Sie sich nicht scheuen, "Beratungsfachleute" um Hilfe zu bitten. Grundsätzlich sollte aber die pädagogische Kompetenz in der Hand der Klassenlehrerin/des Klassenlehrers bleiben. Als sehr hilfreich erweisen sich beim "reflektierenden Zuhören" anfangs **Einzelgespräche**.

Beispiel

Beispiel (aus: *T. Gordon*, 1977, S. 74f.):

Ein Lehrer berichtet über Erfolg mit aktivem Zuhören:

"Ich beschloß, es in meiner Klasse mit aktivem Zuhören zu versuchen. Ich fing damit an, fünf der schlimmsten Jungen meiner Klasse zur Seite zu nehmen, immer einen zur Zeit. Ich begann mit einem Türöffner wie "Du scheinst in letzter Zeit eine Menge Prügeleien zu haben. Möchtest du darüber reden?" Mehr brauchte es nicht, um sie ausführlich reden zu lassen, besonders wenn sie merkten, daß ich ihnen nicht sagte, es sei ungerecht, sich zu prügeln, oder ihnen eine Predigt über ordentliches Benehmen hielt. Es ist merkwürdig, wie nur diese paar Minuten allein mit jedem der Kinder ihre Haltung verändert haben."

2. Einwand

"Das ist ja alles schön und gut, das Gerede von humanistischer Psychologie, der Schulalltag schaut aber anders aus! Da habe ich fünfundzwanzig Schüler und mehr, wie kann ich ihnen allen zuhören?"

Sie haben recht, die Widerwärtigkeiten der Alltagsroutine lassen allzuleicht verzweifeln. Empfehlenswert ist, sich in Richtung "partnerzentrierte Gesprächsführung" weiterzubilden (am besten in Seminaren, zweitbeste Lösung: Literaturstudium – siehe Literaturliste; es lohnt sich im Sinne der vielzitierten "Lehrer- und Schülerpsychohygiene").

Beispiel (vgl. *A. Wagner*, 1982, S. 190): "Schülerzentrierter Unterricht"

Beispiel

Im Sachunterricht beantworten die Schüler schriftlich Fragen über den Igel. Karl wirft plötzlich erbost die Füllfeder weg und setzt sich aufrecht hin, die Ellbogen auf den Tisch gestützt, den Kopf auf den Fäusten. Er will offensichtlich kein Wort mehr schreiben. Der Lehrer geht zu ihm hin.

Lehrer: "Du möchtest nicht mehr weiterschreiben?" (Verständnisvolles Zuhören)

Karl: "Nein! Ich kann die Fragen alle nicht beantworten!"

Lehrer: "Du weißt keine Antworten?" (Verständnisvolles Zuhören)

Karl: "Nein, alles was da steht vom Igel ... aber ich hab doch selbst einen Igel im Keller über Winter und ... und ..."

Lehrer: "Du weißt viel über deinen Igel, und jetzt bist du enttäuscht, daß du es nicht anwenden kannst?" (Verständnisvolles Zuhören)

Karl: "Ja ..."

Er erzählt von seinem Igel. Der Lehrer bittet ihn anschließend, der Klasse von seinem Igel zu berichten.

Arbeitsaufträge

- *"Miteinander reden" und einander "besser zuhören" stellen soziale Grundtugenden dar, die schon in der Grundschule trainiert werden sollten. Entnehmen Sie aus Spielkarteien Ihrer Wahl Übungen, die das "aktive Zuhören" trainieren, und versuchen Sie diese Spiele in Ihrer Klasse!*
- *Ihre Kommunikationsfähigkeit verbessert sich in Konfliktsituationen, wenn Sie indirekte Gefühlsäußerungen durch direkten Ausdruck von Gefühlen ersetzen. Überprüfen Sie Ihre diesbezüglichen Äußerungen dazu (vgl. Schwäbisch/Siems, 1980, S. 47-63).*
  Gordon (1977, vgl. S. 111-127) versteht unter dem direkten Ausdruck von Gefühlen sogenannte "Ich-Botschaften".
- *Partnerzentrierte Gesprächsführung und Machtausübung schließen einander aus. Gordon (1977, vgl. S. 187-242) verwendet den Begriff der "Niederlagelosen Methode" (Konfliktlösungen ohne Niederlagen). Wie beurteilen Sie diese Methode in Hinblick auf die Schulpraxis?*

Bachmair, S., u. a.: Beraten will gelernt sein. Ein Übungsbuch für Anfänger und Fortgeschrittene. Weinheim-Basel 1985[3]

Gordon, T.: Lehrer-Schüler-Konferenz. Wie man Konflikte in der Schule löst. Hamburg 1977[3]

Minsel, W.-R.: Praxis der Gesprächspsychotherapie. Wien 1974

Rogers, C.: Die klient-bezogene Gesprächstherapie. München 1973

Schwäbisch, L., Siems, M.: Anleitung zum sozialen Lernen für Paare, Gruppen und Erzieher (Kommunikations- und Verhaltenstraining). Reinbek 1980[11]

Tausch, R.: Gesprächspsychotherapie. Göttingen 1973[5]

Wagner, A. C. (Hg.): Schülerzentrierter Unterricht. München-Wien-Baltimore 1982[2]

3. Soziales Lernen und Interaktionspädagogik (gruppendynamische Spiele und Übungen)

Soziales Lernen

"Wir haben in der Schule lernen müssen, Punkt und Komma richtig zu setzen. Auf dem Gebiet des menschlichen Zusammenlebens sind wir fast alle sozusagen – soziale Analphabeten!" (*Kirsten/Müller-Schwarz,* 1979, S. 10)

Das Leben in Gruppen funktioniert nach bestimmten Regeln und Mechanismen, die man als **"Gruppendynamik"** bezeichnet. Wir haben zwar alle gelernt, wie man ein Soziogramm zeichnet, haben aber nicht gelernt, wie man in der konkreten Situation z. B. einen Außenseiter integriert. In den letzten Jahren hat sich gleichsam aus dieser "pädagogischen Not" eine neue pädagogische Richtung entwickelt mit Bezeichnungen wie "Soziales Lernen", "Interaktionspädagogik", "Interaktionsspiele", "Spiele ohne Sieger" u. ä., die versucht, **interaktionelles Geschehen** besser zu verstehen und handhabbar zu lehren.

Für Lehrerinnen und Lehrer bietet sich inzwischen eine Fülle von "Spielesammlungen" an (*Fritz,* 1975; *Grundei/Schmid,* 1982; *Gudjons,* 1978; *Höper,* 1978; Neue Spiele, o. J.; *Vopel,* 1977 – 1980; u. a.), bei denen aber ein durchgehendes "schulisches Konzept" fehlt.

Zwei Fragen wären zu klären:

- *Was bedeutet "Soziales Lernen" allgemein für LehrerInnen/für die Schule?*
- *Welche Dimensionen des "Sozialen Lernens" sind für die Schule relevant?*

3.1 Soziales Lernen und Interaktionspädagogik (Begriffsklärung)

Begriffserklärung

Soziales Lernen kann "als Sensibilisierung für intrapsychische und soziale Vorgänge sowie als Befähigung des Lehrers und des Schülers, in einem sozialen Verband störende Prozesse zu erkennen und konstruktive Lösungsversuche zu unternehmen", verstanden werden (*Eichleter/Ledl,* 1985, S. 45).

Interaktionsspiele strukturieren durch spezifische Spielregeln und einen bestimmten Inhalt (Spiel) für eine begrenzte Zeit eine Spielsituation, damit ein bestimmtes **Lernziel** erreicht wird (vgl. *Vopel,* 1978, S. 2).

Geeignete Situationen für Soziales Lernen sind nicht programmierbar nach dem Motto "Jetzt wird sozial gelernt!", sondern LehrerInnen sollten über ein geeignetes Methodenrepertoire (Spielkartei) verfügen, um situationsangemessen intervenieren zu können.

Beispiel:

Beispiel: "Konflikt"

Ein Konflikt zwischen zwei Kindern kann verbal (Methode des Rollenspiels) oder nonverbal durch Umgang mit bildnerischen Elementen (z. B. Partnermalen) oder durch musiktherapeutische Intervention (Konfliktaustragung über ein Instrument) ausgetragen werden.

Wichtig: **Soziales Lernen kann man nicht aus Büchern oder Spielkarteien erlernen!**

Dieser Anspruch erfordert, daß die Lehrerin/der Lehrer die Techniken des Sozialen Lernens in Seminaren "am eigenen Leib" erlebt, damit sie/er die Reaktionen der Kinder (z. B. Abblocken oder "ein Spiel kaputt machen" bei peinlichen Inhalten) besser verstehen, akzeptieren und damit umgehen kann.

3.2 Dimensionen des Sozialen Lernens

Geht man davon aus, daß jede Gruppe (Schulklasse) ein sich entwickelndes System darstellt, das eigene Strukturen, Organisationsformen und Normen entwickelt, an deren Zustandekommen und Gestaltung LehrerInnen sehr beteiligt sind, dann ergibt sich folgender **"gruppendidaktischer" Aufbau** (aus: *Eichleter/Ledl,* 1985, S. 45f.):

Dimensionen sozialen Lernens

Dimensionen des "Sozialen Lernens"

1. Spiele zum Kennenlernen in der Gruppe:
   Formen der Kontaktaufnahme/verständnisvolles Zuhören/Bereitschaft, die Empfindungen des anderen zu akzeptieren/Entwicklung von Respekt vor den Werten anderer
2. Spiele zur Kommunikation und Gruppenbildung:
   Anbahnung von gemeinsamen Gruppenaktivitäten/aufeinander Rücksicht nehmen/Erhöhung der Gruppenkohäsion
3. Spiele zum Vertrauen, zur Offenheit und Echtheit:
   Befreiung von Ängsten, Hemmungen und Vorurteilen in der Kommunikation mit anderen/offenes und ehrliches Aussprechen von Empfindungen, die das Verhalten von anderen bei uns selbst auslöst
4. Spiele zur Sensibilisierung der Beobachtungs- und Wahrnehmungsfähigkeit:
   Erkennen und Bearbeitung von Gesetzmäßigkeiten und Störfaktoren in der zwischenmenschlichen Kommunikation/einfühlendes Verhalten/bewußteres Wahrnehmen und Akzeptieren der eigenen Gefühle und der Gefühle anderer
5. Spiele zur Selbst- und Fremdwahrnehmung (sich selbst kennenlernen):
   Erfahren, wer man ist, woran man glaubt und worauf man Wert legt/Verbesserung der Selbstkommunikation zur Ich-Stärkung/Geben und Empfangen von Rückmeldungen (Feedback) als Zuwachs an Informationen über die eigene Person
6. Spiele zum flexibleren Umgang mit Rollen und Normen:
   Experimentieren mit Verhaltensmustern im Spiel/Abstand zum eigenen Verhalten und dem Verhalten anderer gewinnen/Erweiterung des eigenen Verhaltensrepertoires
7. Spiele zum Umgang mit Entscheidungen und Konflikten:
   Analyse von Konflikten und Spannungen in der Klasse und deren eventuelle Lösung/bewußteres Umgehen mit Wünschen, Bedürfnissen und Aggressio-

nen/Ermittlung von Konfliktlösungsstrategien auf partnerschaftliche Weise, sodaß es keinen Gewinner und keinen Verlierer gibt/Lernen von Selbstregulierung bei Konflikten

Das Modell kann nur bedingt als Abfolge einer "Lernzielhierarchie" gesehen werden. Wenn man aber z. B. auf Stufe 7 einen Konflikt lösen will, muß man als Vorstufe z. B. verständnisvoll zuhören können (Stufe 1) oder Vertrauen haben (Stufe 3) oder Feedback geben können (Stufe 5).

3.3 Ein Beispiel eines Sozialen Lernspiels (aus: *Eichleter/Kimm/Ledl/Trnka,* 1984, S. 578f.)

Beispiel eines sozialen Lernspiels

Situationsbeschreibung

Immer wieder erlebt der Lehrer in seiner Klasse Situationen, in denen stärkere (aggressive) Schüler auf schwächere (gehemmte) Schüler losgehen. Moralische Appelle, daß man gegen Schwächere nicht losgehen soll, verlaufen meist ergebnislos. Das folgende Soziale Lernspiel läßt den "Starken" das Gefühl der Schwäche und der Ohnmacht und den "Schwachen" das Gefühl der Stärke und Macht erleben.

Soziales Lernspiel

Ich will meinen Pullover zurück (Soziales Rollenspiel)

1. Problemkreis:
Das Gefühl der Schwäche und Ohnmacht erleben – Gefühl der Stärke und Macht erleben. Wie kann ich mich als Schwächerer gegenüber einem Stärkeren durchsetzen? – Entwicklung einer Strategie

2. Gruppengröße:
Es spielen immer zwei Kinder, der Rest der Klasse beobachtet das Spielgeschehen und gibt den Spielern Rollenfeedback.

3. Alter:
ab der 3. Volksschulklasse

4. Zeitdauer:
ca. zwanzig Minuten mit Rollentausch und Feedback der Klasse

5. Materialien:
ein Pullover

6. Beschreibung:
Hinführung zur Spielsituation: Der Lehrer sagt: "Stellt euch folgende Situation vor. Ihr habt irgendwo im Schulhaus euren neuen Pullover verloren, auf dem

euer Name steht. Während ihr noch sucht, kommt ein älterer Junge vorbei, der als ziemlich grob bekannt ist. Er trägt euren neuen Pullover. Wie wollt ihr ihn wieder zurückbekommen? Beachtet bitte die wichtige Spielregel, daß körperliche Attacken nicht erlaubt sind!"

7. Hinweise zur Auswertung:
Das Spiel eignet sich recht gut, gehemmte und aggressive Schüler im Spiel zum Einsatz zu bringen, und zwar in beiden Rollen (wichtig: Rollentausch). Da körperliche Attacken verboten sind, ist der "Schwache" in dem Spiel geschützt und kann ungehindert agieren (Macht auskosten). Der "Starke" erlebt seine Ohnmacht angesichts der Spielregel, nicht "zugreifen" zu dürfen. Der Lehrer kann die Rollenwahl dahingehend bestimmen bzw. lenken.

Verbalisiert kann anschließend an das Spiel werden:
Konnte der jüngere Schüler (der Schwache, der den Pullover wieder zurückhaben will) sein Ziel erreichen?
Welche Strategien hat er eingesetzt und warum? (Hast Du ähnliche Situationen schon erlebt?)
Wodurch ließ sich der ältere Schüler bewegen, den Pullover herzugeben?
Wer hat eine ähnliche Situation schon erlebt, und was hat er dabei gefühlt?

Grundprinzipien sozialen Lernens:

3.4 Zwei Grundprinzipien Sozialen Lernens: Freiwilligkeit und Nichtbewertung

Beim Einsatz von Sozialen Lernspielen müssen LehrerInnen immer wieder zwei wichtige Grundprinzipien beachten:

– Freiwilligkeit

• *Prinzip der Freiwilligkeit*

Kein Kind wird gezwungen, bei einem Spiel mitzumachen. Die Lehrerin/der Lehrer sollte auf diese **Freiwilligkeit** immer wieder hinweisen. Die Kinder, die jedoch (aus welchen Gründen auch immer) nicht mitmachen, dürfen die spielende Gruppe nicht stören.

– Nichtbewertung

• *Prinzip der Nichtbewertung*

Spielverhalten kann **nicht** als gut oder schlecht **bewertet** werden. Jeder Spielteilnehmer spielt sich selbst in einer bestimmten zeitlichen und räumlichen Situation. Dieses Verhalten ist als solches (von der Lehrerin/vom Lehrer und den Kindern) anzunehmen. Erlaubt und den Spielteilnehmern dienlich ist das sogenannte "Feedback", bei dem die Lehrerin/der Lehrer oder die anderen Kinder einem Kind die Rückmeldung über dessen Verhalten im Spiel geben (z. B.: "Ich habe dich bei dem Spiel als sehr sicher erlebt"). Das Feedback stellt keine Wertung im eigentlichen Sinn dar, sondern soll dem anderen helfen, mehr über sich selbst zu erfahren und zu lernen.

3.5 Die Frage der Auswertung von Spielsituationen

Auswertung von Spielsituationen

Im Gegensatz zu einigen Vertretern der Interaktions- und Spielpädagogik, die eine verbale und kognitive Auswertung des Spielgeschehens für überflüssig halten, meinen wir, daß es unabdingbar ist, den Verlauf und die emotionalen Prozesse während des Spiels in einer anschließenden **Reflexionsphase** auszuwerten, d. h. die Vorgänge **auf die kognitive Ebene zu transportieren**. Somit können diffuse Erfahrungen und Emotionen, die im Spiel auftreten, geordnet und konkret faßbar gemacht werden.

3.6 Schlußbemerkungen

Wenn Soziales Lernen nur "unverbindliches Spielen" ohne pädagogisches Konzept bleibt, haben Kritiker wie *Karlheinz Geißler* (1979, S. 84) recht:

"Die den Buchmarkt überschwemmenden Ansammlungen von sogenannten 'gruppendynamischen Übungen' zeigen, daß das Fehlen bzw. das 'Abkoppeln' von Inhalten und Zielen durch zunehmend verfeinerte Magie ersetzt wird. Solche 'Kochbücher' [...] geben nur ein relativ kurzfristig wirkendes Gewürz für das Gebräu pädagogischer Inkompetenz ab."

Literatur

Baer, U., Berker, P.: Remscheider Spielkartei (24 thematische Spielketten mit über 200 Spielen zum sozialen Lernen). Bremen 1985[5]

Boschemeyer, H., Vopel, K. W.: Kommunikation im 1. Schuljahr. Affektives Lernen im Alter von 5 – 7. Hamburg o. J.

Eichleter, W., Kimm, P., Ledl, V., Trnka, G.: Soziales Lernen als zentrales Anliegen der Unterrichtsgestaltung. In: Erziehung und Unterricht 8/1984, S. 575-585

Eichleter, W., Ledl, V.: Soziales Lernen – Interaktionsspiele in der Schulklasse. In: der sprachheilpädagoge 1/1985, S. 44-54

Fritz, J.: Interaktionspädagogik (Methoden und Modelle). München 1975

Geißler, K. (Hg.): Gruppendynamik für Lehrer (Was Lehrer verändern können). Reinbek 1979

Grundei, F., Schmid, T.: Kennenlernen – Erleben – Verändern (180 Spiele und Aktionen ohne Sieger). 1982

Gudjons, H.: Praxis der Interaktionserziehung. Bad Heilbrunn 1978

Höper, C. J., Kutzleb, U., u.a.: Die spielende Gruppe – 115 Vorschläge für soziales Lernen in Gruppen. München 1978[7]

Kirsten, R. E., Müller-Schwarz, J.: Gruppen-Training (Ein Übungsbuch mit 59 Psycho-Spielen, Trainingsaufgaben und Tests). Reinbek 1979[4]

Neue Spiele – Für Kindergruppen. Spielesammlung der Katholischen Jungschar. Linz o. J.

Vopel, K. W.: Interaktionsspiele. Bd 1 – 6. Hamburg 1975

Ders.: Interaktionsspiele für Kinder. Teil 1: Kontakt, Wahrnehmung, Identität. Teil 2: Gefühle, Familie und Freunde. Teil 3: Kommunikation, Körper, Vertrauen. Teil 4: Schule, Feedback, Einfluß, Kooperation. Hamburg 1977 – 1980

Ders.: Handbuch für Gruppenleiter. Zur Theorie und Praxis der Interaktionsspiele. Hamburg 1978

4. Sonderpädagogische Aspekte einzelner Unterrichtsfächer

An Beispielen in den Unterrichtsfächern "Deutsch" und "Darstellendes Spiel", "Bildnerische Erziehung", "Leibesübungen" und "Musikerziehung" soll dargestellt werden, wie Kindern mit besonderen Erziehungsbedürfnissen besser entsprochen werden kann, wobei selbstverständlich primär von der Behinderung ausgegangen werden muß.

Der Schwerpunkt liegt bei **Maßnahmen für lern- und verhaltensgestörte Kinder**.

4.1 Deutsch und Darstellendes Spiel

Um andere und uns selbst besser zu verstehen, müssen wir unsere Sprache ordnen. Bei verhaltensgestörten Kindern ist nicht nur das Verhalten, sondern auch die Sprache als Interaktionsmedium gestört. So sagt z. B. ein neurotisches Kind etwas anderes, als es meint, ein gehemmtes Kind kann sich "nicht ausdrücken", ein aggressives Kind schlägt "sprachlos" wild um sich.

4.1.1 Rollenspiele im Deutschunterricht bzw. im Darstellenden Spiel

Rollenspiele

Im Deutschunterricht kann man mit Hilfe von situationsbedingten Rollenspielen sozialerzieherische Spielangebote setzen, die gezielt auf die Bedürfnisse und Defizite der Kinder eingehen.

Mögliche Themen wären:

- Meine Eltern machen mir Vorwürfe, weil ich schon wieder eine Mitteilung habe.
- Meine Schwester (mein Bruder) nörgelt ständig an mir herum.

Das Spiel bietet dem Kind die Möglichkeit, die Gefühle in vergangenen Situationen wiederzuerleben und Gefühle und Wünsche durch Sprache zu entdekken, die vielleicht zu konflikthaft waren und Angst- und Abwehrmechanismen hervorriefen. Das Rollenspiel sollte anschließend aufgearbeitet werden, um Verhaltensmuster und Beziehungsstrukturen verständlich zu machen und als veränderbar zu erleben (Durchspielen von Alternativen).

Diese Technik, die sich mit der Situation eines einzelnen Menschen in einer für ihn problematisch gewordenen Situation befaßt, ist unter dem Namen "Psychodrama" *(Moreno)* in der Psychotherapie bekannt (vgl. *Fritz,* 1977; *Neugebauer,* 1984).

Verfassen von Texten

4.1.2 Verfassen von Texten zur Auseinandersetzung mit einem emotional belastenden Problem

Mögliche Themen wären (Beispiele aus dem SET):
- Mein Traumberuf/Meine Traumschule/Meine Traumferien
- Wenn ich drei Wünsche hätte ...
- Wenn ich mich in jemand anderen verwandeln könnte ...
- Mit einer Million würde ich ...
- Am wohlsten fühle ich mich ...
- Wenn ich groß bin, werde ich ...
- Ich habe Angst, daß ... (vor) ...
- Am wichtigsten ist für mich ...
- Ich hasse es ... Es stört mich ...

Solche Themen verschaffen einerseits der Lehrerin/dem Lehrer Einblick in Vorstellungen, Wünsche und Ängste des Kindes, andererseits arbeitet das Kind dadurch auf der sprachlichen Ebene seine Probleme auf.

Literatur

Fritz, J.: Methoden des sozialen Lernens. München 1977

Neugebauer, R.: Wir spielen Geschichten. Interaktionsspiele, Improvisationen, Spielvorschläge (Ein Beitrag zum Schulspiel im Grundschulbereich). Wien-München 1984

4.2 Bildnerische Erziehung

"Die Tatsache, daß die Zeichnungen 'klassifiziert' werden, veranlaßt, ja zwingt den Lehrer sogar, sie vor allem vom formalen Gesichtspunkt aus zu betrachten – auf ihre Sauberkeit, Nettigkeit und Richtigkeit hin. Dadurch ist auch das Kind gezwungen, seine Aufmerksamkeit auf die äußere Form der Zeichnung zu konzentrieren, was den Ausdruck inneren Geschehens sehr behindert." (*Schenk-Danzinger,* 1976, S. 64)

Spontane Kinderzeichnungen

4.2.1 Spontane Kinderzeichnungen als direkter Zugang zu Problemen und deren Ursachen

Wenn wir Zugang zu Problemen der Kinder suchen, genügt es, sie das Zeichenthema frei wählen zu lassen. Kinder offenbaren durch die Zeichnung ihre Probleme – man muß sie nur sehen (vgl. *Bono,* o. J., S. 7ff.).

Beispiele:

Aggression

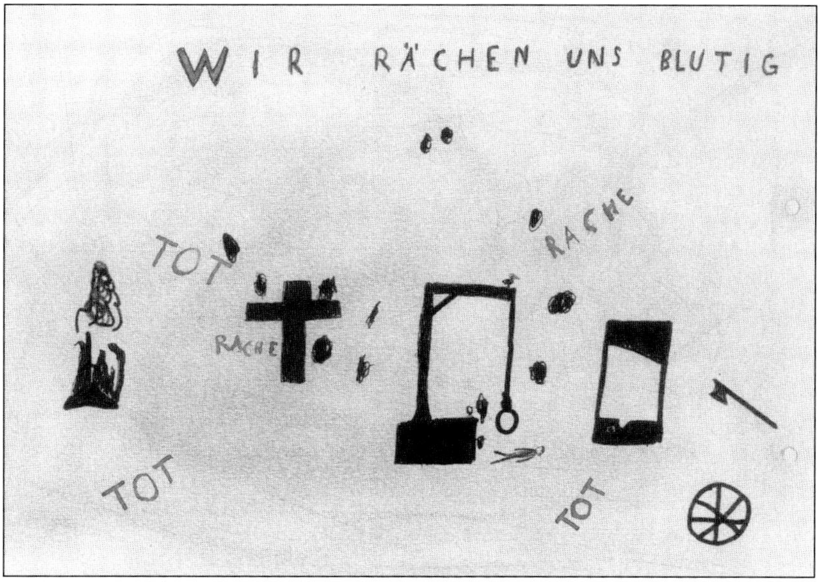

Bub, 1. Klasse Hauptschule: neurotische Lernhemmung mit schweren Aggressionen, die sich vermutlich gegen die Eltern richten.

Angst

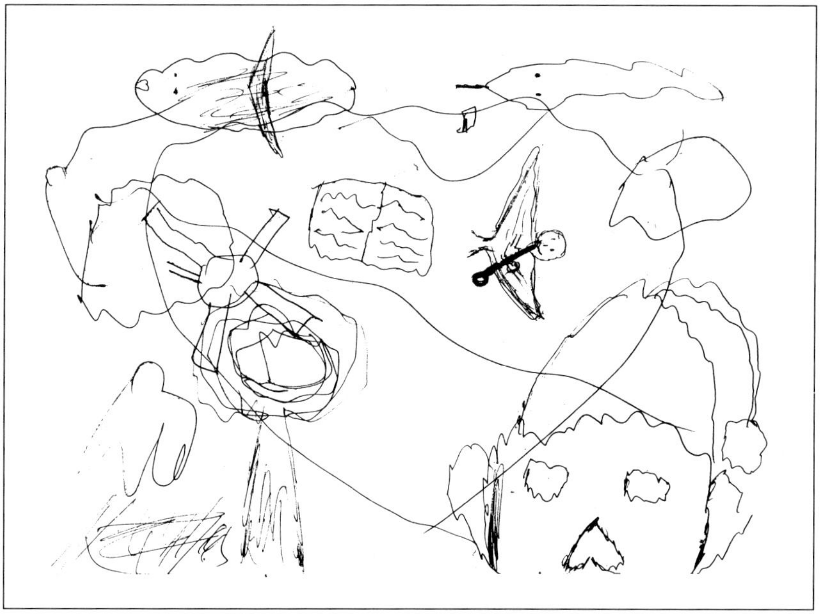

Bub, 1. Klasse Hauptschule: verwahrlostes Kind mit massiven Ängsten. Der Kommentar des Kindes zu seiner Zeichnung spiegelt die Ausweglosigkeit seiner Situation wider: "Das Wildschwein (links oben) läuft gerade, und die Schlange (rechts oben) hetzt dem Wildschwein hinterher. Das Ganze dreht sich um das Mühlrad (Mitte links). Der Mensch starrt den Baum an, und der Engel spielt auf der Flöte eine Melodie aus dem Notenheft (Mitte oben). Links unten steigt gerade ein Geist auf." (Die Ergänzungen in Klammern wurden zum besseren Verständnis vom Autor hinzugefügt.)

Hemmung

Bub, 1. Klasse Volksschule: neurotischer Bub mit dem Hauptsymptom "Stottern". Gefragt wurde nach der Methode von *Bono:* "Verbessere deinen Körper!"
Kommentar des Kindes zur Zeichnung:
"Ich habe den ganzen Körper geändert. Die Flügel, damit ich schneller fliegen kann, den Mund als Schnabel, damit ich anpacken kann, auch die Füße zum Packen. Das Herz habe ich nicht verändert. Wenn ich ein Zauberer wäre, hätte ich mich in einen Adler verwandelt, dann könnte man mich nicht abschießen, weil ich ja verzaubert bin."

Neurotischer Tic mit Gesichtszuckungen und Lauten im Unterricht

Bub, 1. Klasse Hauptschule: neurotischer Tic durch überstrenge Erziehung. Der Bub gab grunzende Laute im Unterricht von sich und "sonnte" sich in unflätigen Schimpfwörtern. Auf die Frage "Was zeichnest du gern?" entstand die obige Zeichnung.
Das Kind äußert Probleme, die auf eine unbewältigte Analphase *(Freud)* schließen lassen: "Scheißdreck, ... Orsch mit Ohren, ... Vieh (mit Kot), ... Leck mich am Arsch!"
Das Kind konnte in einigen Zeichenstunden mit der Technik des Fingermalens diese Phase "nachholen" und hatte das Schimpfen nicht mehr nötig.
Anmerkung: Techniken der "Mal- und Zeichentherapie" müssen von der Lehrperson in "Selbsterfahrung" geübt werden, damit auch sie ihre Ängste im Umgang mit dem Material kennenlernt.

4.2.2 Kunsttherapeutische Förderung von Kindern mit sozial-emotionalen Schwierigkeiten

Kunsttherapeutische Förderung

Kunstherapeutische Förderung kann soziale und emotionale Störungen und die mit diesen zusammenhängenden somatischen Beschwerden reduzieren bzw. beseitigen (vgl. *Myschker,* 1977, S. 112ff.). Folgende Techniken kunstherapeutischer Förderung lassen sich in der Klasse durchführen:

Kritzeln und Projizieren

Kritzeln und Projizieren

Materialien: Packpapier, Ölkreide

Mit weit ausholenden Bewegungen wird auf großformatigem Papier mit einer Hand oder mit beiden Händen bei geschlossenen Augen gekritzelt. Erlaubt sind hin und wieder "Kontrollblicke".

Anschließend wird aus einiger Entfernung das "Kritzelbild" betrachtet (mit der Augen blinzeln!), bis Figuren, Gegenstände aus den Linien auftauchen (Zeit lassen!). Diese "Projektionen" werden mit einem dicken Malstift aus dem Gekritzel hervorgehoben, so erhalten sie Konturen. Das projizierte Bild kann farbig gestaltet werden. Die fertigen Arbeiten werden zu einer "Ausstellung" aufgehängt, die Kinder können Fragen zu den Bildern stellen.

Beidhandzeichnungen

Beidhandzeichnungen

Materialien: Tafel, Packpapier, Stifte, Kreide, Ölkreide

Beidhandzeichnen hat positive Wirkungen im motorischen Bereich sowie lösende und entspannende Effekte. Die Kinder werden "froher, bewegungsfreudiger und anstrengungsbereiter" (*Tönne,* 1969, S. 30).

Beim Beidhandzeichnen können Kinder vor einem waag- oder senkrecht angeordneten Malgrund (z. B. Wandtafel) beidhändig simultan Linien ziehen, wobei die Linien der linken Hand spiegelbildlich zu denen der rechten Hand gezogen werden. Es entstehen gegenständliche oder abstrakte Bilder, die farbig gestaltet werden können.

Fingermalen

Materialien: alte Kleidung, Fingerfarben, Tapetenkleister, Pulver- oder flüssige Abtönfarben, Plastikfolie, Klebeband

Diese Methode ist in der Erziehungsberatung und in der analytischen Kinder- und Jugendpsychiatrie verbreitet und geht von der Annahme aus, daß vor allem neurotische Kinder (starkes Über-Ich, strenge Sauberkeitserziehung) ihre Bedürfnisse nach Schmieren (anale Phase) sowie ihre Aggressionen abreagieren können zugunsten einer frohen, schöpferischen Tätigkeit. Unbewußte Konflikte werden auf einfache und schnelle Weise abreagiert und verarbeitet.

Variante 1: Plastikfolie als Untergrund

Als Maluntergrund eignen sich die Klassentische, die mit einer starken Plastikfolie überzogen werden (mit einem Klebeband fixieren!). Auf die Folie wird vorbereiteter Tapetenkleister gegossen; darauf werden Pulverfarben gestreut. Die Kinder fahren mit den Fingern oder der ganzen Hand über die Folie. Es entstehen interessante Mischeffekte.

Variante 2: Papier als Untergrund

Bei dieser Variante entsteht im Gegensatz zu Variante 1 ein "Produkt".

Lehrergruppe bei einem Seminar der Lehrerfortbildung (Fingermalen nach Variante 1) (Photo: V. Ledl)

Musikmalen

Musikmalen

Musikmalen ist ein kombiniertes Verfahren aus freiem Malen und Musikrezeption. Die Musik geht direkt in den Malprozeß ein. Melodie und Rhythmus werden spontan in motorische Reaktionen, die den ganzen Körper erfassen, umgesetzt.

Materialien: Tonband, Kassettenrekorder, Packpapier und Ölkreide bzw. Kleisterfarben auf Folie

Technik: siehe "Fingermalen", Variante 1 und 2

Kontaktmalen: Partnermalen und Malen in Kleingruppen

Kontaktmalen

Diese Techniken dienen dem sozialen Lernen und verlangen:

- sich in die Intentionen der anderen einzufühlen (Empathie),
- Einübung und Ausweitung der Toleranz,
- flexibel auf sich ändernde Situationen zu reagieren,
- Rücksichtnahme auf die anderen,
- Realisierung von kooperativem Verhalten.

Variante 1: Partnermalen mit Spielregel

Ein Partner beginnt, indem er beliebig einen Strich zeichnet. Der zweite Partner sagt "Stop" und schließt an die Linie an; aber nur so lange, wie es der andere akzeptabel findet. Während der eine Partner zeichnet, schaut der andere zu.

Variante 2: Partnermalen ohne Spielregel

Wie Variante 1, nur ohne "Stop".

Variante 3: Paarweises Zeichnen

Zwei Partner erhalten einen Stift (Filzstift) und sollen gemeinsam z. B. ein Haus, einen Garten mit Gartenzaun, einen Baum und einen Hund zeichnen. Es darf nicht gesprochen werden!

Variante 4: Malen in Kleingruppen

Eine Schülergruppe von vier bis sechs Kindern malt mit oder ohne Spielregel der Variante 1. Beim Malen in der Kleingruppe können auch die Techniken des "Musikmalens" und "Fingermalens" miteinander beliebig kombiniert werden. Gehemmte Kinder lernen in der Kleingruppe, "sich allmählich räumlich auszubreiten", aggressive Kinder lernen, daß sie sich "räumlich reduzieren" müssen. In der Auswertung werden die Interaktionsprozesse bzw. Interaktionsstörungen zum Thema gemacht.

Literatur

Bloch, S.: Kunst-Therapie mit Kindern. Pädagogische Chancen, Didaktik, Realisationsbeispiele. München 1982

Bono, E. de: Kinderlogik löst Probleme. München o. J.

Myschker, N.: Schulleistungsentlastende und leistungsmotivierende Methoden in Erziehung und Unterricht verhaltensgestörter Kinder – Zum Beispiel: Musikmalen. In: *Richter, H.-G.* (Hg.): Therapeutischer Kunstunterricht. Düsseldorf 1977, S. 112-126

Tönne, R.: Bildnerische Erziehung an Sonderschulen. Berlin 1969

Schenk-Danzinger, L.: Mögliche Verursachungen von Lern- und Verhaltensstörungen. Wien 1976

4.3 Leibesübungen

Unter dem Begriff "Psychomotorik" versteht man den Zusammenhang zwischen Motorik einerseits und kognitiven, emotionalen und sozialen Entwicklungs- und Lernprozessen andererseits.

"Der Bewegungserziehung kommt deshalb eine hervorragende Bedeutung zu, weil das Kind in erster Linie leibhaft reagiert und weil sich durch Übungen im leiblichen Bereich ein besonders guter kindgemäßer Zugang zum Psychischen eröffnet. Bewegungsverbesserung im Sinne einer psychomotorischen Integration bewirkt, namentlich bei jüngeren Kindern, mit der Zeit eine tiefgreifende Verhaltensstabilisierung. Das hat im affektiven wie im Leistungsbereich eine gleichermaßen beruhigende und ausgleichende Wirkung." (*Kiphard,* 1970)

4.3.1 "Bewegungserziehung" nach *M. Frostig*

Bewegungserziehung nach *Frostig*

Bewegungsfertigkeiten bzw. Defizite wirken sich nach *Frostig* (1980) auf die intellektuelle, emotionale und soziale Entwicklung des Kindes aus. Das Trainingsprogramm eignet sich für normal begabte Kinder und für Kinder mit Lernstörungen. Die Übungen dienen *der Förderung der Sprachentwicklung, der visuellen, auditiven und taktilen Wahrnehmung* und *der Raumorientierung* als Basisfunktionen für schulisches Lernen.

Das Buch "Bewegungserziehung – Neue Wege der Heilpädagogik" von *Frostig* (1980) bietet ein reichhaltiges Übungsrepertoire mit Übungen zu den Bereichen Koordination und Rhythmus, Geschicklichkeit, Kraft, Flexibilität, Gleichgewicht, Geschwindigkeit, Entspannung, Atmung und kreative Bewegung.

Empfehlenswert für die Praxis (Vorschule und Volksschule) ist ferner die Übungssammlung "Bewegen – Wachsen – Lernen" (BWL) von *Frostig* (1974) in Form einer Kartei (DIN A 5) mit 181 Übungskarten und einem Anweisungsheft.

4.3.2 "Psychomotorisches Training" nach *D. Eggert*

Psychomoto-
risches Training
nach *Eggert*

Das "Psychomotorische Training" nach *Eggert* (1979) fördert Kinder mit Teilleistungsschwächen über das Bewegungsverhalten.

Die *Trainingsrichtungen* des Programms sind:

- **kinästhetische Stimulierung** (Körperschema, Gleichgewichtshaltung und Raum-Lage-Orientierung) und
- **Training der bewußten Sinneswahrnehmung** (visuelle, akustische und taktile Wahrnehmung).

Als *Trainingsprinzipien* gelten die Kategorien:

- Behutsamkeit, Geschicklichkeit,
- Konzentration, Signalreaktion,
- Gesamtkörperkoordination und
- sozial integrative Übungen.

Das Training nach *Eggert* (1979) ermöglicht einen **Transfer vom Bewegungsverhalten in sprachliche Handlungsbereiche** (Lese-Rechtschreibschwäche) und bewirkt auch einen **Abbau von impulsiven Verhaltensweisen**.

Psychomotorisches Training nach Eggert (1979):

TRAININGSRICHTUNGEN		TRAININGSPRINZIPIEN
Körperschema	Kinästhetische Stimulierung	← Behutsamkeit, Geschicklichkeit
Gleichgewicht		← Konzentration, Signalreaktion
Raum-Lage-Orientierung		
visuell	Sinneswahrnehmung	← Gesamtkörperkoordination
auditiv		← sozial-integrative Übungen
taktil		

Im praktischen Teil des Buches "Psychomotorisches Training" von *Eggert* (1979, vgl. S. 103-220) finden sich insgesamt 360 Übungen zu den oben genannten Bereichen. Die Übungen können im Turnsaal und teilweise auch im Klassenraum durchgeführt werden.

Beispiel

Beispiel (aus: *Eggert*, 1979, S. 177f.):

Trainingsrichtung	Training der bewußten Sinneswahrnehmung
Unterbereich	Auditive Funktion
Trainingsprinzip	Konzentration und Reaktion

Übung E 2 (7)

Übungsbeispiel:

Der Schlüssel geht um

Die Kinder hocken im Kreis, Köpfe auf den Knien. Ein Kind geht lautlos herum und legt einen Gegenstand hinter einem Kind ab. Wenn das hockende Kind das gehört hat, darf es ihn nun hinter einem anderen Kind ablegen. Hat es nichts gehört, nimmt das umhergehende Kind den Gegenstand wieder auf und legt ihn hinter einem anderen Kind ab. Wer sich umdreht, ohne daß der Gegenstand hinter ihm liegt, scheidet aus.

Variation:

Möglichkeiten, dieses Spiel abzuwandeln, liegen darin, einerseits den Gegenstand so zu wählen, daß er schwer geräuschlos abzulegen ist (Schlüsselbund, Schellentrommel u. ä.), andererseits solche Gegenstände zu nehmen, bei denen das Ablegen nur wenig zu hören ist, sodaß die sitzenden Kinder genau zuhören müssen.

Übungsgeräte:

Verschiedene, je nach Spielform auszuwählende Dinge aus der Halle oder dem Orff-Instrumentarium

Ort:

Halle oder Kreis im Klassenraum

4.3.3. "Motopädagogik" und "Mototherapie" – Psychomotorische Entwicklungsförderung nach *E. J. Kiphard*

Psychomotorische Entwicklungsförderung nach *Kiphard*

Kiphard (1986, 1987) hat pädagogische (Motopädagogik) und therapeutische (Mototherapie) Übungsverfahren entwickelt, die man kurz als *"Erziehung durch Bewegung"* kennzeichnen könnte.

Es ist hier unmöglich, das umfangreiche (dreibändige) Werk *Kiphards* darzustellen; für an Psychomotorik Interessierte bietet er einen fundierten theoretischen Überblick und zahlreiche Beispiele für die schulische Praxis. Inhaltliche Schwerpunkte der drei Bände sind:

1. Band – Motopädagogik:
perzeptive, motorische und emotional-soziale Entwicklungsförderung;

2. Band – Mototherapie I:
Überblick über mototherapeutische Verfahren und motorische Entwicklungsdiagnostik;

3. Band – Mototherapie II:
Mototherapie bei Wahrnehmungsstörungen, Bewegungsstörungen (für Regelschullehrerinnen und -lehrer interessant: MCD, Störungen des Handgeschicks und Schreibbewegungsstörungen) und bei Verhaltensstörungen.

Arbeitsaufträge

- *Erstellen Sie nach dem Konzept von Eggert oder Kiphard eine Übungsreihenfolge im Fach Leibesübungen für die im folgenden beschriebenen Kinder!*
  Markus hat Schwierigkeiten mit der Raumlage und der Wahrnehmung räumlicher Beziehungen.
  Petra hat eine akustische Differenzierungsschwäche.
  Robert leidet unter Koordinationsbeeinträchtigungen.
  Susanne hat Probleme mit dem Gleichgewicht.
- *Entwerfen Sie eine konkrete Turnstunde mit der Zielsetzung einer besonderen Berücksichtigung verhaltensgestörter Kinder. Ziehen Sie nach Möglichkeit eines der drei Konzepte (Frostig, 1980; Eggert, 1979; Kiphard, 1986, 1987) dazu heran.*

Literatur

Eggert, D. (Hg.): Psychomotorisches Training. Ein Projekt mit lese-rechtschreibschwachen Grundschülern. Weinheim-Basel 1979[2]

Frostig, M.: Bewegen – Wachsen – Lernen (BWL). Bewegungserziehung. Hannover 1974

Dies.: Bewegungserziehung – Neue Wege der Heilpädagogik (Beiträge zur Kinder-Psychotherapie. Bd 16). München-Basel 1980[3]

Kiphard, E. J.: Leibesübungen als Therapie. Gütersloh 1970

Ders.: Motopädagogik. Psychomotorische Entwicklungsförderung. Bd 1. Dortmund 1987

Ders.: Mototherapie I. Psychomotorische Entwicklungsförderung. Bd 2. Dortmund 1986

Ders.: Mototherapie II. Psychomotorische Entwicklungsförderung. Bd 3. Dortmund 1986

4.4 Musikerziehung

Aufgaben und Intentionen der rhythmisch-musikalischen Erziehung

Musikerziehung, verstanden als **rhythmisch-musikalische Erziehung**, erfaßt den ganzen Menschen ("Ganzheitlichkeit") mit seinen körperlichen, psychischen und geistigen Kräften. Sie schult den Intellekt, das Gedächtnis, den Willen, bereichert das Gemüt und fördert den Gemeinschaftssinn. Außerdem trägt sie dem natürlichen Bewegungsbedürfnis von Kindern Rechnung, ist lustbetont und weckt schöpferische Kräfte im Kind.

Musik und Bewegung

Durch *die Verbindung von Musik und Bewegung* werden nicht nur visuelle und auditive Sinne angesprochen, sondern auch "körperliche Erlebnisse" geschaffen, die sich in der Persönlichkeit des Kindes tief einprägen (zahlreiche Übungsbeispiele bieten *Mahler,* 1981, und *Haselbach,* 1979).

Musiktherapie

Nicht umsonst stellt die **"Musiktherapie"** eine zunehmend anerkannte Therapieform dar, die sich als Zugang bei fast allen Behinderungsarten eignet, weil sie auf der emotionalen Ebene ansetzt, auf die selbst ein geistig schwerst- und mehrfachbehindertes Kind anspricht. *Musik* kann ideal "fächerübergreifend" *mit Bewegung und bildnerischen Elementen kombiniert* werden (siehe *Abschnitt 4.2 und 4.3*).

Musik als nonverbale Ausdrucksform

Musik ist als **"nonverbale Ausdrucksform"** eine gute Methode besonders **bei Kommunikationsschwächen** oder **Kommunikationsstörungen** und stärkt das Selbstwertgefühl. Musik öffnet verdeckte emotionale Anteile und ermöglicht einen schnellen Zugang zu Grundsymptomen.

Beispiele für den Einsatz "musiktherapeutischer Elemente"

"Musiktherapie" sollte nur von speziell geschulten Fachleuten (MusiktherapeutInnen) durchgeführt werden. Die folgenden Beispiele sollen einige exemplarische Anregungen geben, wie man **"musiktherapeutische Elemente" in einem sonderpädagogisch orientierten Unterricht einsetzen kann.** Diese Übungen sind alle auf Orff-Instrumenten spielbar und verlangen keine musikalischen Vorkenntnisse seitens der LehrerInnen und der Kinder.

Konflikt

Musik als Konfliktlösung

Zwei Kinder, die einen Streit miteinander haben, "spielen" diesen Streit auf Instrumenten des Orff-Instrumentariums.

Auswertung: Welches Instrument wurde gewählt? Warum gerade dieses? Wie wurde gespielt, und zu welchem Ergebnis führte der Streit?

Gemeinschaftserlebnis

Musik als Gemeinschaftserlebnis

Alle Kinder spielen gemeinsam auf Orff-Instrumenten. Nach einiger Zeit entsteht durch "Einpassung" in die Gruppe ein "gemeinsames Werk".

Variation: Ein Instrument (Kind) beginnt, ein zweites stimmt ein usw., bis alle Kinder gleichzeitig spielen.

Rücksicht

Musik als "Aufeinander-Rücksicht-Nehmen"

(Analog zum Spiel: "Paarweises Zeichnen") – Zwei Kinder spielen gemeinsam auf einem Instrument.

Einfühlung

Musik als "Einfühlung in den anderen"

Ein Kind beginnt zu spielen, ein anderes "übernimmt" das Stück des Vorgängers (Rhythmus, Lautstärke) usw.

Übungsform: Sesselkreis/auf dem Boden

Variation: "Igelspiel" als Partnerübung: Ein Kind spielt einen "Igel", der sich auf dem Boden zusammenkauert. Der "Igel" sagt dem Partner seinen Gefühlszustand, z. B.: "Der Igel ist traurig." Der Partner soll durch Musik (Orff-Instrumente) den Igel aus seiner zusammengekauerten Stellung herauslocken, damit er sich öffnet.

Gefühle darstellen

Musik als Darstellung von Gefühlszuständen

Die Kinder sollen verschiedene Gefühlszustände auf ihren Instrumenten spielen: froh – traurig, beschwingt – zornig, ruhig – aufgeregt usw. (Die Gefühle sollten in ihrer Reihenfolge jeweils konträr sein.)

Musik und Bewegung

Wir bewegen uns zur Musik (freier Ausdruck). Die Lehrerin/der Lehrer spielt.

Variation: Eine Gruppe spielt, die andere bewegt sich dazu, dann Wechsel der Gruppen.

Variation: Wir bewegen uns zur Musik nach vorgegebenen Themen, z. B.: Blätter im Wind, Wellen im Meer, Vögel in der Luft, Regentropfen usw.

Arbeitsaufträge

- *Versuchen Sie im Sinne der angesprochenen "Ganzheitlichkeit" ein Thema in den Fächern Bildnerische Erziehung, Leibesübungen und Musikerziehung zu kombinieren.*
  Beispiel:
  Thema: "Vögel sind lustige Gesellen"
  ***BE:** Kontaktmalen: Wir zeichnen gemeinsam einen Vogel.*
  Musikmalen: Wir zeichnen zu beschwingter Musik Vögel auf dem Flug.
  ***LÜ:** Eine Vogelschar auf dem Flug in den Süden. Wir "fliegen" durch den Raum, breiten unsere Flügel weit aus, ohne aneinander anzustoßen. Wir machen eine Pause und sitzen auf einem Draht. Wir sind hungrig und picken Körner auf.*
  ***ME:** Jeder spielt seinen "Vogel" auf einem Orff-Instrument. Wir fliegen nach einer vorgegebener Musik durch die Wolken. Zwei Vögel (Instrumente) treffen einander und unterhalten sich. Die ganze Vogelschar (Klasse) tratscht aufgeregt miteinander (alle Instrumente gemeinsam) usw.*
- *Erstellen Sie gemeinsam mit den Kindern eine "Partitur" in graphischer Form, die Sie dann von den Kindern mit ihren Instrumenten spielen lassen.*
  Beispiel:
  Es beginnt ganz leicht zu regnen. Der Regen wird immer stärker, die Regentropfen prasseln hernieder. Es beginnt zu donnern und zu blitzen. Langsam verziehen sich die Wolken, und die Sonne scheint wieder.

Literatur

Haselbach, B.: Improvisation, Tanz, Bewegung. Stuttgart 1979[2]

Mahler, M.: Kreativer Tanz. Bern 1981[4]

Odreitz, H.: Rhythmisch-musikalische Erziehung. Exemplarisch dargestellt für "Spezielle Fördermaßnahmen im motorisch-rhythmischen Bereich". Reihe: Arbeitsberichte Nr. 1/12. BMUK; Zentrum für Schulversuche und Schulentwicklung. Klagenfurt 1981

Orff, G.: Die Orff-Musiktherapie. München 1974

Zuckrigl, H., Zuckrigl, A., Helbling, H.: Rhythmik hilft behinderten Kindern. Ziele und Realisationsbeispiele der rhythmischen Erziehung. München-Basel 1980[2]

5. Veränderungen der Lernumwelt (Klasse/Schule) – oder: Das differenzierte Klassenzimmer

Veränderung der Lernumwelt

Kinder und Jugendliche bedürfen in besonderem Maße einer Umgebung, die sie als ganze Person anspricht und Teil einer sie individuell fördernden Lebensumwelt werden kann.

Eine Arbeitsgruppe des Bundesministeriums für Unterricht, Kunst und Sport mit dem Titel "Maßnahmen im Schuleingangsbereich" bezeichnet Klassenraum und Schulgebäude als **"Lebensraum"**, in dem "das Kind sich wohlfühlt, in dem eine freundliche, behagliche Atmosphäre vorhanden ist. Klassenzimmer sollen geräumig sein, dem Bewegungsbedürfnis der Kinder entsprechen und insbesondere den flexiblen Einsatz unterschiedlicher Arbeits- und Lernformen ermöglichen." (*Antoni/Wolf,* 1986, S. 9)

Manche Klassenzimmer haben leider noch immer die Gemütlichkeit von Wartesälen in Bahnhofshallen.

Kleine Details, wie gemütliche Ecken (Polstermöbel, Kissen, Teppiche), Pflanzen, Tiere (Aquarien, Terrarien) könnten den Klassenraum "wohnlicher" gestalten.

Die im folgenden angeführten Maßnahmen lassen sich mit relativ wenig Aufwand (Elternhilfe, Elternverein, Elterninitiative und Schulbehörde) durchführen.

5.1 Offener Unterricht als geplante Lernumgebung

Offener Unterricht

Offener Unterricht zeichnet sich durch einen flexiblen Zeitplan, durch Erfahrungs- und Aktivitätsorientierung in Kleingruppen (kaum Frontalunterricht), durch vielfältigen Medien- und Methodeneinsatz und durch eine attraktive Lernumgebung aus (vgl. *Goetze*, 1984, S. 185ff.).

5.2 Das differenzierte Klassenzimmer als Bereicherung der Lernumwelt

Differenziertes Klassenzimmer

Kasper (1982, S. 50ff.) spricht von **"differenzierten Stammbereichen"** bzw. **"funktionsdifferenzierten Teilzonen"**. Einige Ideen seien im folgenden zur Diskussion gestellt:

Bezeichnung der Teilzone	Darstellung der Teilzone	Funktionsbeschreibung
Sesselkreis	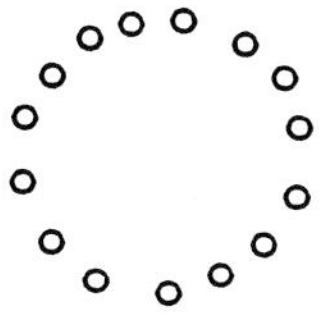	"Morgen"- oder "Abschluß"-Kreis, Auswertungskreis, Gesprächskreis, Konfliktlösungskreis, Rollenspiel etc.
Arbeitsplatz		Einzel-, Partner- oder Gruppenarbeit
Büro	Einzelarbeitsplatz mit Trennwand 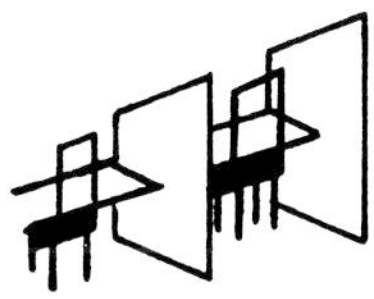	als "Raumreduzierung" für Arbeiten, die absolute Aufmerksamkeit benötigen (Konzentration, MCD-Kinder)
Spielecke	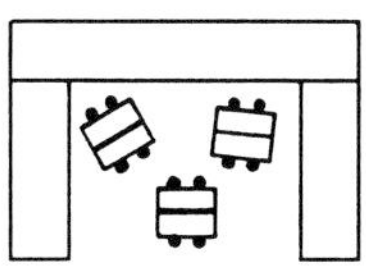 Regale	Lern-, Regel-, Konstruktions-, Rollen-, Puppen- und Konzentrationsspiele
Leseecke oder "Rückzugsecke"	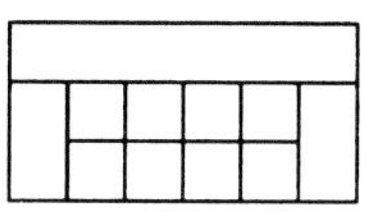 Regale, Matten, Kissen	Lese- und "Kuschelecke", Schutz vor der Gruppe
Kreativecke	Ausstellungs- und Anschlagbrett 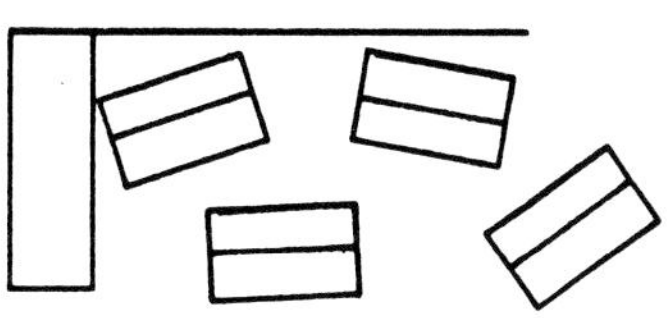	bildnerische Materialien (Farben, Kleister, Ton, Holz, Metall, Papier, Stifte) mit Möglichkeit zur Aus- und Darstellung von kreativen Produkten
Medienzentrum und Materialsammlungszentrum	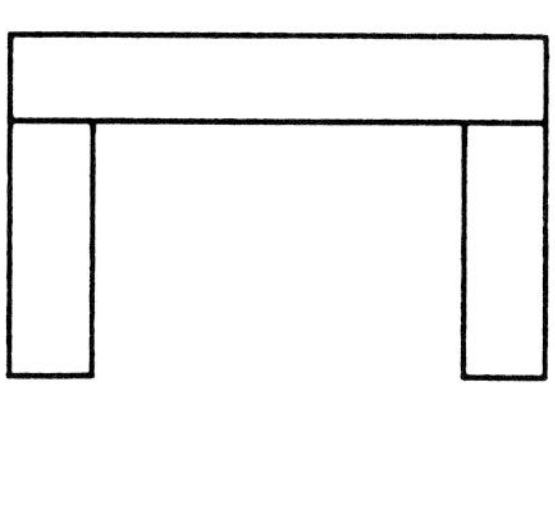	Nachschlagwerke, Sachbücher, Projektionswand, Overhead, Fernsehgerät und Videorekorder, Materialsammlung geordnet nach Sachgebieten für individuelle Tages- oder Wochenpläne der Kinder

Arbeitsaufträge

- *Zeichnen Sie den Grundriß Ihres Klassenzimmers, und richten Sie es "differenziert" ein. Beziehen Sie bei einer Veränderung Ihrer Klasse die Wünsche und Ideen Ihrer Kinder mit ein!*
- *Gibt es an Ihrer Schule "ungenützte Räume", die sich zu "Spezialräumen" umformen lassen? Was würden Sie aus einem solchen Raum machen?*
- *Gordon (1977) meint, daß durch eine Veränderung der Lernumwelt unerwünschtes Schülerverhalten sehr leicht verhindert werden kann. (Sehr empfehlenswert für die Praxis: Gordon, 1977, v. a. S. 128-149.)*

Literatur

Antoni, D., Wolf, W.: Maßnahmen im Schuleingangsbereich (Arbeitsgruppenbericht). aps Nr. 14, BMUKS. Wien 1986

Goetze, H.: Verhaltensstörungen und schulische Lernumgebung. In: *Kobi, E. E., Bürli, A., Broch, E.* (Hg.): Zum Verhältnis von Pädagogik und Sonderpädagogik. Luzern 1984, S. 185-194

Gordon, T.: Lehrer-Schüler-Konferenz (Wie man Konflikte in der Schule löst). Hamburg 1977[3]

Kasper, H.: Grundschule als fördernde Lernumwelt. In: *Reinartz, A., Sander, A.* (Hg.): Schulschwache Kinder in der Grundschule. Weinheim-Basel 1982, S. 50-56

Schumacher, G.: Neues Lernen mit Verhaltensgestörten und Lernbehinderten (Der durchstrukturierte Klassenraum). Berlin 1975

Zusammenarbeit mit Eltern behinderter und schulschwieriger Kinder

1. Reaktionen der Familie auf ein behindertes Kind

"... morgen um 7 war die Welt noch in Ordnung ... jedoch schon 5 Minuten später sollte sich mein Leben und das meiner Familie grundlegend ändern ..." So beginnt der Bericht einer Mutter eines mehrfachbehinderten Kindes; und weiter: "Nach dem ersten Schock und anfänglichem Chaos haben wir den Kampf optimistisch aufgenommen. Naiv und vollkommen unwissend, was alles auf meine Familie und mich in der Zukunft zukommen würde ... Die Einsicht, die Kraft und der Mut meinerseits, einzugestehen, ein behindertes Kind zu haben, kam erst langsam. Ein 'normales Leben' wird es nie werden – aber inzwischen hat sich auch meine Einstellung zum 'normalen' Leben total verändert. Von Tag zu Tag tauchen mehr unbekannte Schwierigkeiten und neue Probleme auf – Familie, Freunde, Kindergarten, Schule, Umwelt – alles lernt man in einem anderen Licht zu sehen." (*Brandl*, 1989, S. 18f.)

Das behinderte Kind als Auslöser einer "Familienkrise"

Die Tatsache, ein behindertes Kind zu haben, stellt für die betroffene Familie immer eine **Krisensituation** dar, die erst überwunden werden muß, bis das Kind mit seiner Behinderung emotional angenommen werden kann.

Im folgenden werden **drei idealtypische theoretische Modelle** der psychischen Reaktionen von Eltern auf ein behindertes Kind beschrieben. Die einzelnen Phasen können je nach Behinderungsart des Kindes und der psychischen Verfassung der Eltern stark variieren.

4-Phasenmodell nach *Grunewald*

Das 4-Phasenmodell von Grunewald (1981, vgl. S. 4)

Schockphase:

Schock

Diese Phase ist durch eine Lähmung des Handelns, durch Verwirrung und durch unrealistische Gefühle charakterisiert. Sie beginnt mit der Information der Eltern über die Behinderung des Kindes und dauert von einem kurzen Moment bis zu einigen Tagen und länger.

Reaktionsphase:

Reaktion

In diesem Abschnitt setzen psychische Abwehrmechanismen ein. Die Eltern erleben Gefühle der Trauer und Enttäuschung, der Angst vor einer ungewissen Zukunft. Sie hegen Schuldgefühle, gepaart mit Selbstvorwürfen, weil sie dem Kind ambivalent gegenüberstehen.

Anpassungsphase:

Anpassung

Diese Phase ist eine Zeit der Erholung. Der akute Schmerz ist überwunden, und die Kräfte sind frei für eine realistischere Einschätzung des Problems. Jetzt können konkrete Schritte zur Förderung des Kindes unternommen werden.

Orientierungsphase:

Orientierung

Wenn Eltern diese Phase erreicht haben, ist die Krise überwunden. Die durchgemachten Erfahrungen und Erlebnisse sind in die Persönlichkeitsstruktur integriert, und neue Schwierigkeiten und Probleme können positiv bewältigt werden.

Das 3-Phasenmodell von Holzinger (1984, vgl. S. 325ff.)

3-Phasenmodell nach *Holzinger*

Verleugnung des Defekts:

Verleugnung

Die Behinderung des Kindes wird verheimlicht bzw. verleugnet. Die Eltern behaupten, das Kind wäre zu normalen Leistungen fähig, und die Umwelt benachteilige es. Minimalleistungen werden übertrieben bewertet, Vergleich und Wettbewerb mit anderen Kindern vermieden. Dabei schränken Eltern behinderter Kinder den Kontakt mit anderen Familien ein, um keine Vergleichsmöglichkeiten mehr zu haben. Eine Heimunterbringung kann der Endpunkt der Verleugnung sein.

Dazu ein Bericht einer Mutter:

"Ich schaffte es einfach nicht, anderen Müttern bei ihren Erzählungen von ihren Kindern zuzuhören. Ich wollte nicht hören, was 'ihre Kinder schon alles können', für mich war dies einfach immer nur eine Bestätigung, was 'mein Kind alles noch nicht kann'. Ich mußte ja auch erst lernen, öffentlich zu Mario zu stehen. Dies gelingt mir heute viel, viel besser. Es kostet mich jedoch auch heute noch an manchen Tagen sehr viel Kraft und Überwindung, um nicht immer gleich Vergleiche mit gesunden Kindern anzustellen." (*Brandl,* 1991, S. 16)

Projektion des Defekts:

Projektion führt zu Aggression

Dieser Abwehrmechanismus besteht darin, daß eine "Schuld" für den Zustand des Kindes konstruiert wird. Die Aggression richtet sich:

- gegen die *eigene Person* (Selbstaggression): Die Eltern "opfern" sich für das Kind auf, sie übernehmen eine "Märtyrerrolle";
- gegen *andere* (Aggression gegenüber anderen Personen): Die Eltern schieben die Schuld und Verantwortung auf Ärzte, Therapeuten, Lehrer u. a.;
- gegen *das Kind* (Aggression auf das behinderte Kind): Eltern pflegen und fördern in geradezu übertriebener Art ihr Kind. Eine genaue Therapieeinhaltung kann manchmal als ein Ausdruck der Schuldgefühle der Eltern gesehen werden.

Dazu ein Gespräch mit einer Mutter eines schwer verhaltensgestörten Kindes:

"Also, ich werde Ihnen was sagen, ich hab schon genug von dem Kind. Wo wir schon überall waren, und genützt hat es überhaupt nichts. Beim Schulpsychologen waren wir schon, auf der Klinik war er auch schon für drei Monate, die Fürsorgerin ist ständig bei uns daheim. Wenn das so weitergeht, geb ich ihn in ein Heim. Hoffentlich bringt das was, wenn er zu Ihnen in die Beratung kommt." (Aus einem Beratungsprotokoll)

Intellektualisierung des Defekts:

Intellektualisierung

Die Behinderung des Kindes wird genau studiert. Die Intellektualisierung schafft ein Gefühl der Distanz – das Kind wird zum "Fall", dem man emotionsfreier begegnen kann.

Dazu ein Bericht einer Mutter:

"Ich habe damals begonnen, mich vermehrt mit dem Integrationsgedanken zu befassen. Habe Vorträge besucht, Gespräche mit erfahrenen Eltern geführt, Bücher, Zeitschriften und Berichte diesbezüglich regelrecht verschlungen." (*Brandl*, 1991, S. 18)

9-Phasenmodell nach *Sporken*

Das 9-Phasenmodell von Sporken (1975, vgl. S. 60ff.)

Sporken (1975) hat die Stufen des Bejahungsprozesses bis zum Eingeständnis der Behinderung stärker als *Grunewald* (1981) und *Holzinger* (1984) differenziert.

- *Unwissenheit*, daß ein neugeborenes Kind behindert ist.
- *Unsicherheit*, verursacht durch das Entdecken von ungewöhnlichen Zeichen der kognitiven, motorischen oder emotionalen Entwicklung des Kindes.
- *Implizite Leugnung*: objektive Zeichen der Defizite des Kindes werden nicht wahrgenommen.
- *Wahrheitsvermittlung* durch Fachleute bzw. eigenes Entdecken.
- *Explizite Leugnung* durch bewußtes Ausweichen vor dem Problem.
- *Auflehnung* durch Suche nach einer Begründung für die Behinderung (z. B. Sündenbock).
- *Verhandeln mit dem Schicksal* durch "medical shopping", d. h. unverbindliches Aufsuchen mehrerer Fachinstitutionen.
- *Gram und Scham wegen der Behinderung*, verbunden mit Vereinsamung und Sorge um die Zukunft.
- *Bejahung durch Sich-Fügen in die Realität*: das behinderte Kind wird nicht mehr als Bedrohung des Lebensglücks empfunden.

Krisenverarbeitung nach *Schuchardt*

In Anlehnung an *Sporken* (1975) hat *Schuchardt* (1990, vgl. S. 39) mittels der biographischen Methode und mit Interviews die Krisenverarbeitung als "Lernprozeß und Lernchance" in acht Spiralen dargestellt:

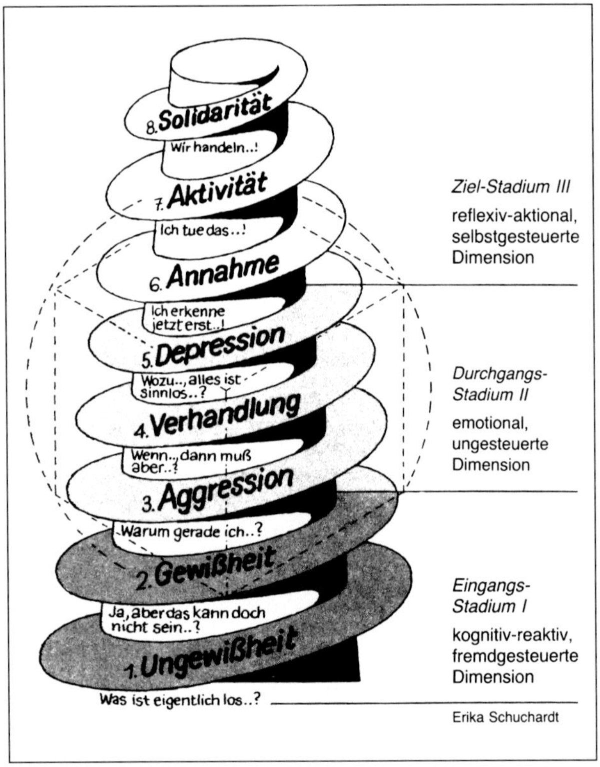

2. Was brauchen Eltern behinderter Kinder?

Eltern behinderter Kinder brauchen:

Medizinische Information:
in Hinblick auf Ätiologie, genetische Beratung, Diagnose, Prognose und Behandlung.

Medizinische Information

Psychotherapeutische Hilfe:
für die emotionale Verarbeitung und Annahme der Behinderung.

Psychologische Hilfe

Einige wichtige Fragen, die im Laufe der Zeit auftauchen, sind: Situation des Partners, der Geschwister, Reaktionen der Umwelt, Frühförderung, Zukunftspläne, Erziehung und Pflege etc.

Formen:

- Einzelberatung
- Familienberatung
- Familientherapie (nur in Ausnahmefällen)
- "Kontakteltern" (erfahrene Eltern, die entsprechend vorbereitet sind)
- Elterngruppen zur Überwindung der Isolation
- Eltern-Kinder-Gruppen (mit Eltern behinderter und nicht behinderter Kinder und mit deren Kindern).

Informationen über soziale Vorkehrungen:
finanzielle Hilfen, Möglichkeiten der Frühförderung und Förderdienste, Elternvereinigungen (Verbände und Selbsthilfegruppen).

Soziale Information

Nach *Klee* (1987, vgl. S. 43) sind für Eltern behinderter Kinder die folgenden Fragen zu beantworten:

Fünf Fragen nach *Klee*

- Was hat mein Kind? (Diagnose)
- Was ist die Ursache der Behinderung?
- Wie kann ich meinem Kind helfen? (Behandlung, Therapie)
- Was können Eltern zur Behandlung und Therapie beitragen?
- Welche Perspektiven hat mein Kind?

3. Modelle der Zusammenarbeit zwischen Familien und Fachleuten

Speck (1983, S. 13ff.) unterscheidet drei Modelle:

Laienmodell

Laienmodell:

Die Eltern werden als unwissende Laien betrachtet, denen wissende Fachleute Ratschläge geben, ohne die Möglichkeiten der Familie zu berücksichtigen.

Kotherapie-
modell

Kotherapiemodell:

Die Eltern werden in Therapiekonzepte eingebunden und in bestimmte therapeutische Maßnahmen eingewiesen.

Kooperations-
modell

Kooperationsmodell:

Die Eltern sollen nach diesem Modell keine "Therapeutenrolle" übernehmen, sondern ihre ursprüngliche Elternrolle unvoreingenommen wahrnehmen. Aus dem hierarchischen Verhältnis wird ein partnerschaftliches.

4. "Elternarbeit konkret" – am Beispiel: Beratungseinzelgespräch

Bei Eltern behinderter und schulschwieriger Kinder eröffnet sich bei LehrerInnen *neben* ihrer "Unterrichts- und Erziehungsaufgabe" eine *neue Kompetenz*, die Kompetenz der **"Beratung"**.

Beratungskompetenz der LehrerInnen

Elternberatung beinhaltet Kontakt- und Informationsaustausch und soll Eltern im Gespräch stützen, indem man ihnen aktiv zuhört, damit sie zu neuen Zielen und Handlungsperspektiven finden, die für eine Entwicklungsförderung ihres Kindes hilfreich sind.

In dem Vertrauen, das ihnen Eltern und Kinder entgegenbringen, haben KlassenlehrerInnen einen "Vertrauensvorschuß" gegenüber der außerschulischen und professionellen Beratung.

Allerdings sind Lehrerinnen und Lehrer für diese neue Funktion der Beratung meistens nicht genügend ausgebildet – notwendig wären Kenntnisse in der Gesprächsführung und eine gruppendynamische Kompetenz zur Gestaltung von Klassenelternabenden oder Elterngruppen.

Äußere Umstände des Gesprächs

Zeit

- **Zeit:**
  Nehmen Sie sich für ein Elterngespräch ausreichend Zeit. *Zeit ist ein wichtiger Kommunikationsfaktor.*
  Ein eiliges Gespräch während der Klassen- oder Gangaufsicht mit Negativbotschaften über das Kind oder ein Lehrer, der beim Elternsprechtag nach der zwanzigsten Mutter nervös und erschöpft auf die Uhr schaut, müssen kommunikationstheoretisch gesehen zwangsläufig zu Blockaden führen.

Zurückgezogenheit

- **Zurückgezogenheit:**
  Das Elterngespräch sollte an einem Ort geführt werden, an dem man nicht durch andere Personen und Gegenstände (z. B. Telefon) gestört wird. Sorgen Sie für eine *gemütliche Atmosphäre* (Kaffee, Zigaretten etc.)

Eigene Stimmung

- **Eigene Stimmung:**
  Machen Sie sich vor einem schwierigen Elterngespräch Ihre *eigene Stimmung* bewußt. Achten Sie auf Ihre Körpersignale und auf körperliche Verspannungen.

Einige Tips für Elternberatung

Die folgenden Tips entstammen der Technik der partnerzentrierten Gesprächsführung. (Weitere Anregungen bei: *Gordon*, 1978, und *Bachmair*, 1985.)

Zuhören
- Überwinden Sie das alte Lehrerschema: Der Lehrer "sendet" – die Eltern "hören"!
  Hören Sie den Eltern wirklich zu, was sie zu sagen haben!

Angriff schafft Verteidigung
- Bringen Sie Eltern nie in eine Verteidigungsposition – oder würden Sie Ihr Kind nicht verteidigen, wenn man es angreift?

Gute Nachricht zu Beginn
- Gewöhnen Sie sich daran, jedes Gespräch mit einigen oder zumindest einer guten Nachricht über das Kind zu beginnen! Das brauchen alle Eltern und schafft eine gute Atmosphäre und Ausgangsbasis für das gesamte Gespräch.

Positive Grundhaltung
- Zeigen Sie auch im weiteren Gesprächsverlauf Ihre grundsätzlich positive und optimistische Grundhaltung gegenüber dem Kind, aber auch gegenüber seinen Eltern!
  Beide sollen sich von Ihnen angenommen fühlen. Probleme lassen sich erfahrungsgemäß so wesentlich leichter bewältigen.

Wortwahl
- Achten Sie auf die Wortwahl, besonders bei negativ besetzten Wörtern! Verletzende Worte bleiben gerade bei Eltern behinderter Kinder im Gedächtnis haften und schaden mehr, als sie nützen.

Nicht überfordern
- Beachten Sie die bildungsmäßigen Voraussetzungen der Eltern und überfordern Sie die Eltern nicht!
  Verwenden Sie passende Worte und keine Fachausdrücke!
  Wiederholen Sie wichtige Informationen!

Eltern miteinbeziehen
- Eltern sind in einem Elterngespräch die Hauptpersonen und sollen aktiv in das Gespräch einbezogen werden. Durch aktives Zuhören und Empathie finden Sie heraus, was Eltern an Informationen verarbeiten können.

Sprache der Annahme
- Reden Sie in der Sprache der "Annahme" (*Gordon,* 1978), und vermeiden Sie sogenannte "Killerphrasen"!

Zu Fragen ermutigen
- Ermutigen Sie die Eltern, Fragen zu stellen und ihre Sorgen und Zweifel auszudrücken!

Gesprächspausen
- Haben Sie keine Angst vor Gesprächspausen! Vielleicht unterbrechen Sie durch voreiliges Dazwischenreden einen Gedankengang der Eltern, der wichtige Mitteilungen beinhaltet. Eine Pause geht meistens wichtigen Aussagen voraus, für die sich die Eltern schämen, die sie viel Überwindung kosten.

Türöffner
- Wenn Eltern im Gespräch verstummen oder Sie den Eindruck haben, etwas Peinliches wurde preisgegeben, verwenden Sie sogenannte "Türöffner":
  "Möchten Sie mehr darüber erzählen?"
  "Das klingt so, als berührt Sie das sehr stark?"
  "Möchten Sie darüber sprechen?"

Eltern stützen
- Wenn die Eltern ihr eigenes Kind zu negativ beschreiben, bitten Sie die Eltern am Ende des Gesprächs, die Vorzüge ihres Kindes zu beschreiben! Manche Eltern haben das Gefühl, in der Erziehung zu versagen. Versuchen Sie, mit den "Stärken" der Eltern zu arbeiten!

Zu Lösungen anregen
- Geben Sie keine Lösungen vor, sondern regen Sie die Eltern zu Lösungsvorschlägen an! Nur die Eltern wissen, was sie tun können und wollen.

Gesprächsende
- Wenn Eltern mit dem Reden nicht mehr aufhören wollen (was ein Kompliment für Sie ist), strukturieren Sie das Gespräch, indem Sie den roten Faden aufzeigen, Verständnisfragen stellen oder Argumente wiederholen und zusammenfassen!

5. Elternarbeit in der Gruppe

Möglichkeiten der Gruppenarbeit nutzen

Der Großteil der LehrerInnen hat große Scheu, mit Eltern in einer Gruppe zu arbeiten (vgl. *Huppertz,* 1979). Elternabende stellen meistens eine ungeliebte Pflichtübung dar.

Für die Eltern behinderter oder schulschwieriger Kinder kann jedoch gerade die Gruppe mit einer qualifizierten Führung Hilfe bedeuten, weil diese Eltern erfahren, daß sie mit ihren Problemen nicht allein dastehen (vgl. *Ledl,* 1987, S. 13ff.).

Durch die zunehmende Integration behinderter Kinder in die Regelschule ergeben sich für die Lehrerinnen und Lehrer neue Dimensionen und neue Aufgaben. Für die optimale Durchführung von Elternabenden hat *Huppertz* (1979, vgl. S. 66-89) einige informative und praxisnahe Ratschläge erstellt. Im folgenden werden einige Modelle des "Elterntrainings" beschrieben.

Elterntrainingsprogramme

Elterntraining

Speziell für den Umgang mit lern- und verhaltensauffälligen Kindern ist in den letzten Jahren eine Unzahl von Trainingsmodellen ("Elterntrainings") entwikkelt worden, die zwar für KlassenlehrerInnen zu aufwendig sind, von denen sie aber im Sinne der Weiterempfehlung von betroffenen Eltern zumindest wissen sollten.

Beispiele für Elterntrainingsprogramme:

- *Betz/Breuninger* (1987) für Kinder mit Lese-Rechtschreibschwächen;
- *Petermann* (1986) und *Petermann/Petermann* (1988) für unsichere, gehemmte Kinder und für aggressive Kinder;
- *Warnke u. a.* (1974) beschreiben Erfahrungen mit Eltern-Kinder-Gruppen.

Elterntrainingsprogramme sollen die Erziehungskompetenz der Eltern fördern bzw. wiederherstellen und werden von PsychologInnen und SozialtherapeutInnen bzw. SonderpädagogInnen durchgeführt.

Elternvereinigungen, Selbsthilfegruppen und Initiativgruppen

Elternvereinigungen

"Elternvereinigungen" sind Gemeinschaften, die wichtige Aufgaben und Funktionen für betroffene Eltern haben können. Das Verbindende ist die Behinderung des Kindes. Die Eltern lernen in der Gemeinschaft, nicht allein auf die Behinderung ihres eigenen Kindes fixiert zu bleiben, sondern sie werden fähig, mit "ihrer eigenen Behinderung" (Elternrolle) umzugehen. *Klee* (1987, S. 201f.) unterscheidet ferner **"Selbsthilfegruppen"** und **"Initiativgruppen"**.

Selbsthilfegruppen

Initiativgruppen

Selbsthilfegruppen beschränken ihre Aktivitäten meist auf den Binnenbereich (Leben im Verein, Ausflüge, Feiern etc.), Initiativgruppen prangern häufig vermeintliche oder konkrete Mißstände an und verfolgen ihre Interessen zielgerichtet nach außen. So waren es Elterninitiativgruppen, die in Österreich die "Schulversuche zum gemeinsamen Unterricht behinderter und nichtbehinderter Kinder" von den Schulpolitikern forderten und damit einen kräftigen Reformschub ausgelöst haben (vgl. *Gruber/Petri,* 1989).

Arbeitsaufträge

- *Versuchen Sie, Gemeinsamkeiten (ähnliche Phasen) in den drei beschriebenen Modellen von Grunewald (1981), Holzinger (1984) und Sporken (1975) herauszufinden!*
- *Nehmen Sie Kontakt zu einer Elterninitiative in Ihrem Wohnbezirk (Bundesland) auf, und informieren Sie sich über deren Ziele!*
- *Versuchen Sie, einen der nächsten Elternabende nach den Vorschlägen von Huppertz (1979) zu gestalten! Verwenden Sie statt frontaler Kommunikationsformen mehr partner- und gruppenzentrierte Arbeitsweisen – die Eltern werden es Ihnen danken!*
  Wenn Sie StudentIn sind, bitten Sie Ihren Seminarleiter im Fach Erziehungs- oder Unterrichtswissenschaft, daß er Sie einen Elternabend zu einem bestimmten Thema in einem "Simulationsspiel" gestalten läßt.
- *Erkundigen Sie sich über die Rechte und Pflichten der Eltern als Erziehungsberechtigte in der Zusammenarbeit mit der Schule! (Gesetzliche Grundlagen und zahlreiche Anregungen bei: Brezovich/Wolf, 1985; Boyer/Janko/Oberleitner, 1990; Gotsmy, 1988.)*

Literatur

Bachmair, S., u. a.: Beraten will gelernt sein. Ein Übungsbuch für Anfänger und Fortgeschrittene. Weinheim-Basel 1985[3]

Betz, D., Breuninger, H.: Teufelskreis Lernstörungen. Theoretische Grundlegung und Standardprogramm. München-Weinheim 1987[2]

Boyer, L., Janko, E., Oberleitner, G.: Grundzüge des österreichischen Schulrechts (Pflichtschulen). Linz 1990

Brandl, M.: ... morgen um 7 war die Welt noch in Ordnung. In: mobil 4/1989, S. 18-19

Dies.: Es hat sich ein wunderbares Zusammengehörigkeitsgefühl entwickelt. In: Behinderte 1/1991, S. 13-20

Brezovich, B., Wolf, W.: Schulrecht in der Praxis (Fallbeispiele – Allgemeinbildende Pflichtschulen). Wien 1985

Gordon, T.: Familienkonferenz (Die Lösung von Konflikten zwischen Eltern und Kind). Hamburg 1978[12]

Gotsmy, H.: Schulpartnerschaft konkret (Eltern informieren Eltern). (Hg. v. Katholischen Familienverband Österreichs.) Wien 1988

Gruber, H., Petri, G.: Schulversuche zum gemeinsamen Unterricht behinderter und nichtbehinderter Kinder (Rahmenkonzepte und Ergebnisse einer ersten Befragung von Versuchslehrern). Hg. v. BMUKS; Zentrum für Schulversuche und Schulentwicklung. Graz 1989

Grunewald, K., Hall, E. C.: "Ihr Kind" (Ärztliche Erstinformation für Eltern behinderter Kinder). In: Lebenshilfe 2/1981

Holzinger, F.: Sonderpädagogik. Wien 1984[2]

Huppertz, N.: Wie Lehrer und Eltern zusammenarbeiten (Ein methodischer Leitfaden für Kooperation und Kommunikation in der Schule). Freiburg i. Br. 1979

Klee, E.: Behindert. Über die Enteignung von Körper und Bewußtsein. Ein kritisches Handbuch. Frankfurt/M. 1987

Ledl, V.: Elternarbeit – aus der Sicht des Beratungslehrers. In: ZV-Lehrerzeitung 1 – 2/1987, S. 13-15

Petermann, F., Petermann, U.: Training mit aggressiven Kindern (Einzeltraining, Kindergruppen, Elternberatung). München-Weinheim 1988[3] (bes. S. 166-208)

Petermann, U.: Training mit sozial unsicheren Kindern (Einzeltraining, Kindergruppen, Elternberatung). München-Weinheim 1986[2] (bes. S. 130-145)

Schuchardt, E.: Behinderung und "Umwelt" Familie – Behindern sie sich wechselseitig? Strukturierung, Reaktionsmuster, Verarbeitungsstrategien. In: *Gruber, H.* (Hg.): Behinderung und Umwelt – Umwelt und Behinderung. Kongreßbericht vom 8. Heilpädagogischen Kongreß, 14. – 16. Juni 1990. Wien 1990, S. 33-42

Speck, O.: Das gewandelte Verhältnis zwischen Eltern und Fachleuten in der Frühförderung. In: *Speck, O., Warnke, A.* (Hg.): Frühförderung mit den Eltern. München-Basel 1983, S. 13-20

Sporken, P.: Eltern und ihr geistig behindertes Kind. Das Bejahungsproblem. Düsseldorf 1975

Warnke, A., Browers, E. L., Probst, H.: Das Bogenhausener Modell (Kinder und Eltern in der Gruppe. Ein Erfahrungsbericht). München 1974

Anhang

Blindenschrift

B r a i l l e - A l p h a b e t

(mit den deutschen Hilfszeichen)

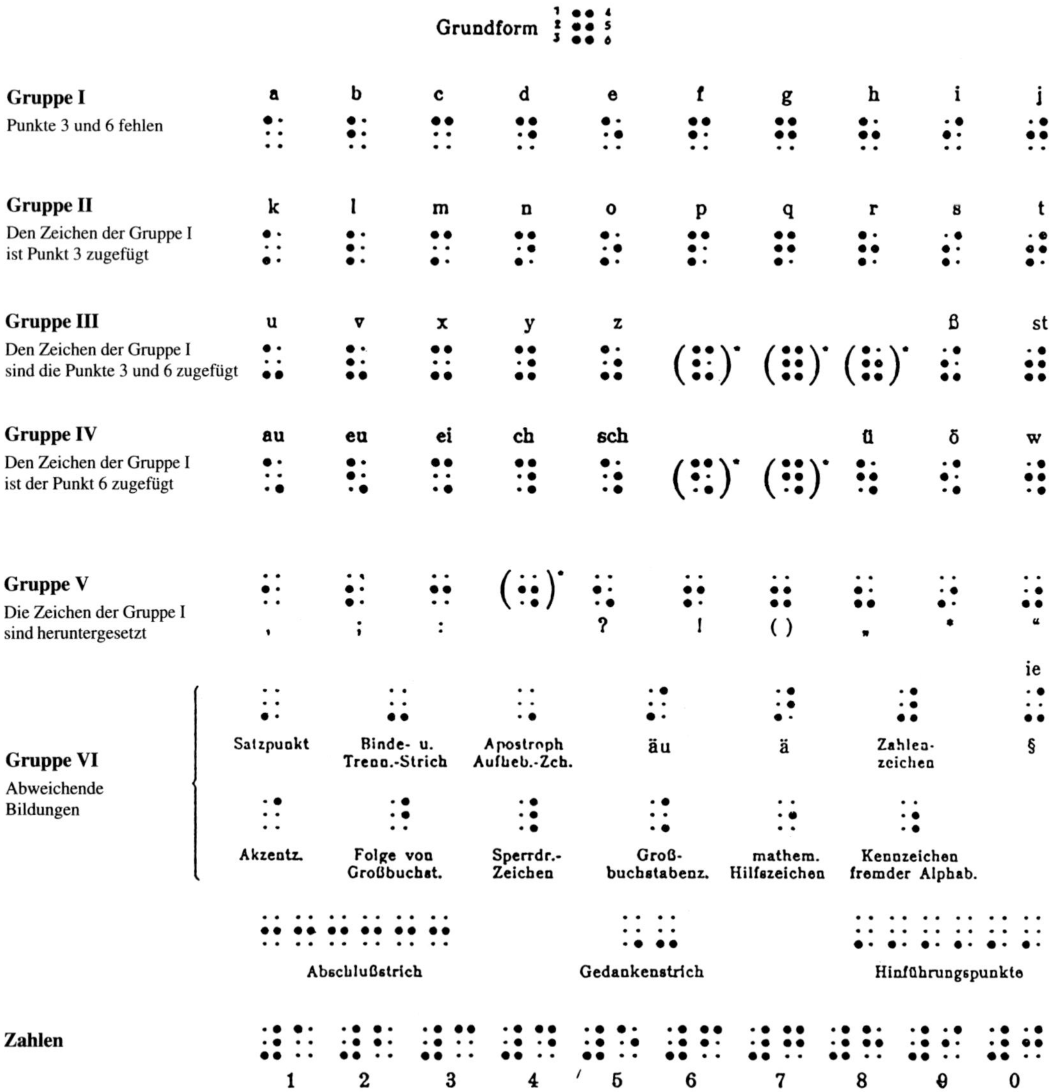

* Diese Zeichen des Systems finden in der deutschen Vollschrift keine Verwendung; sie werden in der Kurzschrift verwendet.

Förderprogramme (FP) und Fördermaterial (FM) im Überblick

- • Schwerpunkt
- x Nebenbereich

Programm	Motorik	auditive Sensorik	visuelle Sensorik	taktile Sensorik	Sprache	Kognition	sozial-emotionaler Bereich
Frostig FP (Vis. Wahrnehmungsförderung)	x		•	x	x		
Lauster FM (Konzentrationsspiele)	x		•		x	x	
Lauster FM (Logikspiele)			x		x	•	
Lauster FM (Lese-, Rechtschreib- und Aufsatzspiele, Grammatikspiele, Rechenspiele)		x	x		•	x	
Seyfried FP (Lesen u. Rechtschreiben leichter gemacht/Motorische Übungen)	•		•				
Seyfried FP (Lesen und Rechtschreiben leichter gemacht – Heft 1 – 3)		•			•	x	
Delacato FP (Ein neuer Start für Kinder mit Lesestörungen)	•		•				
Eggert FM (Psychomotorisches Training)	•	•	•	•			x
Frostig FM (Bewegungserziehung)	•			•			x
Odreitz FP (Päd. Kriterien zur Feststellung von Fördernotwendigkeiten)	•	•	•	•	•	•	•

Programm	Motorik	auditive Sensorik	visuelle Sensorik	taktile Sensorik	Sprache	Kognition	sozial-emotionaler Bereich
Sindelar/Rind FP (Lernprobleme an der Wurzel packen)	•	•	•		x		
Sedlak/Sindelar FP (Hurra, ich kann's)	•	•	•		x	x	
Hofmann/Juna/ König u. a. FM (Spiel mit uns!)	•	•	•	x	x		x
Rutte/Ballinger FP (Komplexes Sprachtraining)	x	x	x		•		
Christoph/Juna FP (Leo und Rudi – Intermodal-training/ links – rechts)	•	x	x				
Spiel/Karlon/ Kuster/Schuch FP (Körperschema und Raum-Wahrnehmung)	•		x				
Spiel/Karlon/ Kuster FP (Laut-Wahrnehmung)		•			•		
Polenda/Juna/ Schwarzmann FP (Konzentration kinderleicht)	•		•			x	
Seyfried/Jugl/ Bauer FM (Stein auf Stein – Wir Vorschul-kinder)	x		•		x	x	
Baar/Tschinkel FM (Arbeitsblätter für die Schulreife)	x		•			x	
Kowarik/Kraft FM (Kannst du das auch? – Funktionstraining)	•		•				

Frostig Marianne: Visuelle Wahrnehmungsförderung. Hg. v. *A. u. E. Reinartz.* (Anweisungsheft). Hannover 1979
Heft 1 (80 Übungsblätter)
Heft 2 (112 Übungsblätter)
Heft 3 (128 Übungsblätter)
Alter: 6 – 10 Jahre

Lauster Ursula: Konzentrationsspiele. Reutlingen 1976
Konzentrationsspiele 1 (1. und 2. Schulstufe)
Konzentrationsspiele 2 (3. und 4. Schulstufe)
Konzentrationsspiele 3 (5. und 6. Schulstufe)

Lauster Ursula: Logikspiele. Reutlingen 1976
Logikspiele 1 (1. und 2. Schulstufe)
Logikspiele 2 (3. und 4. Schulstufe)

Lauster Ursula: Lesespiele, Rechtschreibspiele, Aufsatzspiele, Rechenspiele, Grammatikspiele u. a. Reutlingen 1976

Seyfried Peter: Motorische Übungen. Linz-Wien 1983²
Lesen und Rechtschreiben – leichter gemacht
(Lehrerhandbuch/Anhang: Motorische Übungen)
Alter: 6 – 10 Jahre

Seyfried Peter: Lesen und Rechtschreiben – leichter gemacht. Linz-Wien 1983²
Bereich I: Aufmerksames Hören (Lautschulung)
Bereich II: Miteinander sprechen (Sprachtraining)
Bereich III: Besser lesen und rechtschreiben (Lese- und Regeltraining)
Alter: 6 – 10 Jahre

Delacato, C. H.: Ein neuer Start für Kinder mit Lesestörungen (Eine Anleitung für die Eltern). Freiburg i. Br. 1973
Alter: ab 6 Jahren und früher
Dazu: Prüfprotokoll für die Entwicklungsprüfung und Dominanz

Eggert Dietrich: Psychomotorisches Training (Ein Projekt mit lese- und rechtschreibschwachen Grundschülern). Weinheim-Basel 1975
Trainingsprogramm: S. 103-220
Alter: 6 – 10 Jahre

Frostig Marianne: Bewegungserziehung (Neue Wege der Heilpädagogik). München-Basel 1980
Übungen: S. 185-253
Alter: 6 – 10 Jahre

Odreitz H.: Pädagogische Kriterien zur Feststellung von Fördernotwendigkeiten. BMUK, Zentrum für Schulversuche und Schulentwicklung, Abteilung I, Klagenfurt 1980
Alter: 6 – 10 Jahre

Sindelar Brigitte/Rind Walter: Lernprobleme an der Wurzel packen (Trainingsprogramme gegen Lernstörungen). Wien 1982
- Akustisches Training
- Optisches Training
- Intermodaltraining
- Serialitätstraining
- Raumorientierungstraining

Alter: 2. – 4. Schulstufe

Sedlak Franz/Sindelar Brigitte: Hurra, ich kann's (Frühförderung für Vorschüler und Schulanfänger). Wien 1987[2]
Alter: Vorschule bis 2. Schulstufe
- Verfahren zur Erfassung von Teilleistungsschwächen im Vorschulalter
- Übungsprogramm zum Training der Einzelfähigkeiten

Hofmann/Juna/König/Krotky/Simkovsy: Spiel mit uns! (Spiele für alle Kinder, besonders für Kinder mit Teilleistungsschwächen). Wien 1987
Spiele zu folgenden Bereichen:
- Optische Wahrnehmung
- Akustische Wahrnehmung
- Raumorientierung
- Serialität
- Intermodalität

Alter: Vorschule, 1. – 4. Schulstufe

Rutte Volker/Ballinger Erich: Komplexes Sprachtraining. Wien-München 1980
- Arbeitsanleitung
- Kurzdiagnose
- Arbeitsblätter

Bereiche:
- Sprache (Ausbau, Anbahnung, Erwerb, Differenzierung, Gedächtnis, Sprachmotorik)
- Visuelle Wahrnehmung
- Auditive Wahrnehmung
- Bewegungserziehung

Alter: 1. – 5. ASO, Sonderschule für Schwerstbehinderte

Christoph Gabriele/Juna Johanna: Leo und Rudi (Intermodaltraining, links – rechts). Wien 1985
Alter: Vorschule, 1. Schulstufe
- Programm für Raumorientierungsstörungen
- Umschalten vom optischen auf akustischen Reiz und umgekehrt

Spiel Georg/Karlon Antonia/Kuster Regula/Schuch Bibiana: Körperschema und Raum-Wahrnehmung, Trainingsprogramm bei Teilleistungsstörungen 1 (Funktionell-therapeutische Übungen zur Verbesserung der Analyse und Synthese räumlicher Relationen). Wien 1985
Alter: 6 – 10 Jahre

Spiel Georg/Karlon Antonia/Kuster Regula: Laut-Wahrnehmung, Trainingsprogramm bei Teilleistungsstörungen 2 (Funktionell-therapeutische Übungen zur Verbesserung der phonematischen Differenzierung und der Analyse phonematischer Strukturen). Wien 1985
Alter: 6 – 10 Jahre

Juna Johanna/Poledna Rosemarie/Schwarzmann Franz: Konzentration – kinderleicht. Wien 1980
- Steigerung der Konzentration (visuell)
- Steigerung der Leistungsfähigkeit

Alter: Programme für 1./2., 3. und 4. Schulstufe VS, 5./6. Schulstufe ASO

Seyfried Peter/Jugl Gotlinde/Bauer Gabriele: Stein auf Stein – Wir Vorschulkinder. Linz-Wien 1984
- Lehrbuch für Vorschulklasse
- Förderkartei mit Jahresstoffplanung für den Lehrer

Alter: 5 – 8 Jahre

Baar Edeltrud/Tschinkel Ingeborg: Arbeitsblätter für die Schulreife – Entwicklungshilfe. Wien-München 1962
- Arbeitsblätter mit Erläuterung
- Erfolgstabelle

Alter: Vorschule bzw. 1. Schulstufe

Kowarik Othmar/Kraft Johann: Kannst du das auch? (Funktionstraining für die Vorschule und für die 1. Schulstufe). Wien 1971
- Übungen zur Raumlage (Raumorientierung)
- Übungen zur Stärkung des Konzentrationsvermögens

Alter: Vorschule und 1. Schulstufe

Die 15. Schulorganisationsgesetz-Novelle – eine Weichenstellung im österreichischen Schulwesen

Ausgehend von den im Kapitel 3 dargestellten Vorstellungen und Schulversuchsmodellen zu einem gemeinsamen Unterricht behinderter und nichtbehinderter Kinder hat das österreichische Parlament eine grundlegende Neuordnung der sonderpädagogischen Förderung in Österreich beschlossen. Maßgeblich für diese Entwicklung waren sicher auch die politischen Aktionen von Elterninitiativgruppen, deren Sichtweise aus dem Entwurf eines Motivenberichtes zur 15. SchOG-Novelle klar zum Ausdruck kommt: "Gemeinsamer Unterricht behinderter und nichtbehinderter Kinder ist ein gesellschaftlicher Auftrag an das Schulwesen, dem die Pädagogik durch Entwicklung und Anwendung geeigneter Methoden folgen muß." Und an anderer Stelle: "Basis des integrativen Auftrags ist die Einsicht, daß die Schule wesentlich zur Anbahnung, Einübung und zum Vollzug sozialer Kontakte und Fertigkeiten ist."

Die wesentlichsten Punkte der daraus erwachsenden Änderungen können wie folgt dargestellt werden:

Wahl des Bildungsweges durch die Eltern

Eine besondere Belastung für das Image der Sonderschulen bestand mit Sicherheit darin, daß eine Aufnahme auch gegen den Willen der Eltern behördlicherseits durchgesetzt werden konnte. Die Sonderschule wurde damit in vielen Fällen nicht als Bildungsalternative, sondern als Bedrohung für die Berufs- und Lebenschancen des eigenen Kindes erlebt. Anstelle dieser bescheidmäßigen Einweisung soll nunmehr eine Beratung der Eltern über den zweckmäßigsten Schulbesuch treten, und Gegenstand des behördlichen Verfahrens ist nur mehr die Feststellung eines sonderpädagogischen Förderbedarfs, aus dem sich jedoch keine zwingenden Konsequenzen im Hinblick auf eine Sonderschulaufnahme ableiten. Die Eltern selbst sollen nun das Recht haben, sich für den Besuch einer Sonderschule oder den Besuch einer "den sonderpädagogischen Förderbedarf erfüllenden Grundschule" zu entscheiden. Dies bedeutet jedoch nicht, daß eine Aufnahme in jede beliebige Volksschule erfolgen kann, sondern unter Umständen müssen erst materielle oder personelle Maßnahmen an einer Volksschule getroffen werden, um den Schulbesuch eines behinderten Kindes zu ermöglichen. Letztendlich ist es dem Bezirksschulrat auch weiterhin möglich, einen integrativen Schulbesuch abzulehnen, wenn die erforderlichen Rahmenbedingungen nicht geschaffen werden können oder andere (zum Beispiel medizinische, psychologische oder pädagogische) Gründe einer Aufnahme in eine Volksschule entgegenstehen.

Sonderpädagogischer Förderbedarf statt Sonderschulbedürftigkeit

Die bisher vorgesehenen diagnostischen Maßnahmen waren in erster Linie darauf ausgerichtet, zu einer richtigen Zuordnung eines Kindes in eine bestimmte Schulart zu gelangen, anstelle plausiblerweise zuerst einmal festzustellen, welche besonderen Hilfestellungen den Schulbesuch eines behinderten Kindes auch an einer Volksschule ermöglichen könnten. Aus der bisherigen Selektionsdiagnostik muß daher nun eine maßnahmenorientierte Förderdiagnostik werden, die auf die Berücksichtigung der besonderen Erziehungsbedürfnisse eines behinderten Kindes abzielt.

Das bisherige Kriterium der Sonderschulbedürftigkeit wird daher durch den neu geschaffenen Begriff des sonderpädagogischen Förderbedarfes ersetzt. In welcher Form diesem sonderpädagogischen Förderbedarf Rechnung getragen werden könnte, ist erst der zweite Schritt, bei dem jedoch neben den Voraussetzungen des Kindes auch das gesamte pädagogische Umfeld einzubeziehen ist. Erst aus einer solchen "Kind-Umfeld-Analyse" lassen sich im Einzelfall wirksame Maßnahmen ableiten, die auch bei scheinbar gleichen Lern- und Verhaltensschwierigkeiten sehr unterschiedlich angelegt sein können. Während in einem Fall bei einer schon vorhandenen geringen Klassenschülerzahl und einem pädagogisch engagierten Lehrer mit einer gelegentlichen Beratung durch einen Sonderpädagogen das Auslangen zu finden sein wird, wird in einem anderen Fall bei der gleichen Symptomatik mit einem Stützlehrereinsatz oder der Aufnahme des Kindes in eine integrative Klasse zu reagieren sein. Letztendlich hängen die zu setzenden therapeutischen Maßnahmen auch von den vorhandenen finanziellen Möglichkeiten ab, wie dies auch vergleichbar im Gesundheitssystem der Fall ist.

Abgestufte sonderpädagogische Interventionen und sonderpädagogische Dienste

Ab einem gewissen diagnostischen Schwellenwert bestand bisher für behinderte Kinder keine Möglichkeit, an den allgemeinen Schulen zu verbleiben. Dieses Alles- oder Nichts-Prinzip soll nun durch abgestufte Interventionsmöglichkeiten ergänzt werden, die auf soviel Integration wie möglich abzielen und soviel sonderpädagogische Förderung wie unbedingt notwendig sicherstellen. In den letzten Jahren hat sich eine große Vielfalt an "sonderpädagogischen Diensten" herausgebildet, durch deren Hilfe es möglich ist, einen Verbleib von Kindern mit sonderpädagogischem Förderbedarf im allgemeinen Schulwesen zu gewährleisten. Die gesetzliche Verankerung dieser Möglichkeiten schafft nun völlig neue Lehrerfunktionen, die insbesondere auf dem Gebiet der Beratung und der Zusammenarbeit mit anderen Lehrerinnen und Lehrern auch neue Anforderungen stellen. Somit muß es ein Schwerpunkt der Lehrerfortbildung der nächsten Jahre sein, auf diese neuen Aufgabengebiete vorzubereiten.

Lehrplananpassung statt Schüleranpassung

Wenn die Erreichung eines bestimmten Lehrplanzieles für behinderte Kinder nicht mehr Voraussetzung für die Aufnahme ist, muß es für sie möglich sein, innerhalb einer Grundschulklasse nach dem für sie hinsichtlich Schulstufe oder Schulart geeigneten Lehrplan unterrichtet und beurteilt zu werden. Damit verbunden ist der dringende Bedarf nach binnendifferenziertem Unterricht und einer Unterrichtsgestaltung, die tatsächlich gemeinsames Lernen unter größtmöglicher Berücksichtigung der individuellen Voraussetzungen erlaubt. Ein gewünschter Nebeneffekt ist somit, daß eine Unterrichtsverbesserung sowohl für behinderte als auch für nichtbehinderte Kinder eintritt.

Das sonderpädagogische Zentrum als Drehscheibe sonderpädagogischer Förderung

Wenn man sicherstellen will, daß für die einzelnen behinderten Kinder die gleichen Fördermöglichkeiten bestehen sollten, ist eine Koordination und Unterstützung im Hinblick auf die Verteilung der lokal verfügbaren Ressourcen dringend notwendig. Für das allgemeine Schulwesen muß daher eine neue Organisationsstruktur sonderpädagogischer Förderung aufgebaut werden, die von der vollen Integration bis zu einer allenfalls notwendigen Separation reicht. Nur wer die verschiedensten Formen der Förderung überblickt und sie den Bedürfnissen der einzelnen Kinder jeweils zuordnen kann, ist in der Lage, angemessen zu reagieren und einen qualitativ hochwertigen Standard sicherzustellen. Damit soll auf Landesebene innerhalb der einzelnen Schulbezirke eine wirkungsvolle sonderpädagogische Versorgung organisiert werden.

Für die Sonderschulen entwickelt sich damit eine zukunftsweisende Perspektive, um aus der Rolle einer stigmatisierenden und stigmatisierten Institution herauszutreten und sich als Hilfseinrichtung für eine bestmögliche Persönlichkeitsentwicklung des behinderten Kindes unter besonderer Berücksichtigung der sozialen Integration zu präsentieren.

Überblick über die wichtigsten gesetzlichen Bestimmungen

Schulpflichtgesetz

Die folgende Abbildung zeigt eine schematische Darstellung des Verfahrens gemäß § 8 des Schulpflichtgesetzes (Schulbesuch bei sonderpädagogischem Förderbedarf):

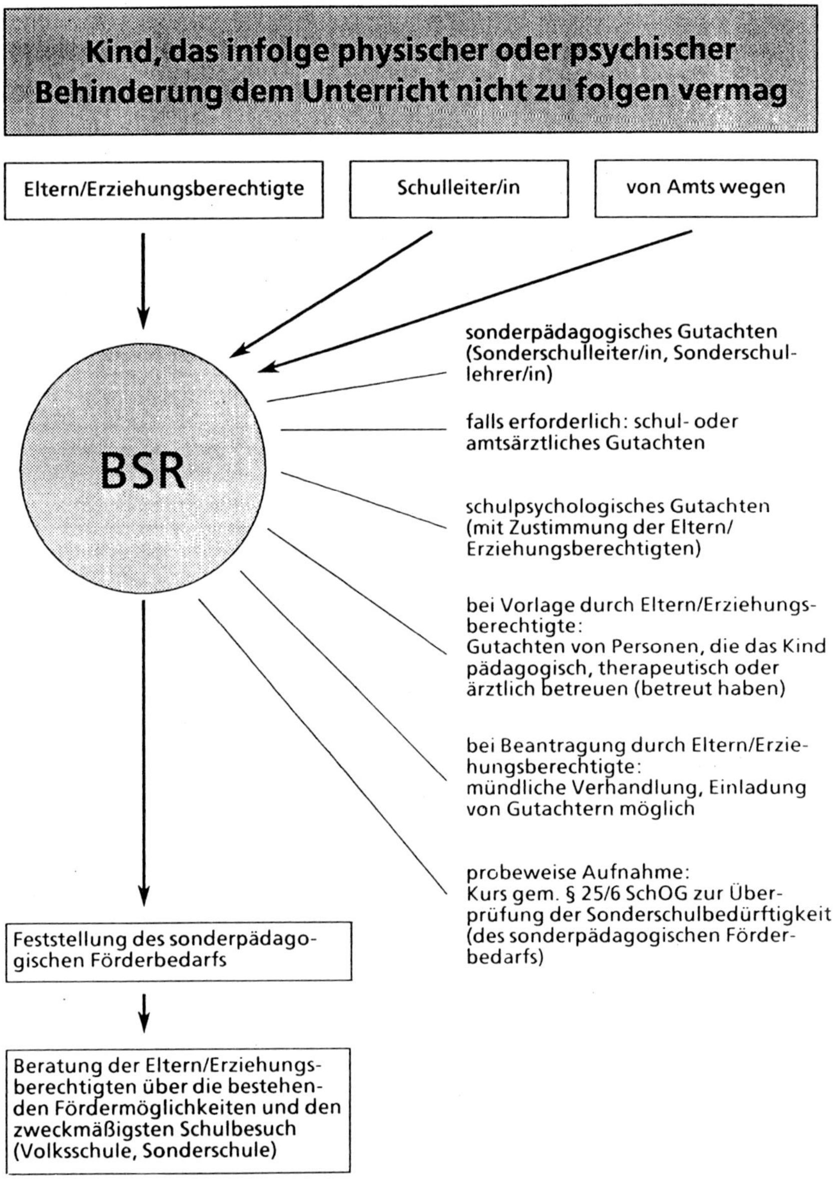

Aus der Änderung der bisherigen Bezeichnung des § 8 "Besuch einer Sonderschule" ergibt sich deutlich die geänderte Fragestellung, wonach dieses Verfahren nicht mehr über eine bestimmte Schullaufbahn entscheidet. Im Verfahren wurde nun die Möglichkeit geschaffen, daß auch die Eltern und Erziehungsberechtigten pädagogische, therapeutische oder ärztliche Gutachten vorlegen können und daß auf ihren Antrag eine mündliche Verhandlung, gegebenenfalls auch unter Hinzuziehung der Gutachter angesetzt werden kann. Nach der Feststellung eines sonderpädagogischen Förderbedarfes durch einen Bescheid des Bezirksschulrates müssen die Eltern über die Fördermöglichkeiten in den verschiedenen Schularten und den zweckmäßigsten Schulbesuch informiert werden. Soferne sie sich für den Besuch oder den Verbleib in einer Volksschule entscheiden, hat der Bezirksschulrat darüber zu informieren, an welcher nächstgelegenen Volksschule dem sonderpädagogischen Förderbedarf entsprochen werden kann. Damit soll auch der Zielsetzung nach einem möglichst wohnortnahen Schulbesuch Rechnung getragen werden.

Die folgende Abbildung zeigt schematisiert die möglichen Bildungswege für Kinder mit sonderpädagogischem Förderbedarf:

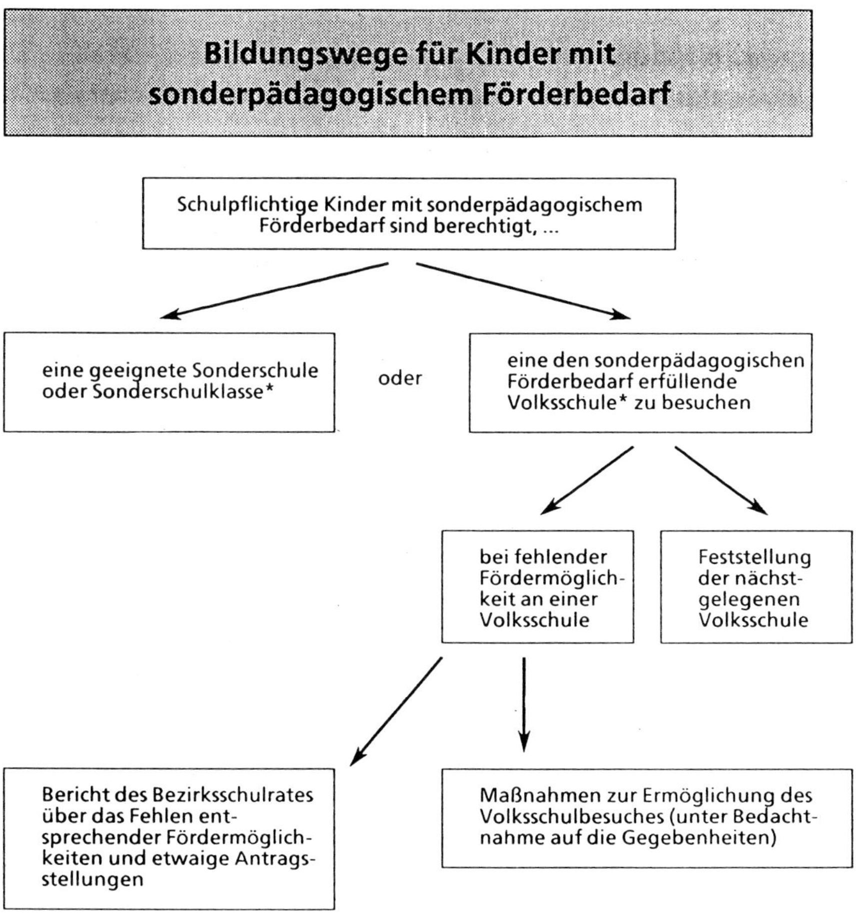

* Soweit solche Schulen (Klassen) vorhanden sind.

Die entscheidende Frage für die Zukunft wird sein, in welchem Maß das öffentliche Schulwesen in der Lage sein wird, Elternwünschen Rechnung zu tragen, und in welchem Ausmaß seitens der jeweiligen Bundesregierung die dafür erforderlichen personellen und materiellen Möglichkeiten bereitgestellt werden können. Dabei können in Ballungsgebieten sicherlich kostengünstigere Organisationsstrukturen geschaffen werden, als dies oft in dünn besiedelten Gebieten möglich ist.

Schulorganisationsgesetz

Der Auftrag zur sozialen Integration behinderter Kinder unter gleichzeitiger Berücksichtigung der jeweils spezifischen Bildungsaufgaben wurde im § 9 Abs. 2 verankert: "Die Volksschule hat in den ersten vier Schulstufen (Grundschule) eine für alle Schüler gemeinsame Elementarbildung unter Berücksichtigung einer sozialen Integration behinderter Kinder zu vermitteln. Für Kinder mit sonderpädagogischem Förderbedarf sind die Bildungsaufgaben der der Behinderung entsprechenden Sonderschulart zu berücksichtigen."

Je nach der Bildungsfähigkeit und der Art der Behinderung kann für Kinder mit sonderpädagogischem Förderbedarf der Lehrplan der Volksschule in Kombination mit dem jeweiligen Sonderschullehrplan Anwendung finden (§ 10 Abs. 4). Neben den verschiedenen Formen einer Einzel- oder Gruppenintegration wird auch ein zeitweiser gemeinsamer Unterricht von Volksschulklassen und Sonderschulklassen ermöglicht, eine organisatorische Lösung, die unter der Bezeichnung "kooperative Klasse" bekannt ist (§ 11 Abs. 4).

Die durch die Aufnahme von Kindern mit sonderpädagogischem Förderbedarf auftretenden zusätzlichen Unterrichtserschwernisse und pädagogischen Anforderungen sollen einerseits durch den zusätzlichen Einsatz entsprechend ausgebildeter LehrerInnen und andererseits durch eine Verminderung der Klassenschülerhöchstzahl berücksichtigt werden. Bei der Anzahl der Kinder mit sonderpädagogischem Förderbedarf ist auf die Art und das Ausmaß der Behinderung Bedacht zu nehmen (§ 13 Abs. 1 und § 14 Abs. 1). Eine zusätzliche Konkretisierung bringt hier der § 9 Abs. 1 des Schulunterrichtsgesetzes, nach dem in Volksschulklassen, in denen Kinder ohne und mit sonderpädagogischem Förderbedarf gemeinsam unterrichtet werden, die Anzahl der Kinder mit sonderpädagogischem Förderbedarf in der Regel die Zahl 4 nicht übersteigen soll.

Um lehrplanmäßig zieldifferentes Lernen auch in Sonderschulen zu ermöglichen, kann auch in Sonderschulen nach Lehrplänen anderer Pflichtschularten unterrichtet werden (§ 23 Abs. 2). Um eine optimale Strukturierung und Koordination der neugeschaffenen sonderpädagogischen Fördermöglichkeiten zu gewährleisten und die verschiedenen integrativen Betreuungsformen entsprechend unterstützen zu können, kann der Landesschulrat auf Antrag des Bezirkschulrates bestimmte Sonderschulen mit zusätzlichen Aufgaben ausstatten und zu sonderpädagogischen Zentren erklären. Von diesen Zentren wären auch jene Lehrerinnen und Lehrer fachlich zu unterstützen und zu betreuen, die mit der integrativen Förderung befaßt sind (§ 27a Abs. 1, 2 und 3).

Die Bestimmungen hinsichtlich des Lehrereinsatzes und der allfälligen Verminderung der Schülerhöchstzahl erfordern jeweils eine Konkretisierung durch die Ausführungsgesetze der Bundesländer.

Von nicht zu unterschätzender Bedeutung für die weitere Entwicklung des integrativen Unterrichtes sind auch die Bestimmungen des Landeslehrerdienstrechtsgesetzes, weil häufig ein enger Zusammenhang zwischen materiellen und pädagogischen Fragen besteht. Der Unterricht von Kinder mit sonderpädagogischem Förderbedarf wird darin einem Unterricht an Sonderschulklassen im wesentlichen gleichgehalten und in Form von Verminderungen der Lehrverpflichtung begünstigt.

Die positive Einstellung eines Lehrers zum gemeinsamen Unterricht behinderter und nichtbehinderter Kinder wird allgemein als entscheidende Voraussetzung für gute Unterrichtsergebnisse angesehen. Die Bestimmung im § 43 Abs. 6 des Landeslehrer-Dienstrechtsgesetzes, wonach somit ein Lehrer nur mit seiner Zustimmung im integrativen Unterricht eingesetzt werden darf, mag zwar als ungerechtfertigte Härte gegenüber einzelnen betroffenen Kindern und ihren Eltern erscheinen, könnte jedoch als das geringere Übel gegenüber einem Lehrer eingestuft werden, dessen ablehnende Haltung sich auf die gesamte Erziehungssituation überträgt. Im Zuge der Verbreitung integrativen Unterrichtes und seiner Funktionsfähigkeit wird diese Bestimmung vermutlich in absehbarer Zeit ohnehin gegenstandslos.

Literaturverzeichnis

Adler, A.: Individualpsychologie in der Schule (Vorlesungen für Lehrer und Erzieher). Frankfurt/M. 1976[3] (Original 1929)

Angermaier, M. (Hg.): Psycholinguistischer Entwicklungstest PET. Weinheim 1974

Antoni, D., Wolf, W.: Maßnahmen im Schuleingangsbereich (Arbeitsgruppenbericht). aps Nr. 14, BMUKS. Wien 1986

Appelhans, P., Krebs, E.: Kinder und Jugendliche mit Sehschwierigkeiten in der Schule. Heidelberg 1983

Argyle, M.: Soziale Interaktion. Köln 1972

Asperger, H.: Heilpädagogik (Einführung in die Psychopathologie des Kindes für Ärzte, Lehrer, Psychologen, Richter und Fürsorgerinnen). Wien-New York 1968[5]

Ausbildungs- und Prüfungsvorschrift für Lehrer an Sondererziehungsschulen (für erziehungsschwierige Kinder). Erlaß des BMUKS. Zahl 16 950/6-31/87

Bach, H.: Geistigbehindertenpädagogik. Berlin 1980[10]

Bachmair, S., u. a.: Beraten will gelernt sein. Ein Übungsbuch für Anfänger und Fortgeschrittene. Weinheim-Basel 1985[3]

Baer, U., Berker, P.: Remscheider Spielkartei (24 thematische Spielketten mit über 200 Spielen zum sozialen Lernen). Bremen 1985[5]

Baier, H.: Einführung in die Lernbehindertenpädagogik. Stuttgart 1980

Baier, H., Klein, G.: Die Schule für Lernbehinderte. Berlin 1980

Bärsch, W.: Erziehungskonflikte (Bewältigung abweichenden Verhaltens). Königstein 1978

Begemann, E.: Schüler und Lern-Behinderungen. Zum pädagogischen Auftrag des Lehrers. Ein Studienbuch. Bad Heilbrunn/Obb. 1984

Berger, E. (Hg.): Teilleistungsschwächen bei Kindern (Beiträge zur minimalen zerebralen Dysfunktion). Bd 1. Bern 1977

Berger, E.: Einführung in die Neuropsychiatrie des Kindes- und Jugendalters. Studientexte zur Lehrerbildung und Lehrerfortbildung. Wien-München 1980

Berger, E.: Schulprobleme (Ursachen und Vorschläge zur Bewältigung. Ratgeber für Eltern, Lehrer und Schüler). Stuttgart 1989

Bertram, F.: Der gute Lehrer. In: Schulmanagement 3/1988, S. 26ff.

Betz, D., Breuninger, H.: Teufelskreis Lernstörungen. Theoretische Grundlegung und Standardprogramm. München-Weinheim 1987[2]

Bläsig, W.: Stellung und Aufgaben der Pädagogik in der Rehabilitation Körperbehinderter. In: *Haupt, U., Jansen, G. W.:* Handbuch der Sonderpädagogik. Bd 8. Berlin 1983, S. 15-26

Bleidick, U.: Pädagogik der Behinderten. Grundzüge einer Theorie der Erziehung behinderter Kinder und Jugendlicher. Berlin 1972

Bleidick, U.: Pädagogik der Behinderten. Berlin 1978[3]

Bloch, S.: Kunst-Therapie mit Kindern. Pädagogische Chancen, Didaktik, Realisationsbeispiele. München 1982

Bonderer, E.: Psychodiagnostik und Erziehungspraxis. In: *Kobi, E. E.:* Diagnostik in der heilpädagogischen Arbeit. Luzern 1990, S. 149-170

Bono, E. de: Kinderlogik löst Probleme. München o. J.

Boschemeyer, H., Vopel, K. W.: Kommunikation im 1. Schuljahr. Affektives Lernen im Alter von 5 – 7. Hamburg o. J.

Boyer, L., Janko, E., Oberleitner, G.: Grundzüge des österreichischen Schulrechts (Pflichtschulen). Linz 1990

Brandl, M.: ... morgen um 7 war die Welt noch in Ordnung. In: mobil 4/1989, S. 18-19

Brandl, M.: Es hat sich ein wunderbares Zusammengehörigkeitsgefühl entwickelt. In: Behinderte 1/1991, S. 13-20

Brezovich, B., Wolf, W.: Schulrecht in der Praxis. Wien 1986[2]

Bundschuh, K.: Einführung in die sonderpädagogische Diagnostik. München 1984[2]

Bundschuh, K.: Dimensionen der Förderdiagnostik bei Kindern mit Lern-, Verhaltens- und Entwicklungsproblemen. München-Basel 1985

Carr, J.: Down-Syndrom in früher Kindheit (Entwicklung, Erziehung und Familiensituation). München 1978

Corn, A. L., Martinez, I.: Ein blindes oder sehbehindertes Kind in Ihrer Klasse? Ratschläge für Lehrer. (Hg. v. Schweizer Zentralverein für das Blindenwesen) St. Gallen 1980

Delacato, C. H.: Ein neuer Start für Kinder mit Lernstörungen. Eine Anleitung für die Eltern. Freiburg i. Br. 1973

Dennison, P. E.: Befreite Bahnen. Freiburg i. Br. 1988[3]

Dennison, P., Dennison, G.: Edu-Kinestetik für Kinder. Das Handbuch für Eltern, Lehrer und Kinder jeden Alters. Freiburg i. Br. 1989[3]

Dennison, P., Dennison, G.: Brain-Gym. Freiburg i. Br. 1990

Deutscher Bildungsrat: Empfehlungen der Bildungskommission. Zur pädagogischen Förderung Behinderter und von Behinderung bedrohter Kinder und Jugendlicher. Bonn 1973

Dührssen, A.: Psychogene Erkrankungen bei Kindern und Jugendlichen (Eine Einführung in die allgemeine und spezielle Neurosenlehre). Göttingen 1971[8]

Egger, T., u. a. (Hg.): Lehrplan der Volksschule. Wien 1989

Eggert, D. (Hg.): LOS KF – Lincoln-Oseretzky-Scala-Kurzform zur Messung des motorischen Entwicklungsstandes von normalen und behinderten Kindern. Weinheim 1971

Eggert, D.: Zur Diagnose der Minderbegabung (Ein Handbuch und Textbuch zur Testbatterie für geistig behinderte Kinder – TBGB). Weinheim 1972a

Eggert, D.: Ein Beitrag zur Sozial- und Familienstatistik von geistig behinderten Kindern. In: *Ders.:* Zur Diagnose der Minderbegabung (Ein Handbuch und Textbuch zur Testbatterie für geistig behinderte Kinder – TBGB). Weinheim 1972b, S. 73-90

Eggert, D. (Hg.): Psychomotorisches Training. Ein Projekt mit lese-rechtschreibschwachen Grundschülern. Weinheim-Basel 1979[2]

Eichleter, W., Kimm, P., Ledl, V., Trnka, G.: Soziales Lernen als zentrales Anliegen der Unterrichtsgestaltung. In: Erziehung und Unterricht 8/1984, S. 575-585

Eichleter, W., Ledl, V.: Soziales Lernen – Interaktionsspiele in der Schulklasse. In: der sprachheilpädagoge 1/1985, S. 44-54

Eichleter, W., Knoblich, R., Ledl, V.: Die integrative Betreuung verhaltensauffälliger Schüler an der Regelschule durch den Beratungslehrer. Trendanalyse für den Zeitraum 1977 – 1988. Ergebnisse einer empirischen Längsschnittuntersuchung des Zentrums für Verhaltenspädagogik. Wien 1989a (unveröffentlichte Untersuchung)

Eichleter, W., Knoblich, R., Ledl, V.: Was kann die Sonderpädagogik an der Regelschule leisten? Ergebnisse einer empirischen Untersuchung zur "integrativen Betreuung von verhaltensauffälligen Schülern an der Regelschule durch den Beratungslehrer". In: Heilpädagogik. Beiblatt zur Zeitschrift "Erziehung und Unterricht" 2/1989b, S. 56-60

Fatke, R.: Schulumwelt und Schülerverhalten (Adaptionsprozesse in der Schule). München-Zürich 1977

Fengler, J.: Hörgeschädigte Menschen. Beratung, Therapie und Selbsthilfe. Stuttgart 1990

Freud, S.: Vorlesungen zur Einführung in die Psychoanalyse (Die Fehlleistungen, der Traum, allgemeine Neurosenlehre). Leipzig-Wien-Zürich 1922

Fritz, J.: Interaktionspädagogik (Methoden und Modelle). München 1975

Fröhlich, A.: Wahrnehmungsstörungen und Wahrnehmungsförderung. Heidelberg 1986

Fröhlich, A., Haupt, U.: Förderdiagnostik mit schwerstbehinderten Kindern. Dortmund 1987

Frostig, M.: Bewegen – Wachsen – Lernen (BWL). Bewegungserziehung. Hannover 1974

Frostig, M.: Visuelle Wahrnehmungsförderung. Übungs- und Beobachtungsfolge für den Elementar- und Primarbereich. 3 Übungshefte und 1 Anweisungsheft. Hannover 1979

Frostig, M.: Bewegungserziehung – Neue Wege der Heilpädagogik (Beiträge zur Kinder-Psychotherapie. Bd 16). München-Basel 1980[3]

Gardner, H.: Abschied vom IQ. Die Rahmen-Theorie der vielfachen Intelligenzen. Stuttgart 1991

Geißler, K. (Hg.): Gruppendynamik für Lehrer (Was Lehrer verändern können). Reinbek 1979

Goetze, H.: Verhaltensstörungen und schulische Lernumgebung. In: *Kobi, E. E., Bürli, A., Broch, E.* (Hg.): Zum Verhältnis von Pädagogik und Sonderpädagogik. Luzern 1984, S. 185-194

Goffmann, E.: Stigma. Frankfurt 1967

Gordon, T.: Lehrer-Schüler-Konferenz (Wie man Konflikte in der Schule löst). Hamburg 1977[3]

Gordon, T.: Familienkonferenz (Die Lösung von Konflikten zwischen Eltern und Kind). Hamburg 1978[12]

Gotsmy, H.: Schulpartnerschaft konkret (Eltern informieren Eltern). (Hg. v. Katholischen Familienverband Österreichs.) Wien 1988

Grell, J.: Techniken des Lehrerverhaltens. Weinheim-Basel 1976

Grissemann, H.: Hyperaktive Kinder. Kinder mit minimaler zerebraler Dysfunktion und vegetativer Labilität als Aufgabe der Sonderpädagogik in der allgemeinen Schule. Ein Arbeitsbuch. Bern 1986

Gruber, H.: Von der Schulpflicht befreite, behinderte Kinder in Österreich. In: Erziehung und Unterricht 10/1981, S. 768-780

Gruber, H., Petri, G.: Schulversuche zum gemeinsamen Unterricht behinderter und nichtbehinderter Kinder (Rahmenkonzepte und Ergebnisse einer ersten Befragung von Versuchslehrern). Hg. v. BMUKS; Zentrum für Schulversuche und Schulentwicklung. Graz 1989

Grundei, F., Schmid, T.: Kennenlernen – Erleben – Verändern (180 Spiele und Aktionen ohne Sieger). 1982

Grunewald, K., Hall, E. C.: "Ihr Kind" (Ärztliche Erstinformation für Eltern behinderter Kinder). In: Lebenshilfe 2/1981

Gudjons, H.: Praxis der Interaktionserziehung. Bad Heilbrunn 1978

Günzburg, H. C.: Primäre pädagogische Analyse und Curriculum der Sozialentwicklung (Progress Assessement of Social Development). P-A-C 1 und P-E-I 1 mit Handbüchern: Bd 1: 1977[5]; Bd 2: 1983; Bd 3: 1988. Stratford-upon-Avon, England

Haeberlin, U., Bless, G., Moser, U., Klaghofer, R.: Die Integration von Lernbehinderten. Versuche, Theorien, Forschungen, Enttäuschungen, Hoffnungen. Bern-Stuttgart 1990

Hanke, B., Huber, G., Mandl, H.: Aggressiv und unaufmerksam (Die Aufgaben des Lehrers bei Schulschwierigkeiten). Weinheim-Basel 1984[3]

Hartmann, K.: Heilpädagogische Psychiatrie in Stichworten (Eine Einführung für Studierende der Sonder- und Sozialpädagogik). Stuttgart 1986[2]

Haselbach, B.: Improvisation, Tanz, Bewegung. Stuttgart 1979[2]

Hauer, K.: Abgang wohin? Zur sozialen Situation lernbehinderter Schulabgänger. Passau 1990

Hauff, R. v., Kern, W.: Unterricht in Klassen mit hörgeschädigten und hörenden Schülerinnen und Schülern. München 1991

Hawliczek, V.: Integrative Betreuung eines autistischen Kindes. In: Mitteilungen des Pädagogischen Instituts Wien 8/1986/87, S. 13f.

Heermann, M.: Schreibbewegungstherapie und Schreibbewegungstest bei verhaltensgestörten, neurotischen Kindern und Jugendlichen. München-Basel 1985[3]

Hellbrügge, Th. u. a.: Funktionelle Entwicklungsdiagnostik im 2. Lebensjahr. In: Fortschritt der Medizin 89/1971, S. 558-562

Hellbrügge, Th.: Unser Montessori-Modell (Erfahrungen mit einem neuen Kindergarten und einer neuen Schule). München 1977

Hellbrügge, Th.: Münchner Funktionelle Entwicklungsdiagnostik – 1.Lebensjahr. München 1978

Hensle, U.: Einführung in die Arbeit mit Behinderten (Psychologische, pädagogische und medizinische Aspekte). Heidelberg 1988[4]

Holzinger, F.: Sonderpädagogik. Wien 1984[2]

Homfeldt, H. G.: Stigma und Schule. Düsseldorf 1974

Höper, C. J., Kutzleb, U., u. a.: Die spielende Gruppe – 115 Vorschläge für soziales Lernen in Gruppen. München 1978[7]

Hunt, N.: Die Welt des Nigel Hunt (Tagebuch eines mongoloiden Jungen). München 1974

Huppertz, N.: Wie Lehrer und Eltern zusammenarbeiten (Ein methodischer Leitfaden für Kooperation und Kommunikation in der Schule). Freiburg i. Br. 1979

Ingenkamp, K.: Die Fragwürdigkeit der Zensurengebung (Texte und Untersuchungsberichte). Weinheim 1971[2]

Jann, P. A.: Die Erziehung und Bildung des gehörlosen Kindes. Heidelberg 1991

Jantzen, W.: Sozialisation und Behinderung. Gießen 1974

Jonak, F., Kövesi, L.: Das österreichische Schulrecht. Wien 1990[3]

Jussen, H.: Schwerhörige und ihre Rehabilitation. In: Deutscher Bildungsrat: Gutachten und Studien der Bildungskommission. Stuttgart 1974, S. 185-316

Jussen, H., Claußen, W. H.: Chancen für Hörgeschädigte – Hilfen aus internationaler Perspektive. München-Basel 1991

Kanter, G.: Lernbehinderungen, Lernbehinderte, deren Erziehung und Rehabilitation. In: Deutscher Bildungsrat (Hg.): Gutachten und Studien der Bildungskommission. Bd 34. Stuttgart 1974, S. 117-234

Kanter, G., Speck, O.: Pädagogik der Lernbehinderten. Handbuch der Sonderpädagogik. Bd 4. Berlin 1977

Kasper, H.: Grundschule als fördernde Lernumwelt. In: *Reinartz, A., Sander, A.* (Hg.): Schulschwache Kinder in der Grundschule. Weinheim-Basel 1982, S. 50-56

Kehrer, H. E.: Zur Ätiologie des autistischen Syndroms. In: Der Kinderarzt 1/1988, S. 43-50

Kehrer, H. E.: Autismus (Diagnostische, therapeutische und soziale Aspekte). Heidelberg 1989

Kern, H. J.: Verhaltensmodifikation in der Schule (Anleitung für die Schulpraxis). Stuttgart 1974

Kiphard, E. J.: Leibesübungen als Therapie. Gütersloh 1970

Kiphard, E. J.: Wie weit ist ein Kind entwickelt? Eine Anleitung zur Überprüfung der Sinnes- und Bewegungsfunktionen. Dortmund 1984[5]

Kiphard, E. J.: Motopädagogik. Psychomotorische Entwicklungsförderung. Bd 1. Dortmund 1987

Kiphard, E. J.: Mototherapie I. Psychomotorische Entwicklungsförderung. Bd 2. Dortmund 1986

Kiphard, E. J.: Mototherapie II. Psychomotorische Entwicklungsförderung. Bd 3. Dortmund 1986

Kiphard, E. J., Schilling, F. (Hg.): Körperkoordinationstest für Kinder (KTK). Weinheim 1974

Kirsten, R. E., Müller-Schwarz, J.: Gruppen-Training (Ein Übungsbuch mit 59 Psycho-Spielen, Trainingsaufgaben und Tests). Reinbek 1979[4]

Kleber, E. W.: Über die Notwendigkeit präventiver Sonderpädagogik in der Ausbildung von Grundschullehrern, begründet durch Charakteristika des Arbeits- und Lernverhaltens von Schulversagern. In: *Sander, A.* (Hg.): Sonderpädagogik in der Regelschule.Berlin 1976, S. 181-196

Kleber, W. E.: Lehrbuch der sonderpädagogischen Diagnostik (Eine Einführung in die Grundlagen diagnostischer Informationserhebung zum Zwecke pädagogischer Beratung für Sonderpädagogen, Lehrer und Berater im schulischen Bereich). Berlin 1978[3]

Klee, E.: Behindert. Über die Enteignung von Körper und Bewußtsein. Ein kritisches Handbuch. Frankfurt/M. 1987

Klein, F.: Erziehung Geistigbehinderter mit autistischen Verhaltensweisen. In: *Bach, H.* (Hg.): Pädagogik der Geistigbehinderten. Handbuch der Sonderpädagogik. Bd 5. Marhold 1979, S. 213-221

Klöhn, E.: Kinder brauchen Nestwärme. Verhaltensstörungen – eine neue Kinderkrankheit? München o. J.

Kniel, A.: Die Schule für Lernbehinderte und ihre Alternativen (Eine Analyse empirischer Untersuchungen). Rheinstetten 1979

Knura, G.: Sprachbehinderte und ihre sonderpädagogische Rehabilitation. In: Deutscher Bildungsrat: Gutachten der Bildungskommission. Sonderpädagogik 4. Stuttgart 1974, S. 103-198

Kobi, E. E.: Heilpädagogik im Abriß. München-Basel 1977[3]

Kobi, E. E.: Diagnostik in der heilpädagogischen Arbeit. Luzern 1990

Köppel, K.: Untersuchungen zur psychohygienischen Situation der Wiener Pflichtschullehrer. In: Schulhefte 29/1983, S. 8-17

Kornmann, R. (Hg.): Testbatterie für entwicklungsrückständige Schulanfänger (TES). Weinheim 1977

Lauster, U.: Konzentrationsspiele, Logikspiele, Lese-, Rechtschreib-, Aufsatz-, Rechenspiele u. a. Reutlingen 1975

Ledl, V.: Die Sondererziehungsschule – Analyse der gegenwärtigen Situation (Vorstellungen, Versuche und Maßnahmen im Sinne einer optimalen Betreuung verhaltensauffälliger Kinder). In: Erziehung und Unterricht 1/1983, S. 24-36

Ledl, V.: Elternarbeit – aus der Sicht des Beratungslehrers. In: ZV-Lehrerzeitung 1 – 2/1987, S. 13-15

Lehrplan der Sonderschulen. Wien 1982[5]

Lehrplan der Sonderschulen. Wien 1986

Lehrplan der Sonderschulen (Allgemeine Sonderschule, Sonderschule für schwerstbehinderte Kinder). Wien 1987

Lehrplan der Volksschule. Wien 1988[3]

Lempp, R.: Frühkindliche Hirnschädigung und Neurose (Die Bedeutung eines frühkindlichen exogenen Psychosyndroms für die Entstehung kindlicher Neurosen und milieureaktiver Verhaltensstörungen). Bern-Stuttgart-Wien 1978[3]

Lempp, R.: Medizinische Grundlagen der Verhaltensstörungen. In: *Goetze, H., Neukäter, H.* (Hg.): Pädagogik bei Verhaltensstörungen. Handbuch der Sonderpädagogik. Bd 6. Berlin 1989, S. 887-907

Lesigang, C.: Die motoskopische Erkennung minimaler Zerebralparesen. Wien 1978

Leyendecker, C. H.: Wahrnehmungsstörungen. Behinderungen und Schule. Bd 3. Deutsches Institut für Fernstudien an der Universität Tübingen. Tübingen 1988

Lockowandt, O. (Hg.): Frostigs Entwicklungstest der visuellen Wahrnehmung (FEW). Weinheim 1982[4]

Lorenz, K.: Das sogenannte Böse. Zur Naturgeschichte der Aggression. Wien 1963

Lorenz, R., Molzahn, R., Teegen, F.: Verhaltensänderungen in der Schule. Reinbek o. J.

Löwe, A.: Hörbehinderte Kinder an Regelschulen. Berlin 1987

Löwe, A.: Noch mehr "Lärm um Lärm"? Ergänzende Bemerkung aus der Sicht der Pädagogischen Audiologie zum Thema "Lärmbekämpfung in Schulen". In: Sozialpädiatrie 10/1989, S. 704

Luchsinger, A., Arnold, G. E.: Handbuch der Stimm- und Sprachheilkunde. Wien-New York 1970

Lunacek, U., Spudich, H., Gruber, H.: Was heißt denn da behindert? (Materialien für den Unterricht, hg. v. Bundesministerium für Unterricht, Kunst und Sport und von der Lebenshilfe Österreich) Wien 1987

Mahler, M.: Kreativer Tanz. Bern 1981[4]

Maier, L., Rosenberg, H.: Die Sprache der Hände. Gehörlosen-Kultur- und Jugendzentrum Graz. Graz 1985

Mayr, J., Eder, F., Fartacek, W.: Mitarbeit und Störung im Unterricht: Strategien pädagogischen Handelns (3. Teil des Abschlußberichtes über das Projekt "Disziplin und Ordnungsrahmen"). Linz 1988

Meinertz, F., Kausen, R., Klein, F.: Heilpädagogik (Eine Einführung in pädagogisches Sehen und Verstehen). Bad Heilbrunn/Obb. 1987[7]

Meves, C.: Verhaltensstörungen bei Kindern. München 1974[4]

Minsel, W.-R.: Praxis der Gesprächspsychotherapie. Wien 1974

Möller-Marko, M.: Das schwerhörige Kind. Auswirkungen einer Hörbehinderung auf die psychosoziale und kognitive Entwicklung. Rheinstetten 1980

Motsch, H. J.: Stottern. In: *Aschenbrenner, H., Rieder, K.:* Sprachheilpädagogische Praxis. Wien 1983, S. 134-182

Mühl, H.: Integration von Kindern und Jugendlichen mit geistiger Behinderung (Gemeinsame Erziehung mit Nichtbehinderten in Kindergarten und Schule). Marhold 1987

Mutzek, W., Pallasch, W. (Hg.): Integration verhaltensgestörter Schüler (Praktische Modelle und Versuche). Weinheim-Basel 1984

Myschker, N.: Schulleistungsentlastende und leistungsmotivierende Methoden in Erziehung und Unterricht verhaltensgestörter Kinder – Zum Beispiel: Musikmalen. In: *Richter, H.-G.* (Hg.): Therapeutischer Kunstunterricht. Düsseldorf 1977, S. 112-126

Neue Spiele – Für Kindergruppen. Spielesammlung der Katholischen Jungschar. Linz o. J.

Neuhäuser, G., Steinhausen, H.-Ch. (Hg.): Geistige Behinderung (Grundlagen – Klinische Syndrome – Behandlung und Rehabilitation). Stuttgart 1990

Odreitz, H.: Rhythmisch-musikalische Erziehung. Exemplarisch dargestellt für "Spezielle Fördermaßnahmen im motorisch-rhythmischen Bereich". Reihe: Arbeitsberichte Nr. 1/12. BMUK; Zentrum für Schulversuche und Schulentwicklung. Klagenfurt 1981

Odreitz, H.: Auditive Beeinträchtigungen bei Kindern. Arbeitsbericht Nr. I/13, BMUKS, Zentrum für Schulversuche und Schulentwicklung, Klagenfurt 1982

Ohlmeier, G.: Frühförderung behinderter Kinder (Teil 1: Erfahrungsbericht; Teil 2: Darstellung der Methode). Dortmund 1983

Orff, G.: Die Orff-Musiktherapie. München 1974

Österreichische Autistenhilfe (Hg.): Autismus: Früherkennung. Broschüre der Österreichischen Autistenhilfe. Wien o. J.

Pawel, B. v.: Körperbehindertenpädagogik. Stuttgart 1984

Petermann, U.: Training mit sozial unsicheren Kindern (Einzeltraining, Kindergruppen, Elternberatung). München-Weinheim 1986[2] (bes. S. 130-145)

Petermann, F., Petermann, U.: Training mit aggressiven Kindern (Einzeltraining, Kindergruppen, Elternberatung). München-Weinheim 1988[3] (bes. S. 166-208)

Peyer, B.: So oder so? Leitfaden für den Umgang mit verhaltensabweichenden Schülern. Zürich 1976

Prekop, J.: Hättest du mich festgehalten ... (Grundlagen und Anwendung der Festhalte-Therapie). München 1989

Preuss-Lausitz, U.: Fördern ohne Sonderschule (Konzepte und Erfahrungen zur integrativen Förderung in der Regelschule). Weinheim-Basel 1981

Probst, H. H.: Die scheinbare und wirkliche Funktion des Intelligenztests im Sonderschulüberweisungsverfahren. In: *Abé, I., u. a.:* Kritik der Sonderpädagogik. Gießen 1973, S. 107-183

Rath, W.: Blindenpädagogik. In: *Bleidick, U.:* Einführung in die Behindertenpädagogik. Bd 2. Stuttgart 1977, S. 9-29

Redl, F.: Disruptive behavior in the classroom. In: School Review 83/1975, S. 569-594

Reinartz, A., Sander, A. (Hg.): Schulschwache Kinder in der Grundschule (Pädagogische Maßnahmen zur Vorbeugung und Verminderung von Schulschwäche in der Primarstufe). Weinheim-Basel 1982

Rett, A., Seidler, H.: Das hirngeschädigte Kind (Ärztliche, erzieherische und soziale Probleme). Wien-München 1981[5]

Richter, H. E.: Patient Familie. Reinbek 1970

Rogers, C.: Die klient-bezogene Gesprächstherapie. München 1973

Schenk-Danzinger, L.: Mögliche Verursachungen von Lern- und Verhaltensstörungen. Materialien zur Pädagogik. Studientexte zur Lehrerbildung und Lehrerfortbildung. Wien 1976

Scherer, F.: Förderung der motorischen Fähigkeiten und Sport bei Blinden. In: Handbuch der Sonderpädagogik. Bd 2. Berlin 1985, S. 190-201

Schindele, R.: Didaktik des Unterrichts bei Sehgeschädigten. In: Handbuch der Sonderpädagogik. Bd 2. Berlin 1985, S. 91-126

Schuchardt, E.: Behinderung und "Umwelt" Familie – Behindern sie sich wechselseitig? Strukturierung, Reaktionsmuster, Verarbeitungsstrategien. In: *Gruber, H.* (Hg.): Behinderung und Umwelt – Umwelt und Behinderung. Kongreßbericht vom 8. Heilpädagogischen Kongreß, 14. – 16. Juni 1990. Wien 1990, S. 33-42

Schumacher, G.: Neues Lernen mit Verhaltensgestörten und Lernbehinderten. Der durchstrukturierte Klassenraum. Berlin 1975

Schwäbisch, L., Siems, M.: Anleitung zum sozialen Lernen für Paare, Gruppen und Erzieher (Kommunikations- und Verhaltenstraining). Reinbek 1980[11]

Sedlak, F., Sindelar, B.: Hurra, ich kann's (Frühförderung für Vorschüler und Schulanfänger). Wien 1987[2]

Sedlak, F., Zeman, M.: Schulschwierigkeiten erkennen und lösen (Grundlegende Bemerkungen zur Diagnose und psychologisch-pädagogischen Intervention). Wien 1986

Seligmann, M. E. P.: Erlernte Hilflosigkeit. München 1986[3]

Seyfried, P.: Lesen und Rechtschreiben – leichter gemacht. Linz-Wien 1983[2]

Simon, S. B., Olds, S. W.: Familientraining – Werte klären – Entscheidungen lernen – 80 Interaktionsspiele. München o. J.

Sindelar, B.: Lernprobleme an der Wurzel packen. Raumorientierungs-, Optisches, Intermodal-, Akustisches und Serialitätstraining. Wien 1982 (Dazu gibt es ein Prüfverfahren zur Austestung von Teilleistungsschwächen.)

Sirbu, B. u. a.: Zur Integration geistig Behinderter. In: *Innerhofer, P. u. a.:* Psychische Auffälligkeiten und Probleme im Schulalter. Wien 1990, S. 298-309

Speck, O.: Geistige Behinderung und Erziehung. München 1980

Speck, O.: Das gewandelte Verhältnis zwischen Eltern und Fachleuten in der Frühförderung. In: *Speck, O., Warnke, A.* (Hg.): Frühförderung mit den Eltern. München-Basel 1983, S. 13-20

Speck, O.: System Heilpädagogik (Eine ökologisch reflexive Grundlegung). München-Basel 1988

Spiel, O.: Am Schaltbrett der Erziehung. Bern-Stuttgart-Wien 1979

Sporken, P.: Eltern und ihr geistig behindertes Kind. Das Bejahungsproblem. Düsseldorf 1975

Sprau-Kuhlen, V.: Verhaltensmodifikation für verhaltensgestörte Schüler. In: *Goetze, H., Neukäter, H.* (Hg.): Pädagogik bei Verhaltensstörungen. Handbuch der Sonderpädagogik. Bd 6. Berlin 1989, S. 836-851

Spudich, H.: Menschen brauchen Menschen (Das Anliegen der geistig und mehrfach behinderten Österreicher und ihrer Angehörigen). Wien 1980

Steinhausen, H. C.: Das konzentrationsgestörte und hyperaktive Kind. Stuttgart 1982

Tausch, R.: Gesprächspsychotherapie. Göttingen 1973[5]

Teml, H.: Werten lernen. In: *Teml, H.:* Unterricht gestalten – Lernen fördern (Materialien zum schülerzentrierten Unterricht). Linz-Wien 1983, S. 103-121

Thalmann, H. C.: Verhaltensstörungen bei Kindern im Grundschulalter. Eine Untersuchung über die Verbreitung und die sozialen und emotionalen Hintergrundfaktoren. Stuttgart 1971

Thommen, B.: Alltagspsychologie von Lehrern über verhaltensauffällige Schüler. Stuttgart-Toronto-Bern 1985

Tönne, R.: Bildnerische Erziehung an Sonderschulen. Berlin 1969

Trennstädt, K.-Chr.: Das Konstanzer Trainingsmodell (KTM). Bd 2. Bern 1987

Tuckermann, A.: Down-Kind Andreas (Der Weg eines Heimkindes). München-Basel 1981

Ulich, K. (Hg.): Wenn Schüler stören (Analyse und Therapie abweichenden Schülerverhaltens). München-Wien-Baltimore 1980

Urdl, I.: "Schulunfähigkeit" – die stille Euthanasie schwerbehinderter Menschen in Österreich. In: *Gruber, H.* (Hg.): Behinderung und Umwelt – Umwelt und Behinderung. Kongreßbericht vom 8. Heilpädagogischen Kongreß v. 14. - 16. Juni 1990, Wien, S. 119-121

Vopel, K. W.: Interaktionsspiele. Bd 1 – 6. Hamburg 1975

Vopel, K. W.: Interaktionsspiele für Kinder. Teil 1: Kontakt, Wahrnehmung, Identität. Teil 2: Gefühle, Familie und Freunde. Teil 3: Kommunikation, Körper, Vertrauen. Teil 4: Schule, Feedback, Einfluß, Kooperation. Hamburg 1977 – 1980

Vopel, K. W.: Handbuch für Gruppenleiter. Zur Theorie und Praxis der Interaktionsspiele. Hamburg 1978

Vries-Kruyt, de T.: Jan (Die ergreifende Geschichte eines mongoloiden Kindes). München 1974

Wagner, A. C. (Hg.): Schülerzentrierter Unterricht. München-Wien-Baltimore 1982[2]

Walburg, W.-R.: Förderung der visuellen Wahrnehmung bei geistig behinderten und lernbehinderten Schulanfängern. In: *Reinartz, A., Reinartz, E., Reiser, H. R.:* Wahrnehmungsförderung behinderter und schulschwacher Kinder (Praxis und Forschung). Berlin 1990[3], S. 93-172

Warnke, A., Browers, E. L., Probst, H.: Das Bogenhausener Modell (Kinder und Eltern in der Gruppe. Ein Erfahrungsbericht). München 1974

Wiesenhofer, J.: Mobilitätstraining. In: Festschrift 175 Jahre Bundes-Blindenerziehungsinstitut Wien. Wien 1979, S. 102-104

Wing, J. K. (Hg.): Frühkindlicher Autismus (Klinische, pädagogische und soziale Aspekte). Weinheim 1973a

Wing, J. K.: Das autistische Kind (Wie Erziehungsschwierigkeiten und Verhaltensstörungen überwunden werden können). Ravensburg 1973b

Wisch, F. H.: Lautsprache und Gebärdensprache. Die Wende zur Zweisprachigkeit in Erziehung und Bildung Gehörloser. Hamburg 1990

Wulff, H.: Rhinophonie (Näseln). In: *Aschenbrenner, H., Rieder, K.:* Sprachheilpädagogische Praxis, Wien 1983, S. 98-119

Zeller, W.: Sprachbehinderungen im Kindesalter. In: *Aschenbrenner, H., Rieder, K.:* Sprachheilpädagogische Praxis. Wien 1983, S. 21-35

Zeman, M., König, R.: Legasthenie – Verschiedene Forschungsansätze und Diagnoseinstrumentarium für den Lehrer. In: Erziehung und Unterricht 6/1986, S. 377-391

Züblin, W.: Das schwierige Kind (Einführung in die Kinderpsychiatrie). Stuttgart 1975[4]

Zuckrigl, H., Zuckrigl, A., Helbling, H.: Rhythmik hilft behinderten Kindern. Ziele und Realisationsbeispiele der rhythmischen Erziehung. München-Basel 1980[2]

Zulliger, H.: Schwierige Kinder (Zwölf Kapitel über Erziehung, Erziehungsberatung und Erziehungshilfe). Bern-Stuttgart 1963[5]

Sachregister

Ablesen 149, 154
Absehen 143, 149
Abteilung 19, 36
Abwehrmechanismen 116f., 221, 239
Achsensyndrom 178
ADHS (Aufmerksamkeitsdefizit-Hyperaktivitäts-Syndrom) 78, 86
Aggression 40, 49, 50, 63, 67, 88 - 98
– Aggressionsmodelle 89 - 91
– aggressives Kind 88 - 98
– Erscheinungsformen 63, 89, 92, 100, 223
– Umgang mit 67, 95 - 97, 245
Aggressionshemmung 89
Agnosie, akustische 159
Agraphie 159
Akalkulie 159
aktives Zuhören 85, 211 - 213
akustische Differenzierung und Gliederung 67, 69, 78, 231
akustische Wahrnehmung 197, 200, 229
akustische Wahrnehmungsstörung 78
Albinismus 131
Alexie 159
Allergien 62
Allgemeine Sonderschule 18f., 25
Ambivalenz 116
Anamnese 66, 71, 92, 192, 194, 201
Anfallsleiden 79, 84
Angst 63, 101ff., 221, 223
Ängstlichkeit 63, 101, 102ff.
Anweisungsverständnis 199
Aphasie 159
Arithmasthenie (Rechenschwäche) 48
Artikulationsfähigkeit 199
Asphyxie 119f., 185
AST (Allgemeiner Schulleistungstest) 196
Asthma 62, 113
Astigmatismus 131
Ataxie 168
Athetose (Dyskinesie) 168
audiogene Dyslalien 141, 143
Audiogramm 145, 147
Audiogrammkarte 145
Audiometergerät 142
Aufmerksamkeit 59, 79, 82, 84
– Fokussierung der 79, 82, 84
– Aufmerksamkeitsdefizit-Hyperaktivitäts-Syndrom (ADHS), siehe: ADHS
Augenrollen 130
Augenzittern (Nystagmus) 130, 132
Ausschluß eines Schülers 71f., 89
Auszeit (time out) 209
Autismus 181 - 183
Autismusklassen 183
autistische Symptome 181, 186
autistisches Verhalten 40, 63, 190
autistisches Syndrom 181f., 186
Autoaggression 89, 116
autogenes Training 86
aversive Maßnahmen 209

basale Stimulation 200
BAT (Bremer Artikulationstest) 199
Baumtest 119f., 201
Begleitdiagnostik 191
BegleitlehrerInnen 51, 65
Behinderung 176, 190, 221, 239
– Reaktionen der Familie auf 238ff.
Beidhandzeichnung 225
– Beobachtung, siehe: Verhaltensbeobachtung im Unterricht
Beratung 23, 24, 28, 65, 70, 241, 243f.
– allgemein 28, 65, 70, 243f.
– Schullaufbahnberatung 23f.
– Bildungs- und Schullaufbahnberatung für körper- oder sinnesbehinderte Kinder 23f.
– BeratungslehrerInnen 28, 42, 57, 67, 69, 70, 73, 79ff., 93f., 105f., 123, 192, 203
BetreuungslehrerInnen 28
Beurteilungsfehler 56, 190
Bewegungsanalyse 169
Bewegungsangst 135
Bewegungserziehung 228
Bewegungssehen 129
Bewegungsspiele 193, 253f.
Bewegungsstereotypie 62, 135, 197
Bewegungsstörung, cerebrale 167 - 169, 173
Bewegungsverhalten 100, 135, 229

Beziehungsstörungen 60
Bildnerische Erziehung 215, 221 - 228
Bildungsauftrag, Grundschule 27
Bildungsunfähigkeit 184
BLDT (Bremer Lautdiskriminationstest) 199
Blendempfindlichkeit 129f.
Blindenhilfsmittel, elektronische 138
Blindeninstitut 16
Blindenschrift (Brailleschrift) 137, 250
Blindheit 129f., 135, 138
Brachyzephalie 180
Braillealphabet 250
Brailleschrift, siehe: Punktschrift
Brechungsanomalien 131

Cerebralparese 168f., 178
– infantile 168f.
– minimale 168, 178
Chromosomenabweichungen 176, 179
Chromosomensatz, geordneter 179
chronische Krankheiten 56, 59,167

Dämmerungssehen 129, 131
Darstellendes Spiel 221f.
Daumenlutschen 62
Debilität 175
Defizitdiagnostik 190
Dementia Infantilis 176
Depression 63, 101, 114
Deprivation 45f., 169
– motorische 169
– sensorische 169
– sozio-kulturelle 45f.
Deutsch 221f.
Diagnose 64ff., 71, 80ff., 87, 129, 132, 141, 143, 157f., 168f., 181, 189 - 204
– allgemein 189 - 204
– von Autismus 181
– von geistiger Behinderung 195, 202
– von Hörstörungen 141, 145 - 147
– von körperlichen Behinderungen 168f.
– von Lern- und Verhaltensstörungen 64ff., 71, 80ff., 87, 201
– von Sehstörungen 129, 132
– von Sprachbehinderungen 157f., 199
– von Wahrnehmungsstörungen 200, 230
Diagnoseschema von Lern- und Verhaltensstörungen 64 - 70
differenziertes Klassenzimmer 234ff.
Differenzierung 29, 33, 85
– äußere 29
– innere 33, 85
Diplegie 169
Diskrimination, von Geräuschen 155
Dominanzkreuzung 83, 119
Dominanzprobe 83, 119
Down-Syndrom (Mongolismus) 176, 179f., 185
DRT (Diagnostischer Rechtschreibtest) 196
Dysgrammatismus 62, 147, 158f., 164, 199
Dyskinesie (Athetose) 168
Dyslalie, siehe: Stammeln
Dysphorie, kindliche 63
Dyssyntaxie, siehe: Dysgrammatismus

Echosprache 183
Edu-Kinestetik 83
EEG-Befund (Elektroencephalogramm) 42, 79, 84, 123
Einkoten 62, 114
Einnässen 62, 114
Einwortdiagnosen 190
Einzelgespräch 212, 243f.
Elternabend 243, 246
Elternarbeit 193, 203, 208, 243 - 247
Elternberatung 96f., 203, 241, 243f.
Elternbriefprogramm 208
Elterngespräch 79, 192, 203, 243f.
Elterngruppe 241, 245
Elterninitiativen 31, 234, 245
Eltern-Kinder-Gruppen 241, 245
Elternkooperationsmodelle 241
Elternselbsthilfegruppen 241, 245
Elterntraining 245
Elterntrainingsprogramme 245
Elternvereinigungen 241, 245
Entspannungstechniken 86, 126, 193
Entwicklungsanomalie 59
Entwicklungsbericht 193, 203
Entwicklungsdiagnostik 196f.
Entwicklungsgitter, sensorisches 196f.
Entwicklungskrise 114

Entwicklungsprofil 196
Entwicklungsprüfverfahren 196
Entwicklungsrückstand 44
Entwicklungsstörung 176
Enzephalitis 168
Epikanthus 180
Epilepsie 169
Ernährungsstörung 56, 176
Ersatzhandlung 41, 91
Erziehungsberatung 70, 226
Erziehungsfehler 59f., 88f., 90, 160
Erziehungshilfe, gerichtliche Anordnung von 23, 72
Erziehungsmittel, bei Fehlverhalten 71 - 73
Erziehungsschwierigkeit 55
Eßstörungen 62
Etikettierungsansatz (labeling approach) 46
Euphorie, kindliche 63
Exhibitionismus 63

Fallbeispiele 46, 47, 49f., 66 - 70, 79 - 84, 92 - 94, 102 - 107, 118 - 125, 184f., 207f., 212f.
Familienberatung 241
Familien-Beziehungstest 202
Familiensoziogramm 124
Familientherapie 65, 127, 241
Farbenblindheit 130
Farbensehen 129
Feedback 216f., 218
Fehlbildungssyndrome der Gliedmaßen 167
Fehlkompensation bzw. Überkompensation 99, 115f., 118
Feinmotorik 71, 83, 197f., 199
Fetopathie 168
FEW (Frostig Entwicklungstest der visuellen Wahrnehmung) 67, 81f., 83, 200
Figur-Grund-Wahrnehmung (FG) 78, 81
Fingeralphabet, internationales 152
Fingermalen 224, 226f.
Fixierung 116
Förderbedarf 67, 193
Förderdiagnostik, siehe: sonderpädagogische Förderdiagnostik
Förderdienste 241
Förderklasse 17, 34f., 93f.
Fördermaßnahmen 191f., 196, 251 - 255
Fördermaterialien 200, 251 - 255
Förderplan 193, 203
Förderprogramme 70, 85f., 200, 251 - 255
Förderung 65, 70, 134ff., 155, 180, 200, 228f.,257ff.
Förderunterricht 28, 51, 69
Formensehen 129
Fragebogenverfahren 202
Frühförderung 180, 241
Frühverwahrlosung (Hospitalismus) 60, 89
Frustration 47, 69, 90f., 98
Frustrationstoleranz 69, 79, 98, 119, 160
Funktionsstörungen 59, 62

Gebärdensprache, siehe: Manualsysteme
Gedächtnis 45
Gegenübertragung 116
Gehörlosigkeit 143, 151, 154
geistige Behinderung 175 - 187
genetische Beratung 241
Gesamtkörperkoordination 198, 229
Geschlechterproportion, der SchülerInnen an österreichischen Sonderschulen 21
gesellschaftstheoretisches Modell 46f., 52
Gesichtsfeld 129, 131
Gesichtsfeldausfall 131, 133
Gesichtsfeldverengung 133
Gesprächsführung, siehe: partnerzentrierte Gesprächsführung
Gesprächstherapie 126, 211
Gleichgewichtsstörung 154, 198f., 231
Grauer Star 131
Grobmotorik 71, 83, 197, 199
Grüner Star 131, 133
gruppendynamische Übungen 74, 215 - 220
Gutachten 22, 42, 49, 51, 67, 71, 79, 80, 93, 119f., 121, 184, 191, 203
– des Sonderschuldirektors 22
– klinisches 71, 93, 121, 203
– neurologisches 71
– schul- oder amtsärztliches 22, 203
– schulpsychologisches 22, 42, 49, 51, 67, 71, 79, 80, 119f., 203
– sonderpädagogisches 22, 71, 184, 191, 203

Haareausdrehen und -ausreißen 62
Halo-Effekt 56
Handgeschick 197, 230

Handgeschicklichkeitstest 198
Handmotorik 79
Handzeichen, siehe: Manualsysteme
Hausunterricht bei geistiger Behinderung 184
HAWIK 196
HAWIKÖ 119, 120
Heilstättenschule 19, 183
Heimaufnahme 30, 93, 190
Heimerziehung 89, 123
Hemiplegie 169
Hemisphärendominanzunsicherheiten 160
Hemmung, im Verhalten 63, 99ff., 139
– das gehemmte Kind 99 - 112
– Handlungsanweisungen beim gehemmten Kind 107 - 111, 245
Hilflosigkeit, erlernte 99f., 107f.
Hilfsklassen 17
Hilfsmittelversorgung 138f., 149f., 171 - 173
– beim Kind mit Hörstörungen 149f.
– beim Kind mit körperlichen Behinderungen 171 - 173
– beim Kind mit Sehstörungen 138f.
Hilfsschulen 17, 51, 53
Hirnentwicklungsstörung 56
Hirnentzündung 159
Hirngefäßerkrankung 159
Hirnfunktionsstörung 56, 178
Hirnhälftendominanz 83
Hirnläsion 168, 169
hirnorganische Schäden 42 - 45, 59, 159, 176, 182
Hirnschädigung 43, 56, 59, 62, 78, 117, 127, 159, 160, 167, 178, 182, 198
– frühkindliche 43, 56, 59, 62, 78, 117, 127, 167, 198
– minimale 160, 182
– traumatische 159
– Leitsymptomgruppen 178
HMKTK bzw. KTK 198
Hofeffekt 190
Hörbehinderung 142, 162
Hörerziehung 148
Hörgeräte 149f.
Hörhilfen, technische 149f.
hormonelle Störungen 176
Hornhauttrübung 131
Hornhautverkrümmung, siehe: Astigmatismus
Hörrest 143, 148
Hörschädigung 143 - 155
– Arten 144 - 147
– Maßnahmen im Unterricht 147 - 149, 154f.
– Hinweise auf 143f.
Hörschwelle 144
Hörstörung 141 - 156, 169, 178
– Erfassung einer 142f.
Hörstummheit 159
Hort 65, 66, 70
Hörtraining 134
Hörverlust 142f.
Hydrocephalus (Wasserkopf) 170
Hyperaggressivität 63
Hyperaktivität 59, 78, 190
Hyperkinese 197
hyperkinetisches Syndrom 78, 84
Hypokinese 197
Hypotonie 180

Ich-Botschaft 85, 96, 208, 213
Ich-Schwäche 99, 101
Ich-Stärkung 69, 96, 109f., 115
Idiotie 175
Imbezillität 17, 175
Impulsivität 59, 229
Individualisierung 26, 85
Individualpsychologie 97, 99, 111, 115, 127
individualtheoretisches Modell 45
infantile Cerebralparese, siehe: Cerebralparese
Infantilismus 64, 93
Infektionskrankheiten 176
inkonsistenter Erziehungsstil 45, 60
Inkontinenz 170
Institut für Erziehungshilfe 65
Integration 16, 18, 21, 30, 31, 53, 54, 176, 177, 183, 184, 185
– gesellschaftliche 16, 18, 30, 176, 185
– schulische 30, 54, 176, 177, 183, 184, 185
– soziale 31, 54, 176, 185, 259, 262
– "wilde" oder "stille" 21
integrative Klasse 33f., 183, 184f., 261f.
Intelligenzdefekt 45, 177
Intelligenzmangel 45, 177
Intelligenzprüfung 42, 43, 119, 195f.

Intelligenzquotient 42, 43, 48, 49, 52, 67, 93, 119, 175, 195
Intelligenzschwäche 45
Intelligenztest 49, 52, 93, 119, 195f.
Interaktionspädagogik 127, 215 - 220
Interaktionsspiele 215, 217 - 219
Interaktionstraining 97, 127, 215 - 220
Intermodaliät, Störungen der 78, 200, 254
Interventionspädagogik 54

Jugendamt 22, 61, 65, 72, 93
Jugendwohlfahrtsgesetz 72

Kappazismus 162
Karyogramm 179
KAT (Kinder-Apperzeptions-Test) 119, 121, 202
katathymes Bilderleben 86
kinästhetische Stimulierung 229
Kinder-Apperzeptions-Test, siehe: KAT
Klassenklima 61, 109, 234
Kleinklasse, siehe: Förderklasse
klinisch-psychopathologischer Befund 42, 51, 93
Kompensation 78, 115
Konfliktlösung 213, 215, 216f., 232
Kontakteltern 241
Kontaktmalen 227
Kontaktstörung 63, 100f., 103, 104, 129, 207
Kontingenzvertrag 204
Kontrastfehler 190
Konversionsneurose 62, 113, 121
Konzentration 48, 193, 229, 235
Konzentrationsförderung 193, 253
Konzentrationsmangel 48, 64
Konzentrationsschwäche 45, 64, 78f.
Konzentrationsstörung 64, 170
Kooperation 65, 69, 97, 111, 127, 155, 184, 193
– mit Experten 65, 69, 97, 111, 155, 193
– mit Institutionen 65, 69, 97, 184, 193
kooperative Klasse 34f., 183, 184, 262
Koordinationsstörung 59, 79, 83, 231
Koordinationsübung 83, 229
Körperbehinderung 167 - 174
– Arten 167 - 170
– Bildungsaufgaben bei K. 171
– Versorgung mit Hilfsmitteln bei K. 171 - 173
– Hinweise für den Unterricht bei K. 173
Körperkoordination 79, 185, 197f.
Körperkoordinationstest 198
Körperschema 135, 229
Kriminalität 46f., 89
Kritzeln und Projizieren 225
kunsttherapeutische Förderung 127, 225 - 228
Kurse 28
– Legasthenikerkurs 28
– Kurs zur Überprüfung der Sonderschulbedürftigkeit 28
– Sprachheilkurs 28
– therapeutische und funktionelle Übungen in Form von Kursen 28
Kurzsichtigkeit (Myopie) 131, 133

Labilität 59
Lähmung, schlaffe 170
Lamdazismus 162
Lateralität 83
Lautdifferenzierung 155, 199
Lautdiskriminationsfähigkeit 199
Lautspracherziehung, bei Gehörlosen 153
Legasthenie 42
Legasthenikerkurs 28, 51, 69
LegasthenikerlehrerInnen 65, 70
Lehrerfortbildung 127
Lehrerpersönlichkeit 73f.
Lehrersprache 164
Lehrerverhalten 73f., 111, 164
Lehrerverhaltenstraining 74, 127
Lehrplan, der ASO 18, 20, 36, 44, 183
Leibesübungen 221, 228 - 231
Leistungsbeurteilung 20, 109, 173
Leistungsstörung 63f.
Lernbehinderung 28, 48, 51ff., 178
– Theorien über 44ff.
Lernhemmung, neurotische 64, 99, 118, 122, 195, 223
Lernpsychologie 207
Lernschwäche 28
Lernstörung 40ff., 44ff., 48, 62ff.
– Theorie 44ff.
– Symptomatik 62ff.
Lernverwahrlosung 48
Lese-Rechtschreibschwäche (LRS) 48f., 69, 229, 245

Linsentrübung 131
Lippenlesen 149
LogopädInnen 165
Logophobie, siehe: Sprechangst
LOS KF 18 (Lincoln-Oseretzky-Skala; Kurzform) 197
Lügen 63

Mainstreaming 30
Mal- und Zeichentherapie 193, 224
Manualsysteme (Handzeichen) 149, 151 - 154
Mastubieren, exzessives 63
MCD, siehe: minimale zerebrale Dysfunktion
MCP, siehe: Cerebralparese, minimale
medizinisches Modell 45, 52, 56, 177, 179
Mehrfachbehinderung 177ff., 195, 200, 232
Meningitis 168
Meningocele 169
milieureaktive Neurose, siehe: Sekundärneurose
milieutheoretisches Modell 45, 52
Milieutherapie 89
Minderwertigkeitsgefühl 41, 115, 129
Minifonator 149
minimale zerebrale Dysfunktion (MCD) 42, 56, 59, 78ff., 100, 190, 230, 235
Mißhandlung 89, 92
mobile SonderschullehrerInnen, für sinnesbehinderte Kinder 28
Mobilitätserziehung 135
Mobilitätshilfen 135
– elektronische 135
Modellernen 31, 91
Mongolismus, siehe: Down-Syndrom
Motodiagnostik 197ff.
Motopädagogik 230
Motorik 67, 197ff.
motorische Deprivation 169
motorische Förderung 135
motorische Hemmung 100
motorische Retardierung 135
motorische Störungen 44, 59, 71, 79, 81, 83, 178, 197, 198, 199
– feinmotorisch 71, 79, 81, 83, 197, 198, 199
– grobmotorisch 71, 79, 83, 197, 198, 199
motorische Tests (motometrische Verfahren) 197ff., 230
motorische Ungeschicklichkeit 62, 82, 129
motorische Unruhe 62, 78, 79f., 84, 86
– Handlungsanweisungen bei 84f.
Mototherapie 230
Musikerziehung 221, 231 - 233
Musikmalen 227
musiktherapeutische Interventionen 127, 215, 231ff.
Musiktherapie 193, 232
Muskelerkrankungen 167
Muskelschwund, siehe: Progressive Muskeldystrophie
Mutismus, elektiver 101, 161
Myelomeningocele 170

Nachtblindheit 131
Nägelbeißen 62
Näseln 163
Nervosität 62, 78
Netzhautablösung 131
Netzhautbild 131
Neurasthenie 160
Neurologe 42, 65, 123
neurologischer Befund 71
Neuropathie 119, 120, 121
Neurose 62, 63, 84, 113, 117, 224, 226
– das Kind mit neurotischen Symptomen 113 - 128
neurotische Intelligenzhemmung 120
neurotische Lernhemmung, siehe: Lernhemmung, neurotische
neurotische Redestörung 161, 224
neurotische Symptome 113f., 102, 107, 117
neurotische Verhaltensstörung 56, 85, 99, 102 - 107, 113 - 127
Normalisierung 177, 185
Nutzschall 156
Nystagmus, siehe: Augenzittern

Offener Unterricht 234
Oligophrenie 175, 180, 182
optische Differenzierung und Gliederung 78
optische Störungen 78, 81f., 84, 200
optische Wahrnehmung 200
Organneurose 113

paarweises Zeichnen 227
Paraphrasieren 211

Partnermalen 215, 227
partnerzentrierte Gesprächsführung 74, 95f., 127, 206, 211 - 214, 243f.
P-E-I (Pädagogischer Einschätzungsindex) 202
perinatale Schädigung 71
peripheres Sehen 131
Persönlichkeitsentwicklungsstörung 114
Persönlichkeitstests, siehe: projektive Verfahren
PET (Psycholinguistischer Entwicklungstest) 199
Phenylketonurie 176
Phobie 63
Physiotherapeut 169, 173
Poltern 161, 199
POS, siehe: Psychoorganisches Syndrom
postnatale Schädigung 71
pränatale Schädigung 71
Primärneurose 117
Problemschüler 28
progressive Muskeldystrophie (Muskelschwund) 170
progressive Muskelentspannung 86
Projektion 116, 239
projektive Verfahren 67, 103 - 105, 107, 110, 119, 124f., 193, 201f.
Prozeßdiagnostik 191
Psychoanalyse 126
Psychodiagnostik 201, siehe auch: projektive Verfahren
Psychodrama 221
Psychomotorik 48, 100, 193, 228, 230
psychomotorische Entwicklungsförderung 230
psychomotorische Störungen 62, 64
psychomotorisches Training 127, 229f.
psychoorganisches Syndrom (POS) 117, 190
Psychopharmaka 84
Psychosen 56, 114, 181
psychosomatische Beschwerden 113ff., 122ff., 127f.
– bei Kindern 113ff., 122ff.
– bei Lehrerinnen und Lehrern 127f.
psychosomatische Familienkonstellation 125f.
psychosomatische Reaktionen 56, 67, 113ff., 122ff.
psychosomatische Störungen 59, 113ff., 122ff.
psychosomatische Symptome 113, 123
– das Kind mit psychosomatischen Symptomen 113 - 128
– Handlungsanweisungen für das Kind mit 126 - 127
Psychosomatose 113, 125
Psychotherapie 107, 207, 221, 241
Punktschrift (Brailleschrift) 137, 250
Punktschrift-Bogenmaschine 137
Punktschrifttafel 137

Querschnittslähmung 167

Raumakustik 156
Raumangst 135
Raumerfassung 135
Raum-Lage-Orientierung 229
Raumlage-Wahrnehmung (RL) 78, 82, 231
räumliche Beziehungen-Wahrnehmung (RB) 78, 82, 231
Raumorientierung 135, 200
Raumsehen 129
Rechenschwäche, siehe: Arithmasthenie
Rechtschreibschwäche 48f., 69, 229, 245
Redefluß 199
Redestörungen 159 - 161
– Arten von 159 - 161
– neurotische 161
reflektierendes Zuhören 211f.
Regression 116, 119
Regulationsstörungen, bio-soziale 62
Reifungskrise, siehe: Entwicklungskrise
Reizdifferenzierung 117
Reizüberempfindlichkeit 117
Reizüberlastung 117, 182
Restgehör 143
Restsehvermögen 130, 134
Rhotazismus 162
Rollator 172
Rollenspiel 127, 215, 217f., 221, 235
Rollentheorie 125f.
Rollstuhl 172
Rückstellung 29, 49, 66, 92

Satzergänzungstest, siehe: SET
Sceno-Test 202
Schalldruck 142, 144
Schallempfindungsschwerhörigkeit 146f.
Schallempfindungsteil 145
Schalleitungsschwerhörigkeit 146f.
Schalleitungsteil 145
Schielen 130, 132

Schizophrenie 114
Schrägliegebrett 172
Schreibbewegungsstörung 83, 230
Schreibmotorik 79
Schulangst 61, 63, 101, 102ff.
Schularzt 65
Schuldgefühl 116
Schuleingangsbereich, Maßnahmen im 13, 234
Schülerhöchstzahl, Sonderschulen 19, 261f.
Schülertransport 24, 30, 184
schülerzentrierter Unterricht 33, 213
Schulklima 61, 66, 97
Schulleistungstest 67, 196
Schulleistungsüberprüfung 196
Schulpflichtbefreiung 184, 200
Schulphobie 40, 101
Schulpsychologe 28, 65, 69, 70
schulpsychologisches Gutachten, siehe: Gutachten, schulpsychologisches
schulrechtliche Maßnahmen, bei Verhaltensstörungen 71 - 73
Schulreife 64
Schulschwäche 47, 52
Schulschwänzen 63, 89, 101
Schulstreß 61
Schulunfähigkeit 184
– Beurteilung der 184
Schulversagen 28, 45
Schulversuche zum gemeinsamen Unterricht behinderter und nichtbehinderter Kinder 17, 29, 30ff.
Schulverweigerung 63, 89, 101
Schulweg 20, 30
Schwachbegabung 45
Schwerhörigensprache, siehe: audiogene Dyslalie
Schwerhörigkeit 143, 159
Schwerstbehinderte, siehe: Mehrfachbehinderte
Seelentaubheit 159
Sehbehinderung 129
Sehbeschwerden 130
Seherziehung 134
Sehnerv 131
Sehschädigung 129f.
– Hinweise auf 130
Sehschärfe 129, 131f.
Sehschwäche, funktionelle 132
Sehstörungen 129 - 140, 169, 178
– Arten 131 - 133
– Bildungsaufgaben bei 134 - 138
– Hinweise für den Unterricht 138f.
Sehvermögen 129
Sehvorgang 129
Sekundärneurose 59, 84, 85, 117, 126f., 178
Selbstbestrafung 114, 116
Selbsterfahrung 94, 127
Selbstwahrnehmung 216
Selbstwerterhöhung, Training zur 109f.
Selektionsdiagnostik 22, 190, 192, 258
Self-fulfilling-prophecy 56, 190
Sensibilitätsstörungen 170
Serialität, Störungen in der 78, 200
SET (Satzergänzungstest) 105, 107, 119, 121, 202, 222
sexuelle Fehlformen 63
Sigmatismus (Lispeln) 162
Sinneswahrnehmung, Training der 193, 229, 251 - 254
SIT (Stanford-Binet-Intelligenztest) 196
Sondererziehungsanstalt 16
Sondererziehungsschule (für erziehungsschwierige Kinder) 19, 46, 55, 57, 72, 94
sonderpädagogische Diagnostik 71, 189 - 204
sonderpädagogische Förderdiagnostik 22, 65, 70, 191 - 194, 202f., 258f.
sonderpädagogische Prüf- und Fördersysteme 195 - 202
– Intelligenz 195f.
– Entwicklung 196
– Motorik 197f.
– Sprache 199
– Wahrnehmung 200
– sozial-affektiv-emotionales Verhalten 201f.
sonderpädagogisches Zentrum 262
Sonderschularten 19
Sonderschulaufnahme 20f., 22, 23, 49, 51f., 72, 94
– Überprüfungsverfahren zur 22, 195
– probeweise Aufnahme zur Beobachtung 22
Sonderschulbedürftigkeit 20f., 22, 23f., 28, 35, 190, 195, 257f.
– Feststellung von 20f., 23f., 190, 195
– Kurs zur Überprüfung der Sonderschulbedürftigkeit 22, 24, 28
Sonderschule für blinde Kinder (Blindeninstitut) 19
Sonderschule für erziehungsschwierige Kinder (SES) 19, 46, 55, 57

Sonderschule für Gehörlose (Institut für Gehörlosenbildung) 19
Sonderschule für körperbehinderte Kinder 19, 25, 179, 183
Sonderschule für leistungsbehinderte oder lernschwache Kinder (ASO) 18, 19, 25, 183
Sonderschule für mehrfachbehinderte Kinder 19
Sonderschule für schwerhörige Kinder 19
Sonderschule für schwerstbehinderte Kinder 18, 19, 25, 179, 183f.
Sonderschule für sehbehinderte Kinder 19
Sonderschule für sprachgestörte Kinder 19
Sonderschulen, historische Entwicklung 16f.
Sonderschulklasse, angeschlossene 19
Sonderschulstatistik 21, 25f.
Sonderschulwesen, österreichisches 17, 19
Sonderunterricht, kursmäßiger 19
soziale Angst 101
soziales Lernen 31, 127, 206, 215 - 220
– Dimensionen des 216f.
Sozialpädagogisches Institut 65
Sozialpsychologie 56
Sozialtherapeutisches Institut 65
Sozialverhalten 79, 84, 97, 100, 139, 149, 194, 201, 229
Soziogramm 49, 201, 215
sozio-kulturelle Benachteiligung 45, 56
Spastizität (Spastik) 168
Spielkarteien, Spielesammlungen 213, 215f., 254
Spieltherapie 70, 126
Spina bifida (gespaltene Wirbelsäule) 167, 169f.
– Spina bifida occulta 169
spontane Kinderzeichnungen 222 - 224
Sprachaudiometrie 145
Sprachauffälligkeit 182, 199
Sprachbehinderung 158 ff.
– Arten der 158 - 163
– Hinweise für den Unterricht bei 163 - 165
Sprachentwicklung 199
Sprachentwicklungsrückstand 199
Spracherwerbsstörung 160
Sprachfeld 145
sprachfördernder Unterricht 164, 193
Sprachfrequenz 145
Sprachheilkurs 19, 28, 164
SprachheillehrerInnen 51, 65, 164f., 192f., 199, 203
Sprachschwäche, konstitutionelle 159
Sprachschwierigkeiten 47
Sprachstörungen 44, 157 - 166, 169, 178, 199
– Arten von 158f.
– Erfassung von 157f.
Sprachübungsbehandlung 164
Sprachverständnis 199
Sprachverweigerung 157, siehe auch: Mutismus
Sprechablaufstörungen 159, 160f.
Sprechangst (Logophobie) 161
Sprechstörungen 162f., 169
– Arten von 162f.
Stammelfehler 162
Stammeln (Dyslalie) 162, 165, 199
standardisierte Tests 192, 196, 199
Stehbrett 172
Stehlen 63
Stimmstörungen 163
Stoffwechselstörung 59, 176
Störschall 156
Stottern 159 - 161, 165, 199, 224
– klonisches 159
– tonisches 159f.
StützlehrerInnen 36, 65, 185, 192f., 203
Sublimierung 115
Suizid, Suizidversuch 63, 89, 104, 117, 123
Supervision 75, 97
Suspendierung vom Schulbesuch 73
symbiotische Beziehung 106 f.
Symptome bei
– geistiger Behinderung 177ff.
– Hörstörungen 143f.
– körperlichen Behinderungen 167 - 170
– Lern- und Verhaltensstörungen 62ff., 78ff.
– Sehstörungen 130
– Sprachstörungen 159f., 161ff., 199
systemtheoretisches Modell 47, 52, 56, 68
Systemtheorie 60, 68

taktile Wahrnehmung 229
TAT (Thematischer Apperzeptionstest) 202
Taubheit 143
Taubstummeninstitut 16
TBGB (Testbatterie für geistig Behinderte) 196
Teamarbeit 184

Teamteaching 193
Teilleistungsschwäche bzw. Teilleistungsstörung 41, 42, 47, 48f., 51, 52, 78ff., 80ff., 178, 229
– Überprüfung von 80ff., 87
TES (Testbatterie für entwicklungsrückständige Schulanfänger) 196
Tests 67, 80ff., 104f., 107, 119, 194ff.
Tetraplegie 169
Thematischer Apperzeptionstest, siehe: TAT
therapeutische und funktionelle Übungen 19, 28, 193, 254f.
Therapie 65, 97, 111, 126, 127, 163, 173, 191, 192, 193, 230, 232, 241
Tic 62, 114, 224
Tiefenpsychologie 56, 98, 114ff.
Tierfamilie (Familie in Tieren, Verzauberte Familie) 119, 121, 201
Token 69, 208
Tonaudiometrie 145
Trauma 132, 146
Tremor 113
Trennungsangst 102
Trisomie 21 (Down-Syndrom) 179f.
Trübungen 131

Überkompensation, siehe: Fehlkompensation
Übertragung 89, 116
Unaufmerksamkeit 40
Ungeschicklichkeit 82, 84, 199
Unterrichtsbeobachtung, siehe: Verhaltensbeobachtung im Unterricht
Ursachen von
– Autismus 181f.
– geistiger Behinderung 176f.
– Hörstörungen 144 - 146
– körperlichen Behinderungen 168 - 170
– Lern- und Verhaltensstörungen 58 - 61
– Sehstörungen 131 - 132
– Sprachstörungen 159 - 163

Verdrängung 114, 116
Verhaltensbeobachtung im Unterricht 66, 79f., 87, 102f., 104, 192, 194, 195, 201, 207f.
Verhaltensmodifikation 69, 126, 206 - 210
Verhaltensprogramm 69, 207ff.
Verhaltensstörung 40ff., 55ff., 57, 62ff., 178, 181
– Definition 55f.
– Häufigkeit 57
– Symptomatik 40, 62ff.
Verhaltenstherapie 126, 207
Verhaltenstraining 97
Vernachlässigung 99
verständnisvolles Zuhören 211
Verstärker 69, 91 208
Verstärkerentzug 209
Verstopfung 62, 113
Verwahrlosung 45, 60, 63, 92, 114, 223
Verweigerung 63, 67, 68, 81, 89, 99
Verwöhnung 60, 89, 99
Verzauberte Familie, siehe: Tierfamilie, Familie in Tieren
visuelle Wahrnehmung 67
visuelle Wahrnehmungsförderung 69, 200, 229, 231
visuomotorische Koordination (VM) 78, 81
Voyeurismus 63

Wahrnehmung der Raumlage und Raumbeziehung 78, 82
Wahrnehmungsförderung 134, 193, 200, 228, 229, 231, 253f.
Wahrnehmungskonstanz (WK) 67, 69, 78, 81
Wahrnehmungsschwäche 59, 182
Wahrnehmungsselektion 181, 186
Wahrnehmungssensitivität 100
Wahrnehmungsstörung 42, 48f., 59, 64, 178, 200, 230
Wahrnehmungssynthese 181f.
Wartegg-Test 107, 201
Weitsichtigkeit (Hyperopie) 131
Wiederholungszwang 116
wissenschaftliche Begleitung der Schulversuche zur Integration behinderter Kinder 31, 33, 53f., 183
Wortschatz 199
Wortstummheit, angeborene 159

Zähneknirschen 62
Zeichentests 103, 105, 107, 124, 125, 201, 224
zentrales Sehen 131
zerebrale Krampfanfälle 178
Zuckerkrankheit 132
Zuweisungsdiagnostik 190
Zwangsneurose 63

In der Reihe „Schule und Erziehung“ erschienen:

Gemeinschaftswerke österreichischer ReligionspädagogInnen

Zentrale Themen des **ersten Bandes** sind:

Religion als unabweisbarer Aspekt der menschlichen Wirklichkeit – Legitimation und Leitbilder religiöser Erziehung – Probleme der Glaubensweitergabe – Ethisches Lernen – Grundzüge einer humanen Schulkultur – Die religiöse Dimension der Unterrichtsfächer – Tendenzen des Religionsunterrichts an öffentlichen Schulen

244 Seiten
ISBN 3-224-15929-4 Jugend & Volk

Der **zweite Band** bündelt einige zentrale Themen der gegenwärtigen theologischen und pädagogischen Fragestellungen:

Einübung in theologisches Denken – Die lebensgeschichtliche Entfaltung der Gottesbeziehung – Identitätsfindung und Glaube – Das Symbol als religiöse Sprachform – Mit Schülern feiern und meditieren – Christliches Brauchtum in der Erziehung – Schule und Ökumene – Lehrer werden, Mensch bleiben

264 Seiten
ISBN 3-224-15932-4 Jugend & Volk

Der **dritte Band** gliedert sich in zwei Teile:

1. Aktuelle religionspädagogische Fragestellungen: Feministische Theologie – Umweltethik – Interkulturelles Lernen – Fundamentalismus – Der Mensch in Gesellschaft und Wirtschaft – Gewalt und Gewaltlosigkeit – Religiöse Erziehung von Kindern mit Beeinträchtigungen

2. Religiöse Dimensionen der Unterrichtsfächer Deutsch, Geschichte und Sozialkunde, Geographie und Wirtschaftskunde, Physik, Musikerziehung, Bildnerische Erziehung

280 Seiten
ISBN 3-7100-0011-4 Jugend & Volk